"十三五"应用型本科规划教材

会计学

（非财会专业）

吴　市/主　编

范树峰　刘　佳/副主编

上海财经大学出版社
SHANGHAI UNIVERSITY OF FINANCE & ECONOMICS PRESS

图书在版编目(CIP)数据

会计学(非财会专业)/吴市主编．一上海：上海财经大学出版社，2017.12

("十三五"应用型本科规划教材)

ISBN 978-7-5642-2874-3/F·2874

Ⅰ.①会… Ⅱ.①吴… Ⅲ.①会计学-高等学校-教材 Ⅳ.①F230

中国版本图书馆CIP数据核字(2017)第290730号

□ 责任编辑 施春杰
□ 封面设计 杨雪婷

HUAI JI XUE
会 计 学
(非财会专业)
主 编 吴 市
副主编 范树峰 刘 佳

上海财经大学出版社出版发行
(上海市中山北一路369号 邮编200083)
网 址:http://www.sufep.com
电子邮箱:webmaster @ sufep.com
全国新华书店经销
上海同济印刷厂有限公司印刷
上海叶大印务发展有限公司装订
2017年12月第1版 2017年12月第1次印刷

787mm×1092mm 1/16 18印张 461千字
印数:0 001−4 000 定价:42.00元

“十三五”应用型本科规划教材

编 委 会

前　言

会计作为一种通用的商业语言，已经渗透到商业社会的各个层面，任何商业行为都必须基于会计这种语言。笔者深刻体会到，在职场中的职业经理人，虽然没有必要全面掌握会计的所有账务处理，更没有必要精通会计学的所有细枝末节，但他又离不开会计，必须读懂会计，才能利用会计。基于此，职业经理人需要的是掌握“如何利用财务报表及其他会计信息”的技能及会计相关理念，而不是如何编制会计凭证、登记账簿及如何编制财务报表等具体的会计账务处理。因此，本书的目的在于使读者看懂财务报表及其他会计信息，读懂会计这门商业语言，运用会计思维，辅助经营决策，为企业创造更多价值。基于上述指导思想，本书的读者定位为经济管理类非财会专业的各学科和专业的应用型本科生。

本书作为应用型本科的教材必须服务于教学，教学需求又取决于教学对象的特点。因此，本书在内容的安排上区别于以往会计学教材中以会计学的基本理论知识和会计具体业务的账务处理程序及财务报表编制为基础，以及财务会计、管理会计和财务报表分析作为相对独立模块的传统编写体例，立足于职业经理人对财务信息的需求，以“如何运用财务信息”为宗旨，以企业的经济活动为经，以经营活动涉及的交易双方为纬，将财务会计、管理会计、财务报表分析相融合，构造本书的编写思路和内容。

具体地说，本书内容包括以下三个部分：第一部分，财务会计部分，主要围绕财务报表信息的阅读和应用，理解财务会计信息产生的过程，尤其注重不同会计政策或会计估计对财务报表的影响及其程度。第二部分，管理会计部分，主要利用财务信息和非财务信息对与经营相关的方面做出决策，着重介绍财务会计信息的具体运用，主要内容包括财务管理的基本观念、本量利分析、存货决策分析、项目决策分析等。第三部分，财务分析部分，侧重对财务信息进行深入分析，并结合非财务指标信息，发现经济管理中存在的问题。

本书试图体现以下特色：(1)弱化理论，强化应用，强调“财务信息”的决策有用性。本书与以往教材最大的不同，在于强调会计信息的有用性即会计信息的运用，强化交易分析尤其重视对交易结果的影响，弱化交易过程的账务处理及财务报表的编制。(2)将财务会计、管理会计、财务报表分析融为一体。本书是基于满足经理人尤其是管理层的角度对财务信息的需求及分析,将三者有机地结合起来,合理安排财务会计、管理会计、财务分析的内容。(3)强调会计问题与经济业务相匹配。本书强调“由经营活动到财务报表,由财务报表到经营活动”,由“里”到“表”,再由“表”到“里”的会计思维,将经营理念和会计理念相融合。本书在会计账务处理上只介绍不同会计处理方法对报表项目有影响的经济业务的账务处理,不影响对报表项目理解的账务处理不做介绍。

本书由福州理工学院吴市主编,福州理工学院范树峰和刘佳任副主编,福州理工学院方秀华和毛文芳参编。全书由吴市负责拟定大纲并总纂定稿。具体的编写分工如下:吴市编写第一章、第二章、第三章,范树峰编写第六章、第七章、第八章,刘佳编写第五章、第十章,方秀华编写第四章,毛文芳编写第九章。在本书编写过程中,编者参阅了大量的相关文献,在此谨向参考文献的所有作者表示诚挚的谢意!

尽管我们在教材的内容及特色方面做出了许多努力,但由于编者的经验和水平有限,加之编写时间仓促,所以书中难免存在疏漏之处。恳请各相关教学单位和读者在使用的过程中给予关注并提出改进意见,以便我们进一步修订和完善。

编　者

2017 年 10 月

目 录

第一章　企业会计信息概述

学习目标

1. 了解企业类型、公司管理组织体系
2. 理解会计系统与企业管理的关系
3. 理解会计信息的内涵、会计信息使用者和会计信息质量要求
4. 了解财务会计报告的内容
5. 了解会计职业和规范

引例

Z公司是一家业内默默无闻的农业加工企业，该公司为了能够在2011年上市，于2010年聘请从业多年、经验丰富的注册会计师S担任其财务总监，专门负责包装上市所需相关财务数据。该公司在2011年7月19日顺利通过证监会发审委审核成功上市。虽然当时市场上出现种种质疑，但公司仍然成功发行1 700万股，募集4.25亿元资金，并于2011年9月27日在深圳证券交易所创业板挂牌上市。

仅过了不到一年，在2012年10月，Z公司便发布公告，承认公司的“业绩不是真实的”。以2012年半年报为例，该公司虚增营业收入1.88亿元，虚增营业成本1.46亿元，虚增利润4 023万元。2012年三季报显示，Z公司亏损93.41亿元，净利润同比下滑近102%。公司股价也由2011年的历史最高点34.75元/股一直下跌到2013年的最低点6元/股，给中小投资者带来了巨大的经济损失。该公司自挂牌上市到财务造假曝光，仅仅不到一年的时间，引起了业界对企业会计信息（财务报表）质量及识别的广泛关注。

思考：这件事情给你什么样的启示？会计信息与企业存在什么样的关系？会计信息的使用者有哪些？会计信息的质量要遵循哪些原则？国家有哪些法律法规规范企业的会计信息？

第一节　企业与会计的关系

一、企业组织形式

企业是以营利为目的的经济组织。企业的组织类型分为三类，分别是独资企业、合伙企业和公司制企业。从数量上看，独资企业最多，但从资产规模、销售额等对社会经济和政治的影响程度来看，公司制企业占主导地位。因此，公司制企业是现代企业制度的典型代表。

(一)独资企业

独资企业是指由一人出资并拥有和经营的企业。在法律上,独资企业是一种自然人企业,其产权结构单一,即单一主体的所有权结构,投资者(业主)拥有全部的产权,包括剩余索取权、经营决策权等。

独资企业的所有权和经营权融为一体,因此,企业的收益与风险也由投资者个人享有和承担。个人投资者全权处理独资企业的经营活动和财务活动,企业的利润由业主个人完全享有。但同时,个人投资者对独资企业的债务也承担无限责任,也就是说,当独资企业无力承担债务时,个人投资者必须以其所有资产(包括除独资企业资产之外的财产)承担债务,而不限于其对企业投资额的部分。例如,某个人成立一家独资企业,他出资 20 万元,经营一年以后,其资产总额为 30 万元,债务为 35 万元,如果该企业破产清算,那么独资企业的全部资产不足以抵扣全部债务时,债权人可以依法要求业主的其他个人财产(例如个人名下的房产、汽车等)偿债,直到偿清债务为止。独资企业投资者对企业债务承担无限责任是独资企业的重要特征。

独资企业的设立比较简单,只需在工商行政管理部门注册登记,即可合法经营。而且,其经营活动的内容和方式等可以根据市场需求的变化而相应改变,具有较大灵活性。但其局限性也较明显:第一,个人投资者须对企业的债务承担无限责任,因此会增加业主的风险;第二,个人投资者的资金获取能力有限,独资企业的发展规模受到很大限制;第三,独资企业生存和发展受个人投资者的自身条件限制,比如业主的死亡等。

(二)合伙企业

合伙企业是指由两个或两个以上的个人共同出资成立的企业。合伙人共同拥有和经营合伙企业。合伙企业的出资人和经营者是两个或两个以上的自然人,因此,合伙企业在注册登记前,必须签订合伙协议,约定各合伙人的出资方式、出资金额、收益分配及风险承担等。该协议需要在工商行政管理部门备案,才具备法律效力。

合伙企业可以有两种形式,即普通合伙企业和有限合伙企业。普通合伙企业中,各合伙人的地位相同,对于经营决策权和经营风险共同承担,对于债务各合伙人共同承担无限责任。在企业破产清算、资不抵债时,各合伙人按照协议约定的比例承担相应的债务,但当某一合伙人无力偿还债务时,其他合伙人则对债务承担无限责任。有限合伙企业中,以其对债务承担的责任分为无限责任合伙人和有限责任合伙人,有限责任合伙人对债务承担有限责任,无限责任合伙人对债务承担无限责任,该类型企业至少应当有一名有限合伙人和一名无限合伙人。在企业经营权上,一般情况下有限合伙人无权参与企业经营管理,企业的经营管理权由无限合伙人承担。在企业的利润分配上,根据合伙协议约定,按合伙人的投资份额享有一定比例的企业利润。

合伙企业的设立登记、责任等方面与独资企业有类似之处,但其在融资能力、经营能力和企业竞争力上又要强于独资企业。但合伙企业的经营规模和扩张能力还是十分有限的,而且合伙人对企业的影响至关重要,如果某一合伙人离去或死亡则会导致企业重组或终止解散。

(三)公司制企业

公司制企业是以法人财产制度为核心,以科学规范的法人治理结构为基础,从事大规模的生产经营活动,具有法人资格并依法设立的经济组织。公司是在财产所有权与经营权分离的前提下,由投资者出资、由职业经理人进行经营管理的企业组织形式。

1. 公司制企业的特点

作为现代经济社会的一种重要的企业组织形式,公司制企业具有如下特点:

(1)公司具有法人资格。公司在法律上是一个具有民事行为能力与资格的独立主体。公司拥有独立的财产权并自主经营、自负盈亏,能够以其自身的名义,享有法律赋予的权利,履行法律规定的义务。

(2)公司投资者(股东)对企业债务承担有限责任。公司的投资者(股东)在债务方面明显区别于独资企业、合伙企业等自然人企业,公司股东以其出资额为限对企业的债务承担有限责任。

(3)公司需严格依照法律规定设立。公司的注册登记、股权转让、资本变更、分立、合并等应遵循《中华人民共和国公司法》等相关法律法规的规定,而不能随意地设立或变更。

当然,公司制企业由于其股东人数众多,融资能力很强,企业能够迅速扩大生产经营规模;其日常的管理控制和经营决策是由职业经理人进行的,极大地提高了管理效率;财产所有权与经营权的分离,以及资本的稳定性,使得公司制企业的寿命可以不断延续。

2. 公司制企业的主要类型

公司制企业主要有两种类型:一是有限责任公司,二是股份有限公司。

有限责任公司是指股东以其出资额为限对公司承担有限责任、公司以其全部资产对公司债务承担责任的公司。股份有限公司是指将公司全部资本划分为等额股份,股东以其所持有的股份为限对公司承担责任,公司以其全部资产对公司债务承担责任的公司。两者主要的区别如下:第一,股东人数要求不一样。《中华人民共和国公司法》中规定,“有限责任公司由五十个以下股东出资设立”“设立股份有限公司,应当有 2 人以上 200 人以下为发起人”。第二,获取股权的方式不同。股份有限公司将其全部资本划分为等额股份,股东出资获得相应的股份,取得股东的资格。有限责任公司的资本不划分为等额的股份,股东的出资比例由所有股东协商决定,股东按其协议约定出资,获取相应的股权资格。第三,设立程序不同。有限责任公司的设立相对比较简单,我国还允许设立一人有限责任公司即一个自然人或一个法人出资成立的有限公司。股份有限公司的设立需要有发起人募集设立,其必须按照相关法律法规的规定程序设立,较为复杂,而且可能存在设立失败的情况。

无论是有限责任公司还是股份有限公司,它们的股东对企业的债务都是以其出资额为限承担有限责任。相对于独资企业和合伙企业而言,公司制具有明显的优势,因此能够成为社会经济中占主导地位的企业组织形式。

二、会计信息系统与企业管理系统

(一)公司治理与公司管理

公司治理是指公司股东大会、董事会、监事会、管理层之间的分权制衡关系及其运行机制。一般来讲,公司治理包括公司治理结构和公司治理机制两方面内容。公司治理是英、美等国家和地区广泛使用的概念,我国在 2002 年也发布了《上市公司治理准则》,旨在推进现代企业制度和规范公司企业制度的建设。现代企业的财产所有权与其经营权的分离,使得企业所有者与经营者之间形成了一种“委托—代理”关系,这种代理关系不可避免会出现利益冲突,因此,规范这种委托—代理关系便成为公司运行与发展的基础。

公司治理结构是指企业所有者与经营者之间的权利与利益关系在体制或制度方面所做的一种制度安排,其目的是解决财产所有权与经营权分离后产生的委托—代理关系。公司治理结构包括企业股东大会、董事会、监事会之间的分权结构与内部制衡关系的制度安排,还可以包括董事会与企业管理层之间经营决策权和执行权的分权结构与内部制衡关系的制度安排。

公司治理结构明确了企业股东大会、董事会、监事会以及企业管理层的职责与功能,从而也决定了公司的目标和行为、公司控制权的实施主体与方式以及公司风险与收益的分配机制等重大问题。

公司治理机制是指董事和监事的产生规则和程序,外部董事或独立董事的产生机制,董事、监事和公司管理层的薪酬计划以及相应的激励与约束机制等。

公司治理结构的常见模式如图 1—1 所示:

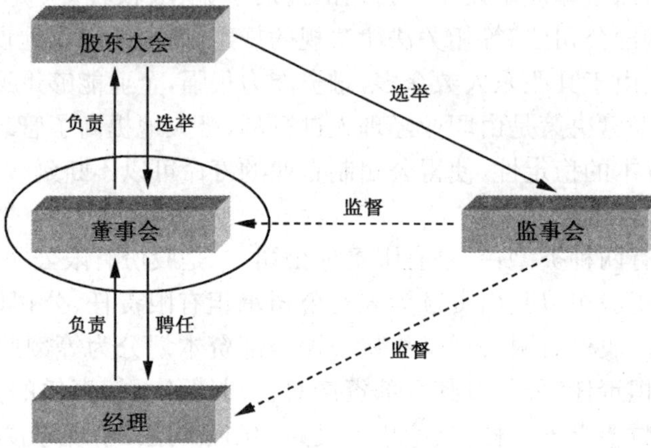

图 1—1 公司治理结构模式

企业股东大会是公司的最高权力机构,决定公司的重大决策,例如公司的战略方向、财务预算与决算、重大投资项目决策等。董事会是公司的决策机构,其对股东大会负责,执行股东大会的决议,制定公司的管理制度、经营计划、投资方案、利润分配方案等,并决定企业管理层的聘任等。监事会直接对公司股东大会负责,其受股东大会委托,负责监督公司董事会、管理层及检查公司的经营活动和财务活动的合法性、合理性等,是董事会和管理层的监督机构。公司经理层(管理层)是管理公司日常经营活动的执行机构,其主要职责是将董事会的各项方案等进行有效的组织实施,确保企业日常经营活动的有序、高效进行。

(二)公司管理组织体系

企业日常经营活动的有序开展,是以科学、合理的管理组织体系为前提的。公司管理组织体系一般包括管理机构设置、内部控制制度的建立与运行、权利和责任的划分及约束、各种管理信息的沟通等。

外部经济环境、企业经济活动的特点、企业管理的理念和管理目标等,都会影响企业的管理组织体系。不同的企业,其管理组织机构模式也不尽相同,但公司管理组织机构的设置及权责的划分是其基础。

一般的公司管理组织机构模式如图 1—2 所示。

企业管理组织机构是在总经理领导下,依据各项管理内容和具体的管理目标,设置相应的职能管理部门,各职能管理部门拥有相应的管理权限和承担相应的管理责任,各职能管理部门之间相互协调,以保证企业日常经营活动的有序、高效进行。

(三)会计系统与企业管理的关系

财务部是公司制企业必须设立且最关键的管理部门之一。我国大部分企业财务部的职责实际上包括财务职责和会计职责,即将财务和会计合二为一,其相应的管理职责也归入财务部

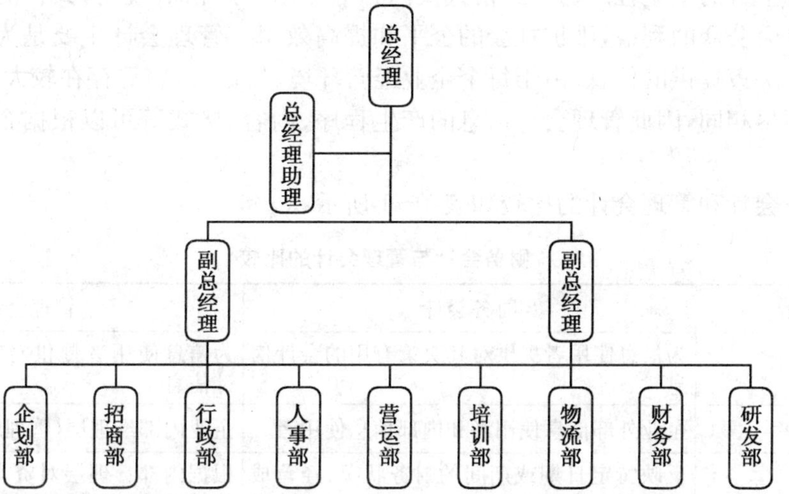

图 1—2　一般公司管理组织机构模式

门。财务部的会计功能是运用会计的程序和方法记录、监督企业的经济活动及其对财务活动的情况、企业的经营业绩及现金流量等的影响，反映在企业的会计报告中，为企业外部和内部会计报告信息使用者提供对决策有用的会计信息。财务部的财务功能是对企业财务活动的组织、协调和控制，负责整个企业财务资源的有效利用和资源优化配置，包括企业资金的筹集、使用、分配等。

企业管理过程中的会计功能，主要体现在会计作为一种经济信息系统的特征上。从信息论、系统论和控制论的角度看，企业管理是一种信息与控制系统。而会计信息是企业管理信息的主要来源，因此，企业会计是企业管理信息系统的一个重要子系统，即会计是一个经济信息系统。会计信息系统的主要功能是提供企业经济活动过程及其结果的价值信息，这些价值信息必须能够满足企业外部及内部信息使用者进行有关经济决策的需要。

企业外部信息使用者是指企业的外部相关利益者，主要包括企业的投资者、债权人、政府机构、社会公众等。外部信息使用者主要关心企业的赢利能力、偿债能力和发展能力，这些信息的获取需要企业提供能反映财务状况、经营成果和现金流量等情况的会计信息。外部信息使用者获取了这些信息，能够帮助其作出正确判断和决策，减少行动方案选择的不确定性。以满足企业外部信息者需求为主的企业会计，通常称为财务会计报告。

企业内部信息使用者是指企业的内部经营管理者，主要包括企业各级管理层及其人员。企业内部信息使用者需要能够反映企业管理层进行经营决策、生产决策、资本决策、评估和考核各级主体和责任者的经营与管理业绩等情况的会计信息，以帮助他们做出正确的决策。这些信息包括两个方面：一是有关企业在一定期间经济活动过程及结果的信息，包括企业的财务状况、经营成果和现金流量等情况的信息。这部分信息与企业提供给外部信息使用者的会计信息是一致的。二是用于内部特定的决策需要与管理要求的会计信息，这些信息是企业内部管理者对生产经营活动进行规划、控制、评价和考核的重要依据。

从会计信息使用者的角度看，现代企业会计按提供会计信息的目的，可以分为“财务会计”和“管理会计”两个部分。财务会计主要是为满足外部信息使用者的需求，提供对其决策有用的财务会计报告。由于外部信息需求使用者涉及很多的相关利益者，因此，我国财政部又对企业的财务会计报告的产生程序、方法、格式及内容等作出了严格的规定,其目的在于保护企业所有者以及社会公众的利益,维护社会的公平和提高效率。管理会计主要是为满足企业内部管理者的特定决策提供的信息,由于每个企业经营环境、目标、内容等存在较大差异,其内部所需的信息也不尽相同,因此管理会计信息的产生程序、内容、格式等可以根据企业的需要自主灵活处理。

企业财务会计和管理会计的比较如表1—1所示:

表1—1　　财务会计与管理会计的比较

比较内容	财务会计	管理会计
会计目标	为信息使用者提供对其决策有用的会计信息	为信息使用者提供对其决策有用的会计信息
会计信息需求者	企业外部信息使用者和内部信息使用者	企业内部经理层(管理层)
会计信息内容	反映特定日期或期间的财务状况、经营成果和现金流量等信息	根据内部管理层对资本决策、生产决策等的需求,提供相关会计信息
会计程序与方法	严格遵循企业会计准则等法律法规规定	没有统一要求,灵活处理
会计法律法规	主要有《企业财务会计报告条例》、《企业会计准则》等	没有统一的会计准则要求
政府管制	严格管制	没有明确的管制要求

第二节　会计信息的内涵、使用者和质量要求

一、会计信息的内涵

(一)会计信息的含义

会计信息是企业从会计视角所揭示的经济活动情况,包括财务状况、经营成果和现金流量等信息。但会计信息所反映的经济情况,并不包含所有的经济活动内容,而仅仅只包括企业经济活动中与价值或资金等相关的内容,即反映的是企业的价值运动(或资金运动)。能体现价值的运动实际上也就是企业的财务活动,因而会计信息也被称为"财务信息"。会计信息是企业进行财务决策乃至整个管理决策的重要依据之一。

会计的价值计量特征决定了会计系统所提供的经济信息主要是货币化的财务信息。价值视角的企业经济活动,涉及资产、负债、所有者权益的变动,以及收入、费用和利润的变化,这些变化都与企业的"现金流"直接或间接相关。因此,会计系统所提供的财务信息在内容上主要包括财务状况、经营成果和现金流量等信息,这些信息反映的载体是财务会计报告。

(二)财务会计报告的内容

财务会计报告是指企业对外提供的反映企业某一特定日期的财务状况和某一会计期间的经营成果、现金流量等会计信息的文件。财务会计报告包括财务报表和其他应当在财务报告中披露的相关信息和资料,其中财务报表又包括会计报表和会计报表附注。会计报表至少应当包括资产负债表、利润表、现金流量表、所有者权益变动表。

财务会计报告的组成如图1—3所示。

资产负债表反映企业某一特定时日资产、负债和所有者权益的分布与结构的情况。它能

- 财务会计报告
  - 会计报表
    - 主表
      - 资产负债表
      - 利润表
      - 现金流量表
    - 附表
      - 股东权益增减变动表(资产负债表附表之一)
      - 利润分配表(利润表附表之一)
  - 会计报表附注
  - 财务情况说明书

图 1—3　财务会计报告体系

够说明企业在某一特定时日有多少资产、资产的构成部分有哪些，有多少负债、负债的构成部分有哪些，企业有多少所有者权益、所有者权益的构成情况，可以反映企业的变现能力、偿债能力和资金周转能力。

利润表反映企业某一特定会计期间所获取的经营成果情况。它能够说明企业在特定期间所取的收入是多少，各项收入的具体情况，所发生的费用是多少，各项费用的具体数额，可以反映企业运用所拥有资产的获利能力。

现金流量表反映企业在某一特定会计期间现金和现金等价物流入和流出的情况。它能够说明企业在特定会计期间现金和现金等价物流入和流出的结构，由经营活动、投资活动、筹资活动分别产生的现金及现金等价物的流入与流出情况信息，可以反映企业获取现金的能力，并据以预测企业未来的现金流量。

所有者权益增减变动表反映构成所有者权益的各组成部分当期的增减变化情况。

会计报表附注是对会计报表中列示项目的文字描述或明细资料，以及对未能在这些报表中列示项目的说明等。附注是为了便于会计报表使用者理解会计报表的内容而对会计报表的编制基础、编制依据、编制原则和方法以及主要项目等所作的解释，有助于报表使用者理解财务报表的信息。

二、会计信息使用者

企业的"利益相关者"都是企业会计信息的需求者。这些信息需求者有投资者等外部的信息需求者，也有企业经营管理层等内部信息使用者。因此，我们从企业外部和内部两个视角来分别了解会计信息的使用者。

(一)外部信息使用者

从外部来看，会计信息的使用者主要包括：

1. 投资者

如前所述，现代企业由于财产所有权和经营权的分离，导致了投资者与企业之间"委托—代理"关系的产生，投资者是企业主要的产权所有者。作为委托方的投资者，将其财产委托给企业经营者去经营管理，以期实现财产的保值与增值；作为受托方的企业及经营者，则承担了合理利用与配置企业资源，最大限度使其保值与增值的责任。所有权和经营权的分离，使得投资者无法对其财产进行监督，而只能借助于履行受托责任的企业定期提供的财务报告等会计信息来了解企业的财产保全和增值情况。

从投资行为的角度看,投资者主要关心其投资风险和投资收益。企业的投资者包括潜在的投资者,主要通过企业提供的财务会计报告等信息来判断企业的获利能力、股利支付能力、未来现金流量等情况,并以此为依据来判断分析投资风险和投资收益,作出正确的投资决策。

2. 债权人

债权人主要包括向企业提供贷款的银行和非银行金融机构以及向企业提供商品或劳务的供应商。债权人与企业组织存在密切的经济利益关系,但他们也不参与企业的经济管理活动。

银行及非银行金融机构主要关心其提供的本金和利息是否能够按期收回;供应商主要关心企业所欠款项是否能够如期偿还。企业的债权人同样也是主要通过企业提供的财务会计报告等信息来分析企业的偿债能力、债务的支付能力等情况,以此来判断其债权受偿程度,以便做出相应的对策或措施。

3. 政府及经济监管部门

政府作为社会管理者,为确保整个国家的社会与经济活动正常秩序,履行其社会管理的职能,就需要考核国民经济总体运行情况,并对运行状况作出判断,从而能够对社会经济活动实施有效的调节、控制和监督,实现对社会经济资源的优化配置,促进国民经济的协调发展。通过企业提供的有关经济活动的全部会计信息,政府及其经济监管部门不仅可以判别企业的经济行为是否合法、是否有效,也能够作为政府经济决策的信息基础。例如,税务部门在征税时一般以会计资料为基础来确定企业应缴纳多少税款、是否依法纳税等;统计部门依据企业的会计信息汇总分析各行业、各地区的经济发展状况等。

4. 社会公众

社会公众也可能是上市公司潜在的投资者和债权人。因此,社会公众同样希望了解上市公司的赢利能力、偿债能力、发展能力等财务信息来判断公司的投资价值,上市公司在经济发展过程中是否发挥了应有的积极作用以及充分履行了应尽的社会责任(如环境保护等),这些信息的获取主要是通过社会媒体以及上市公司披露的财务报告等会计信息来分析和评价的。例如,基金经理或证券分析师可以通过企业的财务会计报告所提供的会计信息对其进行分析和评价,来评估企业的投资价值,从而作出正确的投资策略。

(二)内部信息使用者

从内部使用者的角度看,会计信息的使用者主要包括:

1. 董事会

董事会是企业所有权与经营权相联系的桥梁,一方面需要利用企业组织的财务报表所提供的会计信息辅助战略的制定,另一方面需要利用会计信息评估管理层履行受托责任的情况。

2. 监事会

为保证董事会及管理层的有效运作并监督其履行受托责任情况,监事会同样需要利用企业的财务报表所提供的会计信息。

3. 管理层

以总经理为首的管理层,其主要职责是实施董事会作出的有关经营、投资与筹资活动的重大决策,并负责管理企业日常的生产经营活动。管理层只有对企业的全面情况"了如指掌",才能通过企业战略的制定及其有效执行,确保企业的生存与发展,实现企业价值最大化或股东财富最大化的目标。这些全面情况不仅包括反映财务状况、经营成果、现金流量等财务会计报告信息,也包括内部管理报表或绩效报告的会计信息。

4. 员工

员工也是企业财务报表所提供会计信息的需求者。员工利用会计信息评估企业的经营状况,了解企业能否保证可持续发展、能否提供稳定的就业、工资福利待遇是否发生变化等情况。

三、会计信息质量要求

会计信息不仅为外部信息使用者提供决策有关的信息,同时也为内部管理层提供经营管理必需的财务信息。如果会计信息失真,必将引起相关利益者的决策失误,其引发的经济后果是非常严重的,因此会计信息的真实可靠是保证信息使用者作出正确决策的基本前提和条件。会计信息的决策有用性是会计信息质量的最基本特征。为此,2006 年颁布的《企业会计准则——基本准则》中明确,会计信息应符合真实可靠性、相关性、可理解性、可比性、实质重于形式、重要性、谨慎性和及时性八个基本质量要求。

(一)真实可靠性

真实可靠性是指为确保会计信息真实可靠、内容完整,要求企业应当以实际发生的交易或事项为依据进行会计确认、计量和报告,如实反映符合确认和计量要求的各项会计要素及其他相关信息。会计核算最起码的要求是从会计业务的发生、原始凭证的取得到财务报表的生成,整个会计信息生成过程都要做到内容真实、数字准确、项目完整,因此,真实可靠性是对会计信息质量的最基本要求。例如,企业虚构收入、费用就属于违背会计信息的真实可靠性原则。

(二)相关性

相关性是指企业所提供的会计信息应当与财务会计报告信息使用者的经济决策需要相关,有助于财务会计报告使用者对企业过去、现在或者未来的情况作出评价或预测。理论上,相关性要求财务报告在列报信息上充分考虑报告使用者对会计信息的各方面要求,因此企业提供的会计信息应能满足所有会计信息使用者的需求,但实际上,不同的会计信息使用者对会计信息的需求是不一样的,企业的会计信息不可能满足每一个会计信息需求者的要求。因此,企业对外公布的财务报告一般只提供通用的会计信息,满足不同的信息需求者的一般需求。如果使用者对企业信息有不同的需求,那么需要在通用的财务报告基础上,进一步通过其他途径获取其他方面的信息,然后结合会计信息进行分析,最后作出决策。

(三)可理解性

可理解性是指企业提供的会计信息应当清晰明了,便于财务报告使用者理解和使用。它要求会计信息是按照通用的标准编制的,能够简单明了地反映企业的财务状况、经营成果等信息,对财务报告中的重要信息要有文字说明或者备注,便于使用者阅读和理解。这就要求财务报告提供者,在保证会计信息真实可靠的基础上,简单明了地反映企业各方面的财务信息。

(四)可比性

可比性是指会计核算应当按照规定的会计处理方法处理,提供的会计资料应当口径一致,相互可比。具体一些,它要求有两个方面:第一,同一企业不同历史时期发生的相同或者类似的交易或者事项,应当采用一致的会计政策,不得随意变更;第二,不同企业之间发生的相同或者相似的交易或者事项,应当采用规定的会计政策,确保会计信息的口径相互可比。换句话说,就是要求同一企业会计信息的纵向可比和不同企业之间会计信息的横向可比。可比性要求不同会计期间采用的会计处理方法和程序前后各期也必须一致,不得随意变更。

知识拓展

可比性要求不同会计期间采用的会计处理方法和程序前后各期也必须一致,不得随意变更。

但如确有必要变更的,应当将变更的情况、原因及其对企业财务状况和经营成果的影响,在财务报告附注中说明,以便会计信息使用者能够鉴别企业不同会计期间财务状况差异的性质,对企业财务前景作出正确评价。

(五)实质重于形式

实质重于形式要求企业对发生的交易或事项进行会计确认时,应当按照经济实质而不是形式来确认,即会计信息是按交易或事项的经济实质确认而不是形式。在这里,形式指的是法律形式,实质是指经济实质。在会计实务中,交易或事项的实质可能与法律形式一致,也可能与法律形式不一致,在经济实质与法律形式不一致的情况下,企业会计确认、计量、报告应当以经济实质为标准,而不是法律形式。例如,融资租入固定资产,从法律形式上看,是属于租入固定资产,所有权不属于本企业;但从经济实质上看,企业控制该项资产,因此作为本企业的固定资产处理。

(六)重要性

重要性是指企业提供的会计信息应当反映与财务状况、经营成果和现金流量等有关的所有重要的交易或事项。它要求企业对发生的交易或事项进行会计确认时,应当区别其重要性程度,相应采用不同的会计处理方法。第一,对重要的交易或事项,应当分别核算,力求准确,并在财务报告中重点说明;第二,对于非重要的交易或事项,在不影响会计信息真实可靠的基础上,可以适当采用简化的会计处理方法。

(七)谨慎性

谨慎性是指企业提供的会计信息应当保持应有的谨慎,不应高估资产或收益、低估负债或费用。它要求企业在对不确定的交易或事项进行会计处理时,应当采取稳健的原则,充分估计可能承担的风险和损失,尽可能少量或不估计可能产生的收益,以避免企业出现虚增资产或盈利。

(八)及时性

及时性是指企业应当按规定的期限提供会计信息,且会计信息包含所有已经发生的交易或事项,不得提前或延后。它要求企业发生经济业务后,应当及时地收集、整理各种原始单据并及时按相应的会计生成程序提供会计信息,以确保会计信息的时效性,避免影响报表使用者的阅读和使用。

第三节 会计职业及规范

根据会计信息使用者的需要,必须安排相应的人员提供会计信息,这些人员所从事的就是会计职业。在市场经济条件下,还需要有人对职业会计提供的会计信息质量加以评价,这部分人员就是公众会计(注册会计师)。各国对会计职业和注册会计师都相应地制定了有关管理制度,对会计职业和注册会计师加以规范和管理。

一、会计职业

会计人员作为会计信息的提供者，所从事的职业一般分为三大类：企业会计、政府和非营利性组织会计、公众会计（注册会计师），如图1－4所示。

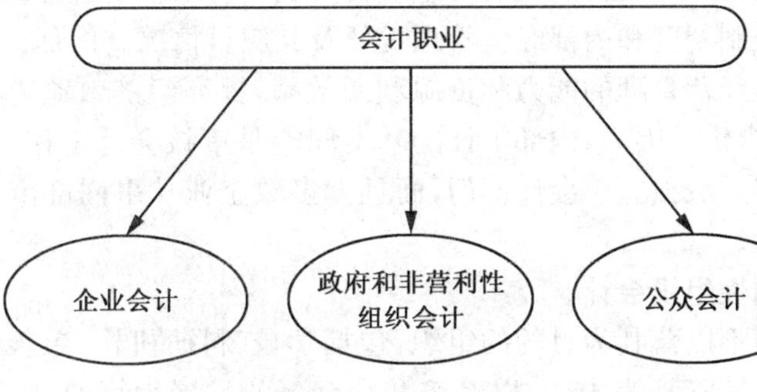

图1—4　会计职业

(一)企业会计

企业会计是以企业为会计主体，以资产、负债、所有者权益、收入、费用、利润为会计要素，以货币为主要计量单位，将企业发生的经济活动（资金运动）连续、系统、综合地反映一个企业的财务状况、经营成果和现金流量等有关的会计信息。许多会计人员都是服务于以营利为目的的经济组织，如工厂、公司等。企业会计主要包括财务会计、管理会计和内部审计等职业。

1. 财务会计

财务会计以会计准则为主要依据，确认、计量和控制企业资产、负债、所有者权益的增减变动，记录和反映企业营业收入的取得、费用的发生和归属以及利润的形成和分配情况，定期编制财务会计报告，以反映企业的财务状况、经营成果和现金流量等信息，并分析评价企业的偿债能力、获利能力等。财务会计报告不仅可以满足投资者、债权人、政府及其监管部门等企业外部信息使用者的需要，同时也可以满足企业内部管理部门的需要。

政府证券监管部门和证券交易所会从保护投资者和社会公众的利益角度考虑，要求上市公司上报或公开披露财务信息和其他信息。这些报告一般以财务会计报告为基础，因此可以看成是财务会计的延伸。

2. 管理会计

管理会计是与财务会计并列的现代企业会计的另一重要分支，是从传统的会计系统中分离出来的。它是针对企业编制预算、作出预测和决策、控制经济活动的需要，记录和分析经济业务，上报管理信息，并直接参与决策和控制过程，以改善经营管理，提高经济效益。因此，管理会计需要针对企业的某一部门或某一个项目等编制计划、作出决策，并对其整个过程实施控制。同时，管理会计是被管理者用于制订计划和决策的，因此，管理会计所需的资料不局限于会计账簿所记载的内容，且资料的产生无一定的规则，只要各项资料对管理决策有用均可利用，其提供的信息根据内部管理的需要而定，一般不受企业会计准则或会计制度的制约。

可见，财务会计是对外报告会计，是以满足外部信息使用者的需要，通过会计规定的程序和方法，定期编制财务会计报告，提供反映特定日期的财务状况、特定期间的经营成果和现金流量等情况的一整套信息处理系统。其服务对象侧重于企业外界相关利益者。管理会计是内部会计，主要是通过一系列专门方法，利用财务会计提供的资料及其他资料进行整理、计算和分析,使企业各级内部管理人员能据以对日常发生的一切经济活动进行规范和控制,并为企业管理人员作出各种专门决策提供一整套信息处理系统。其服务对象主要侧重于内部管理人员。

3. 内部审计

内部审计是企业内部专职机构或人员对企业自身的经济活动所进行的审核检查活动。其重点是评价企业内部控制制度和内部经营管理责任及其履行情况。内部审计的主要目的是查错防弊,改善管理,提高经营管理的能力和资源利用效率,提高经济效益。其提供的审计报告仅供内部使用,不对外提供。因为,内部审计的基本职能是审核会计工作、会计记录和会计报告,因此,内部审计部门一般独立于会计部门,而且大多数企业从事内部审计工作的人员都具备丰富的会计工作经验。

(二)政府和非营利性组织会计

非营利性组织是指不以营利为目的的组织,包括学校、科研机构、慈善机构等。政府和非营利性组织会计是以预算管理为中心,以经济和社会事业发展为目的,以预算收支核算为重点,用于核算社会再生产过程中属于分配领域中的各级政府部门、行政单位、非营利性组织预算资金运动过程和结果的会计体系,其核算的活动明显区别于企业会计。

政府和非营利性组织会计与企业会计比较,其区别主要表现在以下几个方面:

(1)组织的目标不同。政府和非营利性组织会计主要是提供公共物品,即其开展各项业务活动提供的服务是公共消费物品,例如服务、咨询、医疗等;其提供的服务是不以营利为目的的,虽然有些单位可能也会实行有偿服务,但往往并不能足额补偿,社会效益是其业绩衡量的主要标准。

(2)核算原则不同。政府和非营利性组织会计必须严格遵守国家权力机关或上级主管部门批准的预算收支,资金的管理和使用受到一定的限制,例如某科研机构收到政府指定用途的专项拨款等。其会计所反映的事项要求在资产总额等于负债与净资产总额的基础上,强调固定基金与固定资产总额对应,强调专款专用。

(3)核算内容不同。政府和非营利性组织会计反映和监督的内容是以预算收支为主要核算内容的,一方面主要反映预算收支的情况;另一方面对于从事经营性、有偿服务活动的业务,以其业务收入抵补业务支出。

(4)会计处理基础不同。政府和非营利性组织会计是以收付实现制为会计处理基础的,即预算收入以预算年度收入政府基层国库的数额为准,预算支出以预算拨款数为准,而不能将本期应收未收或应付未付的款项列入本期预算收入或预算支出。对于有经营性收支核算的业务则采用权责发生制。这种以收付实现制为主,兼有权责发生制的会计处理基础的会计处理方式,构成了政府及非营利性组织会计的重要特点。

(三)公众会计(注册会计师)

公众会计也称为社会会计,由注册会计师承担,是指会计师事务所从事的面向社会各类企业、事业和行政单位提供会计、审计和咨询服务,并按规定向客户收取服务费用的会计职业。注册会计师是指依法取得注册会计师证书并接受委托从事审计和会计咨询的执业人员。社会会计的主要业务包括财务报表审计、资产评估、资本验证、会计服务、税务服务、管理咨询服务、经济案件鉴证、破产清算事项等。注册会计师依法执行审计业务出具的审计报告,具有证明效力。

社会会计承担的主要业务是财务报表审计。会计师事务所在接受客户审计委托业务后,对企业所提供的财务报表进行审查，发表无保留意见、保留意见、否定意见或拒绝表示意见，说明企业财务报表的编制是否符合会计准则，是否真实、公允反映了企业的财务状况、经营成果和现金流量等。由于鉴证业务是会计师事务所的主要业务，因此社会会计也被称为社会审计。

目前，全球最大的四家会计师事务所(简称为"四大")，分别是普华永道(Price Waterhouse Coopers，PWC)、德勤(Deloitte Touche Tohmatsu，DTT)、毕马威(Klynveld Peat Marwick Goerdeler，KPMG)、安永(Ernst&Yong，E&Y)。注册会计师在执行审计业务时必须保持超然独立的地位，不得对委托人偏袒，这样才能获取会计信息使用者的信任。

我国实行注册会计师全国统一考试制度。凡具有高等专科以上学校毕业学历或者具备会计或相关专业中级以上技术职称的具有完全民事行为能力的中国公民，都可以申请参加注册会计师全国统一考试。注册会计师考试每年举行1次，分为专业阶段考试和综合阶段考试。专业阶段考试科目为六门，分别是会计、财务成本管理、审计、税法、经济法和公司战略与风险管理；综合阶段考试是综合测试，考察执业能力。参加注册会计师全国统一考试成绩合格，并从事审计业务工作两年以上的专业人员，在向省、直辖市、自治区注册会计师协会申请并办理注册手续后，可成为执业注册会计师。

二、会计规范体系

会计规范是关于经济组织会计行为的标准或法式。会计规范的目的在于对经济组织及其会计人员的会计行为进行约束和引导，使之符合社会经济制度合理安排的需要。其不仅是企业等经济组织实施会计行为的依据和标准，同时也是评价企业等经济组织会计行为与会计工作质量的依据和标准。

我国的会计法律法规制度体系是指针对企业等经济组织或单位及其会计机构、会计人员的会计行为所制定的法律、法规和制度等的总称。其主要包括由全国人民代表大会通过并颁布的《中华人民共和国会计法》，国务院颁布的《企业财务会计报告条例》，财政部制定并发布的《企业会计准则》、《会计基础会计工作规范》、《企业内部控制基本规范》，中国证券监督管理委员会制定并发布的《上市公司信息披露管理办法》、《公开发行证券的公司信息披露编报规则》等。同时，我国的《中华人民共和国公司法》、《中华人民共和国证券法》、《中华人民共和国注册会计师法》、《中华人民共和国审计法》、相关税收法律以及《总会计师条例》等法规，也对我国企业等经济组织及其会计行为产生重大影响。

当前，我国的会计法律法规制度体系已基本形成，其主要包括以下五类基本内容：

(一)会计基本法律

《会计法》是我国会计工作的根本大法，于1985年1月21日第六届全国人民代表大会常务委员会通过并实施，经过多次修订，最近一次修订是2017年8月，目前仍然在修订中。《会计法》概括性地规范了会计核算、会计监督的内容和要求，会计机构和会计人员的设置，相关会计行为的法律责任等内容。《会计法》作为我国会计工作的纲领性文件，是从事会计工作所必须遵循的最高行为准则。它是制定其他一切会计行政法规、规章、准则、制度的法律依据，属于会计法律法规制度体系中的最高层次规范。

《会计法》共7章计52条，分别就立法宗旨、适用范围、单位会计行为责任主体、会计核算、会计监督、会计机构和会计人员、法律责任等问题作出了规定。

第一章"总则"部分，主要就立法宗旨、适用范围、会计工作管理体制等作出规定。

第二章"会计核算"部分，主要对会计核算的内容、会计年度、记账本位币、会计凭证的填制、会计账簿的登记与核对、财务会计报告的编制、会计档案的管理等问题作出了原则性规定。

第三章“公司、企业会计核算的特别规定”部分,在第二章法律的基础上对公司、企业的会计核算,特别是资产、负债、所有者权益、收入、费用和利润这些会计要素的确认、计量、记录等问题作出原则性规定,同时还规定公司、企业不得存在的行为。

第四章“会计监督”部分,主要就单位内部会计监督制度作出了明确规定。

第五章“会计机构和会计人员”部分,主要对会计机构的设置、会计人员的配备、会计人员的从业资格与任职条件、稽核制度、会计工作交接等问题作出了规定。

第六章“法律责任”部分,具体界定了会计违法行为的类别,并对各类违反《会计法》的行为应承担的行政责任和刑事责任作出了详细的规定,同时明确了相关行政监管部门的法律责任。

第七章“附则”部分,主要对《会计法》中使用的“单位负责人”、“国家统一的会计制度”等相关用语进行界定,并规定了《会计法》的实施日期。

(二)会计行政法规

会计行政法规主要是指国务院颁布的《企业财务会计报告条例》、《总会计师条例》等。

《企业财务会计报告条例》(以下简称《条例》)是国务院颁布的最高层次的政府行政法规,是《会计法》的配套法律,主要是对《会计法》中有关财务会计报告的内容进行了较为详细的规定,同时也是为进一步完善会计准则奠定基础。该《条例》的基本目的是为了规范企业财务会计报告的编制与提供,确保财务会计报告信息真实、完整。

该《条例》共分6章计46条,分别就目的、财务会计报告的构成、财务会计报告的编制、财务会计报告的对外提供、法律责任等进行了规定。

第一章“总则”部分,主要对《条例》的目的、适用范围,财务会计报告的含义、企业财务会计报告的责任人等进行界定。

第二章“财务会计报告的构成”部分,主要规定了财务会计报告的体系结构及其基本内容。

第三章“财务会计报告的编制”部分,主要对财务会计报告编制的准备工作、编制要求等进行了规定。

第四章“财务会计报告的对外提供”部分,主要规定了企业财务会计报告对外报送的对象、时间及其相关要求。

第五章“法律责任”部分,主要规定了违反本《条例》的行为内容及其相应的法律责任。

第六章“附则”部分,主要说明《条例》的实施时间和其他注意事项。

(三)企业会计准则

企业会计准则是我国会计法律法规制度体系的重要组成部分,作为会计确认、计量、记录和报告的标准和规则,是对《会计法》和《企业财务会计报告条例》的进一步具体化,在指导具体的会计工作中发挥着巨大的作用。企业会计准则由基本准则、具体准则、应用指南和会计准则解释组成。企业会计基本准则主要界定了会计准则制定所依据的财务会计基本理论的内容和观点,它是制定具体准则的理论基础。具体会计准则是以会计基本准则为依据,对各项经济交易或事项如何确认、计量和报告所作的具体规定,因此具有较强的可操作性,可以直接用于指导会计实务。会计准则应用指南是对各项具体准则中涉及的会计问题予以进一步说明或提出指引性意见。企业会计准则解释主要是针对会计准则实施中遇到的问题作出解释。

知识拓展

我国财政部共发布了 1 项《企业会计准则——基本准则》和 38 项《企业会计准则——具体准则》，截至 2017 年 7 月，一共出台 12 项《企业会计准则解释》。

(四)综合性会计规范

综合性会计规范是指会计工作的一些基本制度。它规定了从事会计工作所必须遵循的基本原则和基本规程，主要包括财政部颁布的《会计基础工作规范》、《企业内部控制基本规范》等。《会计基础工作规范》主要是对会计机构和会计人员的设置、会计凭证的填制、会计账簿的登记、财务报表的编制、会计监督、内部会计管理制度等内容作出详细的或原则性的规定。《企业内部控制基本规范》是为了加强和规范企业内部控制，提高企业经营管理水平和风险防范能力，促进企业可持续发展，维护社会主义市场经济秩序和社会公众利益而制定的专项法规。

(五)单位内部会计制度

各经济组织或单位依据自身的具体情况，在遵循全国性统一会计法律法规的前提下，结合自身的实际特点和经营管理目标，制定出适合本单位的内部会计规范。

本章小结

企业的会计组织形式有三种，分别是独资企业、合伙企业和公司制企业。三者的主要区别在于投资者对企业债务承担的责任不同，公司制企业投资者对债务承担有限责任，独资企业和合伙企业对债务承担无限责任；公司制企业在融资能力、经营能力和企业竞争力等方面又明显强于独资企业和合伙企业。

会计信息系统是企业管理信息系统的一个子系统，会计将企业经济活动过程及其结果通过价值计量，运用会计的程序和方法，生成会计信息，这些会计信息必须符合真实性、可比性等八项质量要求，才能对外报告，才能作为企业作出经济决策的重要依据之一，才能满足企业内、外部信息使用者进行有关经济决策的需要。

现代企业会计有两大分支，分别是财务会计和管理会计。其主要区别是提供会计信息的对象不同，财务会计的主要目的是对外提供会计信息，管理会计的主要目的是满足企业内部管理者的需要。会计职业除了多数会计人员从事的企业会计之外，还有部分会计人员从事政府和非营利性组织会计、公众会计(注册会计师)等职业。从事会计的职业工作就必须依照国家相关法律法规的规定，主要有《会计法》、《企业财务会计报告条例》、《企业会计准则》等相关法律和行政法规及部门规章制度等。

本章结构图

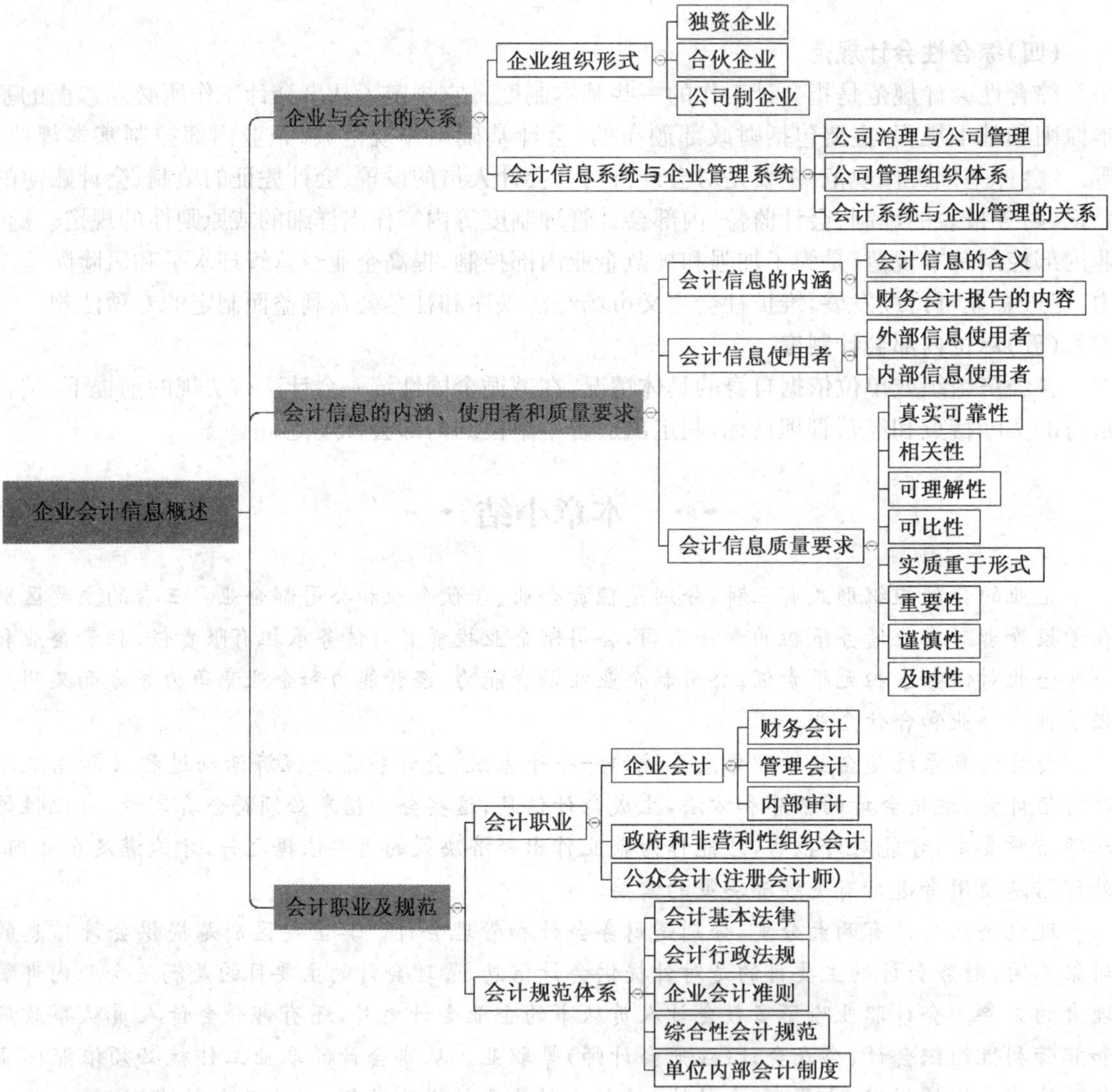

思考题

1. 企业的组织类型有哪些,分别有什么特点?
2. 会计信息系统与企业管理之间有什么关系?
3. 会计信息的内涵是什么?
4. 不同的会计信息使用者对企业会计信息有哪些不同的需要?
5. 会计信息质量要求有哪些?
6. 会计职业有哪些,有何不同?
7. 会计法律法规有哪些?

第二章　阅读财务报表

学习目标

1. 了解财务报告内容
2. 理解和掌握资产负债表的含义及其结构
3. 理解和掌握利润表的含义及其结构
4. 理解和掌握现金流量表的含义及其结构
5. 理解会计报表附注的作用及意义

引例

林潢民和曹民望是同班同学，也是一起刚步入公司实习的同事，他们主要负责收集相关行业公司的报表数据。他们在整理利润表的过程中，对于铭泰公司和海怡公司的利润情况产生了不同意见。这两家公司都是房地产开发公司，通过它们公布的利润表，2016 年铭泰公司的净利润为 652 万元，而海怡公司的净利润只有 264 万元。由此，林潢民认为无论怎样，铭泰公司的利润是海怡公司的近 2.5 倍，因此，铭泰公司的经营成果肯定要比海怡公司好很多。曹民望对铭泰公司和海怡公司利润构成项目进行对比并结合其他报表数据，认为海怡公司虽然利润大大少于铭泰公司，但其未来的发展潜力要比铭泰公司大很多。他的理由是铭泰公司的利润主要构成是营业收入 2 230 万元，营业成本 2 007 万元，其他的费用支出是 260 万元，营业外收入是 689 万元；而海怡公司的利润主要构成是营业收入 1 980 万元，营业成本是 1 386 万元，其他的费用支出是 350 万元，营业外收入是 20 万元。结合资产负债表中存货的数据，铭泰公司的存货价值 390 万元，海怡公司的存货价值 980 万元。

那么，你比较认可林潢民和曹民望两位同学中哪位的观点？理由是什么？

第一节　财务报告概述

一、财务报告的构成

如第一章所述，财务报告包括了财务报表和其他应当在财务报告中披露的相关信息和资料。财务报表又包括会计报表和会计报表附注。会计报表至少应当包括资产负债表、利润表、现金流量表等报表。

资产负债表是反映企业在某一特定日期的财务状况的报表；利润表是反映企业在一定会

计期间经营成果的会计报表;现金流量表是反映企业一定会计期间的现金和现金等价物流入和流出情况的报表;所有者权益变动表是反映所有者权益各组成部分当期增减变动情况的报表;会计报表附注是按照会计准则的规定,对财务报表中列示项目中需要说明的事项进行文字描述或明细资料,以及对未能在这些报表中列示的项目的说明等。

二、财务报告的作用

财务报告编制的主要目的是为财务报告信息使用者提供与决策相关的会计信息,有助于财务报告信息使用者对企业过去、现在以及未来的生产经营情况作出评价或者预测。由于不同信息使用者具体对企业会计信息的需要会有所差异,因此财务报告只能统一按通用的财务报告编制。财务报告的作用主要表现为以下几个方面:

1. 满足国家宏观经济管理部门对进行宏观调控和管理所需财务会计信息的需要

国家宏观调控部门如工商部门、税务部门、统计部门等通过对各行各业的企业财务报告进行汇总、整理,可以分析和考核国民经济的总体运行情况、各种财政法律法规制度的贯彻执行情况,及时发现经济运行中存在的问题并采取有效的经济手段,把国民经济纳入健康、稳定、可持续发展的轨道,充分发挥国家宏观经济管理部门在合理配置社会资源和维护经济秩序中的作用。

2. 满足投资者和债权人等相关利益者了解企业相关财务会计信息的需要

财务报告是投资者和债权人等相关利益者了解企业生产经营情况的主要载体,相关利益者通过企业财务报告,了解企业的财务状况、经营成果和现金流量等企业的情况,分析企业的偿债能力和获利能力,有助于企业的相关利益者作出正确的判断,进而对企业投资、融资、信贷等业务作出合理的决策。

3. 满足企业内部经营管理者对生产经营管理财务会计信息的需要

财务报告信息不仅外部信息者可以获取和使用,内部信息使用者也可以通过财务报告了解和分析企业的生产经营活动情况、财务状况、现金流量情况等,发现经营管理中存在的问题,进而采取有效的措施,完善计划的考核和执行,完成企业预期的经营目标。

4. 满足工会和员工对与职工利益相关的财务会计信息的需要

企业工会和职工通过财务报告,可以了解企业对维护员工利益政策的执行情况,能及时发现是否有存在侵害员工利益的情况,进而进一步采取措施,维护员工利益;同时,员工也可以通过企业财务报告,了解企业发展与职工薪酬水平增长情况,以便更好地对职业发展进行规划。

第二节　阅读资产负债表

资产负债表是反映企业某一特定日期财务状况的报表,该表也称为财务状况表。资产负债表是一个静态报表,报表项目中反映的数据是企业在某一个时点上的财务状况。

通过资产负债表,可以了解企业有关财务状况方面的信息,即某一特定日期资产、负债、所有者权益的总额及其相互关系。报表信息使用者可以了解企业在某一特定时点上拥有或控制的资源分布情况及其结构,可以了解企业在某一特定时点上负债的总额及其结构、未来需要偿还的负债状况,可以了解所有者权益的结构及状况,判断企业资本保值和增值的情况以及对负债的保障程度。同时,可以通过财务分析方法,获取企业变现能力、偿债能力、赢利能力等方面的信息,进而有助于报表信息使用者作出正确的经济决策。

一、资产负债表的结构

企业经济活动开始于一定的货币资金。而货币资金的来源有两个方面：一是投资者投入，二是债权人投入。投资者投入资金就是会计学的所有者权益，债权人提供的资金就形成会计学的负债，企业任何资金来源必定有其表现形式，这就是会计学的资产。也就是说，在会计学中，企业的任何资金来源必定有其相应的资产表现形式（资金占用），而任何资产表现形式必定有其相应的来源（资金来源）。因此，企业的资金来源总额与资金占用总额总是保持平衡的，其数量关系可以用公式表述为：资产总额＝负债总额＋所有者权益总额。这就是财务会计的基本恒等式，它是奠定财务会计的基础，同时这个等式也是资产负债表的基本结构。

简单地说，资产负债表是一个企业财务结构的记录。企业是一个不断运转的主体，其价值也是时刻发生变化的，资产负债表只是表明在某个特定时点企业拥有什么，企业欠别人什么，两者相抵之后，企业为所有者（股东）留下了什么。我国资产负债表的格式如表2—1所示。

表2—1　　**资产负债表**　　会企01表

编制单位：　　年　月　日　　单位：元

资　产	期末余额	年初余额	负债和所有者权益（或股东权益）	期末余额	年初余额
流动资产：			流动负债：		
货币资金			短期借款		
以公允价值计量且其变动计入当期损益的金融资产			以公允价值计量且其变动计入当期损益的金融负债		
应收票据			应付票据		
应收账款			应付账款		
预付款项			预收款项		
应收利息			应付职工薪酬		
应收股利			应交税费		
其他应收款			应付利息		
存货			应付股利		
一年内到期的非流动性资产			其他应付款		
流动资产合计			一年内到期的非流动负债		
非流动资产：			其他流动负债		
可供出售金融资产			流动负债合计		
持有至到期投资			非流动负债：		
长期应收款			长期借款		
长期股权投资			应付债券		
投资性房地产			长期应付款		
固定资产			专项应付款		
在建工程			预计负债		

续表

资　产	期末余额	年初余额	负债和所有者权益(或股东权益)	期末余额	年初余额
工程物资			递延所得税负债		
固定资产清理			其他非流动负债		
生产性生物资产			非流动负债合计		
油气资产			负债合计		
无形资产			所有者权益(或股东权益)		
开发支出			实收资本(或股本)		
商誉			资本公积		
长期待摊费用			减:库存股		
递延所得税资产			盈余公积		
其他非流动资产			未分配利润		
非流动资产合计			所有者权益(或股东权益)合计		
资产总计			负债和所有者权益(或股东权益)总计		

由表 2－1 可见,资产负债表的左边列示了资产总额以及资产的具体构成项目,右边列示了负债和所有者权益总额以及负债和所有者权益的具体构成项目。资产负债表通过资产、负债、所有者权益的总额及具体项目构成来反映企业的财务状况。

下面以我国上市公司青岛海尔股份有限公司(以下简称青岛海尔)2015 年 12 月 31 日的资产负债表(见表 2－2),来说明资产负债表的结构及其反映的内容。

表 2－2　　资产负债表

编制单位:青岛海尔股份有限公司　　2015 年 12 月 31 日　　单位:元　　币种:人民币

项　目	期末余额	期初余额	项　目	期末余额	期初余额
流动资产:			流动负债:		
货币资金	24 714 814 951.97	31 225 415 815.88	短期借款	1 873 108 241.50	2 291 941 025.91
以公允价值计量且其变动计入当期损益的金融资产	22 069 897.04	103 668 887.71	以公允价值计量且其变动计入当期损益的金融负债	7 707 414.12	42 686.85
应收票据	12 673 651 612.86	16 474 120 740.17	应付票据	11 596 885 346.06	14 243 037 672.77
应收账款	6 141 390 930.87	6 736 377 962.77	应付账款	14 713 516 620.92	15 312 971 646.36
预付款项	556 872 003.39	836 083 992.96	预收款项	3 170 457 870.50	4 336 427 690.63
应收利息	183 731 216.46	178 522 845.11	应付职工薪酬	1 233 544 265.57	1 128 162 573.11
应收股利	85 826 158.26	54 524 472.84	应交税费	909 937 816.09	1 531 384 978.58
其他应收款	478 574 109.77	604 590 457.24	应付利息	15 081 416.34	7 921 318.87
存货	8 559 244 039.09	9 021 640 940.91	应付股利	133 382 009.73	147 312 376.11
其他流动资产	1 451 065 197.30	791 018 741.65	其他应付款	6 056 795 354.04	7 083 921 880.47

续表

项 目	期末余额	期初余额	项 目	期末余额	期初余额
流动资产合计	54 867 240 117.01	66 025 964 857.24	一年内到期的非流动负债	72 898 028.33	7 083 921 880.47
非流动资产：			流动负债合计	39 783 314 383.20	46 083 123 849.66
可供出售金融资产	2 837 318 201.20	1 430 621 348.35	非流动负债：		
长期股权投资	4 958 908 333.93	3 582 596 477.92	长期借款	297 241 293.20	
投资性房地产	3 449 331.95	30 582 852.72	应付债券	1 107 734 516.43	1 800 700 630.05
固定资产	8 420 548 468.52	7 372 658 455.93	长期应付款	59916852.02	
在建工程	1 391 471 823.07	1 341 216 468.78	长期应付职工薪酬	33 209 406.02	24 531 136.34
固定资产清理	74 096 355.04	31 624 205.58	预计负债	1 899 543 637.19	2 251 547 010.98
无形资产	1 453 470 715.09	1 008 290 734.35	递延收益	264 120 554.33	135 707 501.91
开发支出	78 064 195.82	68 341 844.86	递延所得税负债	113 330 102.11	130 113 355.29
商誉	392 484 932.55	74 530 241.86	其他非流动负债		
长期待摊费用	113 053 145.87	106 330 304.35	非流动负债合计	3 775 096 361.30	4 342 599 634.57
递延所得税资产	971 483 089.80	919 731 174.63	负债合计	43 558 410 744.50	50 425 723 484.23
其他非流动资产	399 084 091.53	356 230 677.87	所有者权益：		
非流动资产合计	21 093 432 684.37	16 322 754 787.20	股本	6 123 154 268.00	3 045 935 134.00
			资本公积	83 383 194.51	5 978 787 439.45
			减:库存股	77 604 544.70	47 160 730.00
			其他综合收益	633 183 460.03	577 613 439.63
			盈余公积	2 026 085 301.23	2 024 105 532.62
			未分配利润	13 905 774 481.88	13 029 187 314.71
			归属于母公司所有者权益合计	22 693 976 160.95	24 608 468 130.41
			少数股东权益	9 708 285 895.93	7 314 528 029.80
			所有者权益合计	32 402 262 056.88	31 922 996 160.21
资产总计	75 960 672 801.38	82 348 719 644.44	负债和所有者权益总计	75 960 672 801.38	82 348 719 644.44

法定代表人:梁海山　　　　主管会计工作负责人:宫伟　　　　会计机构负责人:尹文峻

通过表 2—2 可以看到,青岛海尔股份有限公司资产负债表反映的是 2015 年 12 月 31 日这个时点的资产、负债、所有者权益的财务状况。左边列示的是在 2015 年 12 月 31 日,期末资产总额 75 960 672 801.38 元,其中流动资产和非流动资产分别为 54 867 240 117.01 元和 21 093 432 684.37元。右边列示的是在 2015 年 12 月 31 日,期末负债总额 43 558 410 744.5 元,其中流动负债和非流动负债分别是 39 783 314 383.2 元和 3 775 096 361.3 元,期末所有者权益总额是 32 402 262 056.88 元。由此,我们通过初步阅读青岛海尔的资产负债表,可以了解该公司的总体资产状况及其具体构成项目,了解这些资产的资金来源是负债和所有者权益,分别提供多少资金支持,了解负债的构成项目和所有者权益的构成项目的具体情况。因此,通过资产负债表可以一定程度上总括地反映企业全部交易或事项及其影响的结果。下面具体说明资产负债表构成项目的内容,进一步了解资产、负债、所有者权益各构成项目的具体内涵。

二、资产负债表内容

(一)资产类项目

资产负债表左边列示的资产包括流动资产和非流动资产,流动资产又包括货币资金、应收票据等项目,非流动资产包括可供出售金融资产等项目,其排列的顺序是按流动性大小排列。下面我们以青岛海尔的资产负债表中的资产主要项目,介绍其构成具体项目的含义。

(1)货币资金。货币资金是指企业可以动用、立即可以支付的资金。它主要包括库存现金、银行存款和其他货币资金。其他货币资金主要是除了现金和银行存款之外可以用于立即支付的票据如银行本票、银行汇票及存出投资款等项目。如表2－2所示,青岛海尔可以动用的货币资金期末余额为24 714 814 951.97元。

(2)以公允价值计量且其变动计入当期损益的金融资产。本项目内容主要包括交易性金融资产和指定以公允价值计量且其变动计入当期损益的金融资产。交易性金融资产是指以交易为目的而持有的资产,如以赚取差价为目的的股票投资等。这些金融资产变现能力强,一般是企业闲置的资金用于金融市场投资以获取高于银行存款的收益。表2－2所示青岛海尔持有的以公允价值计量且其变动计入当期损益的金融资产期末余额为22 069 897.04元。

(3)应收款项。应收款项包括应收票据、应收账款、应收股利、应收利息、其他应收款等。应收票据是指企业因销售商品或提供劳务等而收到的、尚未到期兑现的商业汇票。应收账款是指企业因销售商品或提供劳务,应向购货单位或提供劳务的单位收取的应收未收取的款项。应收股利是指因股权投资而应收取的现金股利以及应收其他单位的利润。应收利息是指短期债券投资实际支付的价款中包含的已到付息期但尚未领取的债券利息。其他应收款是指企业在商品交易业务以外发生的各种应收、暂付款。表2－2所示青岛海尔的应收票据是12 673 651 612.86元,应收账款金额为6 141 390 930.87元,这两个项目都是因为销售商品或提供劳务而应收取未收的款项,因债券投资而应收的利息金额为183 731 216.46元,应收股利期末余额是85 826 158.26元,其他应收款是478 574 109.77元。

(4)预付款项。预付款项是指由于购买原料等商品而预先支付给供应商的货款。预付款项的支付,会引致原材料等物资的流入,即以后等购入商品后可以用于抵扣商品款,因此作为一项流动资产。表2－2所示青岛海尔由于需要购入原材料等而预先支付的货款有556 872 003.39元。

(5)存货。存货是指企业日常生产经营活动持有的以备出售的产成品或处于生产过程中的在产品,以及为生产过程中耗用的材料和物资等。存货主要包括在途物资(材料采购)、原材料、生产成本、委托加工物资、周转材料、库存商品(产成品)等。表2－2所示青岛海尔持有的存货价值是8 559 244 039.09元。

(6)可供出售金融资产。可供出售金融资产是指没有划分为以公允价值计量且其变动计入当期损益的金融资产、持有至到期投资、贷款和应收款项的非衍生金融资产。可供出售金融资产主要包括可供出售的股票投资、债券投资等金融资产。表2－2所示青岛海尔可供出售金融资产是2 837 318 201.2元。

(7)持有至到期投资。持有至到期投资是指企业购买的准备持有至到期的投资,主要是债券投资。在理解交易性金融资产、可供出售金融资产和持有至到期投资时,要根据管理者的意图和金融资产的分类来决定。表2－2所示青岛海尔没有进行持有至到期投资。

(8)长期股权投资。长期股权投资是指企业通过各种形式对被投资单位进行的股权投资。

表2—2所示青岛海尔对外进行股权投资金额是4 958 908 333.93元。

(9)投资性房地产。投资性房地产是指为了赚取租金或资本增值，或者两者兼顾而持有的房地产，包括土地使用权和房租及建筑物。表2—2所示青岛海尔进行投资性房地产的价值是3 449 331.95元。

(10)固定资产。固定资产是指为生产商品或者提供劳务、出租或经营管理而持有的，使用年限超过一个会计年度的有形资产。例如，机器设备为生产商品而持有，办公用电脑等为经营管理而持有，都是企业的固定资产。表2—2所示青岛海尔固定资产的价值是8 420 548 468.52元。

(11)在建工程。在建工程是指正在建设尚未竣工投入使用的建设项目。其完成之后列入企业固定资产项目。表2—2所示青岛海尔正在建设的工程项目价值是1 391 471 823.07元。

(12)无形资产。无形资产是指企业拥有或控制的没有实物形态的可辨认非货币性资产。无形资产主要包含专利权、非专利技术、商标权、著作权等没有实物形态，但又能够为企业带来经济利益，可以用货币单独计量的资源。表2—2所示青岛海尔无形资产的账面价值是1 453 470 715.09元。

(13)递延所得税资产。递延所得税资产指因暂时性差异而导致的应交所得税额大于所得税费用数额的差额。表2—2所示青岛海尔递延所得税资产是971 483 089.8元。

上述项目反映青岛海尔资产总额的具体构成主要项目情况，流动资产包括货币资金、以公允价值计量且其变动计入当期损益的金融资产、应收及预付款项、存货等项目的具体情况，非流动资产包括可供出售金融资产、长期股权投资、固定资产、在建工程、无形资产等项目的具体情况，只有在了解资产具体构成项目内容的基础上，才能进一步深入分析企业的资产状况。

(二)负债类项目

资产负债表右边列示的负债和所有者权益，负债按偿还期限排列，分为流动负债和非流动负债。下面我们以青岛海尔的资产负债表中负债的主要项目，介绍其构成具体项目的含义。

(1)短期借款。短期借款是指从银行等金融机构借入的、偿还期在一年以内(含一年)的各种借款。表2—2所示青岛海尔借入的一年内应偿还的借款金额是1 873 108 241.5元。

(2)以公允价值计量且其变动计入当期损益的金融负债。以公允价值计量且其变动计入当期损益的金融负债主要是指为了近期内回购而承担的金融负债。表2—2所示青岛海尔以公允价值计量且其变动计入当期损益的金融负债是7 707 414.12元。

(3)应付款项。应付款项主要包括应付票据、应付账款、预收账款。应付票据是指由于企业购买材料、商品或接受劳务而承兑未到期的商业汇票。应付账款是指企业因购买材料商品或接受劳务而应付未付的货款。预收账款是指由于销售材料、商品而预先收取客户的货款。应收票据最长期限超过六个月；应付账款的信用期一般是在一年内需要偿还，具体的期限要根据与供应商的协议确定；预收账款需要用企业的产品偿付。表2—2所示青岛海尔需要偿还的应付票据和应付账款分别是11 596 885 346.06元和14 713 516 620.92元，预收款项为3 170 457 870.5元。

(4)应付职工薪酬。应付职工薪酬是指应付而尚未支付给职工的薪酬。表2—2所示青岛海尔应付职工薪酬为1 233 544 265.57元。

(5)应交税费。应交税费是指应交而未交的各种税款，例如增值税、所得税等。缴纳税款是法定义务，除所得税外，大部分的税款都需要次月缴纳。表2—2所示青岛海尔应交税费是909 937 816.09元。

(6)应付利息和应付股利。应付利息主要是指企业应付未付的债券等利息。应付股利是指应支付给投资者的股利或利润。表2—2所示青岛海尔应付利息和应付股利分别为15 081 416.34元和133 382 009.73元。

(7)其他应付款。其他应付款是指企业购买商品或接受劳务之外发生的应付和暂收款项。表2—2所示青岛海尔其他应付款是6 056 795 354.04元。

(8)长期借款。长期借款是指从银行等金融机构借入的偿还期超过一年的各种借款。表2—2所示青岛海尔借入长期借款是297 241 293.2元。

(9)应付债券。应付债券是指企业发行的一年以上的债券本金及其应计利息。表2—2所示青岛海尔发行债券而应支付的价值是1 107 734 516.43元。

(10)长期应付款。长期应付款是指各种期限在一年以上的应付而未付的款项,主要包括应付融资租赁款和分期付款购入固定资产应付款等。表2—2所示青岛海尔长期应付款是59 916 852.02元。

(11)预计负债。预计负债指满足会计准则规定条件的、与或有事项相关的义务。所谓或有事项,是指过去的交易或事项形成的、其结果必须由某些未来事项的发生或不发生才能决定的不确定事项,如预计的售后维修费用等。表2—2所示青岛海尔预计负债是1 899 543 637.19元。

(12)递延收益。递延收益是指尚未确认的收入或收益。等收益或收入确认的时候,再转入收入或收益。本项目的负债实际上是无须偿还的,是权责发生制在收益确认上的运用。表2—2所示青岛海尔递延收益是264 120 554.33元。

(13)递延所得税负债。递延所得税负债是指因暂时性差异而导致的应交所得税数额小于所得税费用数额的差额,其影响以后各期所得税费用。表2—2所示青岛海尔递延收益是113 330 102.11元。

上述项目反映青岛海尔负债总额的具体项目构成情况,流动负债包括短期借款、应付票据、应付账款、应付职工薪酬、应交税费等项目的具体情况,非流动负债包括长期借款、应付债券、长期应付款、递延所得税等项目的具体情况,只有在了解负债具体构成项目内容的基础上,才能进一步深入分析企业的负债状况。

(三)所有者权益类项目

资产负债表右边列示的负债和所有者权益,所有者权益分为资本和留存收益。资本范畴包括实收资本(股本)和资本公积,留存收益包括盈余公积和未分配利润。下面我们以青岛海尔的资产负债表中所有者权益的主要项目,介绍其构成具体项目的含义。

(1)股本或者实收资本。股本是投资者购买股份公司股票的面值部分,实际支付的款项超过面值的部分列入资本公积。表2—2所示青岛海尔股本是6 123 154 268元。

(2)资本公积。资本公积是指盈利之外的公共资本积累,包括股票溢价、法定财产重估增值、接受捐赠的资产价值等。表2—2所示青岛海尔资本公积是83 383 194.51元。

(3)盈余公积。盈余公积是指根据法律法规要求或企业自身发生需要,从税后利润提取一定比例的利润累积。盈余公积包含法定盈余公积和任意盈余公积。表2—2所示青岛海尔盈余公积为2 026 085 301.23元。

(4)未分配利润。未分配利润是指企业历年已实现利润累计尚未分配的部分。表2—2所示青岛海尔未分配利润是13 905 774 481.88元。

上述项目反映青岛海尔所有者权益总额的具体项目构成情况,包含了资本部分的股本和资本公积，留存收益部分的盈余公积和未分配利润，只有在了解所有者权益的具体构成项目内容的基础上，才能进一步深入分析企业的所有者权益状况。

第三节　阅读利润表

利润表是反映企业某一特定期间经营成果的报表，又称为损益类。利润表反映的内容是经营资金循环的动态表现，即一定时期内的收入、费用、利润。因此，利润表是动态报表。

通过利润表，可以了解企业经营业绩的主要来源和构成的信息，即某一特定期间企业的收入实现情况、费用耗费情况、生产经营活动的成果。将利润表中的信息与资产负债表中的信息相结合，还可以提供财务分析的基本资料，便于报表信息使用者判断企业未来的发展趋势，作出正确的经济决策。

一、利润表的结构

我国利润表采用多步式利润表形式，如表 2－3 所示：

表 2－3　　利润表

会企 02 表

编制单位：　　年　　单位：元

项　目	本期金额	上期金额
一、营业收入		
减：营业成本		
营业税金及附加		
销售费用		
管理费用		
财务费用		
资产减值损失		
加：公允价值变动收益（损失以“－”号填列）		
投资收益（损失以“－”号填列）		
其中：对联营企业和合营企业的投资收益		
二、营业利润（亏损以“－”号填列）		
加：营业外收入		
其中：非流动资产处置利得		
减：营业外支出		
其中：非流动资产处置损失		
三、利润总额（亏损总额以“－”号填列）		
减：所得税费用		
四、净利润（净亏损以“－”号填列）		

续表

项　目	本期金额	上期金额
五、其他综合收益的税后净额		
(一)以后不能重分类进损益的其他综合收益		
1. 重新计量设定受益计划净负债或净资产的变动		
2. 权益法下在被投资单位不能重分类进损益的其他综合收益中享有的份额		
(二)以后将重分类进损益的其他综合收益		
1. 权益法下在被投资单位以后将重分类进损益的其他综合收益中享有的份额		
2. 可供出售金融资产公允价值变动损益		
3. 持有至到期投资重分类为可供出售金融资产损益		
4. 现金流量套期损益的有效部分		
5. 外币财务报表折算差额		
……		
六、综合收益总额		
七、每股收益		
(一)基本每股收益		
(二)稀释每股收益		

由表2—3可见,首先,从营业收入开始,营业收入分别扣除营业成本、营业税金及附加、销售费用、管理费用、财务费用等项目后,加上投资收益,计算出营业利润,反映企业营业利润的构成情况。其次,在营业收入的基础上加上营业外收入减去营业外支出,得出企业的利润总额,反映企业经营的最终成果。最后,在利润总额中扣除所得税费用,即得到企业的净利润,并考虑其他综合收益的影响,最终确定综合收益总额。

下面我们以青岛海尔2015年的利润表(见表2—4),来说明利润表的结构及其反映的内容。

表2—4 **利润表**

2015年　　单位:元　币种:人民币

项　目	本期发生额	上期发生额
一、营业总收入	89 748 320 410.91	96 929 763 894.36
其中:营业收入	89 748 320 410.91	96 929 763 894.36
二、营业总成本	84 526 081 762.99	89 934 380 570.26
其中:营业成本	64 658 463 207.53	70 170 401 158.93
营业税金及附加	397 251 039.85	404 547 062.67
销售费用	13 101 282 436.95	12 579 781 619.54

续表

项 目	本期发生额	上期发生额
管理费用	6 549 193 839.44	6 813 114 797.83
财务费用	−498 120 405.83	−256 648 580.46
资产减值损失	318 011 645.05	223 184 511.75
加:公允价值变动收益(损失以"−"号填列)	−90 223 059.50	112 363 366.12
投资收益(损失以"−"号填列)	1 320 302 216.61	1 192 580 008.87
其中:对联营企业和合营企业的投资收益		
汇兑收益(损失以"−"号填列)		
三、营业利润(亏损以"−"号填列)	6 452 317 805.03	8 300 326 699.09
加:营业外收入	618 457 263.82	378 335 366.09
其中:非流动资产处置利得		
减:营业外支出	95 916 162.05	102 273 976.56
其中:非流动资产处置损失		
四、利润总额(亏损总额以"−"号填列)	6 974 858 906.80	8 576 388 088.62
减:所得税费用	1 052 769 417.97	1 527 486 745.62
五、净利润(净亏损以"−"号填列)	5 922 089 488.83	7 048 901 343.00
归属于母公司所有者的净利润	4 300 760 542.82	5 337 541 039.32
少数股东损益	1 621 328 946.01	1 711 360 303.68
六、其他综合收益的税后净额	73 297 094.11	511 746 848.93
归属于母公司所有者的其他综合收益的税后净额	55 715 670.67	412 138 693.29
(一)以后不能重分类进损益的其他综合收益	−6 265 217.22	22 971 042.62
1. 重新计量设定受益计划净负债或净资产的变动	−6 265 217.22	22 971 042.62
2. 权益法下在被投资单位不能重分类进损益的其他综合收益中享有的份额		
(二)以后将重分类进损益的其他综合收益	61 980 887.89	389 167 650.67
1. 权益法下在被投资单位以后将重分类进损益的其他综合收益中享有的份额	39 584 241.91	40 068 730.03
2. 可供出售金融资产公允价值变动损益	33 989 723.80	322 632 665.08
3. 持有至到期投资重分类为可供出售金融资产损益		
4. 现金流量套期损益的有效部分		
5. 外币财务报表折算差额	−11 593 077.82	26 466 255.56
6. 其他		
归属于少数股东的其他综合收益的税后净额	17 581 423.44	99 608 155.64
七、综合收益总额	5 995 386 582.94	7 560 648 191.93

续表

项　目	本期发生额	上期发生额
归属于母公司所有者的综合收益总额	4 356 476 213.49	5 749 679 732.61
归属于少数股东的综合收益总额	1 638 910 369.45	1 810 968 459.32
八、每股收益		
(一)基本每股收益(元/股)	0.705	0.933
(二)稀释每股收益(元/股)	0.705	0.932

法定代表人:梁海山　　主管会计工作负责人:宫伟　　会计机构负责人:尹文峻

通过表2—4可以看到,青岛海尔利润表反映的是2015年这个时期的经营情况。基本每股收益是0.705元,综合收益总额是5 995 386 582.94元,主要是由净利润5 922 089 488.83元产生的,净利润是由利润总额6 974 858 906.80元扣除所得税费用1 052 769 417.97元得到的。利润总额来源于营业利润6 452 317 805.03元,营业外收入618 457 263.82元,营业外支出95 916 162.05元。

下面具体说明利润表主要构成项目的内容,进一步了解收入、费用、利润各主要构成项目的具体内涵。

二、利润表内容

(一)营业利润

(1)营业收入。营业收入是指日常活动形成的收入,包括主营业务收入和其他业务收入,反映企业经营过程中产生的收入总额。表2—4所示青岛海尔本期营业收入是89 748 320 410.91元。

(2)营业成本。营业成本是企业经营过程中主要业务和其他业务发生的实际成本,即主营业务收入和其他业务收入对应的成本。表2—4所示青岛海尔本期营业成本是84 526 081 762.99元。

(3)税金及附加。税金及附加是指在生产经营过程中,企业应负担的消费税、城市维护建设税、资源税、土地增值税和教育费附加等税费,不包括承担的所得税费用。表2—4所示青岛海尔本期负担的税费是397 251 039.85元。

(4)销售费用。销售费用是指企业在经营中为销售而发生的各项费用。例如广告费、销售部门各项费用、展览费、业务宣传费用等项目。销售费用反映为获取营业收入而投入的销售经费情况。表2—4所示青岛海尔本期销售费用是13 101 282 436.95元。

(5)管理费用。管理费用是指企业行政管理部门为组织和管理经营活动而发生的各项费用。例如管理部门办公费、招待费、审计咨询费、研究开发费用等项目。表2—4所示青岛海尔本期管理费用是6 549 193 839.44元。

(6)财务费用。财务费用是指企业在筹集资金过程中发生的各项费用。财务费用包括利息支出、利息收入、现金折扣、金融手续费用、汇兑损益等内容。表2—4所示青岛海尔本期财务费用是—498 120 405.83元。

(7)资产减值损失。资产减值损失是指企业的各项资产减值准备所形成的损失。该项目反映企业资产价值的减少状况。谨慎性原则要求资产不应高估,因此,当资产发生减值的时候,要求计提减值准备。一般情况下长期资产的减值一旦计提是不允许再转回去的,但流动资产中应收账款可以转回，存货的减值有条件转回。表 2—4 所示青岛海尔本期资产减值损失是 318 011 645.05 元。

(8)投资收益。投资收益是指对外投资所取得的利润、股利和债券利息等净收益，包括短期投资和长期投资所获得的收益。对外投资如果是负数就代表对外投资的损失。表 2—4 所示青岛海尔本期投资收益是 1 320 302 216.61 元。

(二)营业外收支

(1)营业外收入。营业外收入是指企业在生产经营活动之外形成的收入，主要包括固定资产处置净收益、罚款收入、政府补助收入等。营业外收入是非日常活动中取得的，所以一般其持续性较差，企业利润主要来源应依靠营业利润的增加，而不是营业外收入的增加。表 2—4 所示青岛海尔本期营业外收入是 618 457 263.82 元。

(2)营业外支出。营业外支出是指企业在生产经营活动之外形成的支出，主要包括固定资产处置净损失、捐赠支出、罚款支出、债务重组损失等。营业外支出与营业外收入没有直接的关系，是非日常活动中产生的偶然性交易或事项。表 2—4 所示青岛海尔本期营业外支出是 95 916 162.05 元。

(三)所得税费用

所得税费用是指企业应承担的所得税。但这个项目的金额与实际缴纳的所得税往往是不一致的。其主要原因是税法对于资产、负债的计税基础和财务会计的规定不一致导致的。所得税费用是在应交所得税基础上加减递延所得税资产或负债得出的。表 2—4 所示青岛海尔本期所得税费用是 1 052 769 417.97 元。

(四)综合收益

综合收益是指企业在一定期间除以所有者身份进行的交易之外的其他交易或事项所引起的所有者权益变动。综合收益总额项目反映净利润和其他综合收益扣除所得税影响后的净额相加后的合计金额。其他综合收益指企业根据其他会计准则未在当期损益中确认的各项利得和损失。表 2—4 所示青岛海尔本期其他综合收益是 73 297 094.11 元，综合收益总额是 5 995 386 582.94元。

上述各项目反映青岛海尔利润的主要项目构成情况，包括营业收入和营业外收入以及各项支出的情况，只有在了解利润表的具体构成项目内容的基础上，才能进一步深入分析企业的经营状况。

第四节　阅读现金流量表

现金流量表是反映企业某一特定期间现金和现金等价物流入和流出情况的报表。它是以现金收支为基础(收付实现制为基础)编制的财务状况表。

现金是企业的生存之本，是企业的血液。通过现金流量表，可以了解企业有关现金流量方面的信息，即某一特定日期现金收入、现金支出的情况。报表信息使用者可以通过现金流量表了解企业偿还债务及支付企业所有者投资报酬的能力，可以了解企业现金收支产生差异的原因，了解企业未来获取现金的能力，了解当期的现金与非现金投资和理财事项对企业财务状况的影响，进而为报表信息使用者提供与决策相关的信息。

一、现金流量表的结构

资产负债表和利润表都不能反映一个企业的真实现金流动状况，只有现金流量表才能反

映企业的现金流量状况,因此,现金流量表是资产负债表和利润表的重要补充资料。我国现金流量表的格式如表 2—5 所示:

表 2—5 **现金流量表**

编制单位 年 单位:元

项　目	行次	本期金额	上期金额
一、经营活动产生的现金流量	1		
销售商品、提供劳务收到的现金	2		
收到的税费返还	3		
收到的其他与经营活动相关的现金	4		
经营活动现金流入小计	5		
购买商品、接受劳务支付的现金	6		
支付给职工以及为职工支付的现金	7		
支付的各项税费	8		
支付其他与经营活动有关的现金	9		
经营活动现金流出小计	10		
经营活动产生的现金流量净额	11		
二、投资活动产生的现金流量	12		
收回投资收到的现金	13		
取得投资收益收到的现金	14		
处置固定资产、无形资产和其他长期资产收回的现金净额	15		
处置子公司及其他营业单位收到的现金净额	16		
收到其他与投资活动有关的现金	17		
投资活动现金流入小计	18		
购建固定资产、无形资产和其他长期资产所支付的现金	19		
投资支付的现金	20		
取得子公司及其他营业单位支付的现金净额	21		
支付其他与投资活动有关的现金	22		
投资活动现金流出小计	23		
投资活动产生的现金流量净额	24		
三、筹资活动所产生的现金流量	25		
吸收投资收到的现金	26		
取得借款收到的现金	27		
收到其他与筹资活动有关的现金	28		
筹资活动现金流入小计	29		

续表

项 目	行次	本期金额	上期金额
偿还债务支付的现金	30		
分配股利、利润或偿付利息支付的现金	31		
支付其他与筹资活动有关的现金	32		
筹资活动现金流出小计	33		
筹资活动产生的现金流量净额	34		
四、汇率变动对现金及现金等价物的影响	35		
五、现金及现金等价物的净增加额	36		
加:期初现金及现金等价物余额	37		
六、期末现金及现金等价物余额	38		

由表2—5可见,现金流量表包括六个部分:经营活动产生的现金流量、投资活动产生的现金流量、筹资活动产生的现金流量、汇率变动对现金及现金等价物的影响、现金及现金等价物净增加额、期末现金及现金等价物余额。

下面以我国上市公司青岛海尔2015年的现金流量(见表2—6),来说明现金流量表的结构及其反映的内容。

表2—6 **现金流量表**

2015年 单位:元 币种:人民币

项 目	本期发生额	上期发生额
一、经营活动产生的现金流量		
销售商品、提供劳务收到的现金	110 869 088 852.15	102 934 215 503.17
收到的税费返还	612 217 878.12	374 918 483.82
收到其他与经营活动有关的现金	985 008 101.39	758 897 048.75
经营活动现金流入小计	112 466 314 831.66	104 068 031 035.74
购买商品、接受劳务支付的现金	81 161 991 549.29	73 667 726 571.88
支付给职工以及为职工支付的现金	7 864 497 365.88	7 522 736 415.84
支付的各项税费	7 272 435 363.68	6 271 581 316.51
支付其他与经营活动有关的现金	10 587 789 939.88	9 836 625 433.16
经营活动现金流出小计	106 886 714 218.73	97 298 669 737.39
经营活动产生的现金流量净额	5 579 600 612.93	6 769 361 298.35
二、投资活动产生的现金流量		
收回投资收到的现金	1 053 008 693.06	11 578 295.58
取得投资收益收到的现金	108 134 781.31	70 236 329.50

续表

项　目	本期发生额	上期发生额
处置固定资产、无形资产和其他长期资产收回的现金净额	11 208 475.16	98 915 961.08
处置子公司及其他营业单位收到的现金净额	498 099 921.65	404 649 672.19
收到其他与投资活动有关的现金	10 972 523.38	43 084 247.15
投资活动现金流入小计	1 681 424 394.56	628 464 505.50
购建固定资产、无形资产和其他长期资产支付的现金	2 491 741 022.92	2 269 936 328.78
投资支付的现金	3 709 219 060.70	1 864 948 812.60
质押贷款净增加额		
取得子公司及其他营业单位支付的现金净额	5 672 266 259.21	
支付其他与投资活动有关的现金	81 601 742.20	132 857 621.10
投资活动现金流出小计	11 954 828 085.03	4 267 742 762.48
投资活动产生的现金流量净额	－10 273 403 690.47	－3 639 278 256.98
三、筹资活动产生的现金流量		
吸收投资收到的现金	342 479 145.89	7 110 116 929.58
其中:子公司吸收少数股东投资收到的现金		
取得借款收到的现金	6 603 489 224.90	6 697 670 732.73
发行债券收到的现金		
收到其他与筹资活动有关的现金	17 063 242.50	
筹资活动现金流入小计	6 963 031 613.29	13 807 787 662.31
偿还债务支付的现金	6 939 990 302.96	5 074 669 053.08
分配股利、利润或偿付利息支付的现金	1 764 209 204.58	1 490 783 422.99
其中:子公司支付给少数股东的股利、利润		
支付其他与筹资活动有关的现金	154 442 801.98	88 598 125.53
筹资活动现金流出小计	8 858 642 309.52	6 654 050 601.60
筹资活动产生的现金流量净额	－1 895 610 696.23	7 153 737 060.71
四、汇率变动对现金及现金等价物的影响	151 920 567.09	－137 950 662.95
五、现金及现金等价物净增加额	－6 437 493 206.68	10 145 869 439.13
加:期初现金及现金等价物余额	31 120 319 710.77	20 974 450 271.64
六、期末现金及现金等价物余额	24 682 826 504.09	31 120 319 710.77

法定代表人:梁海山　　主管会计工作负责人:宫伟　　会计机构负责人:尹文峻

通过表 2－6 可以看到，青岛海尔现金流量表反映的是 2015 年现金流量的情况。本期期末现金及现金等价物余额为 24 682 826 504.09 元，现金及现金等价物净增加额为－6 437 493 206.68元，其经营活动产生的现金流量净额为 5 579 600 612.93 元，投资活动产生的现金流量净额为－10 273 403 690.47 元，筹资活动产生的现金流量净额为－1 895 610 696.23元，汇率变动对现金及现金等价物的影响为 151 920 567.09 元。通过阅读青岛海尔的现金流量表，可以了解该公司的总体现金流量状况及其变化的原因，了解导致现金及现金等价物流出的主要原因是投资活动和筹资活动产生的现金流出额，要想进一步了解其现金状况，就需要我们再进一步了解各种活动现金及现金等价物流入流出构成项目的具体内容。

二、现金流量表的内容

(一)经营活动产生的现金流量

经营活动是指企业投资活动和筹资活动以外的所有交易和事项。在现金流量表中，经营活动产生的现金流量分为经营活动产生的现金流入和流出分别列示。经营活动产生的现金流量是影响企业现金流量的最重要因素，也反映了经营过程中创造现金的能力。

1. 经营活动产生的现金流入

经营活动产生的现金流入量包括三个方面：第一，销售商品、提供劳务收到的现金是反映本期销售商品、提供劳务收到的现金，以及前期销售商品、提供劳务本期收到的现金，也包括本期预收的货款，减去本期和前期销售退回的商品支付的现金，本项目应是企业现金流入的主要来源。表 2－6 所示青岛海尔本期销售商品、提供劳务收到的现金是 110 869 088 852.15 元。第二，收到的税费返还是反映本期收到返还的增值税、消费税、所得税、城市维护建设税等各种税费，体现了企业在税收方面通过优惠政策所获得的税额。表 2－6 所示青岛海尔本期收到的税费返还是 612 217 878.12 元。第三，收到其他与经营活动有关的现金是反映企业本期收到的罚款收入、捐赠收入等其他与经营活动有关的现金流入额。此项目发生具有一定的偶然性。表 2－6 所示青岛海尔本期收到其他与经营活动有关的现金是 985 008 101.39 元。

2. 经营活动产生的现金流出

经营活动产生的现金流出包括四个方面：第一，购买商品、接受劳务支付的现金是反映本期购买商品、接受劳务实际支付的现金，以及本期支付前期和本期预付后期购买商品、接受劳务的款项，减去本期发生的退货收到的现金。本项目应是企业现金流出的主要方面。表2－6 所示青岛海尔本期购买商品、接受劳务支付的现金是 81 161 991 549.29 元。第二，支付给职工以及为职工支付的现金是反映本期实际支付给职工的工资、奖金、各种津贴和补贴等职工薪酬(不包括在建工程、无形资产以及离退休人员的职工薪酬)，本项目也是企业现金流出的主要方面。表 2－6 所示青岛海尔本期支付给职工以及为职工支付的现金是 7 864 497 365.88 元。第三，支付的各项税费是反映本期或前期发生的本期支付的消费税、城建税等税费。表2－6所示青岛海尔本期支付的各项税费是 7 272 435 363.68 元。第四，支付其他与经营活动有关的现金是反映企业的罚款支出、支付的差旅费、招待费、保险费等其他与经营活动有关的现金流出。表 2－6 所示青岛海尔本期支付其他与经营活动有关的现金是 10 587 789 939.88 元。

(二)投资活动产生的现金流量

投资活动是指企业长期资产的购建和不包括在现金等价物范围内的投资及其处置活动。有必要说明一下，这里的投资活动与财务会计上所讲的“投资”不是一个概念，这里的投资包括企业内部投资(例如对固定资产的投资),也包括企业对外投资。投资活动产生的现金流量分为投资活动产生的现金流入和流出分别列示。

1. 投资活动产生的现金流入

投资活动产生的现金流入包括五个方面:第一,收回投资收到的现金是反映企业出售、转让或到期收回现金等价物以外的交易性金融资产、长期股权投资而收到的现金,以及收回长期债权资本而收到的现金,但长期债权投资收回的利息除外。表2—6所示青岛海尔本期收回投资收到的现金是1 053 008 693.06元。第二,取得投资收益收到的现金是反映企业投资股权或债权而收到的现金股利或利息收入。表2—6所示青岛海尔本期取得投资收益收到的现金是108 134 781.31元。第三,处置固定资产、无形资产和其他长期资产收回的现金净额是反映企业处置固定资产、无形资产和其他长期资产所取得现金减去处置这些资产而支付的有关费用后的净额。本项目一般是偶然性发生事项。表2—6所示青岛海尔本期发生处置固定资产、无形资产和其他长期资产收回的现金是11 208 475.16元。第四,处置子公司或其他营业单位收到的现金净额是反映处置被投资单位取得的现金净额。表2—6所示青岛海尔本期发生处置子公司或其他营业单位收到的现金净额是498 099 921.65元。第五,收到其他与投资活动有关的现金是反映企业除上述各项目外,收到的其他与经营活动有关的现金。表2—6所示青岛海尔本期收到其他与投资活动有关的现金是10 972 523.38元。

2. 投资活动产生的现金流出

投资活动产生的现金流出包括四个方面:第一,购建固定资产、无形资产和其他长期资产支付的现金是反映企业购买、建造固定资产,取得无形资产和其他长期资产所支付的现金。本项目表明企业扩大再生产能力的强弱,一定程度上揭示企业未来的经营方向。表2—6所示青岛海尔本期购建固定资产、无形资产和其他长期资产支付的现金是2 491 741 022.92元。第二,投资支付的现金是反映企业对被投资单位进行股权或债权的投资所支付的现金。本项目表明企业参与资本市场运作、实施股权及债权投资能力的强弱。表2—6所示青岛海尔本期投资支付的现金是3 709 219 060.70元。第三,取得子公司及其他营业单位支付的现金净额是反映企业购买被投资单位以现金支付的部分。表2—6所示青岛海尔本期发生取得子公司及其他营业单位支付的现金是5 672 266 259.21元。第四,支付其他与投资活动有关的现金是反映企业除上述各项目外,与投资活动有关的现金流出。表2—6所示青岛海尔本期发生支付其他与投资活动有关的现金是81 601 742.2元。

(三)筹资活动产生的现金流量

筹资活动是指导致企业资本及债务规模和构成发生变化的活动,既包括股权性资金的筹资,也包括债权性资金的筹集。本项目也分为筹资活动产生的现金流入和流出分别列示。

1. 筹资活动产生的现金流入

筹资活动产生的现金流入包括三个方面:第一,吸收投资收到的现金是反映企业以债券或股权等方式筹集的实际收到的资金净额。本项目体现企业通过资本市场获取资金的能力。表2—6所示青岛海尔本期吸收投资收到的现金是342 479 145.89元。第二,取得借款收到的现金是反映企业通过向银行等金融机构借入贷款的现金。表2—6所示青岛海尔本期取得借款收到的现金是6 603 489 224.9元。第三,收到其他与筹资活动有关的现金是指企业除上述两个项目外,其他收到与筹资活动有关的现金。表2—6所示青岛海尔本期收到其他与筹资活动有关的现金是17 063 242.5元。

2. 筹资活动产生的现金流出

筹资活动产生的现金流出包括三个方面：第一，偿还债务支付的现金是反映企业以现金偿还债务的本金。表2—6所示青岛海尔本期发生偿还债务支付的现金是6 939 990 302.96元。第二，分配股利、利润或偿付利息支付的现金是反映企业实际支付给投资者和债权人的现金股利或利息。表2—6所示青岛海尔本期分配股利、利润或偿付利息支付的现金是1 764 209 204.58元。第三，支付其他与筹资活动有关的现金是企业除上述项目外，其他与筹资活动相关的现金支出。表2—6所示青岛海尔本期支付其他与筹资活动有关的现金是154 442 801.98元。

(四)汇率变动对现金及现金等价物的影响

汇率变动对现金及现金等价物的影响是指企业外币现金流量及境外子公司的现金流量折算成记账本位币时，所采用的是现金流量发生日的汇率或即期汇率的近似汇率，而现金流量表"现金及现金等价物净增加额"项目中外币现金净增加额是按资产负债表日的即期汇率折算的。这两者的差额即为汇率变动对现金的影响。表2—6所示青岛海尔本期汇率变动对现金及现金等价物的影响是151 920 567.09元。

通过对上述各项目的了解，可以看出本期现金及现金等价物的净额是流出的，主要原因是投资活动投资支付的现金金额较大和筹资活动中分配股利、利润或偿付利息支付的现金金额较大。只有深入了解现金流量的各项目具体内容，才能进一步深入分析企业现金流量的状况。

第五节　会计报表附注

附注是对资产负债表、利润表、现金流量表等报表中列示项目的文字描述或明细资料，以及对未能在这些报表中列示项目的说明等。这是因为，财务报表是按照会计程序和方法采用通用的报表形式编制的，财务报表各个组成项目是采用简明易懂的原则设置的，但是有些项目本身仅仅用金额来反映，无法完整、清楚地反映其实际的状况，可能使信息使用者产生误解，因此需要对可能引起使用者的理解产生歧义的部分再用文字加以说明。会计报表附注是财务报表的重要组成部分。以上市公司为例，通过会计报表附注，我们可以了解以下信息：

(1)公司简介：了解公司的行业特征及其业务性质和主要经济活动。

(2)主要会计政策：了解公司如何编制财务报表；公司的会计政策是否发生重大调整；公司所采用的会计政策、会计方法和会计估计与同行业的主要竞争对手相比是否存在明显差异。

(3)主要税项和税率：了解公司的涉税事项，诊断其税务健康状况。

(4)控股公司和合营公司：了解公司存在哪些控股公司和合营公司。这是理解和把握公司的关联方关系及其交易的基础。

(5)合并会计报表主要项目注释：合并会计报表是对公司及其下属所有存在控制关系的单位的综合反映。通过层层汇总，会计信息逐步演化为数字的堆积，导致这些数字越来越抽象。只有通过分析合并会计报表主要项目的注释才能拨开"层层迷雾"，理解会计数字背后的经济实质。

(6)母公司会计报表主要项目注释：母公司会计报表只反映母公司的情况。同样地，只有分析其会计报表主要项目注释，才能理解会计数字背后的经济实质。

(7)分行业资料：如果涉及多个行业，且这些行业差异性较大，仅从合并会计报表难以了解公司的全貌。因为合并会计报表抽象掉了行业特征,通过分析分行业资料,才能还原其本来面目。

(8)关联方关系及其交易:关联方和关联交易是公司经营过程中必然发生的一种现象。关联方交易可能粉饰财务报表。了解关联方关系及其交易有助于识别财务报表粉饰的内容。

(9)或有事项和承诺事项:或有事项和承诺事项(如担保),对公司的潜在影响非常大。了解公司存在哪些或有事项和承诺事项对报表信息使用者具有重要的意义。

(10)资产负债表日后事项:公司披露年度报告的时间一定是在资产负债表日(12月31日)之后,在资产负债表日到年度报告披露日之间的公司经济活动并没有停止。如果在披露年度报告时已经发生,但不属于年度报告反映的事项,这种事项就属于资产负债表日后事项。关注资产负债表日后事项,可能会获取重要信息,甚至会对现有的财务状况作出不同的判断。

(11)债务重组:债务重组可能改变公司的财务状况,了解债务重组才能把握公司的财务状况。

(12)审计报告:尽管审计报告的功效备受质疑,但审计报告毕竟是独立的第三方审查作出的报告,因此,审计意见对于理解财务报表具有一定的参考价值。

总之,通过会计报表附注了解企业会计政策,报表信息使用者才能真正理解和体会财务报表上每个数字背后的经济实质,正确解读会计数字背后隐含的经济含义。

本章小结

财务报告是会计信息的载体。财务报告包括财务报表和其他财务情况说明书,财务报表包括会计报表和会计报表附注,其中会计报表至少应当包括资产负债表、利润表和现金流量表等,附注主要是对报表中的一些可能影响投资者作出判断的项目加以说明。

资产负债表反映企业某一特定日期的财务状况,它的理论依据是资产=负债+所有者权益。左边列示的是资产总额及其具体构成项目,右边列示的是负债及所有者权益的总额及其具体构成项目。通过资产负债表可以了解企业的资产和负债由哪些项目构成及所有者权益的构成情况,为进一步分析企业的财务状况提供基本的信息。

利润表反映企业一定期间的经营成果情况。利润采用多步式计算,通过阅读利润表,可以了解到企业的经营状况,产生多少营业收入及对应的营业成本是多少,税金及附加缴纳了多少,销售费用、管理费用、财务费用等费用支出了多少,形成了多少净利润,以及其他综合收益有多少,并最终使企业综合收益增加了多少。通过利润表可以了解企业利润的主要来源。

现金流量表反映企业一定期间的现金流量情况。现金流量表主要从经营活动、投资活动、筹资活动的角度反映企业的现金流量状况。通过现金流量表可以了解企业现金流入与流出的主要来源,为进一步分析企业整体运行状况奠定了基础。

本章结构图

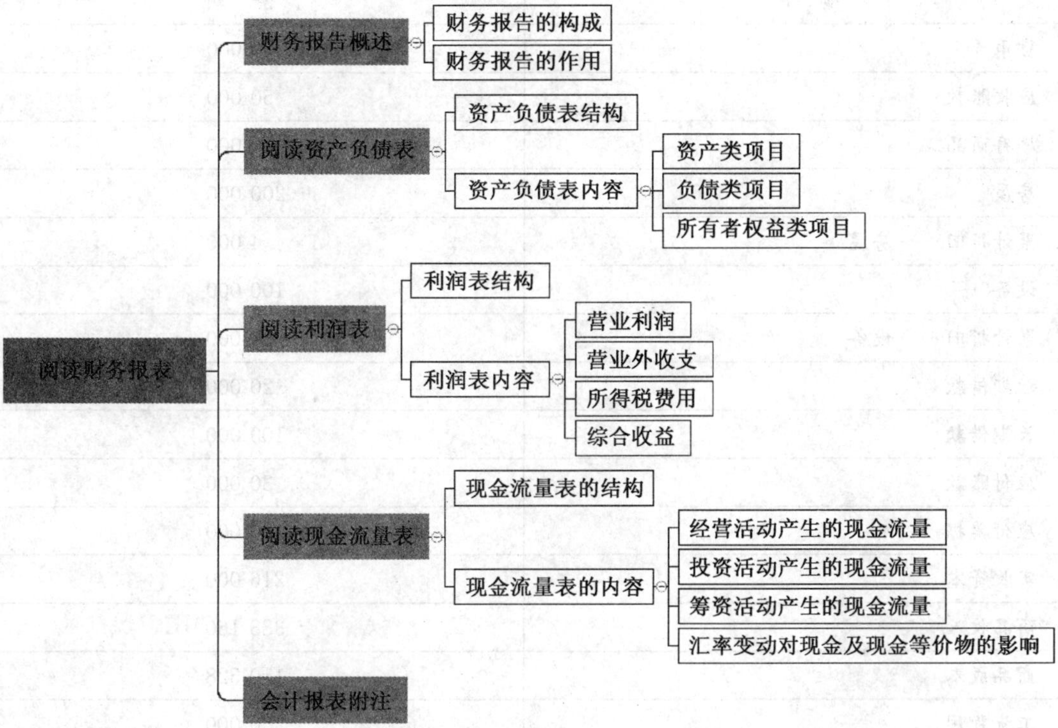

思考题

1. 财务会计报告的作用是什么？
2. 资产负债表的结构是什么样的？
3. 通过资产负债表可以初步获取企业的哪些信息？
4. 利润表的结构是什么样的？
5. 通过利润表可以初步获取企业的哪些信息？
6. 现金流量表的结构是什么样？
7. 通过现金流量表可以初步获取企业的哪些信息？
8. 会计报表附注有什么作用？

业务题

1. 南京明发公司在 2016 年年初的负债总额为 25 000 元，2016 年末的负债总额为 20 000 元。该企业 2016 年年末的所有者权益总额为 30 000 元，2016 年年末的资产总额比 2016 年年初资产总额多了 10 000 元。假设资本投入的数额比利润分配的数额多 4 000 元。

根据上述资料，要求：

(1)计算南京明发公司 2016 年度的利润。

(2)既然根据前后两期资产负债表就可以计算出当期利润，为什么还要编制利润表呢？

2. 福州大力公司于2016年1月1日创立,到2016年12月31日,其有关账户余额如表2—7所示:

表2—7　福州大力公司账户余额表

2016年12月31日

项　目	余　额
货币资金	30 000
应收账款	50 000
库存商品	10 000
房屋	200 000
累计折旧——房屋	4 000
设备	100 000
累计折旧——设备	10 000
短期借款	20 000
长期借款	100 000
应付账款	30 000
应付票据	10 000
实收资本	216 000
商品收入	388 160
商品成本	110 528
工资费用	50 000
电话费用等办公费用	20 000
广告费用	30 000

根据上述资料,要求:

(1)编制福州大力公司2016年度的资产负债表和利润表。

(2)计算福州大力公司2016年12月31日的未分配利润。

网络习题

登录上海证券交易所(http://www.sse.com.cn)网站,选择一家上市公司的2016年度财务报告,以其为样本回答以下问题:

1. 该公司2016年12月31日的资产总额、负债总额和所有者权益总额分别是多少?

2. 该公司2016年度的营业收入、营业成本、公允价值变动损益、资产减值损失、营业利润、利润总额、净利润分别是多少?

3. 该公司2016年度经营活动、投资活动、筹资活动产生的现金流入量和现金流出量分别是多少?

第三章　会计信息生成程序

学习目标

1. 理解会计基本假设和会计对象
2. 理解会计要素的分类和会计恒等式
3. 掌握借贷记账法的运用
4. 理解会计信息生成过程

引例

吴晓敏与好友林轩晨各投入 300 000 元成立福州民兴信息科技有限公司，在 12 月 30 日这一天，该公司有银行存款 200 000 元，库存现金 10 000 元，存货 500 000 元，笔记本电脑两台价值 10 000 元，一台价值 150 000 元的车辆，同时，欠银行借款 40 000 元，欠供应商的货款 80 000元。另外，该公司有 3 名员工，是公司最有价值的资源。

在 12 月 31 日，企业又用银行存款 100 000 元购买了一台税控机。

请问：

1. 公司的车辆是属于投资者个人的还是公司所有？
2. 你能分辨出案例中哪些是公司的“资产”、“负债”和“所有者权益”吗？
3. 如果请你记账，那么你将如何记录该公司 12 月 31 日这天的经济事项？
4. 上述经济事项的发生，公司的“资产”、“负债”和“所有者权益”会发生变化吗？如何变化？

第一节　会计基本理论知识

一、会计基本假设

会计信息是企业通过一系列会计核算程序和方法，对发生的经济业务进行会计处理，汇总形成综合反映财务状况、经营成果和现金流量等信息的文件。在变化不定的经济环境下，为了保证会计核算的正常进行，需要对会计核算的范围、内容、方法等作一些基本假设，才能确保会计工作正常进行下去。因此，会计假设也称为会计核算的基本前提，是人们在长期的会计实践中逐步认识和总结形成的。

(一)会计主体

会计主体目的是为了明确会计核算的“空间”范围。只有明确会计主体,才能明确会计人员站在谁的立场,将什么空间范围的经济业务作为自己核算的内容,为谁核算,提供给谁会计信息。企业所处的经济环境是一个错综复杂的整体,各方关系之间相互关联,这种情况下,如果没有界定会计核算的“空间”范围,则会计核算就无法进行。因此,会计主体是会计核算的基本前提条件之一。会计主体假设规定了会计核算应当以会计主体发生的各项经济业务为对象,记录和反映会计主体本身的各项生产经营活动,既要与其他会计主体区分开,也要与会计主体的所有者区分开。

会计主体是指经营上或者经济上具有独立性或相对独立性的单位或组织,凡是具有一定经济活动的独立实体,都可以作为一个会计主体,独立进行会计核算。会计主体可以是独立法人,也可以是独立开展经营活动的一个组织(如企业的一个生产部门、学校的一个系部等)。一般来说,法律主体必然是一个会计主体,但会计主体不一定是法律主体。例如,企业是典型的会计主体,也是一个独立核算的会计主体。但较大企业中的一个独立部门如果在经营上或经济上有一定的独立性,也可以确认为一个会计主体。

(二)持续经营

持续经营是假设会计主体可以无限期地持续下去,不会倒闭也不会破产。只有规定了这个假设,企业资产才能按原账面价值进行合理分摊,债券债务才能按照承诺的条件得到合理清偿,发生的收益才能合理计算,发生的支出才能在受益期内合理分摊,保证会计信息的准确性。当然,在商品经济条件下,企业在经营过程中是很难预测能够经营多久的,如果企业发生了破产,则持续经营的假设就不成立,这时企业的会计核算应当采用清算基础。

持续经营与会计主体有着密切的关系,持续经营是在会计主体的基础上,为正常会计工作规定了时间范围。

(三)会计分期

会计分期也称为会计期间,是指将会计主体持续不断的经营活动人为地划分为若干个相等的期间。有了会计分期的假设,才能分期核算和监督企业经济活动,结清账目和编制财务报表,才能为信息使用者及时提供某一段时间的会计主体的财务状况和经营成果等会计信息。

我国《会计法》规定,企业的会计期间按照公历年度划分,从公历 1 月 1 日至 12 月 31 日为一个会计期间即一个会计年度;每个会计年度又划分为半年度、季度和月份三个中期会计期间。这样规定,可以与国家计划年度、财政年度相一致,能满足国家对会计主体宏观管理的需要。会计分期是在持续经营的基础上为会计工作作出了时间上的规定。

(四)货币计量

货币计量是指会计核算应以货币为主要计量单位并假设币值不变。

经济活动中有三种计量单位,即实物量度、货币量度和劳动量度。会计主体的经济活动内容复杂繁多,各种劳动占用和劳动耗用的性质、形态不同,实物衡量单位也不同,无法统一计量和记录,因此,必须借助于货币。因为在商品经济下,货币充当一般等价物,具备价值尺度的特殊职能,只有用货币作为基本计量单位,才能将一切经济活动综合反映出来。我国企业会计准则规定,企业会计应当以货币计量;企业通常应当选择人民币作为记账本位币,业务收支以人民币以外的货币为主的企业,可以选择某一种外币作为记账本位币,但是在编制的财务报表上应当折算成人民币。

货币计量假设也规定了货币币值不变。实际上,货币的币值即货币的购买力不是固定不变的，其价值也是在不断变化的。但是，会计核算很难根据货币自身的变化及时调整做出反应。因此，货币币值不变也成为了会计核算的前提假设之一。

二、会计对象

会计对象是指会计所反映、监督、分析、预测和控制的内容，即会计信息是哪些经济业务内容的综合反馈。会计信息能够综合反映企业的经济状况，但也不可能包罗万象、毫无选择地反映和监督企业的所有经济活动，而是根据经济管理的特定要求，从特定的角度来反映和监督经济活动。这种特定的经济活动就是会计信息中反映的对象。

在商品经济条件下，价值规律对商品生产和商品流通仍然起着调节作用。企业为了提高效益，在生产过程中创造价值。而价值是通过货币表现的，企业各种财产物资的货币价值都来源于资金的运动，因此，会计对象就是在生产过程中的资金运动或者说是用货币表现的经济活动（价值运动）。

不同行业的资金运动的过程不尽相同，为了更好地理解会计对象，下面通过制造业、商品流通业两种类型的行业说明资金运动的过程。

（一）制造业资金运动主要过程

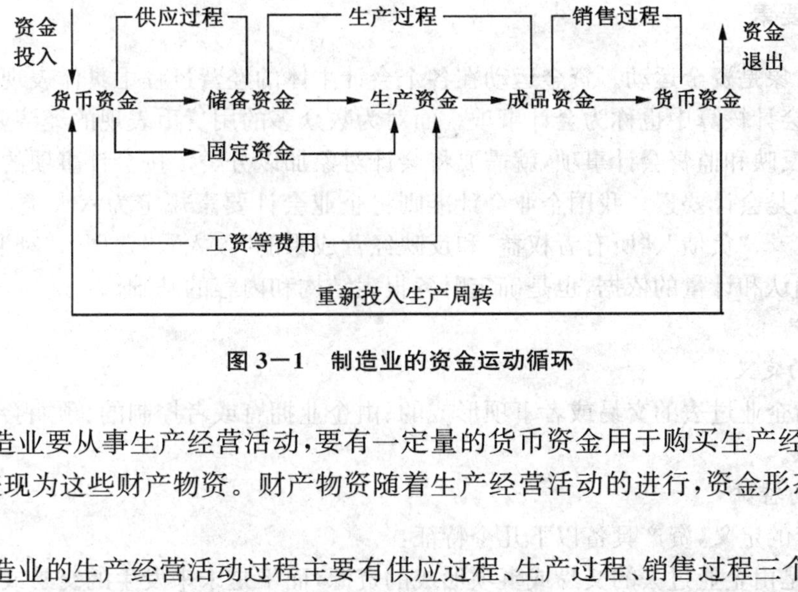

图 3—1 制造业的资金运动循环

首先，制造业要从事生产经营活动，要有一定量的货币资金用于购买生产经营物资，此时经营资金就表现为这些财产物资。财产物资随着生产经营活动的进行，资金形态也在不断地运动和变化。

其次，制造业的生产经营活动过程主要有供应过程、生产过程、销售过程三个过程。其中，供应过程是将企业资金转化为原材料等储备资金，为生产进行提供必要的生产物资；生产过程是将材料投入生产并加工成产品的过程，在这个过程中要产生各种生产费用，如材料的消耗、设备的损耗、薪酬的支付等，此时储备资金就转化为生产资金或产品资金；销售过程是将企业的产成品销售，通过销售产品资金又转化为货币资金。

最后，销售获得的资金，一部分通过税费、股利支付、偿还贷款等形式支付出去，剩余的部分又重新作为生产经营资金，继续运动循环。当然，企业在实际运行过程中，除了上述资金周转外，还有一些资金运动的变化，例如筹资资金、固定资产投资、对外投资等也是会计核算和监督的内容。

（二）商品流通业的资金运动循环

商品流通企业的资金运动过程相对制造业而言比较简单，因为商品流通企业无须进行生

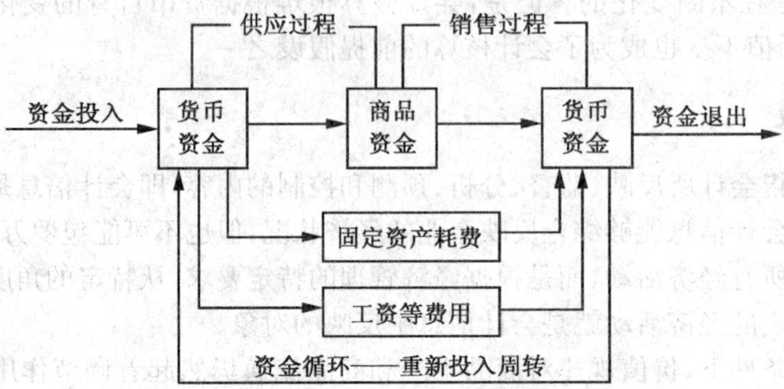

图 3—2 商品流通业的资金运动循环

产活动,其资金运动是以“货币资金—商品资金—货币资金”这种形式不断周转和循环的。其主要生产经营过程为供应过程和销售过程,在供应过程中,随着商品的采购,将企业的货币资金转化为商品资金;在销售过程中,又将商品资金通过销售收入转化为货币资金,并通过对货币资金的分配,剩余资金进入生产经营循环。

三、会计要素

会计的对象是资金运动。资金运动在各个会计主体的经营过程中具体表现为各种各样的经济业务,在会计核算中也称为会计事项。面对为数众多的用货币表现的经济业务,为了分门别类、准确地反映和监督会计事项,就需要将会计对象加以分类。按会计事项的经济特征所作的基本分类就是会计要素。我国企业会计准则将企业会计要素规定为六大类,分别为反映财务状况的“资产”、“负债”、“所有者权益”和反映经营成果的“收入”、“费用”、“利润”六大类。它们既是会计确认和计量的依据,也是确定财务报表结构和内容的基础。

(一)资产

1. 资产的定义

资产是指企业过去的交易或者事项形成的、由企业拥有或者控制的、预期会给企业带来经济利益的资源。

2. 资产的特征

根据资产的定义,资产具备以下几个特征:

(1)资产是由企业过去的交易或事项形成的资源,而不是未来发生的交易或事项形成的。

企业的资产必须是已经发生的事实,而不是预计或未来产生的,即未来不确定的交易或事项产生的结果不属于当前的资产。例如,签订销售合同,未来某个时点应收取的货款不能作为签订合同时点的资产,而应等销售实际发生后才能确认为资产。

(2)资产应当为企业所拥有或控制。

该特征包含拥有或控制。一般来说,具备某项资源的所有权即是“拥有”。“控制”是指虽然不具备某项资源的所有权,但实际上可以支配该项资源,依据“实质重于形式”的会计信息质量要求,也应该确认为该企业的资产。例如,融资租入固定资产,虽然形式上是租赁的,但承租人实际上承担或获得了该项资源所有权上的主要风险和主要报酬,因此也应列入本企业的资产中。

(3)预期会给企业带来经济利益。

经济利益能否流入企业是资产的重要特征。凡是不能给企业带来经济利益的资源，不应确认为企业的资产。所谓经济利益，是指直接或间接的现金或现金等价物的流入。当然引致经济利益流入的形式是多种多样的，例如用债权换来生产物资、用资产偿还债务、用货币资金购买生产设备等。

3. 资产的分类

为了区分企业资产带来经济利益的时效性，资产一般按其流动性大小分为流动资产和非流动资产。流动资产是指能在一年或一个营业周期内变现或耗用的资产，非流动资产是指在一年以上或超过一个营业周期以上变现或耗用的资产。所谓营业周期，是指货币资金投入—购买材料—生产过程—产成品—销售产品—回收货币资金这样一个过程。大部分行业在一年中都会有几个营业周期，例如电器产品的生产周期；但有些特殊行业的营业周期是超过一年的，例如飞机、轮船等。因此，在判断是属于流动资产或是非流动资产的时候，大部分行业都是以一年内是否变现或耗用来判断的，对于营业周期超过一年的特殊行业，则以营业周期为标准。

流动资产主要包括现金、银行存款、其他货币资金、交易性金融资产、应收票据、应收款项、其他应收款、存货及其他流动资产等。

非流动资产主要包括可供出售金融资产、持有至到期投资、长期股权投资、固定资产、无形资产、投资性房地产、长期待摊费用、递延所得税等。

4. 资产的确认条件

符合资产定义的资源，同时满足以下两个条件才能确认为资产，列入资产负债表中：

(1)与该资产有关的经济利益很可能流入企业。经济环境极其复杂，可能瞬息万变，与资源有关的经济利益流入具有一定的不确定性，因此只有经济利益很可能流入企业的资源才能作为资产予以确认。

(2)该资产的成本或者价值能够可靠计量，即能够用货币来计量。会计计量是以货币为主要计量单位的，如果一项资源其价值无法用货币加以计量，企业就难以确认和计量其价值，因此无法确认为资产。可计量性是所有会计要素确认的重要前提。

(二)负债

1. 负债的定义

负债是指企业过去的交易或者事项形成的、预期会导致经济利益流出企业的现时业务。

2. 负债的特征

根据负债的定义，负债具备以下几个特征：

(1)负债是企业过去的交易或事项产生的。负债是由已经发生的交易或者事项导致的，而不是未来的，例如预计将接受银行的贷款，不是已经发生的事实，因此不形成负债。

(2)负债的清偿预期会导致经济利益流出企业。负债实质上是一种经济义务，这种义务的履行会导致企业经济利益流出。例如支付现金、提供劳务、转让其他资产等来偿债最终都会导致经济利益的流出。

(3)负债是企业的现时义务。现时义务是指由于过去交易或事项导致现行条件下必须承担的偿还义务。例如，企业购入货物而发生的应付款项、取得贷款等在未偿还前，都负有偿还的义务，因此应计入负债。

3. 负债的分类

负债按偿还期限的长短，分为流动负债和非流动负债。

流动负债是在一年或一个营业周期以内偿还的债务，包括短期借款、应付款项、应付职工薪酬、应交税费等。

非流动负债是在一年以上或一个营业周期以上应偿还的债务,包括长期负债、应付债券、长期应付款等。

4. 负债的确认

符合负债定义的事项,同时满足以下两个条件才能确认为负债,列入资产负债表中:

(1)与该义务有关的经济利益很可能流出。

(2)未来流出的经济利益金额能够可靠计量。

(三)所有者权益

1. 所有者权益定义

所有者权益是指企业资产扣除负债后由所有者享有的剩余权益。公司的所有者权益又称为股东权益。

2. 所有者权益的特征

所有者权益是投资者对企业的剩余权益,具有以下几个特征:

(1)所有者权益是投资者的投资行为而产生的。投资者之所以对企业拥有权益,来源于对企业的投资。在投资行为结束之前,企业的所有者承担企业的经营风险但同时也享受企业创造的收益。

(2)所有者权益不具备偿还性。所有者权益除非企业减资、清算等法律规定的情况,否则企业不需要偿还其投资。

(3)所有者权益是一种"剩余权益"。企业全部资产提供者是债权人和所有者即来源于负债和所有者权益,债权人对企业的要求权要优先于所有者,因此,所有者权益是资产偿还负债后剩下部分的要求权。

3. 所有者权益分类

所有者权益来源于三个方面,如图3—3所示:

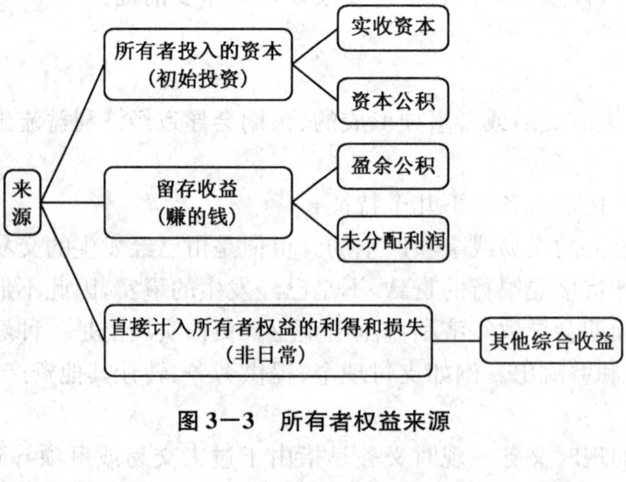

图3—3 所有者权益来源

(1)所有者投入的资本。它是指所有者实际投入企业的资本,包含了所有者直接投入的资本和投入资本超过注册资本或股本部分的金额,即包括了实收资本(股本)和资本公积。

(2)直接计入所有者权益的利得和损失。它是指不应计入当期损益、会导致所有者权益发生增减变动、与所有者投入资本或者向所有者分配利润无关的利得和损失。利得是指企业非日常活动中形成的、会导致所有者权益增加、与所有者投入资本无关的经济利益流入。损失是指由企业非日常活动所引起的、会导致所有者权益减少的、与向所有者分配利润无关的经济利益流出。

(3)留存收益。它是指企业历年累计形成的净利润留存在企业的部分，包括盈余公积和未分配利润。其中，盈余公积是按规定从净利润中提取的积累资金，包括法定盈余公积金和任意盈余公积金。

知识拓展

根据国家相关法律法规规定，企业利润分配顺序为：弥补以前年度亏损—提取法定盈余公积—提取任意盈余公积—支付优先股股利—支付普通股股利。

4. 所有者权益的列示

符合所有者权益确认的项目，应当列入资产负债表中。我国的会计报表中，所有者权益包含实收资本、资本公积、盈余公积和未分配利润等项目。

(四)收入

1. 收入的定义

收入是指日常活动中形成的、会导致所有者权益增加的、与所有者投入资本无关的经济利益总流入。收入不包含为第三方代收的款项。

2. 收入的特征

(1)收入是企业日常活动中形成的。收入必须是日常活动中产生的，而不是偶发的交易或事项形成的。所谓日常活动，对企业而言就是正常生产经营过程中的交易或事项。例如，销售商品、提供劳务等产生的，就属于日常活动；处置固定资产、接受捐赠就不属于日常活动，不应确认为收入。

(2)收入会引致所有者权益增加。收入可能表现为资产的增加，也可能表现为负债的减少，或者两者兼而有之，但最终都会引致所有者权益增加。

(3)收入与所有者投入资本无关。为了区分所有者投入的资本和经营过程中产生的收入，企业会计准则上明确规定，与所有者投入资本无关的经济利益流入不属于收入。

3. 收入的分类

收入按性质分类，分为商品销售收入、提供劳务收入和让渡资产使用权收入。

收入按企业经营主次分类，分为主营业务收入和其他业务收入。主营业务收入是企业的主要业务收入，占企业收入的比重较大。其他业务收入一般占企业收入的比重较小，如原材料收入、包装物的收入等。

4. 收入的确认

(1)与收入相关的经济利益很可能流入。

(2)经济利益的流入额能够可靠计量。

(五)费用

1. 费用的定义

费用是指日常活动中发生的、会导致所有者权益减少、与向所有者分配利润无关的经济利益总流出。

2. 费用的特征

(1)费用是日常活动中发生的。费用也必须是日常活动中产生的,而不是偶发的交易或事项形成的。例如,对外捐赠、自然灾害造成的损失等虽然导致企业经济利益流出,但不是正常生产经营活动产生的,因此不属于费用。

(2)费用最终会导致所有者权益减少。

3. 费用的分类

费用是企业生产经营过程中的一项支出。根据不同的标准,费用有不同的分类。

费用按经济用途分类,可以分为生产费用和期间费用。生产费用是指计入产品成本的各项耗费,期间费用是指不计入产品成本的各项耗费。

4. 费用的确认

(1)与费用相关的经济利益很可能流出。

(2)经济利益的流出企业的结果会导致资产的减少或负债的增加。

(3)经济利益的流出额能够可靠计量。

知识拓展

企业生产经营活动的支出划分为资本性支出和收益性支出。资本性支出是指受益期超过一年或一个营业周期的支出,即发生该项支出不仅是为了取得本期收益,也是为了取得以后各期收益;收益性支出是指受益期不超过一年或一个营业周期的支出,即发生该项支出仅仅是为了取得本期收益。

(六)利润

1. 利润的概念

利润是企业在一定会计期间的经营成果。它能够及时反映企业一定会计期间的各项收入和各项费用相抵后的结果,反映企业投入与产出的效率和效益,投资者可以据此对企业的经营状况作出判断,帮助其作出正确决策。

2. 利润的构成

利润包含收入减去费用、直接计入利润的利得和损失等。从利润表项目来看,包括营业利润、营业外收入、营业外支出。其中,营业利润加上营业外收入减去营业外支出后的数额就是利润总额,利润总额减去所得税费用就构成了企业的净利润,如图 3－4 所示。

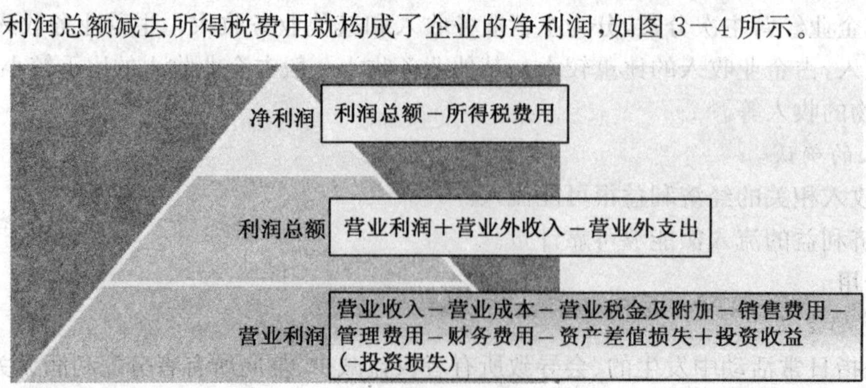

图 3－4 利润构成

四、会计等式

企业所有资产的资金提供者来源于两个方面：一是债权人提供，对企业而言，债权人提供的资金就是负债，债权人有要求企业定期偿还的权益，因此也称为债权人权益；二是投资者提供，投资者投入的资金形成所有者权益，如图 3—5 所示。

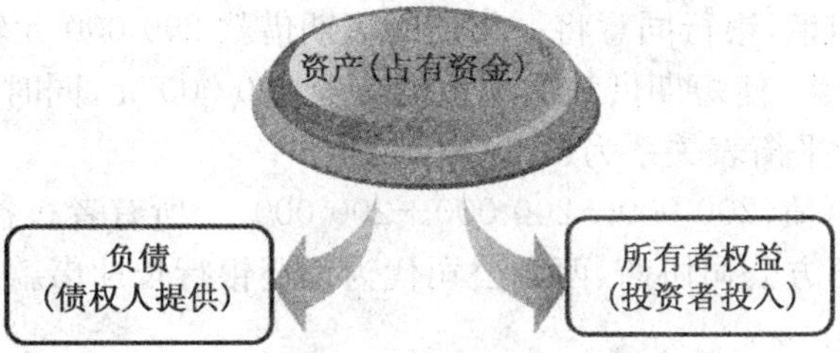

图 3—5　资金来源

一个企业的资产和权益是同一资金的两个不同方面。企业的资产一方说明企业拥有的资源，而这些资源的提供者则表现为权益的一方。因此，有多少资产就好比有多少权益提供者，不可能没有权益而拥有资产，同样，没有资产，权益也不存在。这种资产与权益之间的关系构成了如下会计等式：

资产＝权益＝债权人权益＋所有者权益

资产＝负债＋所有者权益

这个等式就是会计恒等式，它反映会计基本要素之间的本质的内在联系，是设置账户、进行复式记账的理论基础，也是编制资产负债表的理论依据。

下面通过一个例子说明会计恒等式的平衡关系和经济业务对等式的影响。

【例 3—1】　2016 年 1 月 1 日，吴某和范某两人注册成立了闽西鞋业发展公司。其中，吴某以现金投资 200 000 元，存入该公司的银行账户，并以一台价值为 5 000 元的电脑作为投资，投入公司。范某投入房屋一栋作为办公和生产经营场所，作价 300 000 元。公司除上述投资之外，还向银行借入 200 000 元的一年期短期借款，款项已经存入银行。

在 2016 年 1 月 1 日，该公司的资产、负债、所有者权益的平衡数量关系为：

资产(705 000)＝负债(200 000)＋所有者权益(505 000)

随着业务的开展，2016 年 1 月份发生如下经济业务：

(1)3 日，从南方公司购进原材料 5 000 元，货款尚未支付。

该项经济业务的发生，使企业原材料这项资产增加 5 000 元，同时应付给南方公司的货款未付，负债增加 5 000 元。此时，会计平衡表关系为：

资产(705 000＋5 000)＝负债(200 000＋5 000)＋所有者权益(505 000)

(2)5 日，接受北方公司的一台设备作为投资，作价 100 000 元。

该项经济业务的发生，使企业设备这项资产增加 100 000 元，同时该设备是由北方公司作为投资投入的，所有者权益中的实收资本增加 100 000 元。此时，会计平衡表关系为：

资产(710 000＋100 000)＝负债(205 000)＋所有者权益(505 000＋100 000)

(3)10 日，向银行提取现金 3 000 元。

该项经济业务的发生，使企业银行存款这项资产减少 3 000 元，同时企业库存现金这项资

产增加 3 000 元。此时,会计平衡表关系为:

资产(810 000+3 000—3 000)=负债(205 000)+所有者权益(605 000)

(4)12 日,以银行存款偿还南方公司的货款 5 000 元。

该项经济业务的发生,使企业银行存款这项资产减少 5 000 元,同时该欠南方公司的负债减少 5 000 元。此时,会计平衡表关系为:

资产(810 000—5000)=负债(205 000—5 000)+所有者权益(605 000)

(5)14 日,向银行申请,银行同意将一年期的短期借款 200 000 元转为长期借款。

该项经济业务的发生,使短期借款这项负债减少 200 000 元,同时长期借款这项负债增加 200 000 元。此时,会计平衡表关系为:

资产(805 000)=负债(200 000—200 000+200 000)+所有者权益(605 000)

(6)20 日,经过与西方公司协商,西方公司代为偿还银行长期借款中的 100 000 元,作为投资投入企业。

该项经济业务的发生,使长期借款这项负债减少 100 000 元,同时西方公司作为投资投入,所有者权益中的实收资本增加 100 000 元。此时,会计平衡表关系为:

资产(805 000)=负债(200 000—100 000)+所有者权益(605 000+100 000)

(7)21 日,按法定程序,以银行存款 50 000 元退还吴某投资款。

该项经济业务的发生,使银行存款这项资产减少 50 000 元,同时所有者权益中的实收资本减少 50 000 元。此时,会计平衡表关系为:

资产(805 000—50 000)=负债(100 000)+所有者权益(705 000—50 000)

(8)22 日,按法定程序退还范某投资款 50 000 元,手续已办妥,但款项未支付。

该项经济业务的发生,使应付未付款项这项负债增加 50 000 元,同时所有者权益中的实收资本减少 50 000 元。此时,会计平衡表关系为:

资产(755 000)=负债(100 000+50 000)+所有者权益(655 000—50 000)

(9)31 日,将资本公积 20 000 元按法定程序转为资本金。

该项经济业务的发生,使资本公积这项所有者权益减少 20 000 元,同时实收资本这项所有者权益增加 20 000 元。此时,会计平衡表关系为:

资产(755 000)=负债(150 000)+所有者权益(605 000—20 000+20 000)

上述的经济业务概括地反映了企业会计恒等式中的九种变化类型,如表 3—1 所示。

表 3—1　　经济业务变化类型

	资产	=负债	所有者权益
(1)	+	+	
(2)	+		+
(3)	+ —		
(4)	—	—	
(5)		+ —	
(6)		—	+
(7)	—		—
(8)		+	—
(9)			+ —

通过上述例子，我们可以看出，企业发生经济业务的时候，会引起资产、负债或者所有者权益的变化，但无论在任何一个时点上，任何经济业务的变化都不会破坏“资产＝负债＋所有者权益”这个恒等式。

知识拓展

会计要素是会计对象的基本分类，而任何经济业务发生的时候，都不会破坏“资产＝负债＋所有者权益”这个会计恒等式，只涉及三个会计要素。这是因为，利润＝收入－费用，企业创造出来的利润（或者亏损）也是由所有者来享有或承担的，换句话说，在会计恒等式中的所有者权益包含利润。

五、会计科目

（一）会计科目的意义

我们已经知道企业为了更好地核算和监督会计的对象，将其发生的经济业务分别计入六个会计要素，但是企业发生的经济业务复杂繁多，仅仅把所有的经济业务计入六个要素是否能够全面、系统、分类地记录企业的经济情况？答案是否定的。因为会计要素只是对会计对象所在的初步分类，是最基本的分类，想要更加深入地了解会计要素之间的内部构成及其增减变化情况，就需要对会计对象的具体内容进行更进一步的分类，由此就形成了会计科目，如图3－6所示：

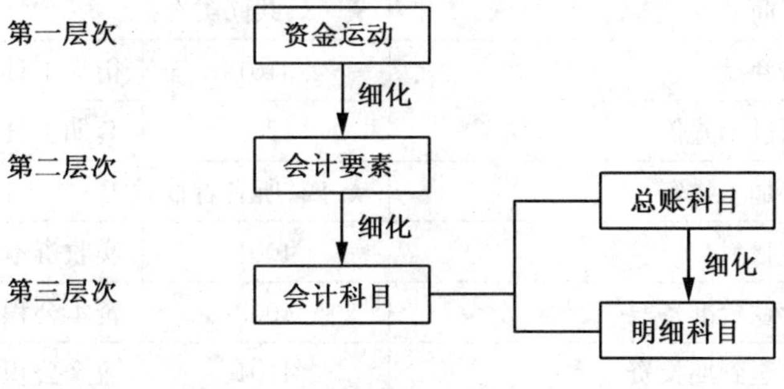

图3－6　会计对象的三个层次

会计科目是会计对象的具体内容，是对会计要素所作的进一步分类。它能够分类、系统、全面地核算和监督企业各项经济业务及由此引起的各项会计要素的变化。

根据最新《企业会计准则》的规定，一般企业常用的会计科目如表3－2所示：

表 3—2　　企业常用会计科目一览

编　号	会计科目名称	编　号	会计科目名称
★ 一、资产类		2201	应付票据
1001	库存现金	2202	应付账款
1002	银行存款	2203	预收账款
1012	其他货币资金	2211	应付职工薪酬
1101	交易性金融资产	2221	应交税费
1121	应收票据	2231	应付利息
1122	应收账款	2232	应付股利
1123	预付账款	2241	其他应付款
1131	应收股利	2401	递延收益
1132	应收利息	2501	长期借款
1221	其他应收款	2502	应付债券
1231	坏账准备	2701	长期应付款
1401	材料采购	2702	未确认融资费用
1402	在途物资	2711	专项应付款
1403	原材料	2801	预计负债
1404	材料成本差异	2901	递延所得税负债
1405	库存商品	★ 三、共同类	
1406	发出商品	3101	衍生工具
1407	商品进销差价	3201	套期工具
1408	委托加工物资	★ 四、所有者权益类	
1411	周转材料	4001	实收资本
1471	存货跌价准备	4002	资本公积
1501	持有至到期投资	4101	盈余公积
1502	持有至到期投资减值准备	4103	本年利润
1503	可供出售金融资产	4104	利润分配
1511	长期股权投资	★ 五、成本类	
1512	长期股权投资减值准备	5001	生产成本
1521	投资性房地产	5101	制造费用
1531	长期应收款	5202	劳务成本
1532	未实现融资收益	5301	研发支出
1601	固定资产	★ 六、损益类	
1602	累计折旧	6001	主营业务收入

续表

编 号	会计科目名称	编 号	会计科目名称
1603	固定资产减值准备	6051	其他业务收入
1604	在建工程	6101	公允价值变动损益
1605	工程物资	6111	投资收益
1606	固定资产清理	6301	营业外收入
1701	无形资产	6401	主营业务成本
1702	累计摊销	6402	其他业务成本
1703	无形资产减值准备	6403	税金及附加
1711	商誉	6601	销售费用
1801	长期待摊费用	6602	管理费用
1811	递延所得税资产	6603	财务费用
1901	待处理财产损溢	6701	资产减值损失
★二、负债类		6711	营业外支出
2001	短期借款	6801	所得税费用
2101	交易性金融负债	6901	以前年度损益调整

(二)会计科目的分类

表3—2所列举的会计科目并非彼此孤立,而是相互联系、相互补充地组成一个完整的会计科目体系,可以用来全面、系统地核算和监督会计对象的具体内容,提供经济管理所需要的一系列指标。根据经济业务的内容,会计科目一般可以分为以下六类:

(1)资产类会计科目,主要包括:核算流动资产的会计科目,如“库存现金”、“银行存款”、“交易性金融资产”、“应收账款”、“原材料”等;核算非流动资产的会计科目,如“持有至到期投资”、“长期股权投资”、“固定资产”、“无形资产”等。

(2)负债类会计科目,主要包括:核算流动负债的会计科目,如“短期借款”、“应付账款”、“应付职工薪酬”等;核算非流动负债的会计科目,如“长期借款”、“应付债券”等。

(3)共同类会计科目,主要包括:“衍生工具”、“套期工具”等。

(4)所有者权益类会计科目,主要包括:“实收资本”、“资本公积”、“盈余公积”、“利润分配”、“本年利润”等。

(5)成本类会计科目,主要包括:“制造费用”、“生产成本”等。

(6)损益类会计科目,主要包括:核算收入类的会计科目,如“主营业务收入”、“其他业务收入”等;核算费用类的会计科目,如“主营业务成本”、“其他业务成本”、“税金及附加”、“销售费用”、“管理费用”等。

知识拓展

会计科目按所提供指标的详细程度,可以分为总分类会计科目和明细分类会计科目。总分类会计科目是对会计对象的具体内容所作的总括分类,它提供总括性核算指标的会计科目;明细分类会计科目是对总分类会计科目的核算内容所作的进一步详细分类,它提供更为详细、具体核算指标的会计科目。会计科目按提供详细程度的分类,作用在于反映会计对象的具体内容,满足企业经营管理所需要的会计信息。

我国的总分类会计科目一般都是由财政部统一制定的,明细分类会计科目可以由企业自行决定。

六、账户

(一)账户设置的必要性

会计科目仅仅是对会计对象的具体内容进行分类的项目,它没有一定的结构形式,不能把发生的经济业务连续、系统地记录下来。因此,设置会计科目以后,还必须根据规定的会计科目开设一系列反映不同经济内容的账户,用来对各项经济业务进行分类记录。账户就是对会计科目所反映的经济业务内容进行连续、系统地记录的一种工具,由账户名称和账户结构两部分组成,会计科目就是账户的名称。

会计科目与账户是两个既有区别又有联系的不同概念。它们的共同点是都是对经济业务进行分类,都说明一定的经济业务内容。其不同点是,会计科目只能表明某项经济业务内容,不能连续反映某些经济业务的增减变化及结存情况,账户可以运用一定的格式,连续、系统地记录反映某项经济业务内容的增减变化及结果。两者关系也是非常密切的:没有会计科目,账户提供什么会计指标就无法确定,没有账户就不能将会计科目核算的经济业务内容进行连续、系统的反映和监督,会计科目是设置账户的依据,会计账户则是按照会计科目所规定的内容的具体运用,每一个会计科目都会在账簿上对应开设一个账户。

(二)账户的基本结构

账户能够连续、系统地反映经济业务的发生而引起某一项会计要素的增减变动,是因为它除了有科学的名称外,还具备一定的结构。企业经济业务的发生必然会引起会计要素在数量上的增减变化,并相应产生变化结果。因此,用来分类记录经济业务的账户上相应分为两个基本部分:一方登记增加额,一方登记减少额。

账户的格式多种多样,不同的记账方法,账户的结构不同;相同的记账方法、不同性质的账户,结构也不相同。但无论采用哪一种格式,账户基本结构都会包括几个内容:账户名称(即会计科目)、日期和摘要(简要说明经济业务内容)、增加或减少的金额、凭证号码、结存余额等内容。

账户的一般格式如表 3—3 所示:

表 3—3 账户名称(会计科目)

年		凭证号码	摘 要	借 方	贷 方	借或贷	余 额
月	日						

为了教学方便,教学中经常用丁字账(又称 T 形账)来表示,其形式如下:

左边　　账户名称(会计科目)　　右边

在账户的左右两方,分别记录增加额和减少额,增减数额相抵后的差额称为余额。通过账户的记录,可以提供期初余额、本期增加额、本期减少额、期末余额四个核算指标。

由于账户可以连续记录,所以本期的期初余额即是上期的期末余额。四个核算指标的关系如下:

期末余额=期初余额+本期增加额-本期减少额

账户的左方和右方都是按相反方向来记录增加和减少的,对具体某个账户而言,一方登记增加,则另一方登记减少。到底左方或右方哪个登记增加、哪个登记减少,取决于账户采用的记账方法和记录的经济内容。

第二节　借贷记账法

一、记账方法

为了对会计要素进行核算与监督,在按一定的原则设置会计科目,并按会计科目开设了账户之后,就需要采用一定的记账方法将会计要素的增减变动登记在账户中。

记账方法是指在经济业务发生之后,如何将其计量在规定的账户中的方法。记账方法有两种:一是单式记账法,二是复式记账法。

单式记账法是将每项经济业务只在一个账户中进行登记的方法。例如,购买办公室用品支付 1 000 元现金,在账户中只登记现金减少 1 000 元,而没有登记现金的去处。因此,这种方法的主要特征是账户设置不完整,账户记录没有相互联系,不能反映资金的来龙去脉。单式记账法是一种不严密、不科学的记账方法。随着社会经济活动的发展,经济活动越来越复杂,单式记账法已明显不能适应社会经济发展的需要。

复式记账法是指每一笔经济业务发生后,同时在两个或两个以上相互联系的账户中,以相等的金额进行登记的一种记账方法。这种方法与单式记账法有两个明显的区别:一是对发生的经济业务都要按规定的会计科目,至少在两个相互联系的账户上进行分类记录;二是对记录的结果可以进行平衡,能够反映资金的来龙去脉。目前,我国及世界各国通用的复式记账法是借贷记账法。

二、借贷记账法

(一)复式记账法原理

复式记账法是以资产总额等于负债总额及所有者权益总额之和的会计平衡公式作为理论依据的。根据这一平衡原理,任何一项经济业务的发生,都会引起资产和负债及所有者权益之间至少两个项目发生增减变化,而且增减金额是相等的。为此,每一项经济业务的发生,都必须以相等的金额在两个或两个以上相关账户中作双重记录，以全面反映资金的变化。复式记账如实反映资金增减变化的客观情况，记录资金的来路和去向及相互关系。借贷记账法正是以“资产＝负债＋所有者权益”的会计恒等式作为理论依据的。

(二)借贷记账法的内容

1. 借贷记账法的特点

借贷记账法是指以“借”、“贷”作为记账符号，以“有借必有贷，借贷必相等”为记账原则，在账户中记录项目增减变化情况和结果的一种复式记账法。它具有如下特征：

(1)以“借”、“贷”为记账符号。“借”和“贷”自从应用于会计开始，这两个字已失去了原来的意义，成为会计的专门术语。在这里，“借”和“贷”是纯粹的记账符号，它们只反映账户的增加或减少，但在反映数量的增减变化中它们都有双重含义，它们既可能反映增加，也可能反映减少，这要取决于账户的性质。例如：资产类账户和费用成本类账户“借”表示增加，“贷”表示减少；负债及所有者权益类账户和收入类账户“贷”表示增加，“借”表示减少。“借”和“贷”这一对符号由于各自具有“增”“减”的双重含义，因而能分别概括经济业务变化的九种类型。

(2)以“有借必有贷，借贷必相等”为记账原则。这一记账规则是以资产＝负债＋所有者权益这个会计恒等式为理论依据的。对于每笔经济业务的发生在一个账户登记借方，则会以相等的金额记入另一个或几个账户的贷方；或者记入一个账户的贷方，同时以相等的金额记入另一个账户或几个账户的借方。

知识拓展

资产类的账户一般“借”表示增加，“贷”表示减少，但资产类中备抵账户的“借”“贷”的意义却与其对应的资产相反，例如“累计折旧”是固定资产的备抵账户，其贷方表示增加，余额在贷方表示累计的计提折旧金额。

2. 借贷记账法下账户的基本结构

账户的性质决定了“借”“贷”符号的意义。在借贷记账法下，账户按经济内容分为资产类账户、负债类账户、所有者权益类账户、成本类账户、损益类账户。习惯上我们把一切账户的左边称为借方，右边称为贷方，基本格式如下：

借方　　账户名称(会计科目)　　贷方

一般情况下，账户的“借”“贷”增减规则：资产类增加数计入借方，减少数记入贷方，资产类余额在借方；负债和所有者权益类的增加数记入贷方，减少数记入借方，负债及所有者权益类余额在贷方。这个规则已经形成习惯，而且也合乎逻辑。因为借贷记账法是基于“资产＝负债＋所有者权益”这一会计恒等式的原理进行的，资产列在左边，资产的余额就表现在账户的左边即借方；负债和所有者权益在等式的右边，其余额就表现在账户的右边即贷方。只有按照上述规则来记录经济业务，各账户的记录才能在会计期末为编制资产负债表提供正确的数据。

每个账户借方和贷方所登记的一定时期内发生的各项经济业务合计数,称为本期的借方发生额或贷方发生额。借方总额大于贷方总额的差额为借方余额,贷方总额大于借方总额的差额为贷方余额。

为方便记忆,用T形账户表示全部账户结构如下:

借方　　　　账户名称(会计科目)	贷方
资产类增加	资产类减少
成本类增加	成本类减少
费用类增加	费用类减少或转销
负债类减少	负债类增加
所有者权益类减少	所有者权益类增加
收入减少或转销	收入类增加
期末余额:资产类余额	期末余额:负债类余额
成本类余额	所有者权益类余额

资产类的期末余额=借方期初余额+本期借方发生额-本期贷方发生额

成本类的期末余额=借方期初余额+本期借方发生额-本期贷方发生额

负债类的期末余额=贷方期初余额+本期贷方发生额-本期借方发生额

所有者权益类的期末余额=贷方期初余额+本期贷方发生额-本期借方发生额

由上述的T形账户结构可以看出:资产类、成本类账户增加额在借方,期初、期末余额也是在借方,负债类、所有者权益类账户增加额在贷方,期初、期末余额也是在贷方。收入类和费用类都是属于损益类账户,它们的共同点是没有期末余额,这是因为收入和费用一个引起所有者权益的增加,另一个引起所有者权益的减少,但期末都要归入所有者权益中,因此,它们期末是没有余额的。另外,收入类和费用类的方向是相反的,这是因为收入引致所有者权益增加,所以它与所有者权益的方向是一致的,即贷方表示增加,借方表示减少;而费用类导致所有者权益减少,所以它与所有者权益的方向是相反的,即借方表示增加,贷方表示减少。

3. 借贷记账法的运用

【例3—2】 下面通过例3—1中闽西鞋业发展公司的九笔经济业务为例,具体说明借贷记账法的运用。

(1)3日,从南方公司购进原材料5 000元,货款尚未支付。

这一项经济业务使得企业的原材料增加一批,价值5 000元,同时应付账款增加5 000元。这时,涉及两个账户(科目):一是资产中的"原材料",二是负债中的"应付账款"。这时可以通过借贷记账法来反映(记录)该笔经济业务的发生,即借方的原材料和贷方的应付账款,以相等的金额(价值5 000元)记录。这种在借贷记账法的要求下,在记账中明确应借应贷的会计科目和金额所做的记录称为会计分录。一般会计分录的编制如下:

借:原材料　　5 000

　　贷:应付账款　　5 000

(2)5日,接受北方公司的一台设备作为投资,作价100 000元。

这一项经济业务使得企业的设备增加一台,价值100 000元,同时接受投资者投入的资本增加100 000元。这时,涉及两个账户(科目):一是资产中的"固定资产",二是所有者权益中的"实收资本"。编制的会计分录如下:

借:固定资产 100 000

贷:实收资本 100 000

(3)10 日,向银行提取现金 3 000 元。

这一项经济业务使得企业的现金增加 3 000 元,同时银行存款减少 3 000 元。这时,涉及两个账户(科目):一是资产中的“库存现金”,二是资产中的“银行存款”。编制的会计分录如下:

借:库存现金 3 000

贷:银行存款 3 000

(4)12 日,以银行存款偿还南方公司的货款 5 000 元。

这一项经济业务使得企业的欠款减少 5 000 元,同时银行存款减少 5 000 元。这时,涉及两个账户(科目):一是资产中的“银行存款”,二是负债中的“应付账款”。编制的会计分录如下:

借:应付账款 5 000

贷:银行存款 5 000

(5)14 日,向银行申请,银行同意将一年期的短期借款 200 000 元转为长期借款。

这一项经济业务使得企业的短期借款减少 200 000 元,同时长期借款增加 200 000 元。这时,涉及两个账户(科目):一是负债中的“短期借款”,二是负债中的“长期借款”。编制的会计分录如下:

借:短期借款 200 000

贷:长期借款 200 000

(6)20 日,经过与西方公司协商,西方公司代为偿还银行长期借款中的 100 000 元,作为投资投入企业。

这一项经济业务使得企业的长期借款减少 100 000 元,同时接受西方公司投资的资本增加 100 000 元。这时,涉及两个账户(科目):一是负债中的“长期借款”,二是所有者权益中的“实收资本”。编制的会计分录如下:

借:长期借款 100 000

贷:实收资本 100 000

(7)21 日,按法定程序,以银行存款 50 000 元退还吴某投资款。

这一项经济业务使得企业的银行存款减少 50 000 元,同时投资者投入的资本减少 50 000 元。这时,涉及两个账户(科目):一是资产中的“银行存款”,二是所有者权益中的“实收资本”。编制的会计分录如下:

借:实收资本 50 000

贷:银行存款 50 000

(8)22 日,按法定程序退还范某投资款 50 000 元,手续已办妥,但款项未支付。

这一项经济业务使得企业的欠款增加 50 000 元,同时投资者投入的资本减少 50 000 元。这时,涉及两个账户(科目):一是负债中的“其他应付款”,二是所有者权益中的“实收资本”。编制的会计分录如下:

借:实收资本 50 000

贷:其他应付款 50 000

(9)31 日,将资本公积 20 000 元按法定程序转为资本金。

这一项经济业务使得企业的资本公积减少 20 000 元,同时投入的资本增加 20 000 元。这时，涉及两个账户（科目）：一是所有者权益中的“资本公积”，二是所有者权益中的“实收资本”。编制的会计分录如下：

借：资本公积　　　　20 000

　　贷：实收资本　　　　20 000

通过上述例题可以看出，通过会计分录可以将企业发生的每一笔经济业务用借贷记账法记录下来，但会计分录只反映单笔的经济业务，而企业的会计记录不仅要记录发生的每一项经济业务，还需要将所有的经济业务连续、系统地反映出来，因此，我们用会计分录的会计科目记录还不够，还需要在相应的账户中加以登记。以上述为例，我们登记的T形账户如下（下列账户中的期初余额即为上期期末余额，可以通过上期的账户数据获得）：

库存现金

借方		贷方	
期初余额：	25 000		
(3)	3 000		
本期发生额	3 000	本期发生额	
期末余额：	28 000		

银行存款

借方		贷方	
期初余额：	51 500		
		(3)	3 000
		(4)	5 000
		(7)	50 000
本期发生额		本期发生额	58 000
期末余额：	1 500		

原材料

借方		贷方	
期初余额：	10 000		
(3)	5 000		
本期发生额	5 000	本期发生额	
期末余额：	15 000		

固定资产

借方		贷方	
期初余额：	300 000		
(2)	100 000		
本期发生额	100 000	本期发生额	
期末余额：	400 000		

短期借款

借方		贷方	
		期初余额：	200 000
(5)	200 000		
本期发生额	200 000	本期发生额	
		期末余额：	0

实收资本

借方		贷方	
		期初余额：	180 000
(7)	50 000	(2)	100 000
(8)	50 000	(6)	100 000
		(9)	20 000
本期发生额	100 000	本期发生额	220 000
		期末余额：	300 000

应付账款

借方		贷方	
		期初余额：	0
(4)	5 000	(1)	5 000
本期发生额	5 000	本期发生额	5 000
		期末余额：	0

资本公积

借方		贷方	
		期初余额：	36 500
(8)	20 000		
本期发生额	20 000	本期发生额	
		期末余额：	16 500

其他应付款

借方		贷方	
		期初余额：	0
		(8)	50 000
本期发生额		本期发生额	50 000
		期末余额：	50 000

长期借款

借方		贷方	
		期初余额：	0
(6)	100 000	(5)	200 000
本期发生额	100 000	本期发生额	200 000
		期末余额：	100 000

更多有关企业基本经济业务会计分录的编制及账户的登记,请学习第三节财务循环中案例关于会计分录编制和账簿登记的内容。

4. 借贷记账法下的试算平衡

将一定时期内全部经济业务的会计分录都记入有关账户后,应根据资产与负债及所有者权益之间的平衡关系来检查各类账户的记录是否正确,这种方式称为试算平衡。

借贷记账法的记账规则是"有借必有贷,借贷必相等",对于每一笔发生的经济业务所编制的会计分录借贷方发生额必须是相等的,因此所有账户借方发生额合计数必然与所有贷方发生额合计数相等。又因为资产=负债+所有者权益,资产的余额在借方,负债及所有者权益的余额在贷方,因此,所有账户的借方期初、期末余额合计数必然等于所有账户的贷方期初、期末余额合计数。由于一定时间内所有经济业务的累计发生额及账户余额之间存在这种平衡关系,所以可以通过这种平衡关系来检查账户的记录是否正确,如果借贷不平衡,则表明记账肯定有错误,应查找错账并及时更正。试算平衡的方法通常是期末结出各账户本期的发生额和月末余额后,通过编制试算平衡表来进行,如表 3—4 所示。

表 3—4 **总分类账户试算平衡表**

账户名称	期初余额		本期发生额		期末余额	
	借　方	贷　方	借　方	贷　方	借　方	贷　方

请根据例 3—2 完成上述试算平衡表。

知识拓展

当然通过试算平衡表来检查记录是否正确并不是绝对有效的方法。如果借贷不平衡,可以肯定账户的记录有错误;如果借贷平衡,却不能肯定记账没有错误,有些错误并不影响借贷平衡,例如有关账户重记、漏记或借贷方向弄反等都不能通过试算平衡发现错误。

第三节　财务会计循环

财务会计循环是指企业组织的会计人员在一个会计期间内必须完成的工作环节,通常包括取得和编制会计凭证、账簿的处理、编制财务报表等一系列流程。在企业组织的持续经营过程中,每个会计期间这些流程周而复始、不断循环,如图 3—7 所示。

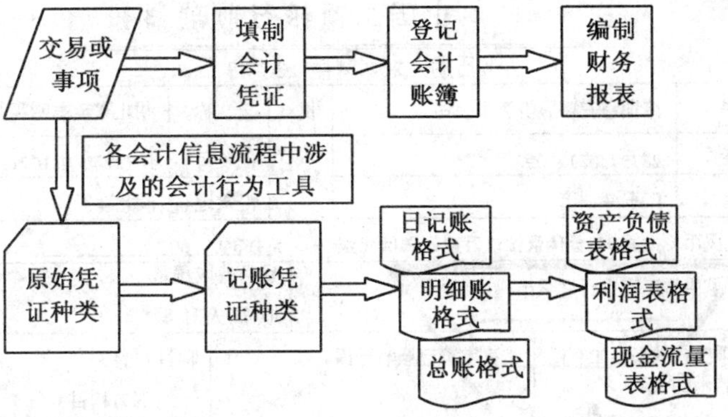

图 3—7　会计信息生成流程

下面分别说明上述几个流程：

一、会计凭证

企业任何一项经济业务都必须按照规定的程序和要求，取得和填制会计凭证，作为经济业务发生的书面证据，用以证明、反映经济业务发生或完成情况。会计人员才能据此判断经济业务的内容，编制记账凭证（会计分录），登记入账，生成会计报表。也就是说，会计记录都必须有真凭实据，使会计资料具有客观性，这是会计核算的一个基本要求，也是区别于其他经济管理活动的一个重要特点。

会计凭证是记录经济业务、明确经济责任，按一定格式编制的作为记账依据的书面证明。填制和审核会计凭证不仅是会计核算基本方法之一，也是会计核算工作的起点，能够证明经济业务发生的真实合法性，为登记账簿提供可靠依据，也可以通过会计凭证明确有关方面和人员的经济责任，加强经济管理的责任制。

企业经济业务是复杂繁多的，因此证明经济业务的会计凭证也是多种多样的。会计凭证按其填制程序和作用可以分为原始凭证和记账凭证两大类。

（一）原始凭证

原始凭证又称为单据，是指在经济业务发生时取得或填制的，据以记录经济业务的内容及完成情况、明确经济责任的书面证明。例如，发票、收款收据、银行结算单据、出库单、领料单等，这些单据都能够证明某一项经济业务的发生情况，因此都可以作为原始凭证。

原始凭证按其来源不同，可以分为外来原始凭证和自制原始凭证（见图 3—8、图 3—9）；按其填制的次数不同，分为一次凭证和累计凭证；按其填制手段，可以分为手工凭证和机制凭证；等等。

（二）记账凭证

记账凭证是会计人员根据审核无误的原始凭证，确定经济业务内容，依据借贷记账法确定会计分录，作为登记账簿直接依据的一种会计凭证。记账凭证按照用途和格式，可以分为通用记账凭证和专用记账凭证。通用记账凭证是不区分经济业务的类型，使用统一相同的格式的记账凭证（见图 3—10）。

专用记账凭证按与企业货币资金相关的经济业务来分类，分为收款凭证、付款凭证和转账凭证。

中国工商银行收款通知

日期：20××年 12 月 9 日

汇款人	全 称	深圳富安娜股份有限公司	收款人	全 称	湖北襄樊泰明实业有限公司
	账 号	28734308121097		账 号	18797308091001
	汇出地	广东深圳市		汇入地	湖北襄樊
金额	人民币（大写）：壹佰壹拾玖万叁仟肆佰元整 ¥1193400.00				
汇款用途：货款中国工商银行襄樊市科技支行			留行待取预留 收款人印鉴		
上列款项已代进账，如有错误，请持此联来面洽。 汇入行盖章	20××.12.9 转讫 (2)	上列款项已照收无误。	科目（借） 对方科目（贷） 汇入行解汇日期 年 月 日 复核 记账 出纳		

图 3—8 外来原始凭证

A 公司领料单

领料部门：第三车间　　　　No 2-39

用途：制造分离器　　2016 年 2 月 16 日　　发料仓库：1 号

材料类别	材料编号	名称	规格	单位	数量		单价	金额
					请领	实发		
II	01	甲材料	Φ57×3	米	8	8	50	400
合		计						¥400

第二联 记账联

发料部门核准人：周九　　发料人：张七　　发料部门负责人：江十　　领料人：杨四

图 3—9 自制原始凭证

记账凭证

年 月 日　　　　字第 号

摘 要	总账科目	明细科目	记账√	借方金额										记账√	贷方金额									
				千	百	十	万	千	百	十	元	角	分		千	百	十	万	千	百	十	元	角	分

附件 张

丙式—28 12×21 厘米(通)

会计主管　　记账　　出纳　　审核　　制单

图 3—10 通用记账凭证

收款凭证是用来记录现金或银行存收款业务的记账凭证，如图 3－11 所示。

收 款 凭 证

借方科目：银行存款　　2016 年 2 月 15 日　　银收字第 003 号

摘　要	贷方科目		记账	金额										
	总账科目	明细科目		千	百	十	万	千	百	十	元	角	分	
收到投资款	实收资本	宋宁	√		1	0	0	0	0	0	0	0	0	附件2张
合　计				¥	1	0	0	0	0	0	0	0	0	

财务主管：李凡　记账：黄秋　出纳：赵实　审核：李平　制单：刘玉

图 3－11　收款凭证

付款凭证是用来记录现金或银行存款付款业务的记账凭证，如图 3－12 所示。

付 款 凭 证

贷方　科目＿＿＿＿＿　＿＿年＿＿月＿＿日　字第　号

摘要	贷方总账科目	明细科目	借或贷	金额										
				千	百	十	万	千	百	十	元	角	分	附单据
														张
合计														

财务主管：　记账：　出纳：　审核：　制单：

图 3－12　付款凭证

转账凭证是用来记录不涉及现金和银行存款业务的记账凭证，如图 3－13 所示。

转 账 凭 证

年　月　日　　转字第……号　附　件……张

摘　要	总账科目	明细科目	借方金额										记账符号	贷方金额										记账符号
			千	百	十	万	千	百	十	元	角	分		千	百	十	万	千	百	十	元	角	分	
合　计																								

会计主管　记账　复核　制证

图 3－13　转账凭证

无论采用通用记账凭证或专用记账凭证,同一项经济业务其记录的内容以及编制的会计分录都是一致的。企业可以根据自身的实际情况,选择其中一种。一般情况下,业务量大的单位采用收付转凭证,以便更清晰地汇总了解企业的资金情况。

二、账簿

通过会计凭证的审核和填制,虽然已经将各项经济业务记录在会计凭证中,但是由于会计凭证比较零碎分散,数量较多,而且每张记账凭证又只能反映这一笔经济业务,而不能连续、系统、全面地记录,因此就需要账簿来完成。账簿是有一定账页格式,以会计凭证为依据,能够全面、系统、连续地记录企业经济业务的簿籍。通过设置和登记账簿,能够把会计凭证上所反映的分散的资料进一步系统化,为经营管理提供系统、完整的会计核算资料,还可以反映资产、负债、所有者权益的增减变化情况,保护财产物资的安全完整,而且也为正确、及时地编制会计报表提供可靠的资料。

账簿工作的主要内容,包含登记账簿、账簿核对、账簿结账等。

(一)登记账簿

各单位的生产、经营、管理的不同要求,对账簿的设置也是多种多样。一般情况下,企业会根据账簿用途设置序时账簿、分类账簿、备查账簿三类,如图 3—14 所示。

按用途分类
- 序时账簿
- 分类账簿
- 备查账簿

图 3—14　账簿类别

1. 序时账簿

序时账簿又称为日记账,是指按照经济业务发生的时间顺序,逐日逐笔登记经济业务的账簿。我国常用的日记账一般是特种日记账,也就是现金日记账和银行存款日记账。这两种账簿的登记都是根据现金、银行存款的收支情况,逐日逐笔将会计凭证上登记的经济业务内容过到账簿中,使得由记录每笔经济业务内容的会计凭证,汇总、全面、连续地将现金和银行存款的业务在账簿中记录下来。由于现金、银行存款是序时登记的,每天至少登记一次,为了加强对货币资金的管理,每天终了应结出本日发生额及余额。

2. 分类账簿

分类账簿是对各项经济业务按照账户的分类进行登记的账簿。分类账簿按其账户分类的详细程度分为总分类账簿和明细分类账簿。总分类账簿可以分类、连续、系统、全面地记录和反映会计要素总括性的增减变化情况,明细分类账簿可以更详细地反映某些总分类账户的内容变化情况,两者都为编制会计报表和经营管理提供所需的资产、负债、所有者权益、收入、费用、利润的总括性和详细的资料。

总分类账簿和明细分类账簿都是根据会计凭证上的经济业务内容登记到相应的账簿中的,以便能够分类、连续、系统、全面地记录和反映会计要素及其内容的增减变化情况。但分类账簿登记的时间,可以是每天进行登记,也可以是定期登记,可以根据企业的实际情况安排。

3. 备查账簿

备查账簿也称为辅助账簿，是对序时账簿和分类账簿等账簿中登记的需要补充说明的事项进行补充登记的账簿。其目的是为了根据经营管理的需要，对某些经济业务内容提供更详细或更有用的信息。因为每个单位需要补充的信息并不一致，所以备查账簿没有统一格式，也没有统一要求，企业可以根据需要自行设置格式和内容。

(二)账簿核对

账簿核对简称对账。为了保证账簿记录的准确性，必须对登记账簿进行核对。对账的内容包含三个方面：

1. 账证核对

账证核对是指各类账簿(包括日记账、总分类账簿、明细分类账簿等)与会计凭证核对，做到账证相符。这种核对工作一般是安排在日常工作中进行的。

2. 账账核对

账账核对是指相关账簿之间的核对。同一家企业同一项经济业务其登记的内容及结果应该是一致的，因此相关账簿的数据应该也是一致的。账账核对一般按以下步骤进行：

(1)保证总分类账户基本正确。根据“有借必有贷，借贷必相等”的记账规则，各总分类账户的本期借方发生额和本期贷方发生额合计数相符；根据“资产＝负债＋所有者权益”，借方期末余额合计数与贷方期末余额合计数相符。如果不相符，则说明账簿登记必然有错。

(2)总分类账簿的借方、贷方和期末余额与其所属明细分类账簿的借方、贷方和期末余额合计数应一致。

(3)总分类账簿中现金和银行存款的借方、贷方和期末余额与现金日记账、银行存款日记账的金额应一致。

(4)会计部门财产物资账簿应与企业保管部门或使用部门的有关财产物资明细账的登记相符。

3. 账实核对

账实核对是企业会计账簿记录与实际财产物资进行核对，做到账实相符，以保证会计信息真实可靠。账实核对通常是结合企业的财产清查工作进行的，企业至少要保证每年对企业所有的财产物资进行全面清查一次，部分财产物资可能要求更加严格，例如库存现金要做到日清月结，银行存款要至少每月核对一次等。对于清查的结果，如果发生盘亏或盘盈的情况，需要调整账面的记录，并查明原因，进行相应会计处理。

(三)账簿结账

账簿结账就是结清账目。为了提供一定时期内的财务状况和经营成果，及时编制会计报表，必须定期结清账目。结账是指在会计期间结束，在该期间内发生的所有经济业务全部登记入账的基础上，将各种账簿的记录结算清楚，结算出本期发生额和期末余额，并将余额结转至下期，承上期会计记录和分期继续核算。

三、编制财务报告

财务会计人员依据企业发生的经济业务，将每一笔发生的经济业务记录到会计凭证中，又通过账簿将会计凭证的经济业务内容分类、连续、系统、全面汇总起来，但是对于会计报表信息使用者而言，需要的是更简括又能说明企业的财务状况和经营成果等信息的文件，因此需要编制财务报告。财务报告的编制是财务会计循环的终点。财务会计人员根据结账的结果，分类汇总并按一定的格式编制相关财务报表。

第四节 财务会计循环案例

下面我们以海峡鞋业发展公司(虚拟企业)为例,说明财务会计循环的过程(为简化起见,业务中涉及税费的暂不考虑,且账簿不涉及明细账)。

【例3—3】 海峡鞋业有限公司生产甲、乙、丙三种产品,2016年11月1日公司账户余额如下:

表3—5 海峡鞋业有限公司11月初账户余额 单位:元

账户名称	借方余额	账户名称	贷方余额
库存现金	25 000	累计折旧	800 000
银行存款	2 000 000	短期借款	250 000
其他货币资金	51 750	应付账款	1 300 000
交易性金融资产	140 000	预收账款	500 000
应收账款	1 800 000	其他应付款	100 000
其他应收款	250 000	应付职工薪酬	300 000
原材料	700 000	应付利息	25 000
生产成本	400 000	应交税费	34 000
库存商品	750 000	长期借款	200 000
长期待摊费用	977 500	实收资本	7 500 000
固定资产	4 500 000	盈余公积	500 000
		未分配利润	85 250
合 计	11 594 250	合 计	11 594 250

2016年11月发生如下经济业务:

1.1日,B公司通过银行转账付清上月所欠货款30 000元。

2.2日,向A公司购入M1材料5 000件,单价14元;M2材料5 000件,单价4元;M3材料5 000件,单价3.5元。三种材料货款未付,材料尚未验收入库。

3.2日,向C公司购入Z1材料500件,单价225元;Z2材料500件,单价40元;C3材料500件,单价60元。款项全部以银行存款支付,材料尚未到达。

4.2日,以银行存款支付装修费用30 000元。

5.2日,D公司通过银行转账付清上月所欠货款200 000元。

6.3日,向E公司购入H1材料2 000只,单价80元;H2材料500个,单价62.5元,以银行存款支付全部货款,材料尚未到达。

7.4日,收到F公司通过银行转账付清所欠货款696 560元。

8.5 日，向 B 公司出售甲产品 1 000 台，单价 280 元；乙产品 500 台，单价 850 元；货款合计 705 000 元，尚未收到。

9.6 日，采购员王勇出差报销差旅费 3 000 元。

10.7 日，12 月 2 日向 A 公司购买的材料到达并验收入库。

11.8 日，领用材料共计 10 000 元，其中用于车间一般耗费 9 000 元，行政管理部门 1 000 元。

12.9 日，以银行存款支付下年度的报纸杂志费 22 850 元。

13.10 日，向 C 公司购买的材料(12 月 2 日)验收入库。

14.11 日，以银行存款支付广告费 8 000 元。

15.12 日，收到 H 公司偿还前欠货款 1 804 200 元。

16.13 日，向 E 公司购买的材料(12 月 3 日)到达，并验收入库。

17.14 日，为生产乙产品领用 H1 材料计 80 000 元；M1 材料，计 125 000 元；M2 材料，计 55 000 元；其他辅助材料一批，计 76 000 元。

18.15 日，生产甲产品领用 M1 材料，计 213 000 元；其他辅助材料，计 178 000 元。

19.16 日，用现金支付公司办公用品费 450 元。

20.17 日，生产丙产品领用 M1 材料计 1 500 元；其他辅助材料，计 5 000 元。

21.18 日，为生产丙产品领用 Z1 材料，计 225 00 元；Z2 材料，计 40 00 元；Z3 材料计 12 000元。

22.19 日，以银行存款预付下年度的上半年保险费 90 000 元。

23.24 日，向 I 公司售出甲产品 200 台，单价 280 元；乙产品 200 台，单价 850 元；丙产品 10 台，单价 2 600 元，货款共计 304 000 元。货款未收。

24.28 日，向 K 公司出售甲产品 200 台，单价 280 元；乙产品 100 台，单价 850 元；丙产品 10 台，单价 2 600 元，货款合计 167 000 元。货款未收。

25.31 日，结算本月工资，甲产品生产工人工资 22 800 元，乙产品生产工人工资 19 600 元，丙产品生产工人工资 13 800 元；车间管理人员工资 14 050 元，行政管理人员工资 21 260 元。

26.31 日，分配本月电费 80 000 元。其中，甲产品负担 30 000 元，乙产品负担 18 000 元，丙产品负担 12 000 元，车间水电费 12 500 元，行政管理部门水电费 7 500 元。

27.31 日，出售给 H 公司丙产品 100 台，单价 2 600 元，货款未收。

(一)根据上述日常发生的经济业务，编制会计分录。

	借方	贷方
1.借：银行存款	30 000	
贷：应收账款——B 公司		30 000
2.借：材料采购——M1 材料	70 000	
——M2 材料	20 000	
——M3 材料	17 500	
贷：应付账款——A 公司		107 500
3.借：材料采购——Z1 材料	112 500	
——Z2 材料	20 000	
——Z3 材料	30 000	
贷：银行存款		162 500
4.借：长期待摊费用	30 000	
贷：银行存款		30 000

5.借:银行存款　　200 000
　　贷:应收账款——D公司　　200 000

6.借:材料采购——H1材料　　160 000
　　　　　　——H2材料　　31 250
　　贷:银行存款　　191 250

7.借:银行存款　　696 560
　　贷:应收账款——F公司　　696 560

8.借:应收账款——B公司　　705 000
　　贷:主营业务收入　　705 000

9.借:管理费用　　3 000
　　贷:其他应收款——王勇　　3 000

10.借:原材料——M1材料　　70 000
　　　　　——M2材料　　20 000
　　　　　——M3材料　　17 500
　　贷:材料采购——M1材料　　70 000
　　　　　　　——M2材料　　20 000
　　　　　　　——M3材料　　17 500

11.借:制造费用　　9 000
　　管理费用　　1 000
　　贷:原材料　　10 000

12.借:预付账款——报纸杂志费　　22 850
　　贷:银行存款　　22 850

13.借:原材料——Z1材料　　112 500
　　　　　——Z2材料　　20 000
　　　　　——Z3材料　　30 000
　　贷:材料采购——Z1材料　　112 500
　　　　　　　——Z2材料　　20 000
　　　　　　　——Z3材料　　30 000

14.借:销售费用　　8 000
　　贷:银行存款　　8 000

15.借:银行存款　　1 804 200
　　贷:应收账款——H公司　　1 804 200

16.借:原材料——H1材料　　160 000
　　　　　——H2材料　　31 250
　　贷:材料采购——H1材料　　160 000
　　　　　　　——H2材料　　31 250

17.借:生产成本——乙产品　　336 000
　　贷:原材料　　336 000

18.借:生产成本——甲产品　　391 000
　　贷:原材料　　391 000

19.借:管理费用 450
　　贷:库存现金 450
20.借:生产成本——丙产品 6 500
　　贷:原材料 6 500
21.借:生产成本——丙产品 38 500
　　贷:原材料 38 500
22.借:预付账款——保险费 90 000
　　贷:银行存款 90 000
23.借:应收账款——I公司 304 000
　　贷:主营业务收入 304 000
24.借:应收账款——K公司 167 000
　　贷:主营业务收入 167 000
25.结算工资:
　借:生产成本——甲产品 22 800
　　　　　　——乙产品 19 600
　　　　　　——丙产品 13 800
　　　制造费用 14 050
　　　管理费用 21 260
　　贷:应付职工薪酬 91 510
26.借:生产成本——甲产品 30 000
　　　　　　——乙产品 18 000
　　　　　　——丙产品 12 000
　　　制造费用 12 500
　　　管理费用 7 500
　　贷:应付账款 80 000
27.借:应收账款——H公司 260 000
　　贷:主营业务收入 260 000

(二)登记账簿(过账)

根据企业的日常经济业务,将本期发生的账户登记到账簿中。如下:

借方	库存现金		贷方
期初余额:	25 000		
		(19)	450
本期发生额		本期发生额	450
期末余额:	24 550		

借方	银行存款		贷方
期初余额:	2 000 000	(3)	162 500
(1)	30 000	(4)	30 000
(5)	200 000	(6)	191 250
(7)	696 560	(12)	22 850
(15)	1 804 200	(14)	8 000
		(22)	90 000
本期发生额	2 730 760	本期发生额	504 600
期末余额:	4 226 160		

借方 应收账款 贷方

借方		贷方	
期初余额：	1 800 000	(1)	30 000
(8)	705 000	(5)	200 000
(23)	304 000	(7)	696 560
(24)	167 000	(15)	1 804 200
(27)	260 000		
本期发生额	1 436 000	本期发生额	2 730 760
期末余额：	505 240		

借方 其他应收款 贷方

借方		贷方	
期初余额：250 000			
		(3)	3 000
本期发生额		本期发生额	3 000
期末余额：	247 000		

借方 材料采购 贷方

借方		贷方	
期初余额：	0		
(2)	107 500	(10)	107 500
(3)	162 500	(13)	162 500
(6)	191 250	(16)	191 250
本期发生额	461 250	本期发生额	461 250
期末余额：	0		

借方 原材料 贷方

借方		贷方	
期初余额：	700 000		
(10)	107 500	(11)	10 000
(13)	162 500	(17)	336 000
(16)	191 250	(18)	391 000
		(20)	6 500
		(21)	38 500
本期发生额	461 250	本期发生额	782 000
期末余额：	379 250		

借方 预付账款 贷方

借方		贷方	
期初余额：	0		
(12)	22 850		
(22)	90 000		
本期发生额	112 850	本期发生额	
期末余额：	112 850		

借方 应付账款 贷方

借方		贷方	
		期初余额：	1 300 000
		(2)	107 500
		(26)	80 000
本期发生额	0	本期发生额	187 500
		期末余额：	1 487 500

借方 长期待摊费用 贷方

借方		贷方	
期初余额：	977 500		
(4)	30 000		
本期发生额	30 000	本期发生额	
期末余额：	1 007 500		

借方 应付职工薪酬 贷方

借方		贷方	
		期初余额：	300 000
		(25)	91 510
本期发生额	0	本期发生额	91 510
		期末余额：	391 510

借方 销售费用 贷方

借方		贷方	
期初余额：	0		
(14)	8 000		
本期发生额	8 000	本期发生额	
期末余额：	8 000		

借方 管理费用 贷方

借方		贷方	
期初余额：	0		
(9)	3 000		
(11)	1 000		
(19)	450		
(25)	21 260		
(26)	7 500		
本期发生额	33 210	本期发生额	
期末余额：	33 210		

借方	主营业务收入		贷方
		期初余额：	0
		(8)	705 000
		(23)	304 000
		(24)	167 000
		(27)	260 000
本期发生额		本期发生额	1 436 000
		期末余额：	1 436 000

借方	生产成本		贷方
期初余额：	400 000		
(17)	336 000		
(18)	391 000		
(20)	6 500		
(21)	38 500		
(25)	56 200		
(26)	60 000		
本期发生额	888 200	本期发生额	
期末余额：	1 288 200		

借方	制造费用		贷方
期初余额：	0		
(11)	9 000		
(25)	14 050		
(26)	12 500		
本期发生额	35 550	本期发生额	
期末余额：			

(三)试算发生额平衡表

根据日常经济业务编制会计分录并登记账簿后，为检验账簿的记录是否正确，编制调整前的试算平衡表(本期发生额)，如表3—6所示。

表3—6　　调整前发生额的试算平衡表

账户名称	本期发生额	
	本期借方发生额	本期贷方发生额
库存现金		450
银行存款	2 730 760	504 600
应收账款	1 436 000	2 730 760
其他应收款		3 000
材料采购	461 250	461 250
原材料	461 250	782 000
长期待摊费用	30 000	
预付账款	112 850	
应付账款		187 500
应付职工薪酬		91 510
生产成本	888 200	
制造费用	35 550	
主营业务收入		1 436 000
销售费用	8 000	

续表

账户名称	本期发生额	
	本期借方发生额	本期贷方发生额
管理费用	33 210	
合　计	6 197 070	6 197 070

(四)期末会计账务处理

依据权责发生制原则,本企业期末需要编制调整的经济业务如下:

28. 31 日,摊销本月财产保险费 15 000 元。

29. 31 日,本月应摊销办公室装修费 2 500 元。

30. 31 日,计提本月固定资产折旧费用 38 308 元。其中,车间固定资产折旧费 29 262 元,管理部门固定资产折旧费 9 046 元。

31. 31 日,预提本期短期借款利息 14 000 元。

32. 31 日,按工资比例分配本期制造费用。

33. 31 日,本月投产的产品全部验收完工入库(其中,甲产品生产成本 643 800 元,乙产品 523 600 元,丙产品 120 800 元)。

34. 31 日,结转本月销售产品成本(其中,甲产品成本 300 440 元,乙产品成本 418 880 元,丙产品 4 832 元)。

35. 31 日,结转本期损益类账户。

编制会计分录如下:

28. 借:管理费用　　15 000
　　贷:预付账款　　15 000

29. 借:管理费用　　2 500
　　贷:长期待摊费用　　2 500

30. 借:制造费用　　29 262
　　管理费用　　9 046
　　贷:累计折旧　　38 308

31. 借:财务费用　　14 000
　　贷:应付利息　　14 000

32. 制造费用分配率=64 812/(22 800+19 600+13 800)=1.15

甲产品应分摊的制造费用=1.15×22 800=26 220(元)

乙产品应分摊的制造费用=1.15×19 600=22 540(元)

丙产品应分摊的制造费用=64 812-26 220-22 540=16 052(元)

借:生产成本——甲产品　　26 220
　　——乙产品　　22 540
　　——丙产品　　16 052
　贷:制造费用　　64 812

33. 借:库存商品　　1 353 012
　　贷:生产成本——甲产品　　670 020
　　　　——乙产品　　546 140

——丙产品　　136 852

34. 借:主营业务成本　　724 152

　　贷:库存商品　　724 152

35. 结转本期收入类账户:

借:主营业务收入　　1 436 000

　　贷:本年利润　　1 436 000

结转本期费用类账户:

借:本年利润　　805 908

　　贷:主营业务成本　　724 152

　　　　销售费用　　8 000

　　　　管理费用　　59 756

　　　　财务费用　　14 000

(五)月末业务登记入账

根据上述编制的经济业务,登记账簿。

库存现金

借方		贷方	
期初余额:	25 000		
		(19)	450
本期发生额		本期发生额	450
期末余额:	24 550		

银行存款

借方		贷方	
期初余额:	2 000 000	(3)	162 500
(1)	30 000	(4)	30 000
(5)	200 000	(6)	191 250
(7)	696 560	(12)	22 850
(15)	1 804 200	(14)	8 000
		(22)	90 000
本期发生额	2 730 760	本期发生额	504 600
期末余额:	4 226 160		

其他货币资金

借方		贷方	
期初余额:	51 750		
本期发生额		本期发生额	
期末余额:	51 750		

交易性金融资产

借方		贷方	
期初余额:	140 000		
本期发生额		本期发生额	
期末余额:	140 000		

应收账款

借方		贷方	
期初余额:	1 800 000	(1)	30 000
(8)	705 000	(5)	200 000
(23)	304 000	(7)	696 560
(24)	167 000	(15)	1 804 200
(27)	260 000		
本期发生额	1 436 000	本期发生额	2 730 760
期末余额:	505 240		

其他应收款

借方		贷方	
期初余额:	250 000		
		(3)	3 000
本期发生额		本期发生额	3 000
期末余额:	247 000		

借方	材料采购		贷方
期初余额：	0		
(2)	107 500	(10)	107 500
(3)	162 500	(13)	162 500
(6)	191 250	(16)	191 250
本期发生额	461 250	本期发生额	461 250
期末余额：	0		

借方	原材料		贷方
期初余额：	700 000		
(10)	107 500	(11)	10 000
(13)	162 500	(17)	336 000
(16)	191 250	(18)	391 000
		(20)	6 500
		(21)	38 500
本期发生额	461 250	本期发生额	782 000
期末余额：	379 250		

借方	生产成本		贷方
期初余额：	400 000		
(17)	336 000		
(18)	391 000		
(20)	6 500		
(21)	38 500		
(25)	56 200		
(26)	60 000		
(32)	64 812	(33)	1 353 012
本期发生额	953 012	本期发生额	1 353 012
期末余额：	0		

借方	库存商品		贷方
期初余额：	750 000		
(33)	1 353 012	(34)	724 152
本期发生额	1 353 012	本期发生额	724 152
期末余额：	1 378 860		

借方	长期待摊费用		贷方
期初余额：	977 500		
(4)	30 000		
		(29)	2 500
本期发生额	30 000	本期发生额	2 500
期末余额：	1 005 000		

借方	固定资产		贷方
期初余额：	4 500 000		
本期发生额		本期发生额	
期末余额：	4 500 000		

借方	累计折旧		贷方
		期初余额：	800 000
		(30)	38 308
本期发生额		本期发生额	38 308
		期末余额：	838 308

借方	制造费用		贷方
期初余额：	0		
(11)	9 000		
(25)	14 050		
(26)	12 500		
(30)	29 262	(32)	64 812
本期发生额	64 812	本期发生额	64 812
期末余额：	0		

借方	预付账款		贷方
期初余额：	0		
(12)	22 850		
(22)	90 000		
		(28)	15 000
本期发生额	112 850	本期发生额	15 000
期末余额：	97 850		

借方	短期借款		贷方
		期初余额：	250 000
本期发生额		本期发生额	
		期末余额：	250 000

应付账款

借方		贷方	
		期初余额：	1 300 000
		(2)	107 500
		(26)	80 000
本期发生额	0	本期发生额	187 500
		期末余额：	1 487 500

预收账款

借方		贷方	
		期初余额：	500 000
本期发生额		本期发生额	
		期末余额：	500 000

其他应付款

借方		贷方	
		期初余额：	100 000
本期发生额		本期发生额	
		期末余额：	100 000

应付职工薪酬

借方		贷方	
		期初余额：	300 000
		(25)	91 510
本期发生额	0	本期发生额	91 510
		期末余额：	391 510

应付利息

借方		贷方	
		期初余额：	25 000
		(31)	14 000
本期发生额		本期发生额	14 000
		期末余额：	39 000

应交税费

借方		贷方	
		期初余额：	34 000
本期发生额		本期发生额	
		期末余额：	34 000

长期借款

借方		贷方	
		期初余额：	200 000
本期发生额		本期发生额	
		期末余额：	200 000

实收资本

借方		贷方	
		期初余额：	7 500 000
本期发生额		本期发生额	
		期末余额：	34 000

盈余公积

借方		贷方	
		期初余额：	500 000
本期发生额		本期发生额	
		期末余额：	500 000

利润分配

借方		贷方	
		期初余额：	85 250
本期发生额		本期发生额	
		期末余额：	85 250

主营业务收入

借方		贷方	
		期初余额：	0
		(8)	705 000
		(23)	304 000
		(24)	167 000
(35)	1 436 000	(27)	260 000
本期发生额	1 436 000	本期发生额	1 436 000
		期末余额：	0

主营业务成本

借方		贷方	
期初余额：	0		
(34)	724 152	(35)	724 152
本期发生额	724 152	本期发生额	724 152
期末余额：	0		

借方	销售费用		贷方
期初余额：	0		
(14)	8 000	(35)	8 000
本期发生额	8 000	本期发生额	8 000
期末余额：	0		

借方	管理费用		贷方
期初余额：	0		
(9)	3 000		
(11)	1 000		
(19)	450		
(25)	21 260		
(26)	7 500		
(28)	15 000		
(29)	2 500		
(30)	9 046	(35)	59 756
本期发生额	59 756	本期发生额	59 756
期末余额：	0		

借方	财务费用		贷方
期初余额：	0		
(31)	14 000	(35)	14 000
本期发生额	14 000	本期发生额	
期末余额：	0		

借方	本年利润		贷方
		期初余额	
(35)	805 908	(35)	1 436 000
本期发生额	805 908	本期发生额	1 436 000
		期末余额	630 092

(六)编制试算平衡表并结账

根据上述全部经济业务登记入账后的账簿，编制试算平衡表并结账，如表 3—7 所示。

表 3—7 **试算平衡表**

账户名称	期初余额		本期发生额		期末余额	
	借方	贷方	借方	贷方	借方	贷方
库存现金	25 000			450	24 550	
银行存款	2 000 000		2 730 760	504 600	4 226 160	
其他货币资金	51 750				51 750	
交易性金融资产	140 000				140 000	
应收账款	1 800 000		1 436 000	2 730 760	505 240	
其他应收款	250 000			3 000	247 000	
材料采购			461 250	461 250		
原材料	700 000		461 250	782 000	379 250	
库存商品	750 000		1 353 012	724 152	1 378 860	
长期待摊费用	977 500		30 000	2 500	1 005 000	
预付账款			112 850	15 000	97 850	
固定资产	4 500 000				4 500 000	
累计折旧		800 000		38 308		838 308
短期借款		250 000				250 000
应付账款		1 300 000		187 500		1 487 500
预收账款		500 000				500 000
其他应付款		100 000				100 000
应付职工薪酬		300 000		91 510		391 510
应付利息		25 000		14 000		39 000
应交税费		34 000				34 000
长期借款		200 000				200 000
实收资本		7 500 000				7 500 000

续表

账户名称	期初余额		本期发生额		期末余额	
	借方	贷方	借方	贷方	借方	贷方
盈余公积		500 000				500 000
本年利润			805 908	1 436 000		630 092
利润分配		85 250				85 250
生产成本	400 000		953 012	1 353 012		
制造费用			64 812	64 812		
主营业务收入			1 436 000	1 436 000		
主营业务成本			724 152	724 152		
销售费用			8 000	8 000		
管理费用			59 756	59 756		
财务费用			14 000	14 000		
合　计	11 594 250	11 594 250	10 650 762	10 650 762	12 555 660	12 555 660

（七）编制会计报表

完成上述各项程序后，根据账簿等会计资料记录的结果，分类汇总编制财务报表，如表 3－8、表 3－9 所示。

表 3－8 **资产负债表** 会企 01 表

编制单位：海峡鞋业有限公司 2016 年 11 月 30 日 单位：元

资　产	期末余额	期初余额	负债和所有者权益（或股东权益）	期末余额	期初余额
流动资产：			流动负债：		
货币资金	4 302 460		短期借款	250 000	
以公允价值计量且其变动计入当期损益的金融资产	140 000		以公允价值计量且其变动计入当期损益的金融负债		
应收票据			应付票据		
应收账款	505 240		应付账款	1 487 500	
预付款项	97 850		预收款项	500 000	
应收利息			应付职工薪酬	391 510	
应收股利			应交税费	34 000	
其他应收款	247 000		应付利息	39 000	
存货	1 758 110		应付股利		
一年内到期的非流动性资产			其他应付款	100 000	
流动资产合计	7 050 660		一年内到期的非流动负债		
非流动资产：			其他流动负债		
可供出售金融资产			流动负债合计	2 802 010	
持有至到期投资			非流动负债：		
长期应收款			长期借款	200 000	
固定资产	3 661 692		非流动负债合计	200 000	
油气资产			负债合计	3 002 010	
无形资产			所有者权益（或股东权益）		
开发支出			实收资本（或股本）	7 500 000	
商誉			资本公积		
长期待摊费用	1 005 000		盈余公积	500 000	

续表

资　产	期末余额	期初余额	负债和所有者权益(或股东权益)	期末余额	期初余额
其他非流动资产			未分配利润	715 342	
非流动资产合计	4 666 692		所有者权益(或股东权益)合计	8 715 342	
资产总计	11 717 352		负债和所有者权益(或股东权益)总计	11 717 352	

表 3—9　　利润表　　会企 02 表

编制单位:海峡鞋业有限公司　　2016 年 11 月　　单位:元

项　目	本期金额	上期金额
一、营业收入	1 436 000	
减:营业成本	724 152	
税金及附加		
销售费用	8 000	
管理费用	59 756	
财务费用	14 000	
资产减值损失		
加:公允价值变动收益(损失以"—"号填列)		
投资收益(损失以"—"号填列)		
二、营业利润(亏损以"—"号填列)	630 092	
……		

本章小结

会计的基本假设包括会计主体、持续经营、会计分期和货币计量。会计主体是持续经营的基础,会计分期在持续经营的基础上进一步人为地划分为相等的会计期间,货币计量是会计的手段。会计核算是建立在四个基本前提的假设上的。

会计的对象是会计反映和监督的内容。并不是全部的经济业务活动,会计上都要反映在会计信息上,只有用资金运动或价值运动的经济活动才是会计核算和监督的内容。

会计要素是对会计对象所作的最基本的分类,会计科目是对会计要素所作的进一步分类。通过会计科目,可以将每一项发生的经济业务记录下来,但不能连续、系统地反映。账户因为有一定的结构,所以它可以连续、系统地反映经济业务的内容。账户的名称就是会计科目。

会计要素之间的基本等式是资产=负债+所有者权益。

借贷记账法是以"借""贷"为记账符号,以"有借必有贷,借贷必相等"的记账规则,记录企业发生的经济业务。借贷记账法的理论依据是资产=负债+所有者权益。

财务会计循环是会计信息生成的程序,包括会计凭证的填制和审核、账簿的登记和核对、财务报告的编制。原始凭证证明企业发生的经济业务,根据原始凭证编制记账凭证,将记账凭证登记入账簿,进行对账以确保账簿记录的正确性,根据账簿等资料最终形成财务会计报告。

本章结构图

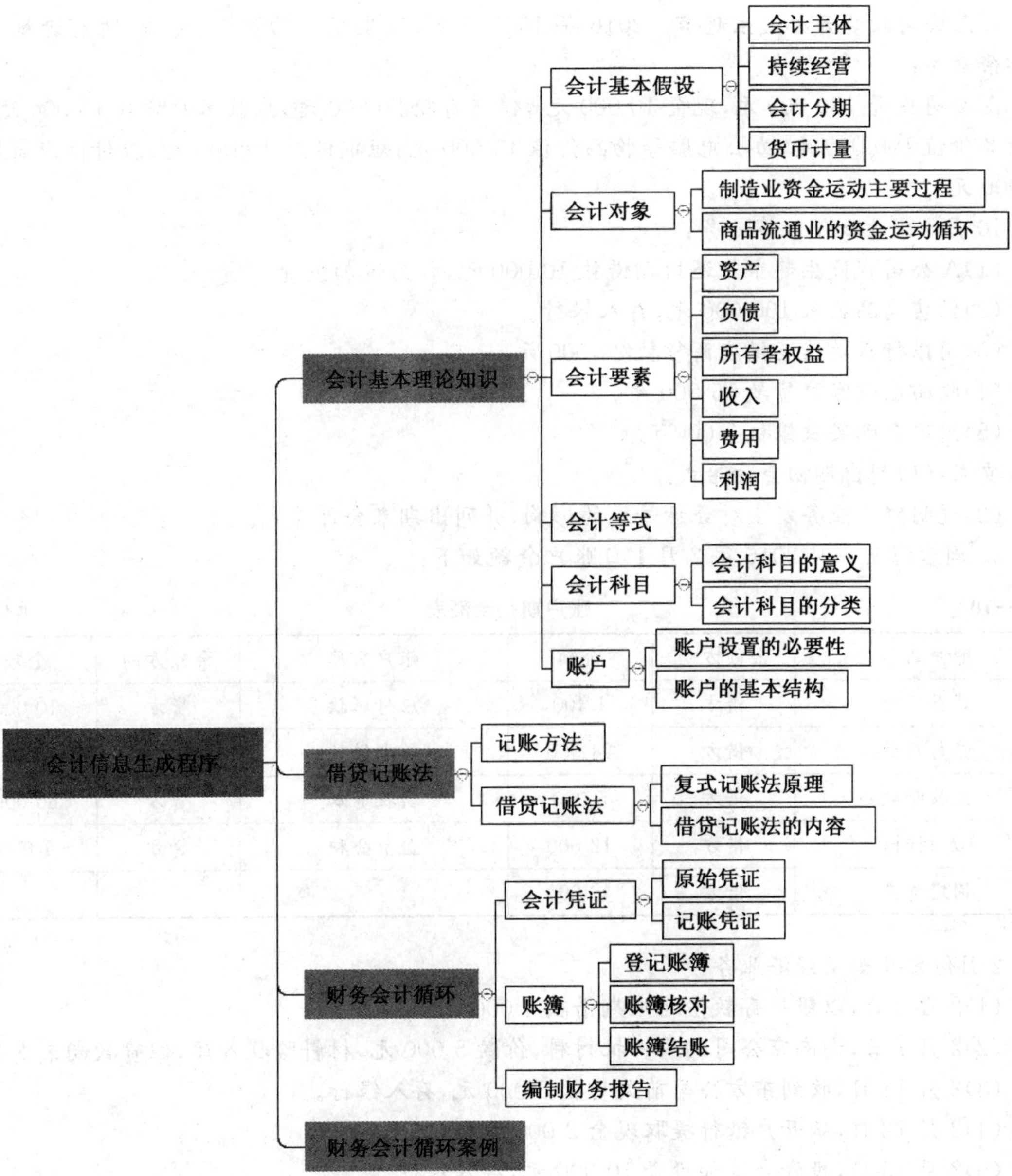

思考题

1. 什么是会计对象？
2. 会计有哪些基本假设？其要点是什么？
3. 什么是会计要素？会计要素有哪几类？
4. 什么是会计恒等式？经济业务发生对会计等式的平衡关系有什么影响？

5. 什么是借贷记账法？它有什么特点？

6. 什么是会计科目和账户？两者有何区别和联系？

7. 财务会计循环包括哪些？

业务题

1. A公司投资开办民生超市。2016年10月1日，民生超市的资产、负债、所有者权益的期初余额为：

A公司投资130 000元，现金10 000元，银行存款20 000元，应收客户货款15 000元，超市物品价值100 000元，办公电脑等物品价值15 000元；短期借款10 000元，应付供应商货款20 000元。

10月份发生如下经济业务：

(1)A公司代民生超市归还短期借款10 000元，作为追加投资。

(2)销售商品收入100 000元，存入银行。

(3)用银行存款偿还供应商货款20 000元。

(4)收回应收客户货款15 000元。

(5)用现金购买收银机3 000元。

要求：(1)列出期初会计等式。

(2)说明经济业务发生对会计等式的影响，并列出期末会计等式。

2. 闽台海棠公司2016年2月1日账户余额如下：

表3—10　　账户期初余额表　　单位：元

账户名称	余额方向	金额	账户名称	余额方向	金额
库存现金	借方	1 400	应付账款	贷方	10 000
银行存款	借方	24 000	短期借款	贷方	14 000
应收账款	借方	5 000	实收资本	贷方	60 000
原材料	借方	12 000	盈余公积	贷方	7 000
固定资产	借方	48 600			

2月份发生如下经济业务：

(1)2月3日，以银行存款偿还短期借款4 000元。

(2)2月7日，向南京公司购买一批材料，价款5 000元，材料验收入库，但货款尚未支付。

(3)2月11日，收到东方公司前欠货款3 000元，存入银行。

(4)2月12日，从开户银行提取现金2 000元备用。

(5)2月15日，投资者追加投资10 000元，存入银行。

(6)2月25日，将10 000元短期借款转为长期借款。

要求：(1)根据上述经济业务编制会计分录。

(2)根据月初余额和会计分录登记账户(T形账)，结出本期发生额和期末余额。

(3)编制试算平衡表。

3. 利海公司2016年12月31日相关试算平衡表如下：

表 3—11　　利海公司试算平衡表　　单位:元

账户名称	期初余额		本期发生额		期末余额	
	借方	贷方	借方	贷方	借方	贷方
库存现金	5 200		5 000	4 945	( )	
银行存款	20 600		5 100	( )	15 700	
应收账款	4 000		/	4 000	( )	
原材料	9 900		( )	22 805	21 695	
固定资产	( )		10 000	/	110 000	
短期借款		( )	4 000	2 500		18 500
应付账款		2 700	2 545	( )		7 150
实收资本	( )		/	( )		( )
合计	( )	( )	( )	(/)	( )	( )

要求:请补充上述空白处。

4. 海心公司 2016 年 6 月 30 日结账前损益类各账户余额如下:

表 3—12　　结账前损益类账户余额表　　单位:元

账户名称	借方余额	账户名称	贷方余额
主营业务成本	277 875	主营业务收入	427 500
销售费用	21 480	营业外收入	1 200
管理费用	59 230	投资收益	10 600
财务费用	1 400	所得税费用	25 844
营业外支出	1 000		

要求:根据上述资料编制 2016 年 6 月利润表。

案例讨论题

安海公司是于 2016 年 9 月成立的零售商店。在开展经营活动之前,发生了一些筹备过程的初始交易。表 3—13 以会计恒等式的方式列出了安海公司在 9 月 10 日及之后的 8 个工作日的余额。

表 3—13　　安海公司 9 月份交易情况表　　单位:元

日期	银行存款	应收账款	商品存货	商场设备	应付账款	实收资本
9 月 10 日	12 000	8 000	36 000	6 000	8 000	54 000
9 月 11 日	24 000	8 000	36 000	6 000	8 000	66 000
9 月 12 日	24 000	8 000	36 000	14 000	8 000	74 000
9 月 13 日	18 000	8 000	42 000	14 000	8 000	74 000
9 月 14 日	18 000	8 000	52 000	14 000	18 000	74 000

续表

日期	银行存款	应收账款	商品存货	商场设备	应付账款	实收资本
9月15日	24 000	2 000	52 000	14 000	18 000	74 000
9月16日	14 000	2 000	52 000	26 000	20 000	74 000
9月17日	10 000	2 000	52 000	26 000	16 000	74 000

要求：

(1)假设每天只发生一笔交易，简要描述安海公司9月份8天发生的交易或事项。

(2)分析上述交易或事项，运用借贷记账法编制每天发生的交易或事项的会计分录，并登记账户。

(3)编制9月份安海公司的试算平衡表和资产负债表、利润表及现金流量表。

第四章　经济业务会计处理

学习目标

1. 理解不同会计政策选择对报表的影响
2. 理解持有至到期投资的账务处理
3. 理解和掌握企业组织购销业务的账务处理
4. 理解和掌握存货的计价方法
5. 理解和掌握固定资产的取得、折旧以及处置的账务处理
6. 理解和掌握交易性金融资产的账务处理

引例

张女士在毗邻某财经大学的大街租用了一个面积60平方米左右的商业用房，用于开办卡拉OK厅，主要经营的是唱歌业务。其聘请了财经大学会计专业的毕业生小王作为歌厅记账人员。该歌厅购置了三台价值40万元的高级卡拉OK设备，并添置了沙发、茶几等用具。同时，该歌厅还提供酒水、饮料等。小王根据歌厅的实际状况设置了一系列的会计账户：固定资产——房屋、固定资产——卡拉OK设备、固定资产——沙发等、原材料、现金、银行存款、应收账款、其他应收款、应交税费、应付账款、应付职工薪酬、其他应付款、股本——张女士、主营业务收入、管理费用、本年利润等。

思考：你觉得小王所设计的会计科目是否合理？如果你是歌厅的记账人员，你准备如何设计会计科目？

第一节　工业企业基本经济业务

如前所述，工业企业的生产经营活动过程是以产品生产为中心的生产准备、产品生产和产品销售过程的统一。工业企业的各种经济业务活动实际上表现为企业的财务活动，企业的财务活动可以分为三大过程，即筹集资金、资金使用（生产循环、日常管理使用）、分配资金。

根据图4－1，企业的资金循环开始于筹集资金环节，接下来通过对筹集的资金进行合理的使用，例如购买原材料、固定资产、对外投资交易等，从而取得相应的收益，然后将所获得利润进行重新分配，通过三者的不断循环从而实现自身的价值增值过程。而对于会计而言就在于在这财务活动过程中进行及时、系统的确认、计量、记录和报告企业财务活动，从而帮助会计信息使用者进行分析做决策。

图 4—1 工业企业财务活动过程

本书是基于财务报表的阅读和理解为宗旨的，因此，本章并未将企业常见的经济业务全部介绍，而只截取几种类型的经济业务，主要介绍会计业务在采用不同的会计处理会对报表产生影响的经济业务，包括往来业务会计核算、存货会计业务核算、固定资产会计业务核算以及金融资产会计业务核算。

第二节 往来业务会计核算

一、往来业务概述

企业的往来业务是指企业与供应商之间以及客户之间的经济事项，是企业组织最基本的业务，其涵盖企业组织的收入、成本、费用和利润，以及企业组织的营运资本问题。

二、采购业务会计账务处理

(一)材料的采购成本

对于企业而言，购入的存货主要包括原材料、商品、包装物以及低值易耗品等。

其采购成本主要包括：

(1)买价，是指进货发票所开列的货款金额。

(2)运杂费，包括运输费、装卸费、包装费、保险费、仓储费等。

(3)运输途中的合理损耗，是指企业与供应或运输部门所签订的合同中规定的合理损耗或必要的自然损耗。

(4)入库前的挑选整理费用，是指购入的材料在入库前需要挑选整理而发生的费用，包括挑选过程中所发生的工资、费用支出和必要的损耗，但不包括残料的价值。

(5)购入材料负担的税金(如关税等)和其他费用等。

知识拓展

材料的采购成本可以简单理解为：材料采购过程至入库前所发生的一切正常支出。但增值税一般纳税人的进项税额将来可以抵扣销项税，不计入成本。

自 2017 年 7 月 1 日起，对于一般增值税纳税人增值税率如下：

(1)适用 17%税率：

销售货物或者提供加工、修理修配劳务以及进口货物。提供有形动产租赁服务。

(2)适用 11%税率：

提供交通运输业服务。农产品(含粮食)、自来水、暖气、石油液化气、天然气、食用植物油、冷气、热水、煤气、居民用煤炭制品、食用盐、农机、饲料、农药、农膜、化肥、沼气、二甲醚、图书、报纸、杂志、音像制品、电子出版物。

(3)适用6%税率：

提供现代服务业服务(有形动产租赁服务除外)。

(4)适用0%税率：

出口货物等特殊业务。

(二)涉及科目

1."在途物资"账户(尚未验收入库)

"在途物资"账户用来核算企业采用实际成本(或进价)进行材料的日常核算而购入的在途物资的采购成本。该账户的借方登记外购材料的实际采购成本(包括买价和采购费用)；贷方登记已验收入库材料的实际成本；月末借方余额，表示企业已经收到发票账单付款等，但尚未到达或尚未验收入库的在途材料的采购成本。

2."原材料"账户(已验收入库)

"原材料"账户用来核算企业库存的各种材料的增减变动及其结余情况。该账户借方登记已验收入库材料的实际成本(或计划成本)；贷方登记发出材料的实际成本(或计划成本)；月末借方余额，表示企业库存的各种材料的实际成本(或计划成本)。

3."应付账款"账户

"应付账款"账户用来核算企业因购买材料、商品和接受劳务供应等而应付给供应单位的款项，属于负债类账户。该账户的贷方登记因购买材料、商品或接受劳务供应等而发生的应付未付的款项；借方登记已经支付或已开出、承兑商业汇票抵付的应付款项；月末贷方余额，表示尚未支付的应付账款。

4."应付票据"账户

"应付票据"账户用来核算企业因购买的材料、商品和接受劳务供应等开出、承兑的商业汇票(包括商业承兑汇票和银行承兑汇票)，属于负债类账户。该账户贷方登记企业已开出、承兑的汇票或以承兑汇票抵付的货款；借方登记收到银行付款通知后实际支付的款项；月末贷方余额，表示尚未到期的商业汇票的票面余额。

5."预付账款"账户

"预付账款"账户用来核算企业按照购货合同规定预付给供应单位的款项，属于资产类科目。该账户借方登记按照合同规定预付给供应单位的货款和补付的款项；贷方登记收到所购货物和退回多付的款项；期末借方余额，表示企业预付的款项；期末如为贷方余额，表示企业尚未补付的款项。

6."应交税费"账户

"应交税费"账户，用来核算企业按照税法规定计算应缴纳的各种税费。企业应在"应交税费"科目下设置"应交增值税"明细科目。在"应交增值税"明细账中，应设置"进项税额"、"销项税额"等专栏进行明细核算。企业采购物资时，应按可抵扣的增值税额，借记本账户；销售物资或提供应税劳务时，按应收取的增值税额，贷记本账户。

(三)会计业务处理

企业的材料核算，可以采用实际成本法和计划成本法进行核算。本章主要介绍实际成本法。

实际成本法下，一般通过"原材料"和"在途物资"等科目进行核算。企业外购材料时，按材料账单和入库时间情况分为以下三种：

1. 单货同到

单货同到是指如果发票账单已到,材料已验收入库,按支付的实际金额,借记“原材料”、“应交税费——应交增值税(进项税额)”等科目,贷记“银行存款”、“应付账款”、“应付票据”等科目。

【例 4—1】 企业向 A 公司购入甲材料一批,取得的增值税专用发票上注明价款为 100 000元,增值税为 17 000 元,另发生运杂费 2 000 元。货款、税金及运杂费均由银行存款支付,该材料已验收入库。

在该项业务中,材料的采购成本由买价 100 000 元及运杂费 2 000 元构成,由于材料已验收入库,应记入“原材料”账户的借方,同时支付因购买材料发生的准予从销项税额中抵扣的增值税进项税额 17 000 元,应记入“应交税费——应交增值税(进项税额)”账户的借方;另一方面,材料价款、运杂费和增值税以银行存款支付,造成企业银行存款减少,故贷记“银行存款”账户。企业应编制的会计分录为:

借:原材料——甲材料	102 000	
应交税费——应交增值税(进项税额)	17 000	
贷:银行存款		119 000

2. 货到单未到

货到单未到是指如果货款尚未支付,材料已经验收入库,在这种情况下收到货物的时候不做账务处理,但月末仍未收到相关发票凭证,则按照暂估价入账,即借记“原材料”科目,贷记“应付账款”等科目。下月初作相反分录予以冲回,收到相关发票账单后再编制会计分录。

3. 单到货未到

如果货款已经支付,发票账单已到,但材料尚未验收入库,按支付的金额,借记“在途物资”、“应交税费——应交增值税(进项税额)”等科目,贷记“银行存款”等科目;待验收入库时再作后续分录。

【例 4—2】 甲企业向 A 公司购入乙材料一批,取得的增值税专用发票上注明价款 50 000 元,增值税 8 500 元,材料尚未到达,款项已由银行存款支付。

在这项业务中一方面企业发生材料的买价 50 000 元,由于材料尚未到达,应记入“在途物资”账户的借方,同时支付因购买材料发生的准予从销项税额中抵扣的增值税进项税额 8 500 元,应记入“应交税费——应交增值税(进项税额)”账户的借方;另一方面,材料价款和增值税额以银行存款支付,使企业的银行存款减少,应贷记“银行存款”账户。所以,这项业务应编制的会计分录为:

借:在途物资——乙材料	50 000	
应交税费——应交增值税(进项税额)	8 500	
贷:银行存款		58 500

三、销售环节会计账务处理

(一)收入的定义及确认条件

收入是指企业在日常活动中所形成的、会引致所有者权益增加、与所有者投入资本无关的经济利益的总流入。

根据我国《企业会计准则第 14 号——收入》确认条件中指出的,企业应当在履行了合同中的履约义务,即在客户取得相关商品控制权时确认收入;而取得相关商品控制权是指能够主导该商品的使用并从中获得几乎所有的经济利益。

当企业与客户之间的合同同时满足下列条件时，企业应当在客户取得相关商品控制权时确认收入：

(1)合同各方已批准该合同并承诺将履行各自的义务；

(2)该合同明确了合同各方与所转让商品或提供劳务(以下简称“转让商品”)相关的权利和义务；

(3)该合同有明确的与所转让商品相关的支付条款；

(4)该合同具有商业实质，即履行该合同将改变企业未来现金流量的风险、时间分布或金额；

(5)企业因向客户转让商品而有权取得的对价很可能收回。

知识拓展

在合同开始日即满足前款条件的合同，企业在后续期间无须对其进行重新评估，除非有迹象表明相关事实和情况发生重大变化。合同开始日通常是指合同生效日。

如果合同开始日不符合以上条件时，企业应该对其进行持续评估，直到满足上述条件时进行会计处理。对于不符合上述条件的合同，企业只有在不负有向客户转让商品的剩余义务，且已经向客户收取对价且无须退还时，才能确认收入，否则收取的款项只能作为预收账款进行处理。

基于该准则，会计对收入的确认可以分为五个步骤进行，如图 4－2 所示。

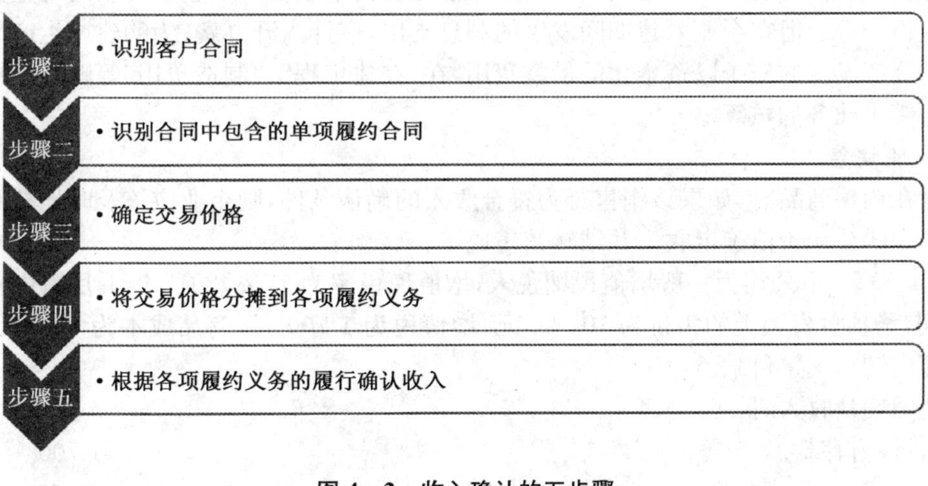

图 4－2　收入确认的五步骤

(二)涉及的科目

1. 主营业务收入

主营业务收入属于损益类。其是指企业经常性的、主要业务所产生的基本收入，如对于律师事务所，为客户提供法律咨询服务所取得的收入即是其主营业务收入。主营业务收入发生时是在贷方，每到月末要从借方转入本年利润的贷方，结转后，主营业务收入在月末没有余额。

2. 主营业务成本

主营业务成本属于损益类。其是指公司生产和销售与主营业务有关的产品或服务所必须投入的直接成本,主要包括原材料、人工成本(工资)和固定资产折旧等。"主营业务成本"用于核算企业因销售商品、提供劳务或让渡资产使用权等日常活动而发生的实际成本。"主营业务成本"账户下应按照主营业务的种类设置明细账,进行明细核算。期末,应将本账户的余额转入"本年利润"账户,结转后本账户应无余额。

3. 应收账款

应收账款属于资产类。其是指企业在正常的经营过程中因销售商品、产品,提供劳务等业务,应向购买单位收取的款项,包括应由购买单位或接受劳务单位负担的税金、代购买方垫付的各种运杂费等。

4. 应收票据

应收票据属于资产类。其是指企业持有的未到期或未兑现的商业票据。

5. 应交税费——应交增值税(销项税额)

应交税费属于负债类科目。该科目用于核算企业销售商品时所缴纳的增值税。

6. 预收账款

预收账款属于负债类。该科目用于核算企业按照合同规定或交易双方的约定,而向购买单位或接受劳务的单位在未发出商品或提供劳务时预收的款项,一般包括预收的货款、预收购货定金等。

7. 财务费用

财务费用属于损益类账户。其是指企业在生产经营过程中为筹集资金而发生的筹资费用,包括企业生产经营期间发生的利息支出(减利息收入)、汇兑损益(有的企业如商品流通企业、保险企业进行单独核算,不包括财务费用)、金融机构手续费以及企业发生的现金折扣或收到的现金折扣等。但在企业筹建期间发生的利息支出,应计入开办费;为购建或生产满足资本化条件的资产发生的应予以资本化的借款费用,在"在建工程"、"制造费用"等账户中核算。

(三)销售业务的核算

1. 一般销售业务的核算

企业在销售商品时,如果该销售行为符合收入的确认条件,则企业应该及时地按照合同或者协议约定的公允价值确定收入并结转销售成本。

【例4-3】 甲公司为一般增值税纳税人,增值税税率为17%,2017年1月销售一批商品给B公司,增值税发票上的售价为10 000元,增值税为1 700元,商品成本为8 000元。B公司当时开出转账支票付款。

甲公司确认收入时:

借:银行存款	11 700	
贷:主营业务收入		10 000
应交税费——应交增值税(销项税额)		1 700

同时结转成本:

借:主营业务成本	8 000	
贷:库存商品		8 000

2. 采用现金折扣、商业折扣和销售折让方式的商品的销售账务处理

(1)商业折扣

商业折扣是指企业根据市场供需情况，或针对不同的顾客，在商品标价上给予的扣除。例如，商场在一些节假日推出所有商品7折的活动就属于商业折扣。

当企业采用商业折扣方式销售商品时，应该按照折后价确认为商品的收入，借记“银行存款”、“应收账款”、“应收票据”等科目，贷记“主营业务收入”、“应交税费”等科目。

【例4—4】 A公司销售商品一批，按价目表的价格计算，货款金额总计100 000元，给买方的商业折扣为10%，适用增值税税率为17%，当即收到全部款项。

在销售时有商业折扣的情况下，银行存款和销售收入按扣除商业折扣后的金额入账。应作如下会计分录：

借：银行存款　105 300

　贷：主营业务收入　90 000

　　应交税费——应交增值税（销项税额）　15 300

（2）现金折扣

现金折扣是为了鼓励客户早日付清货款而提出的优惠。表示方式为：2/10，1/20，*n*/30（即10天内付款，货款折扣2%；20天内付款，货款折扣1%；30天内，全额付款）。现金折扣仅发生在企业采用赊销方式销售商品时。企业在销售时应该按照现金折扣前的商品售价确认主营业务收入，以及应交税费等，借记“银行存款”、“应收账款”、“应收票据”等科目，贷记“主营业务收入”、“应交税费”等科目。当收到货款时确认是否在现金折扣的期限，如果是，则把折扣的金额记入“财务费用”，同时按照扣除现金折扣后的金额记入“银行存款”。

【例4—5】 甲公司2017年6月11日销售商品一批，增值税发票注明的售价为50 000元，增值税额8 500元。该批产品的成本为40 000元。规定的现金折扣条件为：2/10，1/20，*n*/30，公司采用总价法核算现金折扣，6月15日收回货款。

6月11日销售实现时，按总价确认收入：

借：应收账款　58 500

　贷：主营业务收入　50 000

　　应交税费——应交增值税（销项税额）　8 500

借：主营业务成本　40 000

　贷：库存商品　40 000

6月15日收回货款时：

借：银行存款　57 330

　财务费用　1 170（58 500×2%）

　贷：应收账款　58 500

（3）销售折让

销售折让是指企业因为已售出的商品在质量上不合格或者出现瑕疵因而在售价上给予的折扣。对销售折让进行账务处理时，企业应该按照不同的情况进行处理：如果是在资产负债表日之前的销售折让应该在发生时冲减当期的销售收入，即借记“主营业务收入”、“应交税费”，贷记“银行存款”、“应收账款”等；如果是资产负债表日之后的销售折让，则应按照相关规定进行处理。

【例4—6】 甲公司2016年7月18日销售一批商品，增值税发票注明的售价为20 000元，增值税为3 400元，该批产品的成本为15 000元。货到后买方发现商品质量与合同要求不一致，要求给予价款5%的折让，甲公司同意折让并开具增值税红字发票。

7 月 18 日销售实现时:

借:应收账款　　23 400

　　贷:主营业务收入　　20 000

　　　　应交税费——应交增值税(销项税额)　　3 400

借:主营业务成本　　15 000

　　贷:库存商品　　15 000

发生销售折让时:

借:主营业务收入　　1 000

　　应交税费——应交增值税(销项税额)　　170

　　贷:应收账款　　1 170

实际收款时:

借:银行存款　　22 230

　　贷:应收账款　　22 230

第三节　存货会计业务处理

一、存货概述

(一)存货的概念

存货是指企业在日常活动中持有以备出售的产成品或商品、处在生产过程中的在产品、在生产过程或提供劳务过程中耗用的材料和物料等,包括各类材料、在产品、半成品、产成品、商品以及包装物、低值易耗品、委托代销商品、委托加工物资等。

1. 原材料

它是指企业在生产过程中经加工改变其形态或性质并构成产品主要实体的各种原料及主要材料、辅助材料、燃料、修理用备料、包装材料、外购半成品等。

2. 在产品

它是指在企业尚未加工完成,需要进一步加工且正在加工的在制品。

3. 半成品

它是指企业已完成一定生产过程的加工任务,已验收合格入库,但需要进一步加工的中间产品。

4. 产成品

它是指企业已完成全部生产过程并验收合格入库,可以按照合同规定的条件送交订货单位,或可以作为商品对外销售的产品。

5. 商品

它是指商品流通企业外购或委托加工完成验收入库用于销售的各种商品。

6. 周转材料

它是指企业能够多次使用、逐渐转移其价值仍保持原有形态,不确认为固定资产的材料,如包装物和低值易耗品。

7. 委托代销商品

它是指企业委托其他单位代销的商品。

(二)存货的确认条件

存货在符合定义的情况下,同时满足下列条件的,才能予以确认:

(1)与该存货有关的经济利益很可能流入企业;

(2)该存货的成本能够可靠地计量。

二、存货取得成本确认

企业取得存货应当按照成本进行计量。存货成本包括采购成本、加工成本和使存货达到目前场所和状态所发生的其他成本三个组成部分。

(一)外购存货的成本

企业外购存货主要包括原材料和商品。外购存货的成本即存货的采购成本,是指企业物资从采购到入库前所发生的全部支出,包括购买价款、相关税费、运输费、装卸费、保险费以及可归属于存货采购成本的费用。

知识拓展

在实务中,企业可以将发生的运输费、装卸费、保险费以及其他可归属于存货采购成本的费用等进货费用,在期末按照所购商品的存销情况进行分摊。对于已销售商品的进货费用,计入主营业务成本;对于未售商品的进货费用,计入期末存货成本。商品流通企业采购商品的进货费用金额较小的,可以在发生时直接计入当期销售费用。

(二) 加工取得存货的成本

企业通过进一步加工取得的存货,主要包括产成品、在产品、半成品、委托加工物资等,其成本由采购成本、加工成本构成。存货加工成本由直接人工和制造费用构成。

存货的加工成本主要由直接人工和制造费用构成,其中直接人工是指直接从事产品生产的工人的职工薪酬;制造费用是一项间接生产成本,包括企业生产部门的管理人员的职工薪酬、折旧费、办公费、水电费、机物料的消耗等。

【例 4—7】 某企业第一车间本月投产甲产品 100 件、乙产品 200 件,本月投产的产品在本月末全部完工。本月该车间发生的费用如表 4—1 所示。

表 4—1　　**第一车间费用归集表**

	甲产品	乙产品	甲产品、乙产品共同耗用
原材料	10 000	25 000	
人工费用	5 000	10 000	
制造费用			6 000
合计	15 000	35 000	6 000

(假设本月制造费用按照甲、乙产品数量进行分配)

制造费用分配率＝6 000÷(100＋200)＝20(元/件)

甲产品承担的制造费用＝20×100＝2 000(元)

乙产品承担的制造费用＝6 000－2 000＝4 000(元)

甲产品总成本＝15 000＋2 000＝17 000(元)

乙产品总成本＝35 000＋4 000＝39 000(元)

(三)其他方式取得存货的成本

企业取得存货的其他方式主要包括接受投资者投资、非货币性资产交换、债务重组、企业合并以及存货盘盈等。

1. 投资者投入存货的成本

投资者投入存货的成本应当按照投资合同或协议约定价值确定,但合同或协议约定价值不公允的除外。在投资合同或协议约定价值不公允的情况下,按照该项存货的公允价值作为其入账价值。

2. 盘盈存货的成本

盘盈的存货应按其重置成本作为入账价值,并通过"待处理财产损溢"科目进行会计处理,按管理权限报经批准后,冲减当期管理费用。

(四)通过提供劳务取得的存货

通过提供劳务取得存货,其成本按从事劳务提供人员的直接人工和其他直接费用及可归属于该存货的间接费用确定。

知识拓展

在确定存货成本的过程中,下列费用不应当计入存货成本,而应当在发生时计入当期损益:

1. 非正常消耗的直接材料、直接人工及制造费用,应计入当期损益,不得计入存货成本。

2. 仓储费用,指企业在采购入库后发生的储存费用,应计入当期损益。但是,在生产过程中为达到下一个生产阶段所必需的仓储费用则应计入存货成本。

3. 不能归属于使存货达到目前场所和状态的其他支出,不符合存货的定义和确认条件,应在发生时计入当期损益,不得计入存货成本。

4. 企业采购用于广告营销活动的特定商品,向客户预付货款未取得商品时,应作为预付账款进行会计处理,待取得相关商品时计入当期损益(销售费用)。

三、存货发出成本确认

(一)存货的盘存制度

1. 永续盘存制

永续盘存制也称为账面盘存制,就是通过设置存货明细账,对日常发生的存货增加或减少,都必须根据会计凭证在账簿中进行连续登记,并随时在账面上结算各项存货的结存数并定期与实际盘存数对比,确定存货盘盈盘亏的一种制度。其计算公式如下:

期末结存数量＝账面期初结存数量＋本期增加数量－本期减少数量

相较于实地盘存制,永续盘存制的优点在于其能够随时反映某一存货在一定会计期间内收入、发出及结存的详细情况,利于加强对存货的管理与控制。其缺点是永续盘存制下存货明细账的会计核算工作量较大,采用这种方法需要将财产清查的结果与账面结存进行核对,在账实不符的情况下还需要对账面记录进行调整。

2. 实地盘存制

实地盘存制又称定期盘存制，是指会计期末通过对存货进行实地盘点确定期末结存数量的方法。该方法平时只登记存货收入数，不登记存货发出数，期末通过实地盘点，确定结存数量，并倒挤发出数量及金额，完成账簿记录，使账实相符。在实地盘存制下，本期减少数的计算公式是：

本期发出存货数量＝期初结存数量＋本期增加数量－期末结存数量

相对于永续盘存制，其优点主要体现于核算工作比较简单、工作量较小。其缺点是不能通过账簿随时反映和监督各项财产物资的收、发、结存情况，如果其仓库中存在物资毁损、盗窃、丢失等情况，在账面上均无反映，而全部隐藏在本期的发出数内，不利于存货的管理，因此实地盘存制的适用范围一般只是用于核算那些价值低和数量不稳定、损耗大的商品。

(二)存货发出计价方法

日常工作中，企业发出的存货，可以按实际成本核算，也可以按计划成本核算。如采用计划成本核算，会计期末应调整为实际成本，本章仅对实际成本法进行讲解。

在实际成本核算方式下，企业可以采用的发出存货成本的计价方法包括个别计价法、先进先出法、月末一次加权平均法、移动加权平均法等。

1. 个别计价法

个别计价法也称个别认定法、具体辨认法、分批实际法，采用这一方法是假设存货具体项目的实物流转与成本流转相一致，按照各种存货逐一辨认各批发出存货和期末存货所属的购进批别或生产批别，分别按其购入或生产时所确定的单位成本计算各批发出存货和期末存货成本的方法。在这种方法下，是把每一种存货的实际成本作为计算发出存货成本和期末存货成本的基础。

【例 4—8】 某工厂本月生产过程中领用 A 材料 2 000 千克，经确认其中 1 000 千克属第一批入库，单位成本为 25 元；其中 600 千克属第二批入库，单位成本为 26 元；其中 400 千克属第三批入库，单位成本为 28 元。

本月发出 A 材料的成本计算如下：

发出材料实际成本＝1 000×25＋600×26＋400×28＝51 800(元)

对于企业而言，如果采用个别认定法，其优点是计算发出存货的成本和期末存货的成本比较合理、准确。其缺点是实务操作的工作量繁重，困难较大。该法适用于容易识别、存货品种数量不多、单位成本较高的存货计价，如珠宝、名画等贵重物品。

2. 先进先出法

先进先出法是指以先购入的存货应先发出(销售或耗用)这样一种存货实物流动假设为前提，对发出存货进行计价的一种方法。采用这种方法，先购入的存货成本在后购入存货成本之前转出，据此确定发出存货和期末存货的成本。具体方法是：收入存货时，逐笔登记收入存货的数量、单价和金额；发出存货时，按照先进先出的原则逐笔登记存货的发出成本和结存金额。

先进先出法可以随时结转存货发出成本，但较烦琐；如果存货收发业务较多，且存货单价不稳定时，其工作量较大。在物价持续上升时，期末存货成本接近于市价，而发出成本偏低，会高估企业当期利润和库存存货价值；反之，会低估企业存货价值和当期利润。

【例 4—9】 红星工厂 2017 年 6 月 A 材料的期初结存和本期购销情况如下：

6 月 1 日　期初结存　　150 件　单价 60 元　计 9 000 元

6月8日　生产领用　　　　　70件

6月15日　购进　　　　　　100件　单价62元　计6 200元

6月20日　生产领用　　　　50件

如果企业采用先进先出法，则存货的发出成本和结存成本的计算如表4－2所示：

表4－2　　　　存货的发出成本和结存成本的计算表

日期	收入			发出			结存		
	数量	单价	成本	数量	单价	成本	数量	单价	成本
6月1日							150	60	9 000
6月8日				70	60	4 200	80	60	4 800
6月15日	100	62	6 200				180		11 000
6月20日				50	60	3 000	130		8 000

本月发出存货成本＝4 200＋3 000＝7 200(元)

本月结存存货成本＝8 000(元)

对于企业而言，如果采用的是先进先出法，期末材料按照最接近的单位成本计算，比较接近市场价格，因此资产负债表可以较为真实地反映财务状况；但是在物价上涨情况下，由于本期发出材料成本是按照较早购入材料的成本进行计算的，计入产品成本的直接材料费用因此可能被低估，而结存材料成本被高估。而在物价下跌时，由于本期发出材料成本是按照较早购入材料的成本进行计算的，计入产品成本的直接材料费用因此可能被高估，而结存材料成本被低估。

3. 月末一次加权平均法

该方法是指以本月全部进货数量加上月初存货数量作为权数，除以本月全部进货成本加上月初存货成本，计算出存货的加权平均单位成本，以此为基础计算本月发出存货的成本和期末存货的成本的一种方法。其计算公式如下：

存货单位成本＝[月初库存存货＋∑(本月各批进货的实际单位成本×本月各批进货的数量)]÷(月初库存存货的数量＋本月各批进货数量之和)

本月发出存货的成本＝本月发出存货的数量×存货单位成本

本月月末库存存货成本＝月末库存存货的数量×存货单位成本

或：

本月月末库存存货成本＝月初库存存货的实际成本＋本月收入存货的实际成本－本月发出存货的实际成本

【例4－10】　甲公司2017年5月份A商品有关收、发、存情况如下：

(1)5月1日结存300件，单位成本为2万元。

(2)8日购入200件，单位成本为2.2万元。

(3)10日发出400件。

(4)20日购入300件，单位成本为2.3万元。

(5)28日发出200件。

(6)31 日购入 200 件，单位成本为 2.5 万元。

要求：采用月末一次加权平均法计算 A 商品 2017 年 5 月份发出存货的成本和 5 月 31 日结存存货的成本。

答案解析：

加权平均单位成本＝2 230÷(300＋200＋300＋200)＝2.23(万元)

本月发出存货成本＝(400＋200)×2.23＝1 338(万元)

本月月末结存存货成本＝2 230－1 338＝892(万元)

注意：考虑到计算出的加权平均单价不一定是整数，往往要小数点后四舍五入，为了保持账面数字之间的平衡关系，一般采用倒挤成本法计算发出存货的成本。

对于企业而言，如果采用加权平均法只在月末一次计算加权平均单价，比较简单，有利于简化成本计算工作，但由于平时无法从账上提供发出和结存存货的单价及金额，因此不利于存货成本的日常管理与控制，仅仅适用于日常存货管理采用实地盘存制度的情况下。

4. 移动加权平均法

该种方法是指以每次进货的成本加上原有库存存货的成本，除以每次进货数量加上原有库存存货的数量，从而计算加权平均单位成本，作为在下次进货前计算各次发出存货成本依据的一种方法。其计算公式如下：

本次发出存货的成本＝本次发出存货的数量×本次发货前存货的单位成本

本月月末库存存货成本＝月末库存存货的数量×本月月末存货单位成本

【例 4－11】 甲公司为一家工业企业，采用移动加权平均法核算存货成本。2017 年 3 月 1 日，甲公司结存材料 100 千克，每千克 10 元；2017 年 3 月份关于材料收发发生如下事项：3 月 4 日，购入材料 200 千克，每千克 11 元；3 月 10 日，发出材料 250 千克；3 月 15 日，购入材料 400 千克，每千克 9 元；3 月 18 日，发出材料 200 千克。请按照存货移动加权平均法计算出该企业本月发出存货的成本以及期末存货的成本。

甲公司采用移动加权平均法核算存货成本，则

在 2017 年 3 月 4 日购入材料后，材料的单位成本＝(100×10＋200×11)÷(100＋200)＝10.67(元)

3 月 10 日，甲公司发出材料的成本＝250×10.67＝2 667.50(元)

3 月 15 日，甲公司购入材料后，材料的单位成本＝(100×10＋200×11－2 667.50＋400×9)÷(100＋200－250＋400) ＝9.18(元)

3 月 18 日，发出材料的成本＝200×9.18＝1 836(元)

甲公司 2017 年 3 月份结存材料的实际成本＝(100×10 ＋200×11＋400×9)－(2 667.50＋1 836)＝2 296.50(元)

从上述例题中可以发现，移动加权平均法计算出来的商品成本比较均衡和准确，但计算起来的工作量大，一般适用于经营品种不多或者前后购进商品的单价相差幅度较大的商品流通类企业。

四、存货的期末计价

存货期末计价是指企业在会计期末(通常指年末)编制资产负债表时，存货按何种价值列示。存货在期末的计价方法一般有三种，即成本法、市价法、成本与市价孰低法。我国《企业会计准则第 1 号——存货》规定，在资产负债表日，存货应当按照成本与可变现净值孰低计价。

(一)成本和可变现净值孰低法定义

成本和可变现净值孰低法是指在会计期末通过比较存货的成本与市价,取两者中较低的一个作为存货计价基础,即当存货成本低于市价时,按成本计价;当市价低于成本时,按市价计价。这里的成本指的是存货购入或生产时的实际成本,即存货的账面价值。可变现净值是指在企业日常的生产经营活动中,以存货估计售价减去至完工时估计将要发生的成本、估计的销售费用以及相关税费后的金额。

可变现净值=存货估计售价-预计进一步加工所需发生的成本
-预计销售费用-预计相关税费

(二)可变现净值的确定方法

1. 确定可变现净值应考虑的主要因素

(1)产成品、商品和用于出售的原材料等直接用于出售的存货,其可变现净值根据在正常生产经营过程中,以存货的估计售价减去估计的销售费用和相关税金后的金额确定。

(2)用于生产的材料、在产品或自制半成品等需要经过加工的存货,其可变现净值根据在正常生产经营过程中,以存货的估计售价减去至完工估计将要发生的成本、估计的销售费用以及相关税金后的金额确定。

(3)如果属于按订单生产,则应按协议价而不是估计售价确定可变现净值。

2. 可变现净值中估计售价的确定方法

(1)为执行销售合同或者劳务合同而持有的存货,通常应以产成品或商品的合同价格作为其可变现净值的计量基础。

(2)如果企业持有存货的数量多于销售合同订购的数量,超出部分的存货的可变现净值,应以产成品或商品的一般销售价格作为计量基础。

(3)没有销售合同约定的存货,但不包括用于出售的材料,其可变现净值应以产成品或商品的一般销售价格(即市场销售价格)作为计量基础。

【例4-12】 2016年12月31日,A公司原材料——钢板的账面价值为600 000元,可用于生产1台甲型机器,假设不发生其他购买费用。由于钢板的市场销售价格下降,用钢板作为原材料生产的甲型机器的市场销售价格由1 500 000元下降为1 350 000元,但其生产成本仍为1 400 000元,即将该批钢板加工成甲型机器尚需投入800 000元,估计销售费用及税金为50 000元。

请根据上述资料计算该批钢材的账面价值。

解题思路:

第一步,计算用该钢板所生产的产成品的可变现净值。

甲型机器的可变现净值=甲型机器估计售价-估计销售费用及税金=1 350 000-50 000=1 300 000(元)

第二步,将用该原材料所生产的产成品的可变现净值与其成本进行比较。

甲型机器的可变现净值1 300 000元小于其成本1 400 000元,即钢板价格的下降和甲型机器销售价格的下降表明甲型机器的可变现净值低于其成本,因此该批钢板应当按可变现净值计量。

第三步,计算该批钢板的可变现净值,并确定其期末价值。该批钢板的可变现净值=甲型机器的估计售价-将该批钢板加工成甲型机器尚需投入的成本-估计销售费用及税金=1 350 000-800 000-50 000=500 000(元)。

该批钢板的可变现净值500 000元小于其成本600 000元，因此该批钢板的期末价值应为其可变现净值500 000元，即该批钢板应按500 000元列示在2016年12月31日资产负债表的存货项目之中。

五、存货的会计处理对报表的影响

一般来说，存货的核算方法一经确定，不得随意变更。如需变更，应在会计报表附注中予以说明。有些地方的主管税务部门还要求备案，各地规定不同。

存货包括原材料、在产品（生产成本）、库存商品等，计价方法的不同，即企业采用的会计政策不同，其造成的结果主要体现在期末存货和营业成本上：转入营业成本多，则利润少，期末存货少；反之，营业成本少，则利润多，期末存货多。

因此对财务报表的影响主要表现在：

（一）存货计价方法的选择对利润表的影响

存货的计价方法对利润表的影响主要体现在，存货计价方法是因为物价变动而产生的，若存货进价固定不变，不同存货计价方法将失去存在的必要。而采用不同的存货发出计价方法计算所得的期末存货成本和本期发出存货成本有所区别。对于企业而言，如果期末存货计价过低，当期的收益可能因此而相应减少，利润表中的利润相应减少；如果期末存货计价过高，当期的收益可能因此而相应增加，利润表中的利润相应增加。因此，企业应该根据自身情况和市场情况选择存货计价方法。

（二）存货计价方法的选择对于资产负债表的影响

存货计价方法的选择对资产负债表中有“存货”项目的数额计算有直接影响，从而导致资产负债表中的流动资产总额、所有者权益等项目都会因存货计价方法的不同而有所不同。

第四节　固定资产会计业务处理

一、固定资产概述

（一）固定资产的定义

固定资产，是指同时具有下列特征的有形资产：

（1）为生产商品、提供劳务、出租或经营管理而持有的；

（2）使用寿命超过一个会计年度。

固定资产包括房屋、建筑物、机器、机械、运输工具以及其他与生产经营活动有关的设备、器具、工具等。固定资产是企业的劳动手段，也是企业生产经营依赖的主要资产。

（二）固定资产的特征

从其定义来看，固定资产具有以下三个特征：

1. 为生产商品、提供劳务、出租或者经营而持有的

企业持有固定资产的目的是为了生产商品、提供劳务、出租或经营管理，即企业持有固定资产的目的是作为该企业的劳动工具或者手段而非用于出售。

注意：此处的“出租”指的是以经营性租赁方式出租的机器设备等固定资产，不包括以经营性租赁方式出租的建筑物。

知识拓展

如果是以赚取租金或资本增值,或两者兼有目的而持有的房地产则作为投资性房地产进行核算。

投资性房地产主要包括:已出租的土地使用权、持有并准备增值后转让的土地使用权和已出租的建筑物。

2. 使用寿命超过一个会计年度

这一特征表明固定资产属于长期资产,能在一年以上的时间为企业创造价值;通常情况下,固定资产的使用寿命是指使用固定资产的预计期间,比如自用房屋建筑物的使用寿命表现为企业对该建筑物的预计使用年限。对于某些机器设备或者运输设备等固定资产,其使用寿命表现为该固定资产所能生产产品或者提供劳务的数量,例如汽车、飞机等。

3. 固定资产是有形资产

固定资产具有实物特征,该特征将固定资产和无形资产区分开来。

(三)涉及的会计科目

企业一般需要设置"固定资产"、"累计折旧"、"在建工程"、"工程物资"、"固定资产清理"等科目,核算固定资产取得、计提折旧、处置等情况。

企业固定资产、在建工程、工程物资发生减值的,还应当设置"固定资产减值准备"、"在建工程减值准备"、"工程物资减值准备"等科目进行核算。

1. 固定资产

该科目属于资产类,用于核算企业持有的固定资产原价。该科目借方登记企业增加的固定资产原价,贷方登记企业减少的固定资产原价,期末借方余额反映企业期末固定资产的账面原价。"固定资产"科目一般分为三级,企业除了应设置"固定资产"总账科目,还应设置"固定资产登记簿"和"固定资产卡片",按固定资产类别、使用部门和每项固定资产进行明细核算。

2. 工程物资

该科目属于资产类,用于核算企业为基建工程等而准备的各种物资的实际成本。该科目的借方登记企业购入工程物资的实际成本,贷方登记领用工程物资的实际成本,期末借方余额反映企业为工程购入但尚未领用的专用物资的实际成本。

3. 在建工程

该科目属于资产类,用于核算企业建造工程、安装工程等发生的实际支出,包括需要安装的设备的价值。该科目的借方登记企业各项在建工程的实际支出,贷方登记完工工程转出的实际支出,期末借方余额反映企业尚未完工的在建工程发生的实际支出。

4. 累计折旧

该科目属于"固定资产"科目的备抵科目,用于核算企业固定资产的累计折旧。该科目贷方登记计提的固定资产折旧,借方登记减少的固定资产转出的累计已提折旧,期末贷方余额反映企业提取的固定资产折旧累计数。

5. 固定资产清理

该科目用于核算企业因出售、报废和毁损等原因转入清理的固定资产价值及其在清理过程中所发生的清理费用和清理收入的情况。该科目借方登记转入清理的固定资产净值、清理过程中发生的清理费用以及应交的税金,贷方登记清理固定资产的变价收入、保险公司或过失人的赔偿款等。该科目应按被清理的固定资产设置明细账,进行明细核算。

6. 固定资产减值准备

该科目用于核算企业固定资产的减值准备。资产负债表日,固定资产发生减值的,按应减记的金额,借记“资产减值损失”科目,贷记本科目。处置固定资产还应同时结转减值准备。本科目期末贷方余额,反映企业已计提但尚未转销的固定资产减值准备。

二、固定资产的确认和初始计量

(一)固定资产的确认条件

固定资产在满足其定义的前提下,还应该满足以下两个条件,方能加以确认:

1. 与该固定资产有关的经济利益很可能流入企业

资产最重要的特征就是能够给企业带来经济利益。企业在确认固定资产时需要判断与该项固定资产有关的经济利益能否流入企业。如果该项固定资产满足资产其他确认条件但是不能带来经济利益就不能成为固定资产。

2. 该固定资产的成本能够可靠地计量

成本能够可靠地计量是资产确认的一项基本条件。企业在确认固定资产成本时必须有确凿的证据,但是有时候需要根据所获得的最新资料,对固定资产的成本进行合理的估计。比如,企业对于已经达到预定使用状态但是尚未办理竣工决算的固定资产,需要根据工程预算、工程造价或者工程实际发生的成本等资料,按照固定价值确认成本,办理竣工决算以后按照实际成本调整原来的暂估价值。

(二)固定资产的初始计量及账务处理

固定资产应当按照成本进行初始计量。固定资产的成本,是指企业购建某项固定资产达到预定可使用状态前所发生的一切合理、必要的支出。这些支出包括直接发生的价款、运杂费、包装费和安装成本等,也包括间接发生的,如应承担的借款利息、外币借款折算差额以及应分摊的其他间接费用。对于特殊行业的特定固定资产,确定其初始入账成本时还应考虑弃置费用。

1. 外购固定资产

企业外购固定资产的成本,包括购买价款、相关税费、使固定资产达到预定可使用状态前所发生的可归属于该项资产的运输费、装卸费、安装费和专业人员服务费等。

知识拓展

2009 年 1 月 1 日增值税转型改革后,外购生产经营用固定资产的增值税进项税额可以抵扣,不计入固定资产成本。同时,处置时应考虑销项税额的计算。外购非生产经营用的固定资产进项税额不能抵扣,不动产(如房屋)的进项税额也不能抵扣。

会计核算:外购固定资产分为购入不需要安装的固定资产和购入需要安装的固定资产两类。

(1)购入不需要安装的固定资产:相关支出直接计入固定资产成本。

【例 4－13】 2016 年 1 月 1 日，甲企业购入一台无须安装的设备用于生产 A 产品，买价 10 万元，增值税税率为 17%，支付保险费用 5 000 元，运输费 5 000 元，款项全部以银行存款支付。假设甲企业为增值税一般纳税人。

解题思路：

本题发生在 2009 年之后，企业为一般增值税纳税人且设备用于生产产品，故该项设备购入时支付的增值税不应计入该项设备的采购成本，而应该记入“应交税费——应交增值税(进项税额)”中，故其采购成本＝10＋0.5＋0.5＝11(万元)。

账务处理应为：

借：固定资产 110 000

应交税费——应交增值税(进项税额) 17 000

贷：银行存款 127 000

(2)购入需要安装的固定资产：通过“在建工程”科目核算。

如果例 4－13 购入的设备是需要安装的，则企业应该做的账务处理为：

收到设备时：

借：在建工程 110 000

应交税费——应交增值税(进项税额) 17 000

贷：银行存款 127 000

安装结束后再将“在建工程”账面余额转入“固定资产”科目。

【例 4－14】 甲公司购入设备安装某生产线。该设备购买价格为 2 500 万元，增值税额为 425 万元，支付保险、装卸费用 25 万元。该生产线安装期间，领用生产用原材料的实际成本为 100 万元，发生安装工人工资等费用 33 万元。该原材料的增值税税率为 17%。假定该生产线达到预定可使用状态，其入账价值为(　　)。

A. 2 650 万元　　B. 2 658 万元　　C. 2 675 万元　　D. 3 100 万元

答案：B

该题中增值税额 425 万元可以抵扣，不计入设备成本；生产线安装领用的原材料所负担的增值税无须转出，不计入设备成本。设备的入账价值＝2 500＋25＋100＋33＝2 658(万元)。

(3)外购固定资产的特殊考虑。

①以一笔款项购入多项没有单独标价的固定资产，应当按照各项固定资产的公允价值比例对总成本进行分配，分别确定各项固定资产的成本。

②购买固定资产的价款超过正常信用条件延期支付，实质上具有融资性质的，固定资产的成本以购买价款的现值为基础确定。实际支付的价款与购买价款的现值之间的差额，应当在信用期间内采用实际利率法进行摊销，摊销金额除满足借款费用资本化条件应当计入固定资产成本外，均应当在信用期间内确认为财务费用，计入当期损益。

2. 自行建造固定资产

自行建造的固定资产，按建造该项资产达到预定可使用状态前所发生的必要支出作为入账价值。企业自行建造固定资产包括自营建造和出包建造两种方式。

(1)自营方式建造固定资产。

企业采用自营方式建造固定资产，其成本应该按照直接材料、直接人工、直接机械施工费等计量。企业为建造固定资产所准备的各种物资应该按照实际支付的买价、运输费、保险费等相关税费作为实际成本。待工程完工后，将剩余的工程物资转为该企业的存货，并按其实际成本或者计划成本进行结转。在建设期发生的工程物资盘亏、报废以及损毁，减去残料价值以及保险公司赔偿、过失人赔偿后的净损失计入所建工程成本；而盘盈的工程物资或处置净收益则用于冲减所建工程成本。如果是完工后发现的盘盈、盘亏等，则应该计入当期损益。

企业以自营方式建造固定资产，其发生的工程成本通过"在建工程"科目进行核算，待完工达到预定可使用状态后，从"在建工程"转入"固定资产"科目。

【例 4－15】 甲公司为一般纳税人企业，增值税税率为17%。在生产经营期间以自营方式同时建造一条生产线和一座厂房。2016 年 1 月至 6 月发生的有关经济业务如下：

(1)1 月 10 日，为建造生产线购入 A 工程物资一批，收到的增值税专用发票上注明的价款为 200 万元，增值税额为 34 万元；为建造厂房购入 B 工程物资一批，收到的增值税专用发票上注明的价款为 100 万元，增值税额为 17 万元。款项已支付。

(2)1 月 20 日，建造生产线领用 A 工程物资 180 万元，建造厂房领用 B 工程物资 117 万元。

(3)6 月 30 日，建造生产线和厂房的工程人员职工薪酬合计 165 万元，其中生产线为 115 万元，厂房为 50 万元。

(4)工程建设期间领用生产用原材料合计为 45 万元，其中生产线耗用原材料为 35 万元，厂房耗用原材料为 10 万元。

(5)将剩余 A 工程物资 20 万元转用于在建的厂房。

(6)6 月 30 日，生产线和厂房达到预定可使用状态并交付使用。

解题思路：

(1)该项采购发生在 2009 年之后，而且甲公司为一般增值税纳税人，则用于建造生产线的工程物资的增值税可以记入"应交税费——应交增值税(进项税额)"中，而用于厂房的增值税不能抵扣应该计入工程物资的采购成本。

借：工程物资——A　　2 000 000
　　　　　　——B　　1 170 000(1 000 000＋170 000)
　应交税费——应交增值税(进项税额)　　340 000
　贷：银行存款　　3 510 000

(2)借：在建工程——生产线　　1 800 000
　　　　　　——厂房　　1 170 000
　　贷：工程物资——A　　1 800 000
　　　　　　　——B　　1 170 000

(3)借：在建工程——生产线　　1 150 000
　　　　　　——厂房　　500 000
　　贷：应付职工薪酬　　1 650 000

(4)借：在建工程——生产线　　350 000
　　　　　　——厂房　　117 000
　　贷：原材料　　450 000
　　　　应交税费——应交增值税(进项税额转出)　　17 000

(5)借：在建工程——厂房　　234 000
　　贷：工程物资——A　　200 000(2 000 000－1 800 000)
　　　　应交税费——应交增值税(进项税额转出)　　3 400(200 000×17%)

(6)借：固定资产——生产线　　3 300 000(1 800 000＋1 150 000＋350 000)

——厂房

2 021 000(1 170 000＋500 000＋117 000＋234 000)

贷:在建工程——生产线　　3 300 000

——厂房　　2 021 000

(2)出包方式建造固定资产。

企业以出包方式建造固定资产,其成本由建造该项固定资产达到预定可使用状态前发生的必要支出所构成,包括发生的建筑工程支出、安装工程支出,以及需分摊计入的待摊支出。以出包方式建造固定资产的具体支出,由建造承包商核算,"在建工程"科目实际成为企业与建造承包商的结算科目,企业将与建造承包商结算的工程价款作为工程成本,统一通过"在建工程"科目进行核算。

知识拓展

待摊支出是指在建设期间发生的、不能直接计入某项固定资产价值而应由所建造固定资产共同负担的相关费用,包括为建造工程发生的管理费,可行性研究费,临时设施费,公证费,监理费,应负担的税金,符合资本化条件的借款费用,建设期间发生的工程物资盘亏、报废及毁损净损失,以及负荷联合试车费等。

企业采用出包方式建造固定资产发生的、需分摊计入固定资产价值的待摊支出,应按下列公式进行分摊:

待摊支出分摊率＝累计发生的待摊支出÷(建筑工程支出＋安装工程支出)×100%

工程应分摊的待摊支出＝(工程的建筑工程支出＋工程的安装工程支出)×待摊支出分摊率

其次,计算确定已经完工的固定资产成本:

房屋、建筑物等固定资产成本＝建筑工程支出＋应分摊的待摊支出

＋安装工程支出＋应分摊的待摊支出

需要安装设备的成本＝设备成本＋为设备安装发生的基础、支座等建筑工程支出

具体会计步骤如表4—3所示。

表4—3　　出包方式下固定资产相关账务处理程序

经济事项	账务处理
1. 出包方式下,预先支付给建造承包商的款项	借:预付账款 贷:银行存款
2. 待办理工程验工计价结算时(可分阶段、进度进行),再确认相应的"在建工程"	借:在建工程——××工程 贷:预付账款(银行存款)
3. 购置待安装设备	借:工程物资——××设备 贷:应付账款(银行存款)
4. 实际现场安装时	借:在建工程——在安装设备 贷:工程物资——××设备
5. 不能明确列入"在建工程"各项目中,但属于该在建工程发生的各项支出	借:在建工程——待摊支出 贷:应付职工薪酬(银行存款) 借:在建工程——××工程 贷:在建工程——待摊支出

续表

经济事项	账务处理
6. 归集完毕后，在建工程各达到预定可使用状态的项目转入固定资产	借：固定资产 贷：在建工程——××工程 （“在建工程”无余额）

【例 4－16】 假设星月公司 2017 年 1 月初准备通过出包方式建造一座厂房，估计总成本为 500 万元，2017 年 2 月 1 日与东方建造公司签订了建造合同，并按照预估价款的 50％以银行转账方式支付给东方公司。2017 年 12 月 31 日收到东方公司项目结算书并支付余款 250 万元，2018 年 1 月项目验收并交付使用。

解题思路：

（1）2017 年 1 月由于星月公司只是准备以出包方式建造厂房，交易并未发生，无需账务处理。

（2）2017 年 2 月 1 日，星月公司按照预估价款的 50％以银行转账方式支付给东方公司。

借：预付账款　　2 500 000

　贷：银行存款　　2 500 000

（3）2017 年 12 月 31 日收到结算通知，并支付余款 250 万元。

借：在建工程　　5 000 000

　贷：预付账款　　2 500 000

　　银行存款　　2 500 000

（4）2018 年 1 月项目完工验收并交付使用，故应把“在建工程”账户转入“固定资产”账户进行核算。

借：固定资产——厂房　　5 000 000

　贷：在建工程　　5 000 000

3. 租入固定资产

租赁有两种形式：一种是经营租赁；另一种是融资租赁。

经营性租赁方式取得的固定资产不属于企业固定资产，不通过“固定资产”科目进行核算；而融资租赁取得的固定资产成本，应根据《企业会计准则第 21 号——租赁》的要求加以确定。

4. 其他方式取得的固定资产

非货币性资产交换取得的固定资产成本，应根据《企业会计准则第 7 号——非货币性资产交换》的要求加以确定。债务重组取得的固定资产的成本，应根据《企业会计准则第 12 号——债务重组》的要求，对取得的固定资产按其公允价值入账。企业合并取得的固定资产的成本，应根据《企业会计准则第 20 号——企业合并》的要求加以确定。融资租赁取得的固定资产成本，应根据《企业会计准则第 21 号——租赁》的要求加以确定。

三、固定资产的后续计量

固定资产的后续计量主要包括固定资产折旧的计提、减值损失的确定，以及后续支出的计量。其中，固定资产的减值应该按照《企业会计准则第 8 号——资产减值》的规定进行处理。

（一）固定资产折旧

1. 计提折旧的固定资产范围

企业应当对所有的固定资产计提折旧，但以下两种情况除外：

(1)已提足折旧仍然继续使用的资产;

(2)单独计价入账的土地。

知识拓展

单独计价入账的土地属于历史遗留问题:在我国20世纪50年代清产核资时,每个单位分得的土地要单独计价计入固定资产,现在已经很少出现这种情况。由于土地不会贬值,而且使用寿命不能确定,所以在会计处理中不提折旧。

固定资产应该按月计提折旧,计提折旧原则为:当月增加的固定资产,当月不提折旧,从下月起计提折旧;当月减少的固定资产,当月仍提折旧,从下月起停止计提折旧。当月增加的无形资产,当月开始摊销;当月减少的无形资产,当月不再摊销。

已达到预定可使用状态但尚未办理竣工决算的固定资产,应当按照估计价值确定成本,并计提折旧;待办理竣工决算后再按实际成本调整原来的暂估价值,但不需要调整已计提的折旧额。

2. 固定资产折旧方法

企业应当根据固定资产有关的经济利益的预期实现方式,合理地选择折旧方法。可选择的折旧方法包括年限平均法、工作量法、双倍余额递减法和年数总和法等。企业选用的折旧方法一经确定,不得随意变更。

(1)年限平均法(直线法)。

年折旧额=(原价-预计净残值)÷预计使用年限

=原价×(1-预计净残值/原价)÷预计使用年限

=原价×年折旧率

【例4-17】 甲公司有一幢厂房,原价为5 000 000元,预计可使用20年,预计报废时的净残值率为2%。

甲公司厂房年折旧率=(1-2%)÷20=4.9%

甲公司厂房年折旧额=5 000 000×4.9%=245 000(元)

(2)工作量法。

单位工作量折旧额=[固定资产原价×(1-预计净残值率)]÷预计总工作量

月折旧额=该项固定资产当月实际工作量×单位工作量折旧额

【例4-18】 甲公司的一台机器设备原价为800 000元,预计生产产品产量为4 000 000个,预计净残值率为5%,本月生产产品40 000个。假设甲公司没有对该机器设备计提减值准备。

甲公司该设备单个产品折旧额=800 000×(1-5%)÷4 000 000

=0.19(元/个)

甲公司该设备本月折旧额=40 000×0.19=7 600(元)

(3)双倍余额递减法

双倍余额递减法是在不考虑固定资产净残值的情况下,根据每期期初固定资产账面净值和双倍直线法折旧率计算固定资产折旧的一种方法。

其计算公式如下：

年折旧额＝期初固定资产净值×2÷预计使用年限(不考虑净残值)

最后两年改为直线法(考虑净残值)：

年折旧额＝(期初固定资产净值－预计净残值)÷2

【例4－19】 甲公司某项设备原价为120万元，预计使用寿命为5年，预计净残值率为4%。假设甲公司没有对该机器设备计提减值准备。

甲公司按双倍余额递减法计算折旧，每年折旧额计算如下：

年折旧率＝2/5×100%＝40%

第一年应提的折旧额＝120×40%＝48(万元)

第二年应提的折旧额＝(120－48)×40%＝28.8(万元)

第三年应提的折旧额＝(120－48－28.8)×40%＝17.28(万元)

从第四年起改按年限平均法(直线法)计提折旧：

第四、五年应提的折旧额＝(120－48－28.8－17.28－120×4%)÷2

＝10.56(万元)

(4)年数总和法

年数总和法又称年限合计法，是指将固定资产的原值减去净残值后的净额乘以一个逐年递减的分数计算每年折旧额，这个分数的分子代表固定资产尚可使用的年数，分母代表使用年数的逐年数字总和。

其计算公式如下：

年折旧额＝(原价－预计净残值)×年折旧率

年折旧率＝尚可使用年限/(1＋2＋…＋n)(其中n表示预计使用年限)

＝(预计使用年限－已使用年限)/[$n(n+1)/2$]

【例4－20】 某企业购进一台机器，价格为30万元，预计使用5年，残值率为5%，采用年数总和法计提折旧，则求第5年计提的折旧额。

年数总和＝1＋2＋3＋4＋5＝15，残值＝30×5%＝1.5(万元)，折旧总和＝30－1.5＝28.5(万元)

第1年的折旧额＝28.5×5/15＝9.5(万元)

第2年的折旧额＝28.5×4/15＝7.6(万元)

第3年的折旧额＝28.5×3/15＝5.7(万元)

第4年的折旧额＝28.5×2/15＝3.8(万元)

第5年的折旧额＝28.5×1/15＝1.9(万元)

3. 固定资产计提折旧的会计处理

固定资产应该按月计提折旧，计提的折旧应该通过“累计折旧”科目进行核算，并根据用途计入相关资产的成本或者当期损益。

借：制造费用(基本生产车间使用的固定资产)

　　管理费用(管理部门使用的固定资产和未使用的固定资产)

　　销售费用(销售部门使用的固定资产)

　　在建工程(自行建造固定资产过程中使用的固定资产)

　　其他业务成本(经营租出的固定资产)

　　贷：累计折旧

【例 4—21】 2017 年 10 月,甲公司固定资产计提折旧的情况如下:生产车间计提折旧 25 000元,管理部门计提折旧 5 000 元,销售部门计提折旧 10 000 元。

借:制造费用　　25 000
　　管理费用　　5 000
　　销售费用　　10 000
　　贷:累计折旧　　40 000

4. 固定资产的使用寿命、预计净残值和折旧方法的复核

企业至少应当于每年年度终了,对固定资产的使用寿命、预计净残值和折旧方法进行复核。

如果固定资产使用寿命预计数与原先估计数有差异,应当调整固定资产使用寿命;

如果固定资产预计净残值预计数与原先估计数有差异,应当调整预计净残值;

如果固定资产给企业带来经济利益的方式发生重大变化,企业也应相应改变固定资产折旧方法。

固定资产使用寿命、预计净残值和折旧方法的改变应作为会计估计变更处理。

(二)固定资产的后续支出

固定资产的后续支出是指固定资产使用过程中发生的更新改造支出、修理费用等。

后续支出处理原则:

第一,与固定资产有关的更新改造等后续支出,符合固定资产确认条件的,应当计入固定资产成本,同时将被替换部分的账面价值扣除。

第二,与固定资产有关的修理费用等后续支出,不符合固定资产确认条件的,应当计入当期损益。

1. 资本化的后续支出

固定资产发生可资本化的后续支出时,企业一般应将相关固定资产的原价、已计提的累计折旧和减值准备转销,将固定资产的账面价值转入在建工程,并停止计提折旧。固定资产发生的可资本化的后续支出,通过“在建工程”科目核算。待固定资产发生的后续支出完工并达到预定可使用状态时,再从在建工程转为固定资产,并按重新确定的使用寿命、预计净残值和折旧方法计提折旧。

(1)更新改造时:

借:在建工程
　　累计折旧
　　固定资产减值准备
　　贷:固定资产

(注:此时停止计提折旧。)

(2)发生可资本化的后续支出:

借:在建工程
　　贷:应付职工薪酬
　　　　原材料、库存商品等
　　　　应交税费——应交增值税(进项税额转出)(或销项税额)
　　　　银行存款等

(3)达到预定可使用状态:

借:固定资产

　　贷:在建工程

(注:此时应该按重新确定的使用寿命、预计净残值和折旧方法计提折旧。)

后续支出涉及替换原固定资产的某组成部分,当发生的后续支出符合固定资产的确认条件时,应将其计入固定资产的成本,同时将被替换部分的账面价值扣除。这样做是为了避免将替换部分的成本和被替换部分的成本同时计入固定资产成本,导致固定资产成本被高估。

【例 4-22】 A 企业于 2006 年 12 月购入一项固定资产,原价为 600 万元,采用年限平均法计提折旧,使用寿命为 10 年,预计净残值为零。2009 年 12 月,该企业对该项固定资产的某一主要部件进行更换,被更换部件的原价为 300 万元。2010 年 1 月发生支出合计 400 万元,均为领用工程物资,符合固定资产确认条件,2010 年 2 月初达到预定可使用状态投入使用。

(1)计算对该项固定资产进行更换后的原价。

对该项固定资产进行更换前的账面价值=600-600/10×3=420(万元)

加上:发生的后续支出 400 万元

减去:被更换部件的账面价值(300-300/10×3)=210(万元)

对该项固定资产进行更换后的原价=420+400-210=610(万元)

(2)2009 年 12 月将账面价值转入“在建工程”。

借:在建工程　　4200 000

　　累计折旧　　1 800 000(6 000 000/100 000×3)

　　贷:固定资产　　6 000 000

(3)转销旧固定资产的账面价值。

账面价值为:300-300/10×3=2100 000(元)

借:营业外支出　　2 100 000

　　贷:在建工程　　2 100 000

(4)2010 年 1 月发生支出合计 400 万元。

借:在建工程　　4 000 000

　　贷:工程物资　　4 000 000

(5)达到预定可使用状态投入使用。

借:固定资产　　6 100 000(4 200 000+4 000 000-2 100 000)

　　贷:在建工程　　6 100 000

2. 费用化的后续支出

一般情况下,固定资产投入使用以后,由于固定资产磨损、各组成部分耐用程度不同,可能导致固定资产局部损坏,为了维护固定资产的正常运转和使用,充分发挥其使用效能,企业将对固定资产进行必要的维护。除与存货的生产和加工相关的固定资产的修理费用按照存货成本确定原则进行处理外,企业生产车间(部门)和行政管理部门等发生的固定资产修理费用,在“管理费用”科目核算。

企业发生的与专设销售机构相关的固定资产修理费用等后续支出,计入销售费用;对于处于修理、更新改造过程而停止使用的固定资产,如果其修理、更新改造支出不满足固定资产确认条件的,在发生时也应直接计入当期损益。

四、固定资产减值和固定资产处置

(一)固定资产减值

1. 固定资产减值准备的概念

所谓固定资产减值准备，是指由于固定资产市价持续下跌，或技术陈旧、损坏、长期闲置等原因导致其可收回金额低于账面价值的，应当将可收回金额低于其账面价值的差额作为固定资产减值准备。

《企业会计制度》第五十六条规定："企业应当在期末对固定资产逐项进行检查，如果由于市价持续下跌，或技术陈旧、损坏、长期闲置等原因，导致其可收回金额低于账面价值的，应当计提固定资产减值准备。"

可收回金额是指固定资产的销售净价与预期从固定资产的持续使用和使用寿命结束时的处置中形成的预计未来现金流量的现值两者之中的较高者。

账面价值指固定资产原值扣减已提累计折旧和固定资产减值准备后的净额。

固定资产减值准备应当作为固定资产净值的减项反映。

2. 固定资产减值准备的会计处理

企业发生固定资产减值时：

借：资产减值损失 ——固定资产减值损失

　　贷：固定资产减值准备

如已计提减值准备的固定资产价值又得以恢复的，根据《企业会计准则第 8 号——资产减值》规定，资产减值损失一经确认，在以后会计期间不得转回。

【例 4－23】 2016 年 12 月 31 日，丁公司的某生产线存在可能发生减值的迹象。经计算，该机器的可收回金额合计为 1 230 000 元，账面价值为 1 400 000 元，以前年度未对该生产线计提过减值准备。

由于该生产线的可收回金额为 1 230 000 元，账面价值为 1 400 000 元，可收回金额低于账面价值，应按两者之间的差额 170 000(1 400 000－1 230 000)元计提固定资产减值准备。丁公司应作如下会计处理：

借：资产减值损失——计提的固定资产减值准备　　170 000

　　贷：固定资产减值准备　　170 000

(二)固定资产处置

1. 固定资产终止确认的条件

固定资产处置包括固定资产的出售、转让、报废或毁损、对外投资、非货币性资产交换、债务重组等。

固定资产满足下列条件之一的，应当予以终止确认：

(1)该固定资产处于处置状态。

处于处置状态的固定资产不再用于生产商品、提供劳务、出租或经营管理，因此不再符合固定资产的定义，应予终止确认。

(2)该固定资产预期通过使用或处置不能产生经济利益。

固定资产的确认条件之一是"与该固定资产有关的经济利益很可能流入企业"，如果一项固定资产预期通过使用或处置不能产生经济利益，就不再符合固定资产的定义和确认条件，应予终止确认。

2. 固定资产处置的账务处理

企业出售、转让、报废固定资产或发生固定资产毁损，应当将处置收入扣除账面价值和相关税费后的金额计入当期损益（营业外收入或营业外支出）。固定资产处置一般通过“固定资产清理”科目进行核算。固定资产处置如图 4－3 所示：

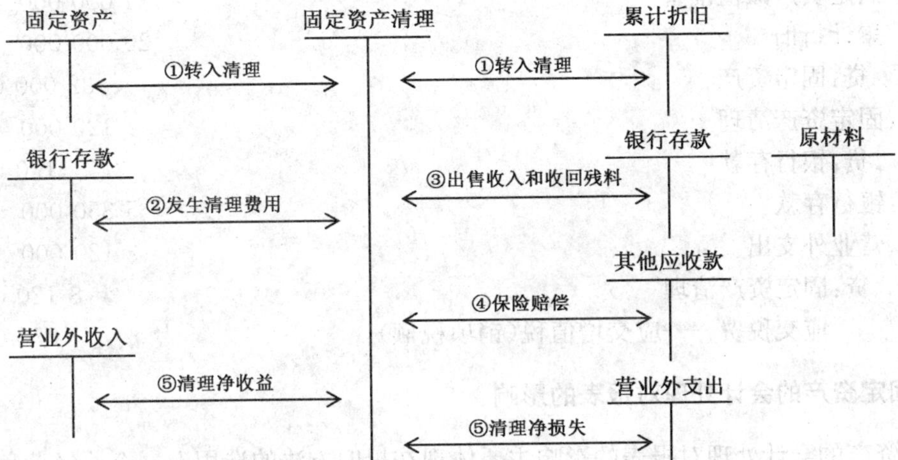

图 4－3　固定资产处置账务处理

(1)固定资产转入清理。

固定资产转入清理时，按固定资产账面价值，借记“固定资产清理”科目，按已计提的累计折旧，借记“累计折旧”科目，按已计提的减值准备，借记“固定资产减值准备”科目，按固定资产账面余额，贷记“固定资产”科目。

(2)发生的清理费用。

固定资产清理过程中发生的有关费用以及应支付的相关税费，借记“固定资产清理”科目，贷记“银行存款”、“应交税费”等科目。

(3)出售收入和残料等的处理。

企业收回出售固定资产的价款、残料价值和变价收入等，应冲减清理支出。按实际收到的出售价款以及残料变价收入等，借记“银行存款”、“原材料”等科目，贷记“固定资产清理”、“应交税费——应交增值税”等科目。

(4)保险赔偿的处理。

企业收到的应由保险公司或过失人赔偿的损失，应冲减清理支出，借记“其他应收款”、“银行存款”等科目，贷记“固定资产清理”科目。

(5)清理净损益的处理。

固定资产清理完成后的净损失，属于生产经营期间正常的处理损失的，借记“营业外支出——处置非流动资产损失”科目，贷记“固定资产清理”科目；属于生产经营期间由于自然灾害等非正常原因造成的，借记“营业外支出——非常损失”科目，贷记“固定资产清理”科目。固定资产清理完成后的净收益，借记“固定资产清理”科目，贷记“营业外收入”科目。

【例 4－24】　甲企业为一般纳税人，销售商品适用的增值税税率为 17%，由于企业转产，现将一台 2010 年购入的生产设备出售，取得销售价款 500 万元，增值税销项税额 85 万元，发生清理费用12万元。该设备原值为3 200万元,已提折旧2 000万元,已计提的减值准备为400万元。假定不考虑其他税费。

会计分录为:

借:固定资产清理	8 000 000	
固定资产减值准备	4 000 000	
累计折旧	20 000 000	
贷:固定资产		32 000 000
借:固定资产清理	120 000	
贷:银行存款		120 000
借:银行存款	5 850 000	
营业外支出	3 120 000	
贷:固定资产清理		8 120 000
应交税费——应交增值税(销项税额)		850 000

五、固定资产的会计处理对报表的影响

固定资产的会计处理对报表的影响主要体现在折旧方法的选用上。企业经营负担的折旧费由折旧方法确定,因此,折旧方法不仅影响企业各期产品的成本,还会影响企业产品的定价、企业的净收益和应缴纳税款,此外,也会在很大程度上影响企业固定资产的账面净值、用于购建和更新固定资产的资金积累等。

(一)对企业资产负债表的影响

企业在对固定资产计提折旧,由于计提折旧的方法不同而导致折旧额不同,从而影响到企业"累计折旧"的金额,进而在编制资产负债表时,企业的固定资产净额、非流动资产合计、资产合计以及所有者权益合计都会发生相应的变动。

(二)对企业利润表的影响

从静态角度来看,无论企业采用哪种折旧方法都需要对使用过程中的损耗进行补偿,但这并不影响企业的利润总额。从动态来看,不同的折旧方法具有不同补偿固定资产损耗的时间,由于不同折旧方法在计提折旧期间对于不同年份的折旧额有差别,因此会影响企业各年份的利润,即随着固定资产使用年限的增长,带来的利益会越来越少,需要修理的费用会越来越多,从而会逐渐减少对损耗的补偿。由于年限平均法每年具有相等的折旧额,从而会虚增企业的前期利润,而虚减企业的后期利润。工作量法在计提折旧额时是根据固定资产工作量确定的,从而较为客观。采用加速折旧法由于前期计提折旧比较多,而后期计提折旧比较少,使得固定资产成本在使用期限初期加速得到补偿,因此,在使用固定资产前必然会得到较少的利润,而在使用后期得到相对较多的利润,而且由于加速折旧法会使得企业在前期计提的折旧较多,从而增大了此时期的成本费用,因此减少了这个时期的收益,这样一来,固定资产使用前期的所得税收负担也会相应地减轻,从而延迟了企业应缴纳所得税的时间。

第五节　金融资产会计业务处理

一、金融资产及其分类

(一)金融资产的概念

金融资产属于企业资产的重要组成部分，主要包括库存现金、应收账款、应收票据、贷款、垫款、其他应收款、应收利息、债权投资、股权投资、基金投资、衍生金融资产等。

提示：虽然长期股权投资的确认和计量没有在《金融工具确认与计量》准则中规范，但长期股权投资属于金融资产。

(二)金融资产的分类

金融资产的分类与金融资产的计量密切相关。因此，企业应当在初始确认金融资产时，将其划分为下列四类：

(1)以公允价值计量且其变动计入当期损益的金融资产；

(2)持有至到期投资；

(3)贷款和应收款项；

(4)可供出售金融资产。

不同类别的金融资产，其初始计量和后续计量采用的基础也不完全相同，因此金融资产分类一旦确定，不得随意变更。

二、交易性金融资产会计业务处理

(一)交易性金融资产的确认

1. 交易性金融资产的概念

交易性金融资产(financial assets held for trading)是指企业以赚取差价为目的，准备近期内出售而持有的债券投资、股票投资和基金投资。

2. 交易性金融资产的确认条件

满足以下条件之一的金融资产应当划分为交易性金融资产：

(1)取得金融资产的目的主要是为了近期内出售或回购或赎回。例如，企业以赚取差价为目的购入的基金、股票、债券等，就属于交易性金融资产。

(2)属于进行集中管理的可辨认金融工具组合的一部分，具有客观证据表明企业近期采用短期获利方式对该组合进行管理。

(3)属于金融衍生工具。但被企业指定为有效套期工具的衍生工具属于财务担保合同的衍生工具、与在活跃市场中没有报价且其公允价值不能可靠计量的权益工具投资挂钩并须通过交付该权益工具结算的衍生工具除外。

(二)交易性金融资产的账务处理

1. 交易性金融资产的初始计量

(1)交易性金融资产的成本按公允价值进行初始计量，交易费用计入当期损益(记入“投资收益”科目的借方)。

交易费用是指可直接归属于购买、发行或处置金融工具新增的外部费用。

知识拓展

四类金融资产中,只有第一类金融资产的交易费用是计入当期损益的,后三类都要计入其自身的入账价值。

(2)支付的买价中包含已宣告但尚未发放的现金股利或已到付息期但尚未领取的债券利息,应当单独确认为应收项目(分别记入"应收股利"和"应收利息"科目)。

会计分录为:

借:交易性金融资产——成本(公允价值)
　　应收股利或应收利息(买价中所含的现金股利或已到付息期尚未领取的利息)
　　投资收益(交易费用)
　　贷:银行存款等(实际支付的金额)

2. 交易性金融资产的后续计量

(1)在持有期间取得的现金股利或利息,应当确认为投资收益。

借:应收股利或应收利息
　　贷:投资收益

(2)资产负债表日,按公允价值进行后续计量,公允价值变动计入当期损益。

借:交易性金融资产——公允价值变动
　　贷:公允价值变动损益

或作相反的处理。

3. 交易性金融资产的处置

处置金融资产时,售价与账面价值之间的差额确认为投资收益,同时调整公允价值变动损益。

借:银行存款(实际收到的金额)
　　贷:交易性金融资产——成本
　　　　　　　　　　——公允价值变动
　　　投资收益(差额,或借方)

同时,将原记入"公允价值变动损益"科目的累计公允价值变动额转出:

借:公允价值变动损益
　　贷:投资收益

【例 4—25】 甲股份有限公司(以下简称甲公司)有关投资资料如下:

(1)2016 年 1 月 20 日,以银行存款购入 A 公司股票 50 000 股,划分为交易性金融资产,每股买价 16 元,同时支付相关税费 4 000 元;

(2)2016 年 4 月 20 日,A 公司宣告发放现金股利,每股 0.4 元;

(3)2016 年 4 月 22 日,甲公司又购入 A 公司股票 50 000 股,划分为交易性金融资产,每股买价 18.40 元(其中包含已宣告发放尚未支取的现金股利,每股 0.4 元),同时支付相关费用 6 000 元;

(4)2016 年 5 月 5 日,收到 A 公司发放的现金股利 40 000 元;

(5)2016 年 12 月 30 日,A 公司股票市价为每股 20 元;

(6)2017 年 1 月 20 日，甲公司将其持有的 A 公司股票 100 000 股全部出售，实际收到现金 210 万元。

要求：根据上述经济业务，编制会计分录。

(1)借：交易性金融资产——成本 800 000
  投资收益 4 000
  贷：银行存款 804 000

(2)借：应收股利 20 000
  贷：投资收益 20 000

(3)借：交易性金融资产——成本 900 000
  应收股利 20 000
  投资收益 6 000
  贷：银行存款 926 000

(4)借：银行存款 40 000
  贷：应收股利 40 000

(5)借：交易性金融资产——公允价值变动 300 000
  贷：公允价值变动损益 300 000

(6)借：银行存款 2 100 000
  贷：交易性金融资产——成本 1 700 000
    ——公允价值变动 300 000
   投资收益 100 000

同时：
 借：公允价值变动损益 300 000
  贷：投资收益 300 000

三、持有至到期投资会计业务处理

(一)持有至到期投资的概念

持有至到期投资是指到期日固定、回收金额固定或可确定，且企业有明确意图和能力持有至到期的非衍生金融资产。通常情况下，包括企业持有的、在活跃市场上有公开报价的国债、企业债券、金融债券等。

企业从二级市场上购入的固定利率国债、浮动利率公司债券等，都属于持有至到期投资。持有至到期投资通常具有长期性质，但期限较短（一年以内）的债券投资，符合持有至到期投资条件的，也可以划分为持有至到期投资。

企业不能将下列非衍生金融资产划分为持有至到期投资：

(1)初始确认时即被指定为以公允价值计量且其变动计入当期损益的非衍生金融资产；

(2)初始确认时被指定为可供出售的非衍生金融资产；

(3)符合贷款和应收款项定义的非衍生金融资产。

如果企业管理层决定将某项金融资产持有至到期，则在该金融资产未到期前，不能随意地改变其“最初意图”。也就是说，投资者在取得投资时意图就应当是明确的。

(二)持有至到期投资的特征

1. 到期日固定、回收金额固定或可确定

到期日固定、回收金额固定或可确定是指相关合同明确了投资者在确定的时间内获得或应收取现金流量的金额和时间。

例如,符合持有至到期投资条件的债券投资,其到期日固定、利息和本金金额固定或可确定。而购入的股权投资因其没有固定的到期日,不符合持有至到期投资的条件,不能划分为持有至到期投资。

2. 有明确意图持有至到期

有明确意图持有至到期投资是指投资者在取得投资时意图明确,准备将投资持有至到期,除非遇到一些企业所不能控制、预期不会重复发生且难以合理预计的独立事件,否则将持有至到期。

存在下列情况之一的,表明企业没有明确意图将金融资产持有至到期:

(1)持有该金融资产的期限不确定;

(2)发生市场利率变化、流动性需要变化、替代投资机会及其投资收益率变化、融资来源和条件变化、外汇风险变化等情况时,将出售该金融资产,但是,无法控制、预期不会重复发生且难以合理预计的独立事项引起的金融资产除外;

(3)该金融资产的发行方可以按照明显低于其摊余成本的金额清偿;

(4)其他表明企业没有明确意图将该金融资产持有至到期的情况。

据此,对于发行方可以赎回的债务工具,如发行方行使赎回权,投资者仍可收回其几乎所有初始净投资(含支付的溢价和交易费用),那么投资者可以将此类投资划分为持有至到期。但是,对于投资者有权要求发行方赎回的债务工具投资,投资者不能将其划分为持有至到期投资。

3. 有能力持有至到期

有能力持有至到期是指企业有足够的财物资源,并不受外部因素影响将投资持有至到期。

存在下列情况之一的,表明企业没有能力将具有固定期限的金融资产投资持有至到期:

(1)没有可利用的财务资源持续地为该金融资产投资提供资金支持,以使该金融资产持有至到期;

(2)受法律、行政法规的限制,使企业难以将该金融资产投资持有至到期;

(3)其他表明企业没有能力将具有固定期限的金融资产投资持有至到期的情况。

(三)持有至到期投资的账务处理

对于持有至到期投资,企业应设置"持有至到期投资"会计科目,用来核算企业持有至到期投资的价值。此科目属于资产类科目,应当按照持有至到期投资的类别和品种,分别"成本"、"利息调整"、"应计利息"等进行明细核算。其中,"利息调整"实际上反映企业债券投资溢价和折价的相应摊销。

持有至到期投资应采用实际利率法,按摊余成本计量。实际利率法是指按实际利率计算摊余成本及各期利息费用的方法,摊余成本为持有至到期投资初始金额扣除已偿还的本金和加上或减去累计摊销额以及扣除减值损失后的金额。

1. 持有至到期投资的初始确认

企业取得的持有至到期投资,应按该投资的面值,借记本科目(成本),按支付的价款中包含的已到付息期但尚未领取的利息,借记"应收利息"科目,贷记"银行存款"等科目,按其差额,借记或贷记本科目(利息调整)。

借:持有至到期投资——成本(面值)

应收利息(实际支付的款项中包含的利息)

持有至到期投资——利息调整(差额,也可能在贷方)

贷:银行存款等

注:“持有至到期投资——成本”只反映面值;“持有至到期投资——利息调整”中不仅反映折溢价,还包括佣金、手续费等。

2. 持有至到期投资的后续计量

资产负债表日,持有至到期投资为分期付息、一次还本债券投资的,应按票面利率计算确定的应收未收利息,借记“应收利息”科目,按持有至到期投资摊余成本和实际利率计算确定的利息收入,贷记“投资收益”科目,按其差额,借记或贷记本科目(利息调整)。

持有至到期投资为一次还本付息债券投资,应于资产负债表日按票面利率计算确定的应收未收利息,借记本科目(应计利息),持有至到期投资摊余成本和实际利率计算确定的利息收入,贷记“投资收益”科目。

收到取得持有至到期投资支付的价款中包含的已到付息期的债券利息,借记“银行存款”科目,贷记“应收利息”科目。

收到分期付息、一次还本持有至到期投资持有期间支付的利息,借记“银行存款”,贷记“应收利息”科目。

借:应收利息(分期付息债券按票面利率计算的利息)

持有至到期投资——应计利息(到期时一次还本付息债券按票面利率计算的利息)

贷:投资收益(持有至到期投资期初摊余成本和实际利率计算确定的利息收入)

持有至到期投资——利息调整(差额,也可能在借方)

期末持有至到期投资的摊余成本＝期初摊余成本＋本期计提的利息(期初摊余成本×实际利率)－本期收到的利息(分期付息债券面值×票面利率)和本金－本期计提的减值准备

3. 持有至到期投资的处置

到期出售持有至到期投资时,应按实际收到的金额,借记“银行存款”等科目,已计提减值准备的,借记“持有至到期投资减值准备”科目,按其账面余额,贷记本科目(成本、利息调整、应计利息),按其差额,贷记或借记“投资收益”科目。

借:银行存款等

持有至到期投资减值准备

贷:持有至到期投资

投资收益(差额,也可能在借方)

【例4－26】 甲公司2010年1月3日购入某公司于2010年1月1日发行的3年期债券,作为持有至到期投资。该债券票面金额为100万元,票面利率为10%,甲公司实际支付106万元。该债券每年付息一次,最后一年归还本金并付最后一次利息,假设甲公司按年计算利息(实际利率为7.6889%)。

持有至到期投资相关会计处理如下:

(1)2010年1月购入时:

借:持有至到期投资——成本　　1 000 000(即面值)

——利息调整　　60 000(即溢价)

贷:银行存款　　　　　　　　　　　　　　　　　　1 060 000

(2)2010 年 12 月 31 日计算应收利息和确认利息收入。

表 4—4　　　　　　　　　　持有至到期投资投资收益计算表　　　　　　　　　　单位:万元

项　目	应收利息	投资收益	溢价摊销(还本)	本金(摊余成本)
	①=面值×票面利率	②=上一期④×实际利率	③=①-②	④=上一期④-③
2010 年 1 月 1 日				106
2010 年 12 月 31 日	10	8.15	1.85	104.15
2011 年 12 月 31 日	10	8.01	1.99	102.16
2012 年 12 月 31 日	10	7.84	2.16	100
合　计	30	24	6	

借:应收利息　　　　　　　　　　　　　　　　100 000

　贷:投资收益　　　　　　　　　　　　　　　　81 500(利息收入)

　　持有至到期投资——利息调整　　　　　　18 500(即溢价摊销,还本额)

借:银行存款　　　　　　　　　　　　　　　　100 000

　贷:应收利息　　　　　　　　　　　　　　　　100 000

(3)2011 年 12 月 31 日计算应收利息和确认利息收入。

借:应收利息　　　　　　　　　　　　　　　　100 000

　贷:投资收益　　　　　　　　　　　　　　　　80 100(利息收入)

　　持有至到期投资——利息调整　　　　　　19 900(即溢价摊销,还本额)

借:银行存款　　　　　　　　　　　　　　　　100 000

　贷:应收利息　　　　　　　　　　　　　　　　100 000

(4)2012 年 12 月 31 日计算应收利息和确认利息收入,还本。

借:应收利息　　　　　　　　　　　　　　　　100 000

　贷:投资收益　　　　　　　　　　　　　　　　78 400(利息收入)

　　持有至到期投资——利息调整　　　　　　21 600(即溢价摊销,还本额)

借:银行存款　　　　　　　　　　　　　　　　1 100 000

　贷:持有至到期投资——成本　　　　　　　　1 000 000(即面值)

　　应收利息　　　　　　　　　　　　　　　　100 000

四、可供出售金融资产会计业务处理

(一)可供出售金融资产的概念

它通常是指企业初始确认时即被指定为可供出售的非衍生金融资产,以及没有划分为以公允价值计量且其变动计入当期损益的金融资产、持有至到期投资、贷款和应收款项的金融资产。比如,企业购入的在活跃市场上有报价的股票、债券和基金等,没有划分为以公允价值计量且其变动计入当期损益的金融资产或持有至到期投资等金融资产的,可归为此类。存在活跃市场并有报价的金融资产到底应该划分为哪类金融资产,完全由管理者的意图和金融资产的分类条件决定。

(二)可供出售金融资产的会计处理原则

可供出售金融资产的会计处理,与以公允价值计量且其变动计入当期损益的金融资产的会计处理相类似,但有些不同,具体表现在:(1)初始确认时,都应该按照公允价值计量,但对于可供出售金融资产,相关交易费用应该计入初始入账金额;(2)资产负债表日,都应该按照公允价值计量,但对于可供出售金融资产,公允价值变动不是直接计入当期损益,而通常是计入其他综合收益。

企业在对可供出售金融资产进行会计处理时,还应该注意以下问题:

(1)企业取得可供出售金融资产支付的价款中包含的已到付息期但尚未领取的债券利息或已宣告但尚未发放的现金股利,应单独确认为应收项目。

可供出售金融资产持有期间取得的利息或现金股利,应当计入投资收益。资产负债表日,可供出售金融资产应当以公允价值计量,且公允价值变动计入其他综合收益。

(2)可供出售金融资产发生的减值损失,应计入当期损益;如果可供出售金融资产是外币货币性金融资产,则其形成的汇兑差额也应计入当期损益。采用实际利率法计算的可供出售金融资产的利息,应当计入当期损益;可出售权益工具投资的现金股利,应当在被投资单位宣告发放股利时计入当期损益。

(3)处置可供出售金融资产时,应将取得的价款与该金融资产账面价值之间的差额,计入投资损益;同时,将原直接计入所有者权益的公允价值变动累计额对应处置部分的金额转出,计入投资损益。

(4)对于分类为可供出售金融资产的债券,如果企业有意图和能力将该债券持有至到期,那么可以重分类为持有至到期投资;对于可供出售金融资产,如果符合贷款和应收账款定义的,且企业有意图和能力在可预见的将来持有该金融资产或者将该金融资产持有至到期,则可以从可供出售金融资产重分类为贷款或应收款项。需要说明的是,一旦某项金融资产归类为贷款或应收款项,则不应再进行重分类。

(三)可供出售金融资产的会计核算

1. 可供出售金融资产的初始计量

(1)股票投资

借:可供出售金融资产——成本(公允价值与交易费用之和)
　　应收股利(已宣告但尚未发放的现金股利)
　　贷:银行存款等

(2)债券投资

借:可供出售金融资产——成本(面值)
　　应收利息(实际支付的款项中包含的已到付息期但尚未领取的利息)
　　可供出售金融资产——利息调整(差额,也可能在贷方)
　　贷:银行存款等

2. 可供出售金融资产的后续计量

(1)可供出售金融资产持有期间取得的利息或现金股利,应当确认为投资收益。

可供出售金融资产是债券投资的,应采用实际利率法计算利息,并计入当期损益。

①可供出售金融资产为分期付息、一次还本债券投资:

借:应收利息(债券面值×票面利率)
　　可供出售金融资产——利息调整(差额,也可能在贷方)

贷:投资收益(期初摊余成本×实际利率)

②可供出售金融资产为一次还本付息债券投资:

借:可供出售金融资产——应计利息(面值×票面利率)

可供出售金融资产——利息调整(差额,也可能在贷方)

贷:投资收益(期初摊余成本×实际利率)

(2)资产负债表日,可供出售金融资产应当以公允价值进行后续计量,公允价值变动计入所有者权益(其他综合收益)。

借:可供出售金融资产——公允价值变动

贷:其他综合收益

或相反的处理。

3. 可供出售金融资产的处置

可供出售金融资产进行出售(终止确认)时,售价和账面价值的差额计入投资收益;同时,将“其他综合收益”转出,计入当期损益。

借:银行存款等(实际收到的金额)

贷:可供出售金融资产——成本

——公允价值变动等

贷(借):投资收益(差额)

借(或贷):其他综合收益(公允价值累计变动额)

贷(或借):投资收益

【例4-27】 20×7年1月1日甲保险公司支付价款1 028.244元购入某公司发行的3年期公司债券,该公司债券的票面总金额为1 000元,票面年利率为4%,实际年利率为3%,利息每年年末支付,本金到期支付。甲保险公司将该公司债券划分为可供出售金融资产。20×7年12月31日,该债券的市场价格为1 000.094元。假定无交易费用和其他因素的影响,甲保险公司的账务处理如下:

(1)20×7年1月1日,购入债券:

	借方	贷方
借:可供出售金融资产——成本	1 000	
——利息调整	28.244	
贷:银行存款		1 028.244

(2)20×7年12月31日,收到债券利息、确认公允价值变动:

实际利息=1 028.244×3%=30.84732≈30.85(元)

年末摊余成本=1 028.244+30.85-40=1 019.094(元)

	借方	贷方
借:应收利息	40	
贷:投资收益		30.85
可供出售金融资产——利息调整		9.15
借:银行存款	40	
贷:应收利息		40
借:资本公积——其他资本公积	19	
贷:可供出售金融资产——公允价值变动		19

五、金融资产的会计处理对报表的影响

金融资产的会计处理对报表的影响主要体现在金融资产的划分对报表的影响上，从前面对不同金融资产的账务处理方式可以发现，不同金融资产之间的区别主要表现在：

第一，交易费用的处理不同。在初始确认时只有交易性金融资产是将其单独计入投资收益，其他两类金融资产均将其计入入账价值，使得这两类金融资产在资产负债表列示的账面价值增加。

第二，后续计量方面的不同。交易性金融资产和可供出售金融资产的计量属性均是以公允价值方式计量的，不同之处是交易性金融资产的账面价值会随着所投资金融资产的公允价值上下波动，这种变动直接影响当期利润表的损益。而可供出售金融资产的账面价值虽然也会随所投资金融资产的市值上下波动，但它不会对企业的当期损益产生重大影响，因为这种变动全部记入"其他综合收益"科目，反映在资产负债表的所有者权益中，只有出售可供出售金融资产时，才能把"其他综合收益"累计变动损益转入当期损益，并对当期利润表产生直接影响。

因此，如果未能将不同的金融资产进行正确的划分处理，则资产负债表中资产和所有者权益金额都会被错记，而且利润表中的"投资收益"等科目的金额也会被错记。例如，购入交易性金融资产时由于会计人员判断失误，错误将其划分为可供出售金融资产，则导致初始确认时产生的交易费用错误地被作为初始成本计量，导致当期资产负债表中资产合计增加、所有者权益增加。

本章小结

本章主要介绍了企业的往来业务、存货、固定资产以及金融资产的相关成本确定以及账务处理方法。

1. 企业和客户以及供应商之间的往来业务是企业的基本业务，本章中介绍了企业向供应商采购材料时相应的成本计价以及账务处理，同时介绍了销售商品时收入的确认条件，以及一般销售业务和带有销售折扣、销售折让的销售业务的会计处理方法。

2. 存货作为企业流动资产的重要组成部分，是为企业带来经济效益的重要经济资源，其周转速度直接影响到企业对流动资产的利用效果以及企业的经济利益。本章介绍了存货的日常收、发、结存的成本计价方法，同时分析了存货发出成本方法的选用对财务报表的影响。

3. 固定资产是企业非流动资产的重要组成部分，也是企业财产清查的主要内容，本章讲述了如何对不同来源的固定资产的初始成本进行确认，同时介绍了固定资产计提折旧的方法、固定资产后续成本计量以及处置等相关的会计处理事项。

4. 对于金融资产，本章主要介绍了交易性金融资产、持有至到期投资以及可供出售金融资产从取得到处置过程中相应的成本计算以及相关的会计账务处理方法。

本章结构图

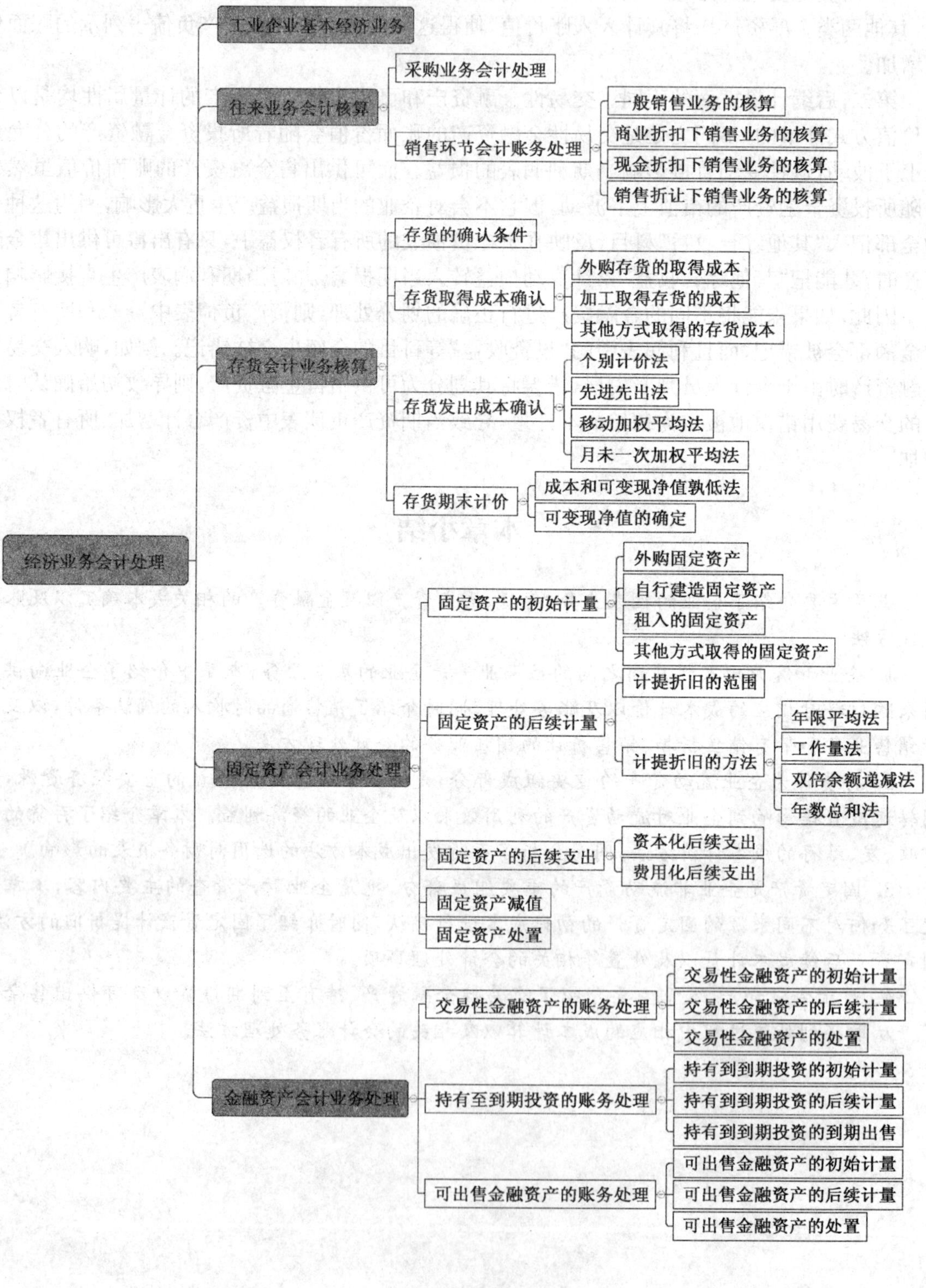
经济业务会计处理
工业企业基本经济业务
往来业务会计核算
采购业务会计处理
销售环节会计账务处理
一般销售业务的核算
商业折扣下销售业务的核算
现金折扣下销售业务的核算
销售折让下销售业务的核算
存货会计业务核算
存货的确认条件
存货取得成本确认
外购存货的取得成本
加工取得存货的成本
其他方式取得的存货成本
存货发出成本确认
个别计价法
先进先出法
移动加权平均法
月末一次加权平均法
存货期末计价
成本和可变现净值孰低法
可变现净值的确定
固定资产会计业务处理
固定资产的初始计量
外购固定资产
自行建造固定资产
租入的固定资产
其他方式取得的固定资产
固定资产的后续计量
计提折旧的范围
计提折旧的方法
年限平均法
工作量法
双倍余额递减法
年数总和法
固定资产的后续支出
资本化后续支出
费用化后续支出
固定资产减值
固定资产处置
金融资产会计业务处理
交易性金融资产的账务处理
交易性金融资产的初始计量
交易性金融资产的后续计量
交易性金融资产的处置
持有至到期投资的账务处理
持有到到期投资的初始计量
持有到到期投资的后续计量
持有到到期投资的到期出售
可出售金融资产的账务处理
可出售金融资产的初始计量
可出售金融资产的后续计量
可出售金融资产的处置

思考题

1. 哪些采购业务需要进行会计处理？
2. 销售业务的一般会计处理是什么？
3. 存货发出方法的计价方法有哪些？
4. 不同的计价方法对报表数据有哪些影响？
5. 期末存货的计价对报表有哪些影响？
6. 固定资产的计量属性是什么？
7. 固定资产折旧方法有哪些？如何确认减值？
8. 固定资产处置的净损益如何处理？
9. 固定资产的会计处理对报表有哪些影响？
10. 金融资产有哪些？不同金融资产的计价是否相同？
11. 金融资产会计处理对会计报表有哪些影响？
12. 交易性金融资产计量属性是什么？交易性金融资产在报表中的价值如何反映？
13. 持有至到期投资计量属性是什么？持有至到期投资在报表中的价值如何反映？
14. 可供出售金融资产计量属性是什么？可供出售金融资产在报表中的价值如何反映？

业务题

1. 采购业务原材料的核算。

资料：恒源工厂 2015 年 8 月发生以下有关材料采购业务：

(1)8 月 2 日，向光华工厂购入甲材料 2 000 千克，单价 100 元/千克，价款 200 000 元，进项税额 34 000 元。款项以银行存款方式全部付清，材料尚未运到。

(2)8 月 4 日，以银行存款支付上项购入甲材料的运杂费 1 200 元。

(3)8 月 9 日，收到光华工厂发来的甲材料 2 000 千克，验收入库，结转材料的实际采购成本。

(4)8 月 10 日，向光华工厂购入乙材料 300 千克，单价 500 元/千克，价款 150 000 元，进项税额 25 500 元，以现金支付该材料的市内运杂费 800 元。材料已经验收入库，但货款尚未支付。

(5)8 月 12 日，根据合同规定，为购买丙材料向海城股份有限公司预付货款 60 000 元，款项已通过银行存款支付。

(6)8 月 15 日，向利达工厂购入丁材料 600 吨，单价 500 元/吨，价款 300 000 元，增值税进项税额 51 000 元，材料已验收入库，同时以银行存款支付装卸搬运费 5 000 元。货款和税款暂欠。

(7)8 月 20 日，通过银行存款转偿还所欠光华工厂货款 175 500 元。

要求：请写出与上述会计业务相关的账务处理。

2. 一般销售业务的核算。

资料：东方公司在 2016 年 1 月发生了以下业务：

(1)1 月 3 日，向甲公司销售商品一批，售价为每件 100 元，共 500 件，增值税税率为 17%，商品当日发出，尚未收到货款。

(2)1 月 30 日，收到甲公司部分货款 30 000 元并存入银行。

要求：请写出与上述会计业务相关的账务处理。

3. 带有现金折扣、商业折扣、销售折让的销售业务的核算。

资料:北方贸易公司 2016 年 2 月发生经济业务如下:

(1)2 月 6 日,销售产品一批,价目表表明价格为 100 000 元,由于成批销售,商业折扣为 12%,现金折扣为"2/10、1/20、n/30",适用的增值税税率为 17%,产品已发出办妥托收手续。

(2) 2 月 15 日,收回于 2 月 6 日销售的货款,存入银行。

(3)2 月 16 日,向 A 公司销售产品一批,价目表表明价格为 50 000 元,适用的增值税税率为 17%,产品已发出并收到货款。该批商品成本为 30 000 元。

(4)2 月 20 日,2 月 16 日出售给 A 公司的商品由于商品质量问题,同意给 A 公司 10%的销售折让,并开出红字增值税专用发票,并通过转账退回货款。

请写出与上述会计业务相关的账务处理。

4. 不同发出成本计价方法下存货成本的确定。

资料:红星工厂 2016 年 6 月 A 商品的期初结存和本期购销情况如下:

表 4—5 库存商品明细表

日期	摘要	数量	单价
6 月 1 日	期初结存	100	20
6 月 12 日	销售	50	
6 月 15 日	购进	200	22
6 月 20 日	购进	150	20
6 月 30 日	销售	200	

要求:分别采用先进先出法、加权平均法、后进先出法,分别对期末存货进行计价并进行本期耗用成本的计算。

5. 固定资产的相关业务处理。

资料:北方股份有限公司 2012 年至 2016 年与固定资产有关的业务资料如下:

(1)2012 年 10 月 10 日,北方公司购进一台需要安装的设备,取得的增值税专用发票上注明的设备价款为 500 万元,增值税为 85 万元,另发生运输费和保险费 2 万元,款项以银行存款支付;没有发生其他相关税费。安装设备时,领用原材料一批,价值为 15 万元,购进该批原材料时支付的增值税进项税额为 2.55 万元;支付安装工人的工资为 8 万元。

该设备于 2012 年 12 月 10 日达到预定可使用状态并投入行政管理部门使用,预计使用年限为 10 年,预计净残值为 10 万元,采用年限平均法计提折旧。

(2)2014 年 9 月 30 日,北方公司因生产经营方向调整,决定采用出包方式对该设备进行改良,改良工程验收合格后支付工程价款。该设备于当日停止使用,开始进行改良。

(3)2015 年 3 月 15 日,改良工程完工并验收合格,北方公司以银行存款支付工程总价款 62.5 万元。当日,改良后的设备投入使用,预计尚可使用年限为 8 年,采用直线法计提折旧,预计净残值为 5 万元。

(4)2016 年 10 月 10 日,该设备因遭受自然灾害发生严重毁损,北方公司决定进行处置,取得残料变价收入 10 万元、保险公司赔偿款 30 万元,发生清理费用 5 万元;款项均以银行存款收付,不考虑其他相关税费。

要求:

(1)编制 2012 年 10 月 10 日取得该设备的会计分录。

(2)编制设备安装及设备达到预定可使用状态的会计分录。

(3)计算 2013 年度该设备计提的折旧额,并编制相应会计分录。

(4)计算 2014 年度该设备计提的折旧额,并编制相应会计分录。

(5)编制 2014 年 9 月 30 日该设备转入改良时的会计分录。

(6)编制 2015 年 3 月 15 日支付该设备改良价款、结转改良后设备成本的会计分录。

(7)计算 2016 年度该设备计提的折旧额。

(8)计算 2016 年 10 月 10 日处置该设备实现的净损益。

(9)编制 2016 年 10 月 10 日处置该设备的会计分录(金额单位用万元表示)。

6. 交易性金融资产的核算。

资料:南方公司有关投资资料如下:

(1)2016 年 1 月 20 日,以银行存款购入 A 公司股票 50 000 股,划分为交易性金融资产,每股买价 15 元,同时支付相关税费 4 000 元。

(2)2016 年 4 月 20 日,A 公司宣告发放现金股利,每股 0.4 元。

(3)2016 年 4 月 22 日,甲公司又购入 A 公司股票 50 000 股,划分为交易性金融资产,每股买价 17.40 元(其中包含已宣告发放尚未支取的现金股利,每股 0.4 元),同时支付相关费用 6 000 元。

(4)2016 年 5 月 5 日,收到 A 公司发放的现金股利 40 000 元。

(5)2016 年 12 月 30 日,A 公司股票市价为每股 20 元。

(6)2017 年 1 月 20 日,甲公司将其持有的 A 公司股票 100 000 股全部出售,实际收到现金 210 万元。

要求:根据上述经济业务,编制会计分录。

7. 持有至到期投资的核算。

资料:2016 年 1 月 1 日,X 公司支付价款 1 000 元(含交易费用),从活跃市场上购入某公司 5 年期债券,面值 1 250 元,票面年利率为 4.72%,实际利率为 10%。按年支付利息(即每年支付 59 元),本金最后一次支付。合同约定,该债券的发行方在遇到特定情况时可以将债券赎回,且不需要为提前赎回支付额外款项。X 公司在购买该债券时,预计发行方不会提前赎回,故 X 公司将其作为持有至到期投资进行核算。

要求:根据上述经济业务,编制会计分录。

8. 可供出售金融资产的核算。

资料:乙公司于 2014 年 7 月 13 日从二级市场购入股票 1 000 000 股,每股市价 15 元,手续费 30 000 元;初始确认时,该股票划分为可供出售金融资产。乙公司至 2014 年 12 月 31 日仍持有该股票,该股票当时的市价为 16 元。

2015 年 2 月 1 日,乙公司将该股票售出,售价为每股 13 元,另支付交易费用 30 000 元。

要求:根据上述经济业务,编制会计分录。

案例分析题

1. 北方工贸有限公司设有两个业务部门:产品销售部和焊接加工部。两部门对发出的存货均采用后进先出法计价。目前,公司因销售业务不景气,拟将计价方法改为先进先出法,以改善公司经营业绩。

焊接加工部所面临的问题是，钢、铁、铜等原材料价格大幅上涨，现已停工两个月。所幸库存零部件存货较充足，短期内可满足销售之需。

产品销售部的主要问题是，销售数额大幅下降。若按后进先出法计价，其年底存货余额为620 000元；若按先进先出法计价，年底存货余额为690 000元。

要求：

(1)焊接加工部已停工两个月，存货越来越少。对存货计价采用后进先出法，其销售成本是否仍然偏低？为什么？这对今后存货的重置能力有何影响？

(2)若公司所得税税率为25%，将产品销售部的存货计价改为先进先出法，对其纳税有何影响？对税后利润有何影响？

(3)该公司改变存货计价方法有何利弊？

2. 林勇在2015年1月15日自主创办了亚芳工贸有限公司，该公司发生以下业务：

(1)2015年1月15日，预交前三个月租金54 000元。

(2)2015年1月16日，购买无须安装设备花费235 000元，加上15 000元安装费，共计250 000元。

(3)2015年1月17日，购买价值175 000元的原材料，货款分三次付清。当日付款50 000元，30天后付100 000元，60天后付清余下的25 000元。

(4)2015年1月17日，公司开张花费广告费用5 000元，其中包括向社区邻居发送印有亚芳工贸有限公司电话的万年历。生产万年历的厂商告诉林勇，许多人会将这种万年历保存两到三年之久，于是他决定采用这种广告方式。

(5)1月份支付两个雇员工资共计15 000元。

(6)1月份销售现金收入160 000元。

(7)1月17日，采购价值150 000元的货物用于零售，付现金80 000元，答应30天后付清余下的7 000元。

(8)1月份销货赊账共计85 000元。

(9)一个月过去了，三个月的房租预付款也用去了1/3。

(10)支付到期的进货欠款100 000元。

预计所得税税率为16%。

要求：评估一下公司的财务状况和运营效果。

学习资源

1. 中华人民共和国财政部网站(http://kjs.mof.gov.cn/).

2. 中国注册会计师协会.会计[M].北京：中国财政经济出版社，2017.

第五章　财务管理基本方法

学习目标

1. 理解货币时间价值的概念
2. 掌握终值和现值的计算
3. 了解风险的含义及分类
4. 掌握投资组合风险报酬、资本资产定价模型的计算
5. 掌握个别资本成本、综合资本成本的计算方法

引例

你知道世界上最传奇的理财高手吗？他在11岁时手持100美元初试投资股票，几乎从零开始，仅仅通过从事股票和公司投资，积聚起数百亿美元的巨额财富，成为当今世界的大富豪，他一度超过比尔·盖茨，成为世界首富，他就是沃伦·巴菲特。

1950年，巴菲特申请哈佛大学被拒之门外，后考入哥伦比亚大学商学院，师从著名投资学理论学家本杰明·格雷厄姆。在格雷厄姆指引下，巴菲特如鱼得水。格雷厄姆反对投机，主张通过分析企业的盈利情况、资产情况及未来前景等因素来评价股票，他传授给巴菲特丰富的投资知识和诀窍。1957年，巴菲特成立非约束性的巴菲特投资俱乐部，掌管的资金达到30万美元，到年末即升至50万美元。1962年，巴菲特合伙人公司的资本达到了720万美元，其中有100万美元是属于巴菲特个人的。当时，他将几个合伙人企业合并成一个"巴菲特合伙人有限公司"，最小投资额扩大到10万美元。在巴菲特及其投资伙伴于1962年买进伯克希尔—哈撒韦公司的股票时，股价仅为每股7美元。1968年，巴菲特公司的股票取得了历史上最好的成绩——增长了46%，而道—琼斯指数才增长了9%。巴菲特掌管的资金上升至1.04亿美元，其中属于巴菲特的有2 500万美元。1969年，沃伦·巴菲特将这家纺织品公司改造为投资公司，并亲自出任董事长和首席执行官。在沃伦·巴菲特的精心运作下，公司净资产在1964年为2 288.7万美元，而截至2015年9月24日，公司股价为193 800美元，其市值高达1 658.93亿美元。

巴菲特的成功绝非来自运气。在投资某家公司前，他总是先阅读所能找到的该公司全部年度报告，了解公司的发展状况及采取的策略，全身心地投入所投资的事业中。从巴菲特的传奇中，你是否已感受到了财务管理所带来的魅力？是否体会到现金流带来的神奇魔力？

第一节　货币时间价值

一、货币时间价值的概念

时间价值是客观存在的经济范畴。离开了时间价值因素，就无法正确计算不同时期的财务收支。时间价值原理正确地揭示了不同时间点上的资金之间的换算关系，是财务决策的基本依据。时间价值在西方通常称为货币的时间价值，其概念并不完全统一。传统说法是：即使在没有风险和没有通货膨胀的情况下，今天 1 元钱的价值也大于一年以后 1 元钱的价值，这就是货币的时间价值。西方的经济学家和财务管理学家在谈论这些概念时只是说明了一些现象，并没有说明时间价值的本质。

货币时间价值，是指一定量货币资本在不同时点上的价值量差额。一般情况下，它是指没有风险也没有通货膨胀情况下的社会平均利润率，是利润平均化规律发生作用的结果。根据货币具有时间价值的理论，可以将某一时点的货币价值金额折算为其他时点的价值金额。正确理解时间价值需要把握以下三个方面：时间价值的真正来源是工人创造的剩余价值；时间价值是在生产经营中产生的；时间价值应按复利方法来计算。

银行存款利率、贷款利率、各种债券利率、股票的股利率都可以看作投资报酬率，但是它们并不等于货币的时间价值。只有在没有风险和没有通货膨胀的情况下，时间价值才与上述各报酬率相等。

为了便于说清问题，分层次、由简到难地研究问题，在讲述资金时间价值时，通常假定没有风险和通货膨胀，以利率代表时间价值，本章也将以此假设为基础。

二、终值与现值

终值，是现在一定量的货币折算到未来某一时点所对应的金额，通常记作 F。现值，是未来某一时点上一定量的货币折算到现在所对应的金额，通常记作 P。现值和终值是一定量货币在前后两个不同时点上对应的价值，其差额即为货币的时间价值。利息的计算包括单利和复利两种方式。如果采用单利方式，本能生利，而利息不能生利。如果采用复利方式，本能生利，利息在下期则转为本金与原来的本金一起计算利息，即通常所说的“利滚利”。财务估值中一般都按照复利方式计算货币的时间价值。

知识拓展

宇宙最大的能量是复利，世界的第八大奇迹是复利。

——爱因斯坦

三、终值及其计算

终值有两种形式：复利终值和年金终值。

(一)复利终值

复利终值就是按复利的方式计算的未来的本利和。其计算方法如图 5—1 所示。

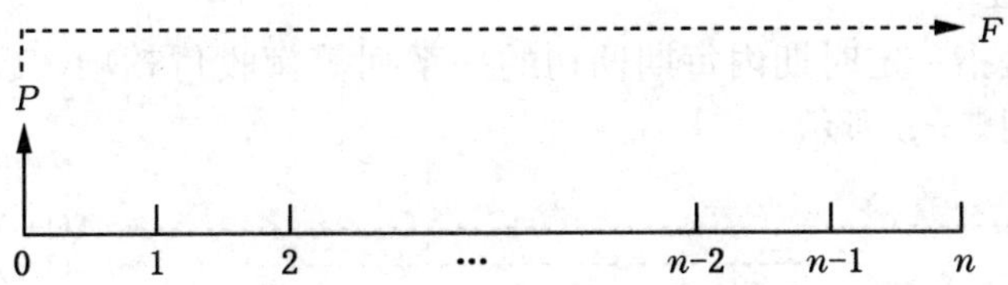

图 5—1　复利终值计算示意图

复利终值的计算公式为：

$$F=P\ (1+i)^n$$

式中：F 表示复利终值；P 表示复利现值；$(1+i)^n$ 为复利终值系数，记作$(F/P,i,n)$；n 为计息期数。

【例 5—1】　陈先生现在有一笔资金 1 500 元，如果存进银行做定期储蓄存款，期限 5 年，年利率为 2%，到期时该笔资金的本利和为多少？

解析：$F=P\times(F/P,i,n)=1\ 500\times(F/P,2\%,5)=1\ 500\times1.104\ 1=1\ 656.15$(元)

(二)年金终值

年金是指间隔期相等的系列等额收付款。年金包括普通年金(后付年金)、预付年金(先付年金)、递延年金、永续年金等形式。在年金中，系列等额收付的间隔期间只需要满足“相等”的条件即可，间隔期间可以不是一年，例如每季末等额支付的利息费用也是年金。

1. 普通年金终值

普通年金是年金的最基本形式，它是指从第一期起，在一定时期内每期期末等额收付的系列款项，又称为后付年金。其计算方法如图 5—2 所示。

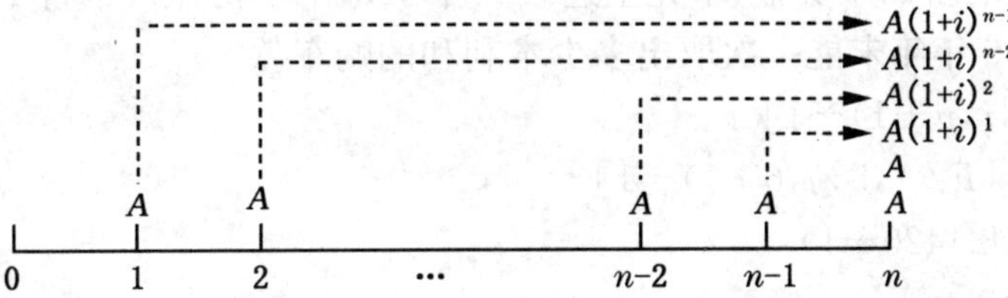

图 5—2　普通年金终值计算示意图

普通年金终值的计算公式为：

$$\begin{aligned}F&=A(1+i)^0+A(1+i)^1+A(1+i)^2+\cdots+A(1+i)^{n-1}\\&=A\ \frac{(1+i)^n-1}{i}\\&=A(F/A,i,n)\end{aligned}$$

其中，$\frac{(1+i)^n-1}{i}$称为“年金终值系数”，记作$(F/A,i,n)$，可直接查阅“年金终值系数表”求出其值。

【例 5—2】　张先生计划每年年末将 5 000 元存入银行，共存 10 年，希望能在 10 年后退休时拥有一笔养老金，已知年利率为 2%，请问张先生可在 10 年后从银行取出多少钱？

解析：$F=A\times(F/A,i,n)=5\ 000\times(F/A,2\%,10)=5\ 000\times10.949\ 7=54\ 748.5$(元)

2. 预付年金终值

预付年金终值是指一定时期内每期期初的一系列等额收付款项，又称先付年金或即付年金。其计算方法如图 5－3 所示。

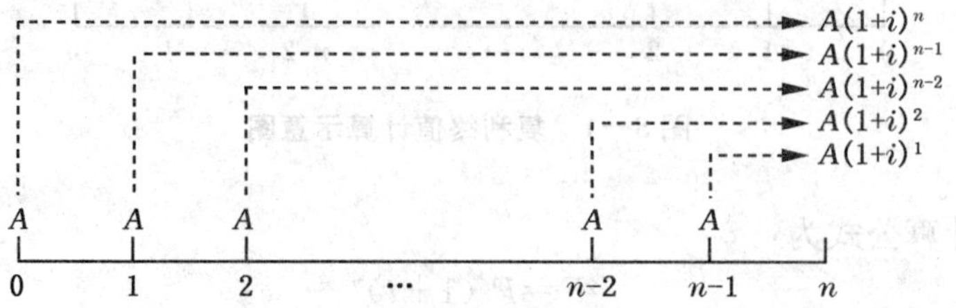

图 5－3 预付年金终值计算示意图

预付年金终值计算公式为：

$$F = A(1+i)^1 + A(1+i)^2 + \cdots + A(1+i)^{n-1} + A(1+i)^n$$
$$= A\,\frac{(1+i)^n - 1}{i}(1+i)$$
$$= A[(F/A, i, n+1) - 1]$$

知识拓展

预付年金终值系数通过普通年金终值系数换算，口诀为期数加 1，系数减 1。

【例 5－3】 为准备购车资金，李先生连续 6 年于每年年初存入银行 10 000 元，年利率为 5%，则李先生在第 6 年年末能一次取出多少本利和的购车款？

$$F = A[(F/A, i, n+1) - 1]$$
$$= 10\,000 \times [(F/A, 5\%, 6+1) - 1]$$
$$= 10\,000 \times (8.1420 - 1)$$
$$= 71\,420(\text{元})$$

四、现值及其计算

与终值对应，现值也有两种形式：复利现值和年金现值。

知识拓展

单利终值系数与单利现值系数互为倒数。

(一)复利现值

复利现值是复利终值的逆运算，它是指未来某一特定时点收到或付出的一笔款项，按折现率计算到现在时点的价值。其计算方法如图 5－4 所示。

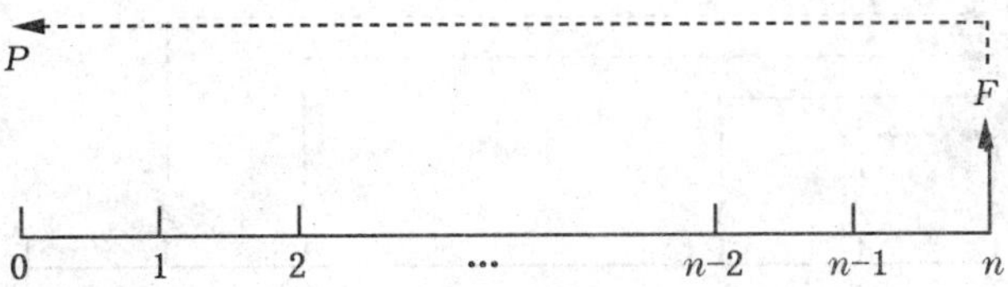

图 5—4　复利现值计算示意图

复利现值的计算公式为：

$$P=F/(1+i)^n$$

其中，$1/(1+i)^n$ 为复利现值系数，记作$(P/F,i,n)$，n 为计息期。

【例 5—4】 张先生想在 5 年后从银行取出 5 000 元，假设银行存款年利率为 5%，那么他现在应该存入银行多少钱？

解析：$P=F\times(P/F,i,n)=5\,000\times(P/F,5\%,5)=5\,000\times0.783\,5=3\,917.5$(元)

(二)年金现值

年金现值是指为在每期期末取得相等金额的款项，折算到现在需要发生的现金流的数额。

1. 普通年金现值

普通年金现值如整存零取的本金，它是一定时期内每期期末等额收付款项的复利现值之和。其计算方法如图 5—5 所示。

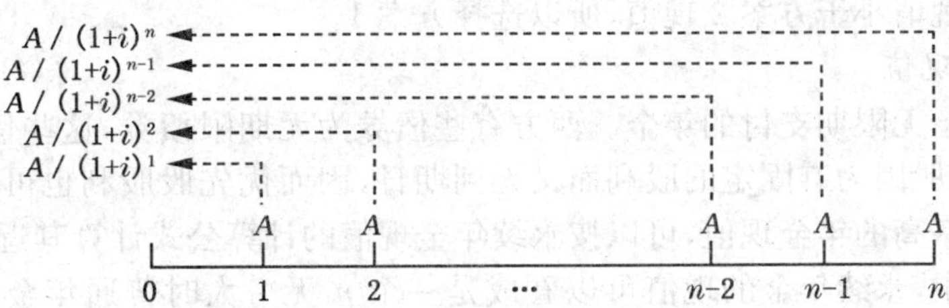

图 5—5　普通年金现值计算示意图

普通年金现值的计算公式为：

$$\begin{aligned}P&=A(1+i)^{-1}+A(1+i)^{-2}+\cdots+A(1+i)^{-(n-1)}+A(1+i)^{-n}\\&=A\frac{1-(1+i)^{-n}}{i}\\&=A(P/A,i,n)\end{aligned}$$

其中，$\frac{1-(1+i)^{-n}}{i}$称为年金现值系数，记作$(P/A,i,n)$。可直接查阅“年金现值系数表”求出其值。

【例 5—5】 A 公司计划投资某项设备，假设当年投产，从投产之日起每年末可得收益 40 000元。按年利率 6%计算，计算预期 10 年收益的现值。

$P=A(P/A,i,n)=40\,000\times(P/A,6\%,10)=40\,000\times7.360\,1=294\,404$(元)

2. 预付年金现值

预付年金现值是指将在一定时期内按相同时间间隔在每期期初收付的相等金额折算到第一期期初的现值之和。其计算方法如图 5—6 所示。

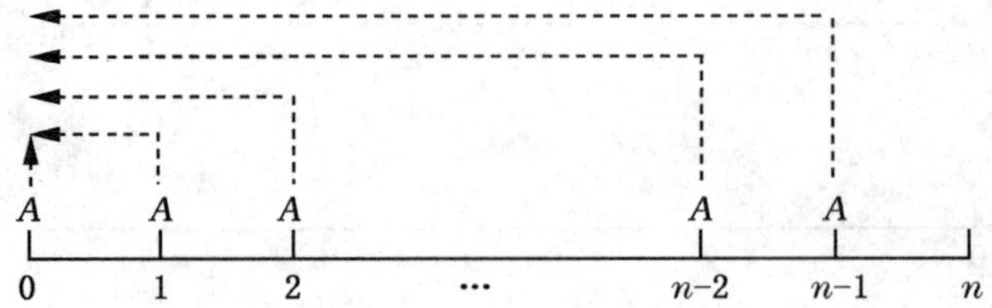

图 5-6 预付年金现值计算示意图

预付年金现值的计算公式为：

$$P = A + A(1+i)^{-1} + A(1+i)^{-2} + \cdots + A(1+i)^{-(n-1)}$$
$$= A \times \frac{1-(1+i)^{-n}}{i} \times (1+i)$$
$$= A \times [(P/A, i, n-1) + 1]$$

【例 5-6】 王先生拟购一套住房，开发商提出两种方案：一是现在一次性付 80 万元，二是从现在起每年年初付 20 万元，连续支付 5 年。若目前的银行贷款利率是 7%，应如何付款？

解析：方案 1 现值 $P = 80$(万元)

方案 2 现值计算如下：

方法一：$P = 20 \times (P/A, 7\%, 5) \times (1+7\%) = 20 \times 4.1002 \times 1.07 = 87.74$(万元)

方法二：$P = 20 \times [(P/A, 7\%, 5-1) + 1] = 20 \times (3.3872 + 1) = 87.74$(万元)

由于方案 1 现值小于方案 2 现值，所以选择方案 1。

3. 永续年金现值

永续年金是指无限期支付的年金。西方有些债券为无期限债券，这些债券的利息可以视为永续年金；优先股因为有固定的股利而又无到期日，因而优先股股利也可以看作永续年金。另外，期限长、利率高的年金现值，可以按永续年金现值的计算公式计算其近似值。

在实务操作中，永续年金的现值可以看成是一个 n 无穷大时普通年金的现值，永续年金计算如下：

$$P_A(n \to \infty) = A \times \frac{1-(1+i)^{-n}}{i} = \frac{A}{i}$$

当 n 趋向无穷大时，由于 A、i 都是有界量，$(1+i)^{-n}$ 趋向无穷小，因此 $P(n \to \infty) = A \times \frac{1-(1+i)^{-n}}{i}$ 趋向 $\frac{A}{i}$。

【例 5-7】 民营企业家曹先生为支持家乡建设，特地在自己籍贯所在县城设置了宏志奖学金。奖学金每年发放一次，奖励每年高考的文理科状元各 10 000 元。奖学金的基金保存在该县的工商银行支行中。银行一年的定期存款利率为 2%。问吴先生要投资多少钱作为奖励基金？

解析：由于每年都要拿出 20 000 元，因此奖学金的性质是一项永续年金，其现值应为：

$$P_A = \frac{20\,000}{2\%} = 1\,000\,000(\text{元})$$

也就是说，吴先生要存入 1 000 000 元作为基金，才能保证这一奖学金的成功运行。

五、货币时间价值的应用

货币时间价值的概念在日常生活或企业经营管理中是一个经常运用的概念，例如银行贷款、保险公司推出的保险理财产品、公司发行债券等投融项目的决策都不能忽视货币时间价值的影响。

【例 5—8】 平安人寿保险公司推出一款理财产品，其广告内容如图 5—7 所示：

中国平安 PINGAN 平安寿险官方网站

0-10周岁孩子成长礼物 教育+医疗全面保障

宝宝获得的保障		
全能英才全能版少儿险	28.4万	成长关爱金
		5~30周岁，每年领取3%基本保额，即1 500元，合计3.9万元
		教育关爱金
		15~24周岁，每年领取30%基本保额，即1.5万元，共计15万元
		学业有成金
		18、21、24周岁，每年可额外领取30%基本保额，即1.5万元，共计4.5万元
		成家立业金
		30周岁，可一次性领取100%基本保额，共计5万元

☑ 投保须知

被保险人年龄	缴费期	年缴费金额	缴费方式
28天~10周岁	10年	20 574元	年交

图 5—7 平安寿险某理财保险

张先生计划为其儿子(0 周岁)投保该保险，希望一方面获得一定的人寿险保障，另一方面可以通过该产品获得一定的投资收益。保险公司推销人员告知其如果在 10 年内每年缴纳 20 574元的保费，平安公司将在未来 30 年内给予张先生 28.4 万元的教育基金，即张先生可取得合计 78 260 元的投资收益。具体收益项目如其广告内容所述。请代张先生分析，假如按照保险公司的投保须知内容缴纳保费，在考虑货币的时间价值的情况下张先生将能获得多少投资收益(银行同期存款年利率为 1.50%)。

解题思路：

根据张先生每年缴纳保费按照当期银行存款利率计算其现值，并将其与平安银行教育基金各年现金流入现值进行比较，即可得出在考虑货币时间价值的情况下张先生实际获得的投资收益。

每年缴纳保费现值：

$PV_{保费}=20\ 574\times(P/A,1.5\%.10)=20\ 574\times 9.222\ 2=189\ 737.54$(元)

成长关爱金收益现值：

$PV_{成长}=1\ 500\times(P/A,1.5\%,26)\times(P/F,1.5\%,4)=1\ 500\times 21.398\ 6\times 0.942\ 2=30\ 242.64$(元)

教育关爱金收益现值：

$PV_{教育}=15\ 000\times(P/A,1.5\%,10)\times(P/F,1.5\%,14)=15\ 000\times 9.222\ 2\times 0.811\ 8=$

112 298.73(元)

学业有成金收益现值:

$PV_{学业}=15\ 000\times[(P/F,1.5\%,18)+(P/F,1.5\%,21)+(P/F,1.5\%,24)]=15\ 000\times(0.764\ 9+0.731\ 5+0.699\ 5)=32\ 938.5$(元)

成家立业金收益现值:

$PV_{成家}=50\ 000\times(P/F,1.5\%,30)=50\ 000\times0.639\ 8=31\ 990$(元)

各项教育基金收益现值合计:

$PV_{成长}+PV_{教育}+PV_{学业}+PV_{成家}=30\ 242.64+112\ 298.73+32\ 938.5+31\ 990=207\ 469.87$(元)

张先生获得投资收益净现值:

$(PV_{成长}+PV_{教育}+PV_{学业}+PV_{成家})-PV_{保费}=207\ 469.87-189\ 737.54=17\ 732.33$(元)

第二节　风险与收益

一、风险的含义及分类

(一)风险的含义

风险是事件本身的不确定性,具有客观性。从财务管理角度来说,风险就是实际收益无法达到预期的可能性。比如,假设投资者购买了报酬率为8%的一年期国库券,一年期满,该投资者即可获得政府保证的8%的收益,其收益的不确定性较小。但现在如果该投资者换成购买的是任何一家上市公司的普通股股票,同样持有一年,其结果就会相当不确定。一年后的股价更加不确定,甚至有可能比当初的买价还要低。因此,根据风险的含义,我们可以看出,国库券是无风险的证券,而普通股则是有风险的证券。收益的不确定性越大,其风险也就越高。要衡量这一偏离程度需要用概率来衡量。

(二)风险的分类

企业面临的风险主要分为两种,即系统性风险和非系统性风险。

1. 系统性风险

系统性风险又称不可分散风险或市场风险,是指某些因素对市场上所有投资造成经济损失的可能性。这些因素包括宏观经济形势的变动、国家经济政策的变化、税制改革、企业会计准则改革、世界能源状况、政治因素等。

2. 非系统性风险

非系统性风险又称公司风险或可分散风险,是可以通过证券资产组合而分散掉的风险。它是指由于某种特定原因对某特定资产收益率造成影响的可能性。例如,个别公司的工人罢工、新产品开发失败、失去重要的销售合同、诉讼失败或过度负债等。这些与政治、经济和其他影响所有资产的市场因素无关。

非系统风险可进一步分为经营风险和财务风险。

(1)经营风险。经营风险是指公司的决策人员与管理人员在经营管理过程中出现失误而导致公司盈利水平变化,从而使投资者预期收益下降的可能。

(2)财务风险。财务风险是由于公司财务结构不合理、融资不当而导致投资者预期收益下降的风险。

二、风险的价值衡量

风险价值又称风险报酬或风险收益，是指投资者由于冒着风险进行投资而获得的超过资金时间价值的额外收益。一般情况下，风险报酬通常采用相对数，即用风险报酬率来表示。

在不考虑通货膨胀的情况下，投资报酬率由两部分组成：一部分是资金时间价值，由于它是在无风险条件下得到的价值，所以又称为无风险价值；另一部分是风险价值，即风险报酬率。

(一)无风险收益率

无风险收益率也称无风险利率，它是指无风险资产的收益率，它的大小由纯粹利率(资金的时间价值)和通货膨胀补贴两部分组成。无风险资产一般满足两个条件：一是不存在违约风险；二是不存在再投资收益率的不确定性。实际上，满足这两个条件的资产几乎是不存在的，一般用与所分析的资产的现金流量期限相同的国债来表示。因此，一般用国债的利率表示无风险利率，该国债应该与所分析的资产的现金流量有相同的期限。一般情况下，为了方便起见，通常用短期国债的利率近似地代替无风险收益率。

(二)风险收益率

风险收益率是指某资产持有者因承担该资产的风险而要求的超过无风险利率的额外收益。风险收益率衡量了投资者将资金从无风险资产转移到风险资产而要求得到的"额外补偿"，它的大小取决于以下两个因素：一是风险的大小；二是投资者对风险的偏好。

三、单项资产投资风险的价值衡量

资产的风险是资产收益率的不确定性，其大小可用资产收益率的离散程度来衡量。离散程度是指资产收益率的各种可能结果与预期收益率的偏差。衡量风险的指标主要有概率、期望值、标准差和标准离差率。

(一)概率

在现实生活中，某一事件在完全相同的条件下可能发生也可能不发生，既可能出现这种结果又可能出现那种结果，我们称这类事件为随机事件。概率就是用百分数或小数来表示随机事件发生可能性及出现某种结果可能性大小的数值。用 X 表示随机事件，X_i 表示随机事件的第 i 种结果，P_i 为出现该种结果的相应概率。若 X_i 出现，则 $P_i=1$；若不出现，则 $P_i=0$。同时，所有可能结果出现的概率之和必定为 1。因此，概率必须符合下列两个要求：

(1) $0 \leqslant P_i \leqslant 1$

(2) $\sum_{i=1}^{n} P_i = 1$

将随机事件各种可能的结果按一定的规则进行排列，同时列出各结果出现的相应概率，这一完整的描述称为概率分布。

(二)期望值

期望值是一个概率分布中的所有可能结果，以各自相应的概率为权数计算的加权平均值，是加权平均的中心值，通常用符号 E 表示。期望收益反映预计收益的平均化，在各种不确定性因素影响下，它代表着投资者的合理预期。期望值可以按预期收益率的计算方法计算，常用计算公式为：

$$E(R) = \sum_{i=1}^{n} (P_i \times R_i)$$

式中:$E(R)$为预期收益率;R_i 为第 i 种可能结果的收益率;P_i 为第 i 种可能结果的概率;n 为可能结果的个数。

【例 5—9】 假设 A、B 两公司的收益率及其概率分布资料如表 5—1 所示。试计算两公司的期望收益率,并分析它们风险的大小。

表 5—1　　A、B 两公司收益率的概率分布

经济状况	发生概率	收益率	
		A 公司	B 公司
繁荣	0.3	40%	80%
一般	0.4	20%	20%
衰退	0.3	0%	−40%
总计	1		

根据期望收益率的计算公式,我们可以分别算出 A、B 两公司的期望收益率。

A 公司的期望收益率为:

$E(R)=0.3\times40\%+0.4\times20\%+0.3\times0\%=20\%$

B 公司的期望收益率为:

$E(R)=0.3\times80\%+0.4\times20\%+0.3\times(-40\%)=20\%$

从以上计算可以得到 A、B 两公司的期望收益率均为 20%,但是,这两个公司收益率的变动幅度相差却很大。A 公司收益率的变动范围为 0%～40%,而 B 公司收益率的变动范围从 −40%～80%,分布范围要比 A 公司的大得多。因此,B 公司的风险要比 A 公司的风险大得多。

(三)标准差

标准差是反映各随机变量偏离期望收益值程度的指标之一,以其绝对额反映风险程度的大小。对投资项目来讲,标准差就是各种可能的投资收益率偏离预期收益率的综合差异程度。标准差等于方差开平方。计算公式为:

$$\text{方差}:\sigma^2=\sum_{i=1}^{n}\{[R_i-E(R)]^2\times P_i\}$$

$$\text{标准差}:\sigma=\sqrt{\sum_{i=1}^{n}\{[R_i-E(R)]^2\times P_i\}}$$

预期收益率相同的情况下,标准差越大,风险越大;反之,风险越小。

【例 5—10】 仍用例 5—9 的资料,计算 A、B 两公司的标准差,并分析这两个公司风险的大小。

A 公司的标准差:

$$\sigma=\sqrt{(40\%-20\%)^2\times0.3+(20\%-20\%)^2\times0.4+(0-20\%)^2\times0.3}$$
$$=15.49\%$$

B 公司的标准差:

$$\sigma=\sqrt{(80\%-20\%)^2\times0.3+(20\%-20\%)^2\times0.4+(-40\%-20\%)^2\times0.3}$$
$$=46.48\%$$

可见,A 公司的期望收益率的标准差远远小于 B 公司的标准差,A 公司的风险也就远远小于 B 公司的风险。

(四)标准离差率

标准离差率是标准离差同期望值之比,通常用符号 V 表示,其计算公式为:

$$V=\frac{\sigma}{E(R)}$$

标准离差率是一个相对指标,它以相对数反映决策方案的风险程度。方差和标准差作为绝对数,只适用于期望值相同的决策方案的风险程度的比较。对于期望值不同的决策方案,评价和比较其各自的风险程度只能借助于标准离差率这一相对数值。在期望值不同的情况下,标准离差率越大,风险越大;反之,标准离差率越小,风险越小。

【例 5－11】　仍用例 5－9 的资料,计算 A、B 两公司的标准离差率,并分析这两个公司风险的大小。

A 公司的标准离差率:

$$V=\frac{15.49\%}{20\%}=77.45\%$$

B 公司的标准离差率:

$$V=\frac{46.48\%}{20\%}=232.4\%$$

从上面两个公司的标准离差率来看,A 公司的风险要比 B 公司的风险小得多。

知识拓展

资产的风险尽管可以用历史数据去估算,但由于不同资产的风险受其资产特性的影响较大,另外由于环境因素的多变、管理人员估计技术的限制等,均造成估计的结果往往不够可靠、不够准确。因此,在估计某项资产风险大小时,通常会综合采用各种定量方法,并结合管理人员的经验等判断得出。

通过上述方法将决策方案的风险加以量化后,作为企业的决策者便可据此作出决策。如果一个项目是单个方案,决策者可根据其标准离差率的大小,并将其同设定的可接受的此项指标最高限值对比,看前者是否低于后者,然后作出取舍。如果一个项目存在多个方案,决策者的行动准则应是选择低风险、高收益的方案,即选择标准离差率最低、期望收益最高的方案。然而,高收益往往伴有高风险,低收益方案其风险程度往往也较低,究竟选择何种方案,就要权衡期望收益与风险,而且还要视决策者对风险的偏好而定。对风险比较反感的人可能会选择期望收益较低同时风险也较低的方案,喜冒风险的人则可能选择风险虽高但同时收益也高的方案。

(五)风险价值计算

风险与收益共生共存,承担风险是获取收益的前提,收益是风险的成本和报酬。风险较大的资产,其要求的收益率相对较高;反之,收益率较低的资产,风险相对较小。但是,并不是所有的项目,其风险越大,收益就一定越高。风险与收益对等只是解释风险与收益的这种内在的本质关系。风险和收益的上述本质联系可以表述为下面的公式:

$$R=R_f+R_r$$

式中,R 为必要收益率,也称最低必要报酬率或最低要求的收益率,表示投资者对某资产合理要求的最低收益率。R_f 为无风险收益率,通常用短期国库券的利率来表示,短期国库券基本上是无风险的,而且由于时间短,不用考虑通货膨胀的因素。R_r 为风险收益率,风险收益率与风险大小有关,所冒风险程度越大,得到的收益率也应该越高,其公式为:

$$R_r = b \times V$$

式中,b 为风险价值系数,也称风险报酬系数。

四、证券资产组合的风险与收益

两项或两项以上资产所构成的集合,称为资产组合。如果资产组合中的资产均为有价证券,则该资产组合也称为证券资产组合或证券组合。证券资产组合的风险与收益具有与单项资产不同的特征。尽管方差、标准离差、标准离差率是衡量风险的有效工具,但当某项资产或证券成为投资组合的一部分时,这些指标就可能不再是衡量风险的有效工具。以下首先讨论证券资产组合的预期收益率的计算,再进一步讨论组合风险及其衡量。

(一)资产组合的风险

1. 证券资产组合的预期收益率

证券资产组合的预期收益率就是组成证券资产组合的各种资产收益率的加权平均数,其权数为各种资产在组合中的价值比例。其计算公式为:

$$E(R_P) = \sum W_i \times E(R_i)$$

式中,$E(R_P)$表示证券资产组合的预期收益率;$E(R_i)$表示组合内第 i 项资产的预期收益率;W_i 表示第 i 项资产在整个组合中所占的价值比例。

【例 5—12】 甲公司拟从事股票投资交易,公司目前的投资组合如表 5—2 所示:

表 5—2

股票名称	权重	预期收益率
A	40%	12%
B	30%	15%
C	30%	10%

要求计算该投资组合的预期收益率。

$E(R_P) = 40\% \times 12\% + 30\% \times 15\% + 30\% \times 10\% = 12.3\%$

2. 证券资产组合的风险及其衡量

两项证券资产组合收益率的方差满足以下关系式:

$$\sigma_P^2 = w_1^2\sigma_1^2 + w_2^2\sigma_2^2 + 2w_1w_2\rho_{1,2}\sigma_1\sigma_2$$

式中,σ_p 表示证券资产组合的标准差,它衡量的是组合的风险;σ_1 和 σ_2 分别表示组合中两项资产的标准差;w_1 和 w_2 分别表示组合中两项资产分别所占的价值比例;$\rho_{1,2}$ 反映两项资产收益率的相关程度,称为相关系数。理论上,相关系数介于区间[−1,1]内。

一般来讲,随着证券资产组合中资产个数的增加,证券资产组合的风险会逐渐降低,当资产的个数增加到一定程度时,证券资产组合的风险程度将趋于平稳,这时组合风险的降低将非常缓慢直到不再降低。因此,大多数情况下,证券资产组合能够分散风险,但不能完全消除风险。

(二)资本资产定价模型(CAPM)

资本资产定价模型中,所谓资本资产主要指的是股票资产,而定价则试图解释资本市场如何决定股票收益率，进而决定股票价格。根据风险与收益的一般关系，某资产的必要收益率是由无风险收益率和资产的风险收益率决定的。即：

$$必要收益率=无风险收益率+风险收益率$$

资本资产定价模型的一个主要贡献就是解释了风险收益率的决定因素和度量方法，并且给出了下面的一个简单易用的表达形式：

$$R=R_f+\beta\times(R_m-R_f)$$

这是资本资产定价模型的核心关系式。式中，R 表示某资产的必要收益率；β 表示该资产的系统风险系数；R_f 表示无风险收益率，通常以短期国债的利率来近似替代；R_m 表示市场组合收益率，通常用股票价格指数收益率的平均值或所有股票的平均收益率来代替。

公式中(R_m-R_f)称为市场风险溢价。它反映的是市场作为整体对风险的平均“容忍”程度，也就是市场整体对风险的厌恶程度，对风险越是厌恶和回避，要求的补偿就越高，因此，市场风险溢价的数值就越大。

标准离差率可以代表投资者的风险大小，反映投资者所冒风险的程度；风险系数反映人们对待风险的态度。人们对风险越是回避，就要求冒险获得越高的收益；反之，对风险无所谓的人，对冒风险获利要求反而变低了。因此，风险收益率的大小一方面取决于投资项目客观上面临的风险大小；另一方面取决于投资者主观上对待风险的态度。

【例 5－13】 某公司董事会决定持有由甲、乙、丙三种股票组成的证券组合作为投资项目，现要求计划财务部门提供该证券组合的必要收益率，作为项目评估依据。三种股票的 β 系数分别是 1.2、2 和 0.7，它们的投资额分别是 50 万元、30 万元和 20 万元。股票市场平均收益率为 10%，无风险收益率为 6%。假定资本资产定价模型成立。

要求：假定你是该公司计划财务部门负责人，请计算确定证券组合的必要收益率。

(1)首先计算各股票在组合中的比例：

$$甲股票的比例=\frac{50}{50+30+20}=50\%$$

$$乙股票的比例=\frac{30}{50+30+20}=30\%$$

$$丙股票的比例=\frac{20}{50+30+20}=20\%$$

(2)计算证券组合的 β 系数：

证券组合的 β 系数$=1.2\times50\%+2\times30\%+0.7\times20\%=1.34$

(3)计算证券组合的风险收益率：

证券组合的风险收益率$=1.34\times(10\%-6\%)=5.36\%$

(4)计算证券组合的必要收益率：

证券组合的必要收益率$=6\%+5.36\%=11.36\%$

知识拓展

预期收益率≥投资人要求的必要收益率，投资可行；预期收益率<投资人要求的必要收益率，投资不可行。

五、风险管理对策

风险管理是企业财务管理中一个重要方面。风险管理对策是指企业根据自身条件和外部环境,围绕企业发展战略,确定风险偏好、风险承受度、风险与收益,选择风险承担、风险转移、风险规避、风险控制、风险对冲等适合的风险管理工具,并确定风险管理所需人力和财力资源的配置原则。

(一)风险承担

风险承担也称风险保留、风险自留,是指企业对所面临的风险采取接受的态度,从而承担风险带来的后果。接受风险包括风险自担和风险自保两种。风险自担是指风险损失发生时,直接将损失摊入成本或费用,或冲减利润;风险自保是指企业预留一笔风险金或随着生产经营的进行,有计划地计提资产减值准备等。

(二)风险转移

风险转移是指企业通过合同将风险转移到第三方,企业对转移后的风险不再拥有所有权。转移风险不会降低其可能的严重程度,只是从一方移除后转移到另一方。企业以一定代价(如保险费、赢利机会、担保费和利息等),采取某种方式(如参加保险、信用担保、租赁经营、套期交易、票据贴现等),将风险损失转嫁给他人承担,以避免可能给企业带来灾难性损失。例如:向专业性保险公司投保;采取合资、联营、增发新股、发行债券、联合开发等措施实现风险共担;通过技术转让、特许经营、战略联盟、租赁经营和业务外包等实现风险转移。

(三)风险规避

风险规避是指企业回避、停止或退出蕴含某一风险的商业活动或商业环境,避免成为风险的所有人。当风险所造成的损失不能由该项目可能获得的利润予以抵消时,避免风险是最可行的简单方法。避免风险的例子包括:放弃可能明显导致亏损的投资项目;新产品在试制阶段发现诸多问题而果断停止试制;退出某一市场以避免激烈竞争;拒绝与信用不好的交易对手进行交易。

(四)风险控制

风险控制是指控制风险事件发生的动因、环境、条件等,来达到减轻风险事件发生时的损失或降低风险事件发生的概率的目的。风险控制主要有两方面意思:一是控制风险因素,减少风险的发生;二是控制风险发生的频率和降低风险损害程度。风险控制的常用方法有:进行准确的预测,如汇率预测、利率预测、债务人信用评估等;对决策进行多方案优选和替代;及时与政府部门沟通获取政策信息;在发展新产品前,充分进行市场调研;实行设备预防检修制度以减少设备事故;选择有弹性的、抗风险能力强的技术方案,进行预先的技术模拟试验,进行可靠的保护和安全措施;进行多领域、多地域、多项目、多品种的投资以分散风险。

(五)风险对冲

风险对冲是指采取各种手段,引入多个风险因素或承担多个风险,使得这些风险能够互相对冲。风险对冲必须涉及风险组合,而不是对单一风险。例如,在项目投资时,使用资产组合、多种外币结算和战略上的多种经营等。在金融资产管理中,对冲也包括使用衍生产品,如利用期货进行套期保值。

第三节 资金成本

资金成本也称资本成本,是财务管理的一个非常重要的概念。资金成本概念之所以重要,有两个原因:一是公司要达到股东财富最大化,必须使所有的投入成本最小化,其中包括资金成本的最小化,所以正确估计和合理降低资本成本是制定筹资决策的基础。二是公司为了增加股东财富,公司只能投资于投资报酬率高于资本成本率的项目,正确估计项目的资本成本是制定投资决策的基础。

一、资金成本的含义

资金成本是指企业为筹集和使用资本而付出的代价,包括筹资费用和占用费用。资金成本是资本所有权与资本使用权分离的结果。对出资者而言,由于让渡了资本使用权,必须要求取得一定的补偿,资金成本表现为让渡资本使用权所带来的投资报酬。对筹资者而言,由于取得了资本使用权,必须支付一定代价,资金成本表现为取得资本使用权所付出的代价。

资金成本可以用绝对数表示,也可以用相对数表示。用绝对数表示的资金成本,主要由以下两个部分构成:

(一)筹资费

筹资费是指企业在资本筹措过程中为获取资本而付出的代价,如向银行支付的借款手续费,因发行股票、公司债券而支付的发行费等。筹资费用通常在资本筹集时一次性发生,在资本使用过程中不再发生,因此,视为筹资数额的一项扣除。

(二)占用费

占用费是指企业在资本使用过程中因占用资本而付出的代价,如向银行等债权人支付的利息、向股东支付的股利等。占用费用是因为占用了他人资金而必须支付的,是资金成本的主要内容。

二、资金成本的用途

公司的资金成本主要用于投资决策、筹资决策、营运资本管理、企业价值评估和业绩评价中。

(一)筹资决策

资金成本是比较筹资方式、选择筹资方案的依据。在评价各种筹资方式时,一般考虑的因素包括对企业控制权的影响、对投资者吸引力的大小、融资的难易程度和风险、资金成本的高低等,而资金成本是其中的重要因素。在其他条件相同时,企业筹资应选择资金成本率最低的方式。

(二)投资决策

任何投资项目,如果它预期的投资报酬率超过该项目使用资金的资金成本率,则该项目在经济上就是可行的。当投资项目与公司现存业务相同时,公司资金成本是合适的折现率。当然,在确定一个项目风险恰好等于现有资产平均风险时,需要审慎地判断。如果投资项目与现有资产平均风险不同,公司资金成本不能作为项目现金流量的折现率。不过,公司资金成本仍具有重要价值,它提供了一个调整基础。根据项目风险与公司风险的差别,适当调增或调减项目的资金成本。

评价投资项目最普遍的方法是净现值法和内含报酬率法。采用净现值法的时候,项目资金成本是计算净现值的折现率;采用内含报酬率法时,项目资金成本是其“取舍率”或必要报酬率。因此,项目资金成本是项目投资评价的基准,是企业投资报酬率的最低标准。

(三)衡量资本结构

企业财务管理目标是企业价值最大化,企业价值是企业资产带来的未来现金流量的贴现值。计算企业价值时,经常采用企业的平均资本成本作为贴现率。最优资本结构是使企业价值最大化的资本结构。当平均资本成本最小时,企业价值最大,此时的资本结构是企业理想的资本结构。

(四)业绩评价

资金成本是投资人要求的报酬率,与公司实际的投资报酬率进行比较可以评价公司的业绩。企业的生产经营活动,实际上就是所筹集资本经过投放后形成的资产营运,企业的总资产税后报酬率应高于其平均资本成本率,这样才能带来剩余收益。

在以价值为基础的业绩评价中,其核心指标是经济增加值。计算经济增加值需要使用公司资金成本。公司资金成本与资本市场相关,所以经济增加值可以把业绩评价和资本市场联系在一起。

总之资金成本把筹资决策和投资决策联系起来。为了实现股东财富最大化的目标,公司在筹资活动中改善资本结构并寻求资金成本最小化,与此同时,投资于报酬高于资金成本的项目并力求使企业价值最大化。

三、债务成本和权益成本

在单一融资方式下,项目本身的资本成本称为个别资金成本,包括银行借款资金成本、公司债券资金成本、融资租赁资金成本、优先股资金成本、普通股资金成本和留存收益成本等,其中前三类是债务资金成本,后三类是权益资金成本。在实务中,通过计算各种项目的资金成本率,比较评价各种筹资方式。在其他条件相同时,企业筹资应选择资金成本率最低的方式。

(一)银行借款资金成本

银行借款资金成本包括借款利息和借款手续费用,手续费用是筹资费用的具体表现。利息费用可以在税前扣除,因而可以起到抵税作用,一般计算税后资金成本率,以便与权益资金成本率具有可比性。银行借款的资金成本率按一般模式计算为:

$$K_b=\frac{\text{年利率}\times(1-\text{所得税率})}{1-\text{手续费率}}\times100\%$$

$$=\frac{i(1-T)}{1-f}\times100\%$$

式中:K_b 表示银行借款资金成本率;i 表示银行借款年利率;f 表示筹资费用率;T 表示所得税率。对于长期借款,考虑货币时间价值问题,还可以用贴现模式计算资金成本率。

【例 5-14】 金星公司为了开拓市场筹集资金,从银行取得 5 年期长期借款 200 万元,双方在借款合同中作出如下约定:借款本金:200 万元;利率:10%;付款方式:每年付息一次,到期一次还本;手续费:0.2%。已知现行企业所得税税率为 25%,请计算该项借款的资金成本。

$$K_b=\frac{10\%\times(1-25\%)}{1-0.2\%}=7.52\%$$

(二)公司债券资金成本

公司债券资金成本,包括债券利息和借款发行费用。债券可以溢价发行,也可以折价发行,其资金成本率按一般模式计算为:

$$K_b=\frac{\text{年利息}\times(1-\text{所得税率})}{\text{债券筹资总额}\times(1-\text{手续费率})}\times100\%$$

$$=\frac{I(1-T)}{L(1-f)}\times100\%$$

式中：L 表示公司债券筹资总额；I 表示公司债券年利息。

【例 5－15】 明星公司以 1 200 元的价格，溢价发行面值为 1 000 元、期限 5 年、票面利率为 8%的公司债券一批。每年付息一次，到期一次还本，发行费用率 3%。企业所得税税率 25%。请计算该批债券的资金成本。

$$K_b=\frac{1\ 000\times8\%\times(1-25\%)}{1200\times(1-3\%)}=5.15\%$$

(三)股利增长模型下的普通股资金成本

权益资金成本的主要表现形式为普通股资金成本，主要是指公司向股东支付的各期股利。它体现了公司通过发行股票筹集资金而付出的一种代价。由于各期股利并不一定固定，而是随企业各期收益而波动，因此普通股的资金成本只能按贴现模式计算，并假定各期股利的变化呈一定规律性。

股利增长模型是假定股东获得的股利收益每年以固定的增长率逐年递增，则股权资金成本的计算公式为：

$$K_s=\frac{D_1}{P_0(1-f)}+g=\frac{D_0(1+g)}{P_0(1-f)}+g$$

式中：K_s 表示普通股资金成本；D_1 表示预期下一年现金股利支付金额；D_0 表示本期当年现金股利支付金额；P_0 表示普通股当前市价；g 表示普通股股利年增长率；f 表示筹资费用率。

【例 5－16】 天达公司股票在二级市场上当前市价为每股 33 元，假定筹资费用率为 2%，公司董事会拟定，本年发放现金股利每股 0.8 元，预期股利年增长率为 10%。请计算天达公司普通股资金成本率。

$$K_s=\frac{0.8\times(1+10\%)}{33\times(1-2\%)}+10\%=12.72\%$$

由于比较难以对未来股利进行预测，因此股利增长模型应用范围较为有限，在实务中运用资本资产定价模型确定股利资金成本最为广泛。

(四)资本资产定价模型下的普通股资金成本

资本资产定价模型是估计普通股资金成本的常用方法。按照资本资产定价模型，普通股资金成本等于无风险利率加上风险溢价。其计算公式为：

$$K_s=R_f+\beta\times(R_m-R_f)$$

【例 5－17】 某公司普通股其 β 系数为 2，政府长期债券到期收益率为 10%，市场平均报酬率为 15%，则该公司普通股资金成本率为：

$$K_s=10\%+2\times(15\%-10\%)=20\%$$

四、综合资本成本

当融资方式并非单一模式，而是多元化融资方式时，各项目组合的资金成本为综合资本成本，反映着企业资金成本整体的高低。在衡量和评价单一融资方案时，需要计算个别资金成本。在衡量和评价企业筹资总体的经济性时，需要计算企业的平均资本成本。平均资本成本用于衡量企业资本成本整体水平，确立企业理想的资本结构。通常当综合资本成本最低时，企业的资本结构为最佳资本结构。

企业平均资本成本是以各项个别资本在企业总资本中的比重为权数,对各项个别资本成本率进行加权平均而得到的总资本成本率。其计算公式为:

$$K_w = \sum_{j=1}^{n} K_j W_j$$

式中:K_w 表示综合资本成本;K_j 表示第 j 种个别资本成本率;W_j 表示第 j 种个别资本在全部资本中的比重。

五、综合资本成本的应用

计算公司的加权平均资本成本,有三种权重依据可供选择,即账面价值权重、实际市场价值权重和目标资本结构权重。

(一)账面价值权重

账面价值权重是根据企业资产负债表上显示的会计价值来衡量每种资本的比例。其优点是资料容易取得,可以直接从资产负债表中得到,而且计算结果比较稳定。其缺点是,当债券和股票的市价与账面价值差距较大时,导致按账面价值计算出来的资本成本不能反映目前从资本市场上筹集资本的现时机会成本,不适合评价现时的资本结构。

(二)实际市场价值权重

实际市场价值权重是根据当前负债和权益的市场价值比例衡量每种资本的比例。其优点是能够反映现时的资本成本水平,有利于进行资本结构决策。但现行市价处于经常变动之中,不容易取得,而且现行市价反映的只是现时的资本结构,不适用于未来的筹资决策。

(三)目标资本结构权重

目标资本结构权重是根据市场价值计量的目标资本结构衡量每种资本要素的比例。目标价值是目标资本结构要求下的产物,是公司筹措和使用资金对资本结构的一种要求。对于公司筹措新资金,需要反映期望的资本结构来说,目标价值是有益的,适用于未来的筹资决策,但目标价值的确定难免具有主观性。公司的目标资本结构,代表未来将如何筹资的最佳估计。如果公司计划将资本结构向目标资本结构发展,目标资本结构权重更为适合。

在实务工作中通常选择平均市场价格作为计算综合资本成本的权重,一方面它回避了证券市场价格变动频繁的不便;另一方面它可以适用于公司评价未来的资本结构,而账面价值权重和实际市场价值权重仅反映过去和现在的资本结构。

【例 5—18】 福建航空股份有限公司计划为本公司海外业务项目筹措一笔 1 000 万元的资金,按照平均市场价值计算的筹资结构为:10%通过银行借款取得、40%通过发行公司债券取得、50%通过发行股票取得。有关借款合同、发行债券,以及财务部门预测的普通股资本成本资料摘录如下:

银行借款合同

借款人:福建航空股份有限公司

地址:福建省福州市鼓楼区区华林路 7 号新国兴大厦一楼

贷款人:招商银行

地 址:北京市西城区天桥南大街 1 号

鉴于借款人向贷款人申请贷款,根据中华人民共和国有关法律、法规及其他有关规定,借款人与贷款人双方协商一致,特订立本合同。

第一条 贷款

1.1 币种:人民币。

1.2 金额(大写金额):壹佰万元整。

1.3 期限自 2016 年 1 月 1 日至 2020 年 12 月 21 日。

1.4 本合同项下的贷款用于:福建航空股份有限公司海外 X 项目基础设施建设。

第二条 利息及计息方法

2.1 每月利率:1%

2.2 手续费率:0.2%

第三条 其他条款

3.1 本合同在履行中所发生的争议,由双方协商解决;协商不成的,则按下列方式解决:

一、向贷款人所在地的人民法院起诉;二、提交仲裁委员会进行仲裁。

3.2 借款人不可撤销地授权贷款人向中国人民银行个人信用信息基础数据库查询其本人个人信用报告,用以审核借款人个人贷款申请,并将企业信用信息向中国人民银行企业信用信息基础数据库报送。

3.3 本合同项下的《借款凭证》以及双方确认的相关文件、资料均为本合同不可分割的组成部分。

3.4 本合同经双方签订或盖章后生效。

3.5 本合同正本一式两份、签约双方各执一份,副本数份备查。

借款人(签字或盖章)	贷款人(公章)
授权代理人:	法定代表人或授权代理人
(签字或盖章)	(签字或盖章)
签署日期:2015 年 12 月 30 日	签署日期:2015 年 12 月 30 日

公司债券发行书概要

一、发行人:福建航空股份有限公司

二、债券名称:2016 年福建航空股份有限公司公司债券

三、发行总额:人民币 400 万元

四、债券期限、发行面值及利率:本期债券为 5 年期固定利率债券;发行面值 360 万元;票面利率 7%。

五、利息及本金支付方式:自发行之日起,每年年末付息一次,到期一次偿还本金。

六、起息日:自发行首日开始计息,本期债券存续期限内每年的 1 月 1 日为该计息年度的起息日。

七、计息期限:自 2016 年 1 月 1 日起至 2020 年 12 月 31 日止。

八、还本付息方式:每年付息一次,到期一次还本,最后一期利息随本金的兑付一起支付。年度付息款项自付息日起不另计利息,本金自兑付日起不另计利息。

九、付息日:本期债券的付息日为 2016 年至 2020 年每年的 12 月 31 日(如遇法定节假日或休息日,则顺延至其后的第 1 个工作日)。

十、本息兑付方式:通过本期债券托管机构和其他有关机构办理。

十一、承销方式及发行费用:承销团余额包销;发行费用为本次债券筹资总额的 3%。

十二、承销团成员:主承销商为华福证券股份有限公司,分销商为兴业证券股份有限公司。

十三、债券担保:本期债券由福建航空有限公司提供全额无条件不可撤销的连带责任保证担保。

十四、信用级别:经新世纪资信评估有限公司综合评定,本期债券信用级别为 AA+,发行人主体信用级别为 AA+。

十五、税务提示:根据国家有关税收法律、法规的规定,投资者投资本期债券所应缴纳的相关税款由投资者承担。企业所得税现行税率为 25%。

表 5—3　普通股资本成本预测

股票种类	普通股(A 股)
每股面值	1 元
发行数量	20 万股
当前股利	2 元/股
当前股价	25 元/股
筹资费用率	2%
预期股利年增长率	8%

请计算该公司三种融资方式组合下综合资本成本。

(1)银行借款资本成本

$$K_b=\frac{12\%\times(1-25\%)}{1-0.2\%}=9.02\%$$

(2)公司债券资本成本

$$K_b=\frac{360\times7\%\times(1-25\%)}{400\times(1-3\%)}=4.87\%$$

(3)普通股资本成本

$$K_s=\frac{2\times(1+8\%)}{25\times(1-2\%)}+8\%=16.82\%$$

(4)综合资本成本

$$K_w=9.02\%\times10\%+4.87\%\times40\%+16.82\%\times50\%=11.26\%$$

本章小结

本章主要阐述了货币时间价值、风险与收益、资金成本三大财务管理基础概念。

1. 货币时间价值。时间价值可以表述为扣除风险报酬和通货膨胀后的真实报酬率。时间价值的计算主要包括以下几个方面的内容:

(1)复利。所谓复利,就是不仅本金要计算利息,利息也要计算利息。终值又称未来值,是指若干期后包括本金和利息在内的未来价值,又称本利和。复利现值是指以后年份收到或支出资金的现在的价值,可用倒求本金的方法计算。由终值求现值,称作折现。在折现时使用的利息率称为折现率。

(2)年金。年金是指一定时期内每期相等金额的收付款项。年金按付款方式,可分为普通年金(后付年金)、预付年金(先付年金)、永续年金。其中,普通年金为最常见的年金形式,其他形式年金的终值或现值都可以通过普通年金的计算公式推导出来。

2. 风险与收益。风险是事件本身的不确定性,具有客观性,或者说风险就是事件本身的不确定性。从财务管理角度来说,风险就是实际收益无法达到预期的可能性。企业面临的风险主要分为两种,即系统性风险和非系统性风险。系统性风险,又称不可分散风险或市场风险,是指某些因素对市场上所有投资造成经济损失的可能性。非系统性风险,又称公司风险或可分散风险,是可以通过证券资产组合而分散掉的风险。非系统性风险可进一步分为经营风险和财务风险。

计算单项资产的风险报酬要经过以下几个步骤:确定概率分布,计算期望报酬率,计算标准离差,计算标准离差率和风险报酬率。在西方金融学和财务管理学中,有许多模型论述证券组合风险和报酬的关系,其中非常重要的模型为资本资产定价模型(CAPM)。

风险管理对策主要是指运用风险管理工具,应对未来风险的对策。风险管理工具主要包括风险承担、风险转移、风险规避、风险控制、风险对冲。

3. 资金成本。资金成本是筹资管理中的重点。各种筹资方式的个别资金成本的测算是筹资管理的基础。各种个别资金成本的测算公式既有共同点又有差别点,在深入理解的基础上进行对比和掌握,会有事半功倍的效果。企业所有长期资金的综合资本成本是筹资、投资等管理中经常用到的指标。综合资本成本即各种资金的加权平均成本,其中各种资金权数的确定有账面价值、市场价值和目标价值三种基准。

本章结构图

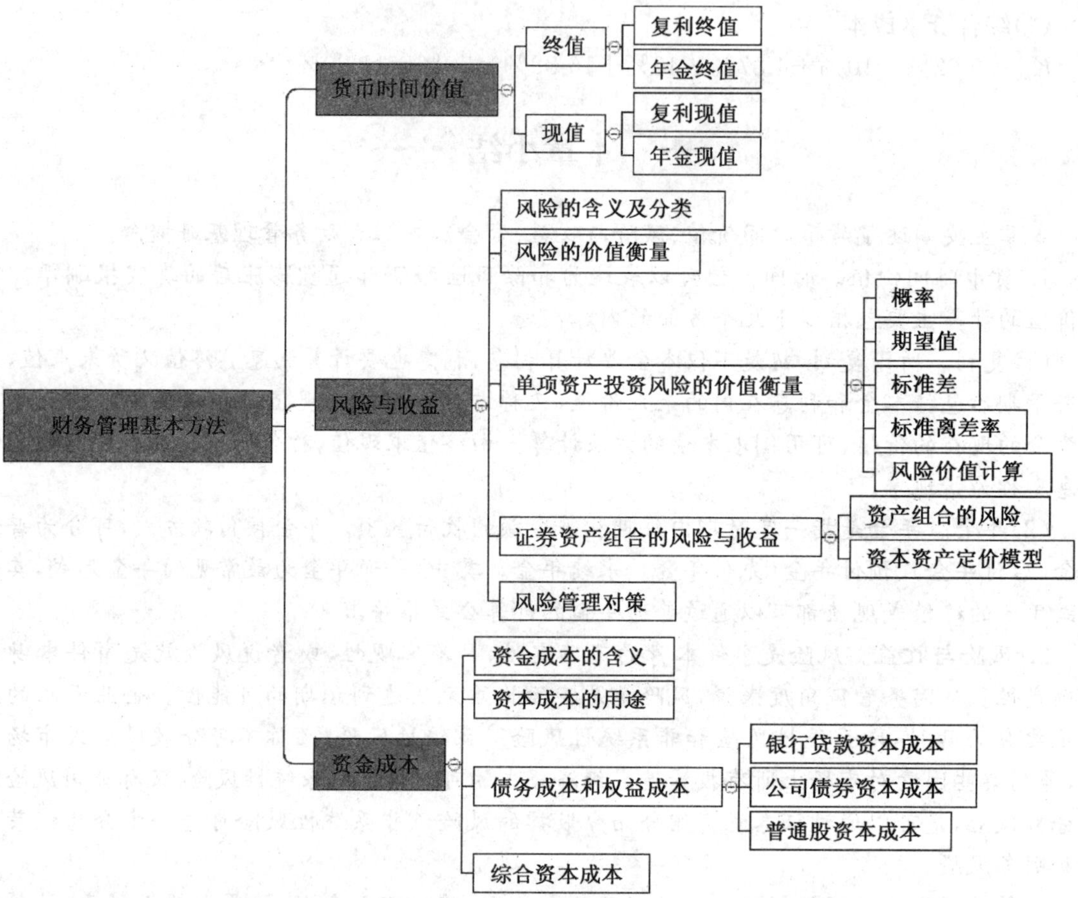

思考题

1. 如何理解货币时间价值?
2. 年金终值和复利终值如何计算?
3. 年金现值和复利现值如何计算?
4. 货币时间价值对财务管理有何意义?
5. 思考第二章中的案例企业如何运用货币时间价值。
6. 什么是风险报酬?
7. 如何理解风险与报酬的关系?
8. 试说明资本资产定价模型。
9. 试说明如何运用资金成本进行筹资决策。
10. 什么是综合资本成本?如何计算?
11. 思考第二章中案例企业如何运用综合资本成本。

业务题

1. 阳光保险公司推出一款鑫利得定投保障计划理财产品,该投资项目预计年报酬率为12%,投资者每年年末投资5 000元,投资期为5年。请问如果一位投资者计划购买该产品,5年后预计将拿到多少钱?

2. 某小型创业公司计划购买一辆办公用车,买价210 000元,可使用10年。但考虑公司成立不久,采取租赁的方式取得该办公用车,则每年年末需付租金45 000元,连续支付6年,假设利率为6%。作为财务专员的你,请判断公司应购买还是租赁取得该办公用车。

3. 现有四种证券资料如表5—4所示:

表5—4　　A、B、C、D四种证券的β系数

证券	A	B	C	D
β	1.5	1.0	0.4	2.5

设无风险报酬率为8%,市场风险溢价为14%。求四种证券各自的必要报酬率。

4. 某公司拟在现有的甲证券的基础上,从乙、丙两种证券中选择一种风险小的证券与甲证券组成一个证券组合,资金比例为6∶4,有关资料如表5—5所示。

表5—5　　甲、乙、丙三种证券的收益率的预测信息

可能的情况	在各种可能情况下的收益率		
	甲证券	乙证券	丙证券
0.5	15%	20%	8%
0.3	10%	10%	14%
0.2	5%	−10%	12%

要求:

(1)应该选择哪一种证券?

(2)假定资本资产定价模型成立,如果证券市场平均收益率为12%,无风险利率为5%,计算所选择的组合的预期收益率和β系数分别是多少。

5. 兴盛公司需筹集100万元长期资本,可以通过贷款、发行债券、发行普通股三种方式筹集,其资本结构有关资料如表5—6所示。

表5—6　　兴盛公司资本结构数据

资本结构	筹资方式			
	贷款	债券	普通股	合计
A方案	40%	10%	50%	100%
B方案	30%	15%	55%	100%
C方案	20%	20%	60%	100%

其中:贷款从工商银行取得,借款期限5年,年利率9%。每年末付息一次,到期一次还本,借款费用率为0.15%。

公司债券每份面值100元,发行价120元,期限5年,票面利率7%。每年末付息一次,到

期一次还本,发行费用率为2.5%。

普通股每股市价25元,本年发放现金股利0.6元/股,预期股利年增长率为10%,筹资费用率为2%。

要求:

(1)计算三种筹资方式下的个别资金成本(企业所得税税率按25%计算)。

(2)利用综合资本成本选择最优筹资方案。

6. 星海公司发行面值为1 000元、期限为4年、票面利率为10%的债券5 000张,每年结息一次,到期一次还本。筹资费用为发行价格的4%。公司所得税税率为25%。计算发行价格分别为1 100元、1 000元和900元时,债券的资金成本。

7. 长运公司各种长期资金的账面价值、市场价值和目标价值以及个别资金成本如表5—7所示。分别按账面价值基础、市场价值基础和目标价值基础计算长运公司的综合资金成本。

表5—7　长运公司各种长期资金的账面价值以及个别资金成本　单位:万元

资金种类	账面价值	市场价值	目标价值	个别资金成本
长期借款	800	800	2 000	5%
长期债券	1 500	2 000	4 000	6.50%
优先股	500	750	1 000	10%
普通股	2 000	4 000	4 000	12%
留存收益	1 800	3 600	4 000	11.50%
合计	6 600	11 150	15 000	

案例讨论题

基本案情:

格力电器是目前全球最大的集研发、生产、销售、服务于一体的专业化空调企业。近年来,智能制造成为众多家电企业转型和布局的方向。为提高收益,格力开始拓展业务,开展多元化经营的发展战略,为公司创造更多的利润空间。目前,格力电器准备在2016年进行两项智能制造项目开发。

(1)进军新能源汽车市场。新能源汽车已经成为未来汽车市场的发展方向,再加上政府对新能源汽车的大力补助,因此众多家电业未来将普遍向此领域转型。公司战略部门认为新能源汽车未来势必进入老百姓的日常生活,市场前景看好,为了率先抢占商机,公司应尽早开发新能源汽车项目,并提供有关预测资料如表5—8所示。

表5—8　开发新能源汽车项目

市场销路	概率	预计收益率
好	0.5	14%
一般	0.2	7%
差	0.3	−1%

经市场分析师测定该项目的风险系数为0.05。

(2)进军智能机器人产业。格力电器在家电行业中主要的竞争对手之一美的电器,目前正在推进“双智”战略，即智慧家居＋智能制造，深入全面布局机器人产业。格力公司战略部门认为，中国是全球最大的机器人应用市场，尤其近年来国家要求促进制造业创新发展，因此公司应紧随其发展步伐，推进智能机器人制造开发项目，以保持相对于竞争对手的领先地位，提高公司利润水平，并提供有关预测资料，如表5—9所示。

表5—9　　开发智能机器人项目

市场销路	概率	预计收益率
好	0.6	20%
一般	0.2	8%
差	0.2	−4%

经市场分析师测定该项目的风险系数为0.06，目前市场上短期国债利率为4%。

要求：

(1)请计算两种方案下的期望收益率、标准差、标准离差率、风险收益率。

(2)如果你是公司经理，请权衡两种产品开发方案的收益与风险，并进行方案评价，选择出最优方案。

学习资源

1. 中国债券信息网(www.chinabond.com.cn)。

2. D.马歇尔等．会计学：数字意味着什么[M].8版．沈治，刘祖基译．北京：人民邮电出版社，2013.

3. 中国注册会计师协会．财务成本管理[M]．北京：中国财政经济出版社，2017.

第六章　成本性态分析

学习目标

1. 掌握成本的含义和分类、成本性态的含义和特征
2. 熟悉高低点法、散布图法和回归直线法
3. 能够进行混合成本的分解

引例

会计员小张的困惑

星锐设备公司是一家专业生产机床的企业。会计员小张通过分析第二季度的普通机床制造成本项目，发现随着产成品产量的增加，有些成本项目是固定不变的，有些成本项目随着产量的增加而增加，而有些成本项目虽有所上升却没有规律可循。另外，他还发现，完工产品总成本是上升的，而单位产品成本随着产量的上升却出现了下降。小张对此感到困惑。

请分析：针对小张的困惑，如何通过分析隐藏在财务数据中的成本性态来解决？

第一节　成本及成本性态概述

一、成本的含义

成本是指企业在生产经营过程中发生的各种耗费，是综合反映企业生产经营效益的一项重要经济指标。在会计上，基于不同的目标，成本有不同的含义。

(一)财务会计中的成本分类

在财务会计中，为了正确确定产品生产过程中的实际耗费和计算损益，将成本按照经济用途(或经济职能)分类，分为生产成本和非生产成本。

1. 生产成本

生产成本，又称制造成本，是指产品在生产过程中发生的成本，按其属性一般可分为直接材料、直接人工和制造费用三个项目。

直接材料是指在生产过程中，直接构成产品实体的原材料成本。

直接人工是指生产过程中直接从事产品生产的工人工资、津贴和福利费等。

制造费用是指在生产过程中除了直接材料和直接人工以外的各项间接费用，包括间接材料、间接人工和其他制造费用。

2. 非生产成本

非生产成本，又称非制造成本或期间成本，是指不能直接归属于某个特定产品而应归属于一定会计期间的非生产性耗费，包括销售费用、管理费用、财务费用。

销售费用是指在销售过程中为销售产品而发生的费用，如展览费和广告费及销售机构的职工薪酬、业务费、折旧费等。

管理费用是指企业行政管理部门为组织和管理生产经营活动而发生的各项费用，如管理人员工资、办公费、业务招待费等。

财务费用是指企业为了筹措生产经营资金所发生的费用，如借款利息、手续费、汇兑损益等。

3. 生产成本和非生产成本在会计报表中的对应项目

生产成本随着产品完工形成产品成本，其中当期销售出去的产品就形成了主营业务成本，未销售出去的产品形成了存货。存货作为一项资产项目要列入资产负债表。主营业务成本属于营业成本列入利润表项目。非生产成本属于期间费用列入利润表项目。

(二)管理会计中的成本分类

财务会计中的成本分类，是从成本的经济职能上认识成本，可以反映成本的构成，便于考核成本计划的执行情况。但是，这种成本分类不能与企业的生产能力挂钩，不利于成本的事前控制和挖掘降低成本的潜力。在管理会计中具有重要意义的一种成本分类，是按成本性态分类，可以将成本分为固定成本、变动成本和混合成本。

二、成本性态

成本性态，也称成本习性，是指成本的变动与业务量、产量或销售量之间的依存关系。从成本性态来研究分析成本，就是研究成本与产量之间的依存性，分析考察不同类别的成本与产量之间的特定的数量关系，把握产量的变动对各类成本变动的影响，从而从数量上具体把握产品成本与生产能力之间的规律性联系。

按成本性态，可以把成本分为变动成本、固定成本和混合成本三大类。

(一)变动成本

1. 变动成本的含义

变动成本是指在一定时期和一定业务量范围内总额随业务量的变动而成正比例变动的成本。变动成本会随着业务量的变化而变化。例如，青岛海尔股份有限公司生产白色家电消耗的铜、铝、钢板等原材料，生产工人的工资费用和按销售收入的一定比例提取的佣金等。

2. 变动成本的特征

变动成本具有两个特征：一是变动成本总额的正比例变动性，即在一定时期和一定业务量范围内，变动成本总额随业务量的变动而成正比例变动。其成本总额性态模型为 $y=bx$（见图6－1）。二是单位变动成本的不变性，即在一定时期和一定业务量范围内，单位变动成本不受业务量变动的影响，保持不变。其单位变动成本性态模型为 $y=b$（见图 6－2）。

通常，变动成本可根据其发生的原因进一步分为技术性变动成本和酌量性变动成本。将变动成本进一步分为技术性变动成本和酌量性变动成本的意义在于寻求降低变动成本的途径。

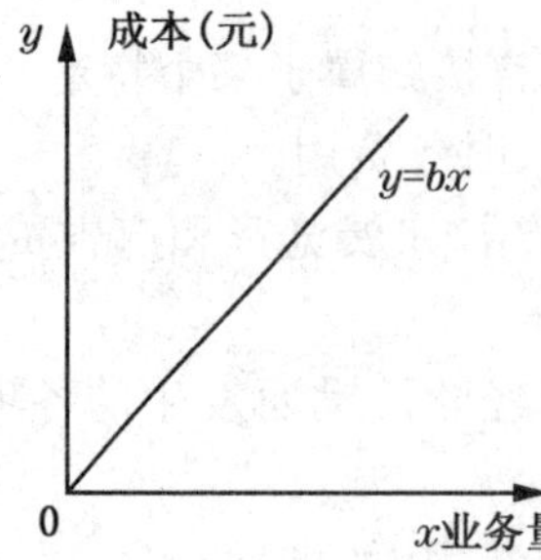

图 6—1　变动成本总额性态模型

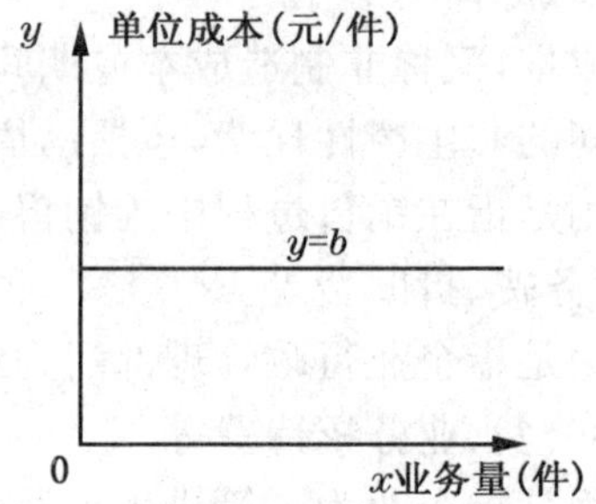

图 6—2　单位变动成本性态模型

(二)固定成本

1. 固定成本的含义

固定成本是指在一定时期和一定业务量范围内总额不受业务量的变动影响而保持不变的成本。企业按直线法计提的固定资产折旧费、房屋设备租赁费、管理人员的工资、财产保险费等即为固定成本。

2. 固定成本的特征

固定成本具有两个特征：一是固定成本总额的不变性，即在一定时期和一定业务量范围内，固定成本总额不受业务量变动的影响，保持固定不变。其成本总额形态模型为 $y=a$（见图 6—3）。二是单位固定成本的反比例变动性，即在一定时期和一定业务量范围内，单位固定成本随业务量的变动成反比例变动。其单位固定成本性态模型为 $y=\frac{a}{x}$（见图 6—4）。

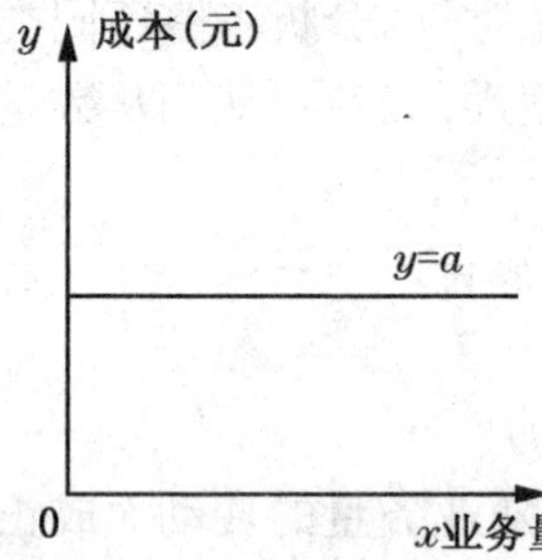

图 6—3　固定成本总额性态模型

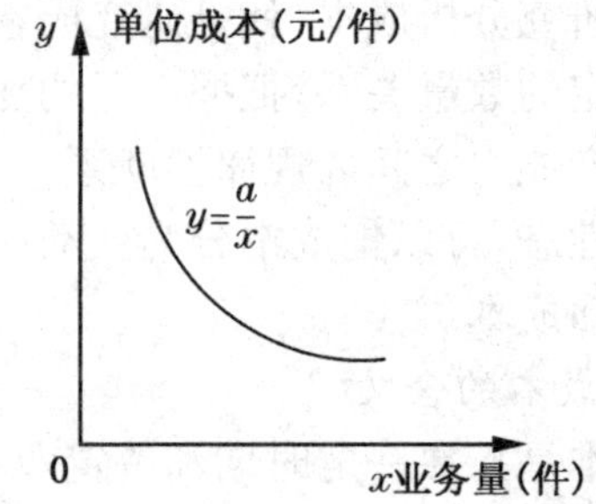

图 6—4　单位固定成本性态模型

通常，企业在一定时期内发生的固定成本按其支出数额大小是否受管理层短期决策的影响可进一步划分为约束性固定成本和酌量性固定成本两类。

约束性固定成本是指支出数额不受管理层的决策行动影响的固定成本。例如，青岛海尔股份有限公司生产用厂房、设备按直线法计提的折旧费、保险费、管理人员工资等。

酌量性固定成本是指通过管理层的决策行动能够改变其数额的固定成本。它是由企业管理部门按照经营方针的要求，通过确定未来某一会计期间的有关预算形式而形成的。例如，青岛海尔股份有限公司的开发研究费、广告费、职工培训费等。

(三)混合成本

在实际工作中，往往还会遇到一些成本兼有固定成本和变动成本的性质。这类成本是指介于固定成本和变动成本之间，其总额随业务变动但又不成正比例的那部分成本，将它们统称为混合成本，可以如下等式表示：

$$y=a+bx$$

式中，y 代表成本总额，a 代表固定成本总额，b 代表单位变动成本，x 代表业务量。

这个成本函数是一个直线方程式，如图 6－5 所示。

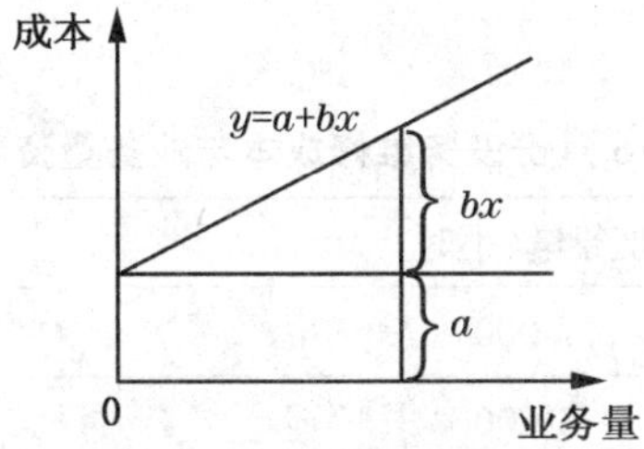

图 6—5　混合成本性态模型

第二节　混合成本的分解

成本性态分析是管理会计的一项最基本的工作。通过成本性态分析，企业可以从定性和定量两方面找出成本各组成部分与业务量之间的关系，从而更好地实现预测、决策、规划、控制和考核评价等职能。

一、成本性态分析的含义

成本性态分析就是在成本性态分类的基础上，按照一定的程序和采用一定的方法最终将全部成本(变动成本、固定成本和混合成本)进一步分解成变动成本和固定成本两部分。为了便于定量分析，其成本构成都可用一个简单的线性方程 $y=a+bx$ 来模拟成本性态模型。

二、混合成本分解的方法

混合成本分解的方法主要包括账户分类法、工程研究法、合同确认法和历史成本分析法。较常用的是历史成本分析法。

历史成本分析法是指根据过去一定时期实际发生的业务量与其相关的成本资料，运用一定的数学方法进行计算分析，从而确定固定成本和单位成本的数值，并建立函数方程。其包括高低点法、散布图法和回归分析法三种。

(一)高低点法

高低点法，又称两点法，是以某一时期的最高业务量(高点)的混合成本与最低业务量(低点)的混合成本之差，除以最高业务量和最低业务量之差，求得单位变动成本；然后代入高点或低点的混合成本公式，据以分解出混合成本中变动成本和固定成本数额的一种方法。

设 y 代表一定时期内的某项混合成本总额，a 代表混合成本中固定成本总额，b 代表单位变动成本，x 代表业务量，则混合成本可以表示为：

$$y=a+bx$$

根据高低点法的基本原理，a、b 可按下列公式计算得出：

$$b=\frac{y_{高}-y_{低}}{x_{高}-x_{低}}=\frac{最高点业务量的成本-最低点业务量的成本}{最高点业务量-最低点业务量}$$

$$a=y_{高}-bx_{高}=最高点业务量的成本-单位变动成本\times最高点业务量$$

或 $$=y_{低}-bx_{低}=最低点业务量的成本-单位变动成本\times最低点业务量$$

将 a、b 值代入 $y=a+bx$，得到成本性态分析模型。

【例 6－1】 希望公司在 2017 年 1～6 月的维修工时和维修成本等有关资料如表 6－1 所示：

表 6－1　　1～6 月份设备维修成本与业务量资料

月份	业务量(小时)	维修成本(元)
1	7 000	850
2	6 500	800
3	5 500	745
4	4 800	700
5	7 800	1 000
6	7 500	960

如果希望公司 2017 年 7 月预计业务量为 8 000 小时，则其维修成本将为多少？

根据表 6－1，首先确定在相关范围(4 800～7 800 小时)内的最高点与最低点坐标，分别是(7 800，1 000)、(4 800，700)。

其次，运用高低点法分解维修成本：

$$b=\frac{1\ 000-700}{7\ 800-4\ 800}=0.1(元/小时)$$

$$a=1\ 000-0.1\times7\ 800=220(元)$$

或 $a=700-0.1\times480=220$(元)

最后，根据计算出的设备维修成本 a、b 值，维修成本模型可写成：

$$y=220+0.1x$$

希望公司 2017 年 7 月份预计业务量为 8 000 小时，则其维修成本将为 1 020 元(220＋0.1×8 000)。

需要说明的是，在企业组织的经营管理活动中，高低点的业务量与成本总额并没有严格对应，也就是说，业务量最高，但阈值相对应的成本总额却未必最高；业务量最低，但与之相对应的成本总额却未必最低。这时，高低点坐标的选择应该以一定时期内业务量的高低点来确定成本总额的最高点或最低点。因为业务量是成本总额发生的动因。

采用高低点法具有运用简便的优点，但它仅以高低两点决定成本性态，带有一定的偶然性，故可能不具有代表性。因此，该法只适用于成本变化趋势稳定的企业。

(二)散布图法

散布图法将一定时期的混合成本历史数据，逐一在坐标图上标明以形成散布图，然后通过目测，在各个成本点之间作出一条反映成本变动平均趋势的直线，那么该直线即可以近似地表示出业务量与成本之间的关系。该直线与纵轴的交点是固定资产总额，它表示业务量为零时应承担的成本数额，直线的斜率是单位变动成本。

散布图法的具体步骤包括：

第一步：收集历史数据。收集以前各期产量与总成本的历史数据。

第二步：画出散布图。将各期总成本数据标入直角坐标系，画出散布图。

第三步：确定固定成本。根据离散的历史成本点目测成本随产量变动的趋势，画出一条能反映成本平均变动趋势的直线，直线与纵轴的交点即固定成本 a。

第四步：计算单位变动成本。在直线上任取一点，根据 $b=\frac{y-a}{x}$，求得 b 值。

第五步：建立成本性态模型。将 a、b 值代入 $y=a+bx$，得到成本性态分析模型。

【例 6－2】　续例 6－1，根据表 6－1 数据，绘制散布图（见图 6－6）。

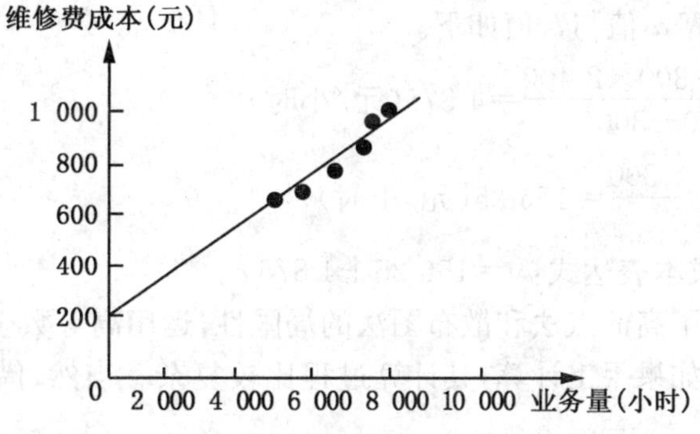

图 6－6　散布图

根据图 6－6，目测画出的成本趋势直线与纵轴的交点为 200，即固定成本总额 $a=200$ 元，成本趋势直线的斜率即为单位变动成本 b。在成本趋势直线上任意取一点，如（7 800，1 000），那么，$b=\frac{1\ 000-200}{7\ 800}=0.103$。由此，维修成本表达式为：

$y=200+0.103x$

希望公司 2017 年 7 月预计业务量为 8 000 小时，则其维修成本将为 1 024 元（200＋0.103×8 000）。

利用散布图法分解成本，综合考虑了一系列观测点上业务量与成本的依存关系，因此，分解的结果较高低点法准确。但由于靠目测决定直线，主观随意性较大，不同人会得出不同的结论，有时误差也较大，从而影响计算的客观性。

（三）回归分析法

回归直线法，也称最小二乘法。如前所述，对于同一组数据资料，不同的目测者可以画出各自不同的直线。回归分析法就是要从这些直线中寻找一条最接近散布图的直线 $y=a+bx$。根据微积分原理，这条直线就是使各个观察点引起的总误差最小的那条直线。通过高等数学极值原理推导出值 a、b，具体公式如下：

$$a=\frac{\sum y-b\sum x}{n}$$

$$b=\frac{n\sum xy-\sum x\sum y}{n\sum x^2-(\sum x)^2}$$

【例 6－3】　光明公司 2017 年上半年混合成本经过处理后，回归分析数据如表 6－2 所示。

表 6-2 回归分析数据

月份	x	y	x^2	y^2	xy
1	30	270	900	72 900	8 100
2	40	330	1 600	108 900	13 200
3	50	450	2 500	202 500	22 500
4	60	460	3 600	211 600	27 600
5	40	370	1 600	136 900	14 800
6	80	520	6 400	270 400	41 600
合计	300	2 400	16 600	1 003 200	127 800

根据表 6-2,计算 a 值与 b 值如下。

$$b=\frac{6\times 127\ 800-300\times 2\ 400}{6\times 16\ 600-300^2}=4.875(\text{元/小时})$$

$$a=\frac{2\ 400-4.875\times 300}{6}=156.25(\text{元/小时})$$

于是,得到混合成本表达式:$y=156.25+4.875x$。

回归分析法克服了高低点法和散布图法的局限性,运用高等数学方法求解成本表达式,具有严密性和科学性。如果手工计算,其计算过程比较复杂。当然,借助于计算机,其计算过程还是相对简单的。

第三节 成本性态分析的应用

小张某名牌大学财务管理专业毕业,目前在星锐设备公司财务部担任会计员(主要负责成本核算)。星锐设备公司是一家专门从事机床制造的企业,主要生产 H 机床。小张想在这个岗位做出点成绩来,于是一有时间,就在财务软件上研究机床成本的构成,分析成本数据的发生是否合理,还经常去车间了解机床的生产流程,为后续的成本控制和成本分析做准备。

小张根据星锐设备公司第二季度的明细账整理出了产品成本项目表,如表 6-3～表 6-6 所示。在分析时,她发现了隐藏在财务数据中的成本性态原理,4～6 月份随着机床产量的递增,有些成本项目是固定不变的,有些成本项目是随产量正比例变动的,而有些成本项目有所上升,却没有规律可循。完工产品总成本是上升的,而单位产品的成本随着产量的上升却出现了下降。

表 6-3 星锐设备公司直接材料项目与业务量数据 单位:元

月份	产量	直接材料项目							
		原材料		辅助材料		外购件		燃料	
		总成本	单位成本	总成本	单位成本	总成本	单位成本	总成本	单位成本
4	100 台	230 000	2 300	50 000	500	18 000	180	2 000	20
5	120 台	276 000	2 300	60 000	500	21 600	180	2 400	20
6	130 台	299 000	2 300	65 000	500	23 400	180	2 600	20
合计		805 000	—	175 000	—	63 000	—	7 000	—

从表 6—3 可以看出,不管产量如何变动,每台机床所耗原材料的单位成本均为 2 300 元、辅助材料单位成本均为 500 元、外购件单位成本均为 180 元、燃料单位成本均为 20 元。随着产量的增加,各项材料项目的总成本是以各自的单位成本倍数成正比例变动。4～6 月份每台机床的直接材料单位成本均为 3 000 元。根据变动成本的特性——单位变动成本随着产量的变动而固定不变,变动成本总额随着产量的变动成正比例变动,可知上述各项材料项目均是变动成本。

表 6—4　　星锐设备公司直接人工项目与业务量数据　　单位:元

月份	产量	直接人工项目							
		基本工资		奖金		社会保险费		工会经费	
		总成本	单位成本	总成本	单位成本	总成本	单位成本	总成本	单位成本
4	100 台	600 000	6 000	60 000	600	50 000	500	10 000	100
5	120 台	720 000	6 000	72 000	600	60 000	500	12 000	100
6	130 台	780 000	6 000	78 000	600	65 000	500	13 000	100

从表 6—4 可以看出,不管产量如何变动,每台机床所发生基本工资的单位成本均为 6 000 元、奖金的单位成本均为 600 元、社会保险费的单位成本均为 500 元、工会经费的单位成本均为 100 元。随着产量的增加,各项人工项目的总成本是以各自的单位成本倍数成正比例变动的。4～6 月份每台机床的直接人工单位成本均为 7 200 元。根据变动成本的特性——单位变动成本随着产量的变动而固定不变,变动成本总额随着产量的变动成正比例变动,可知上述各项人工项目均是变动成本。

表 6—5　　星锐设备公司制造费用项目与业务量数据　　单位:元

月份	产量	制造费用项目											
		维修费		水费		电费		工资		保险费		折旧费	
		总成本	单位成本	总成本	单位成本	总成本	单位成本	总成本	单位成本	总成本	单位成本	总成本	单位成本
4	100 台	6 000	60	3 900	39	30 000	300	19 500	195	3 900	39	42 900	429
5	120 台	6 600	55	4 080	34	39 000	325	19 500	162.5	3 900	32.5	42 900	357.5
6	130 台	6 240	48	3 640	28	46 150	355	19 500	150	3 900	30	42 900	330

从表 6—5 可以看出,维修费、水费、电费成本总额随着产量的上升而上升,但是通过各项单位成本数据可以看出其不是成正比例下降的,根据混合成本的特性,这三项成本属于混合成本。而工资费、保险费、折旧费成本总额随着业务量上升而保持不变,根据固定成本的特征,固定成本总额随业务量的变动而固定不变,单位固定成本随业务量变动呈反比例变动,它们属于固定成本。

制造费用由固定成本和混合成本构成,所有制造费用作为一个整体的成本项目来讲,它是一个混合成本。它的表达式需要分解混合成本之后才能建立。

表 6—6 星锐设备公司完工产品成本数据 单位:元

月份	产量	产品总成本	单位产品成本
4	100 台	1 126 200	11 262
5	120 台	1 339 980	11 166.5
6	130 台	1 448 330	11 141

产品成本由直接材料、直接人工和制造费用构成,这其中既有固定成本又有变动成本,所以产品成本也是混合成本。

案例思考:

1. 小张采用哪些方法分解制造费用?分解的固定制造费用为多少?单位变动制造费用又为多少?

2. 小张建立的产品成本性态模型是什么样的?能获得什么样的成本管理信息?

3. 如果星锐设备公司 7 月预计生产 H 机床 135 台,企业最大的生产能力为 150 台,该公司制造成本总额为多少?

案例分析:

1. 小张可以采用高低点法来分解制造费用,建立制造费用性态模型。

第一步:确定固定制造费用项目。

通过制造费用明细账户的分析,确定固定制造费用:工资、保险费、折旧费共 66 300 元。

第二步:确定混合制造费用。

通过制造费用明细账户的分析,确定混合制造费用:维修费、水费、电费三个项目。

第三步:根据表 6—5 确定业务量的最高点和最低点坐标,分别是(100,39 900)、(130,56 030)。

第四步:分解混合成本,计算单位变动成本和固定成本。

$$b=\frac{56\ 030-39\ 900}{130-100}=537.67\ (\text{元/台})$$

$$a=56\ 030-537.67\times 130=13\ 867.10\ (\text{元})$$

第五步:汇总费用项目,构造制造费用性态模型:

$$y=(19\ 500+3\ 900+42\ 900)+13\ 867.10+537.67x=80\ 167.10+537.67x$$

通过对制造费用这项混合成本的分解,可以看出企业的固定制造费用为 80 167.10 元,也就是说即使企业处在停工待产的特殊状态,企业每个月还要发生 80 167.10 元的固定制造成本,而且这些成本均具有约束性的特点,所以企业靠增大产量降低单位固定成本的方法来进行成本控制。单位变动制造费用为每台产品 537.67 元,产量越大,变动制造费用总额越大。要想降低这项成本可以通过提高劳动生产率来降低人工费用等方式进行。

2. 小张建造的产品成本性态模型过程如下:

第一步:确定单位变动生产成本 b。

b =单位直接材料+单位直接人工+单位变动制造费用

$=3\ 000+7\ 200+537.67$

$=10\ 737.67$ (元/台)

第二步:确定固定生产成本总额。

a =固定制造费用=80 167.10(元)

第三步：编制产品成本性态模型。

$y=80\ 167.10+10\ 737.67x$

通过对产品成本的分解，可以看出星锐设备公司的固定生产成本主要是固定制造费用，80 167.10元的固定生产成本是该公司每个月能够进行开工作业的一个条件，同时也是一个负担。按 6 月份的产量 130 台计算，每台机床负担的固定成本为 616.67 元，要想降低这项成本，可以通过增大产量来完成。公司最大的生产能力为 150 台机床，如果市场条件允许，每台机床负担固定成本 534.45 元，在机床销售价格不变的情况下，通过增大产量提高了产品的赢利能力。

单位变动生产成本为 10 737.67 元，产量越大，变动成本总额越大。要想降低这项成本可以通过批量采购材料、提高劳动生产率等方式进行。

3. 如果星锐设备公司 7 月预计生产 H 机床 135 台，企业最大的生产能力 150 台，该公司制造成本总额为：

$y=80\ 167.10+10\ 737.67\times 135=1\ 529\ 752.55$(元)

第四节　变动成本法和完全成本法对比

在企业外部环境优化、产品差异化程度不大的前提下，谁拥有成本优势，谁就拥有主动权，就能在市场中站稳脚跟，并得到进一步发展。在这种情况下，企业财务部门的成本信息就成为企业加强对经济活动的事前规划和日常控制的重要依据。在生产技术水平提高和生产工艺改善的前提下，固定性制造费用的比重呈逐渐升高趋势。这样，按传统的完全成本法提供的会计资料就越来越不能满足企业预测、决策、考核、分析和控制的需要，而变动成本法因其在固定性制造费用处理方面的特点而有了广阔的应用空间。

一、变动成本法与完全成本法概述

(一)变动成本法

变动成本法是指在计算产品成本时，其生产成本和存货成本中只包括变动部分而不包括固定部分的一种成本计算方法。这种成本法下，产品成本只包括直接成本(直接材料、直接人工和变动制造费用)，而不包括间接成本，所以也称之为“直接成本法”。该法将所有的固定成本(包括固定制造费用)都作为期间成本处理，从营业收入中扣除，冲减当期的利润额。因为固定费用是为企业提供一定生产经营条件而发生的，与产品的实际生产无直接联系，而与时间联系较密切。

(二)完全成本法

完全成本法是指在计算产品成本时，其生产成本和存货成本中既包括变动部分又包括固定部分的一种成本计算方法。在完全成本法下，产品成本包括了直接材料、直接人工、变动制造费用、固定制造费用。也就是说，产品成本既包括直接成本，又包括间接成本，所以完全成本法又被称为“吸收成本法”或“归纳成本计算法”。完全成本法下，变动成本与固定成本都是产品生产必须要支出的费用，所以不把固定制造费用作为期间成本来处理，而要把当期发生的固定费用分摊到完工产品和在产品中去。

二、变动成本法与完全成本法的比较

(一)两种成本法下的成本划分及构成不同

1. 变动成本法下的成本划分及构成

变动成本法将全部成本按成本习性来分类，区分为变动成本和固定成本，只有变动生产成本才计入产品成本，其余成本均作为期间成本处理，如表6—7所示。

表6—7 **变动成本法**

<table>
<tr><th colspan="4">按成本习性划分成本</th></tr>
<tr><td rowspan="4">变动成本</td><td rowspan="3">变动生产成本</td><td>直接材料</td><td rowspan="3">产品成本</td></tr>
<tr><td>直接人工</td></tr>
<tr><td>变动制造费用</td></tr>
<tr><td>变动非生产成本</td><td>变动销售及管理费用</td><td rowspan="3">期间成本</td></tr>
<tr><td rowspan="2">固定成本</td><td>固定生产成本</td><td>固定制造费用</td></tr>
<tr><td>固定非生产成本</td><td>固定销售及管理费用</td></tr>
</table>

2. 完全成本法下的成本划分及构成

完全成本法将总成本按经济用途分类，区分为生产成本和非生产成本，并且将全部生产成本(包括变动和固定的生产成本)都计入产品成本，将非生产成本都作为期间成本处理，如表6—8所示。

表6—8 **完全成本法**

<table>
<tr><th colspan="3">按成本经济用途划分成本</th></tr>
<tr><td rowspan="3">生产成本</td><td>直接材料</td><td rowspan="3">产品成本</td></tr>
<tr><td>直接人工</td></tr>
<tr><td>全部制造费用</td></tr>
<tr><td>非生产成本</td><td>销售及管理费用</td><td>期间成本</td></tr>
</table>

完全成本法的产品成本包括全部生产成本，而变动成本法的产品成本只包括变动生产成本，两者的不同在于固定制造费用的归属对象。完全成本法是将固定制造费用归属于产品，计入产品成本，产品销售，转入营业成本，产品未销售完，递延到下一会计期间。变动成本法是将固定制造费用归属于会计期间，作为期间成本处理。其原因是：固定制造费用是为企业开展市场经营活动提供条件，形成并维护企业正常生产经营能力而发生的耗费，这类耗费的数额大小取决于企业不同会计期间的经营能力大小和管理工作的实际需要，其效益同特定的会计期间相联系，因此固定制造费用无递延性，应在每一会计期间全额转销，冲减当期的收益。

(二)销货成本和存货成本不同

由于产品成本的组成不同，两种成本计算法下的销货成本、存货成本也不同。

在变动成本法下，企业期初期末的存货生产成本中只包括变动生产成本，固定性制造费用被作为期间成本直接记入损益表，无须再转化为销货成本和存货成本，而不论本期的销货量与本期的产量之间的关系。在期初存货量为零或者前后期成本水平不变时，可以不计算期末存货成本，直接计算出本期销货成本，即：

本期销货成本＝单位变动生产成本×本期销售量

在完全成本法下，本期的固定制造费用将和变动性制造费用一起在已销产品和存货（本期完工产品和在产品）之间按照一定的方法进行分配。在此种方法下，必须先计算出期末存货成本后，才能计算本期销货成本。即：

本期销货成本＝期初存货成本＋本期发生的产品成本－期末存货成本

（三）收益计算方法及分期损益不同

在变动成本法下，只能按贡献式损益确定程序计量营业利润。贡献式损益确定程序是指在损益计量过程中，首先用营业收入补偿本期实现销售产品的变动成本，从而确定边际贡献，然后再用边际贡献补偿固定成本以确定当期营业利润的过程。而完全成本法下则必须按传统式损益确定程序计量营业利润。

在一定的假设条件下，两种成本核算方法的营业利润计算公式如下：

1. 变动成本法

营业利润＝销售收入－变动成本－固定成本
＝销售收入－（销售产品中变动生产成本＋当期全部变动非生产成本）
－（当期全部固定生产成本＋当期全部固定非生产成本）

2. 完全成本法

营业利润＝销售收入－销售成本－期间成本
＝销售收入－（销售产品中变动生产成本＋销售产品中固定生产成本）
－（当期全部固定非生产成本＋当期全部变动非生产成本）

3. 两个式子相减

完全成本法营业利润－变动成本法营业利润
＝销售产品中固定生产成本－当期全部固定生产成本
＝期初存货固定生产成本－期末存货固定生产成本

由此，完全成本法与变动成本法计算的分期损益是不同的，完全成本法与变动成本法之间的营业利润差额只与期初、期末存货产品中的固定生产成本有关，影响的程度取决于产量和销量的均衡程度。产销越均衡，两种成本计算法下所计算的损益相差就越小，反之则越大。只有当产品实现所谓的“零存货”，即产销绝对均衡时，损益计算上的差异才会消失。

通过一个实例说明变动成本法与完全成本法分期损益的区别。

【例 6－4】 假定某企业 2017 年度 1、2、3 三个月收入、成本及生产数据资料如表 6－9 所示（假定三个月中产品的价格和成本不变）。

表 6－9　成本及生产数据资料

项　目	1月	2月	3月
期初存货（件）	0	0	3 000
本期生产（件）	12 000	12 000	12 000
本期销售（件）	12 000	9 000	15 000
期末存货（件）	0	3 000	0
销售单价（元）	15	15	15

续表

项　目	1月	2月	3月
单位变动生产成本(元)	10	10	10
变动性销售和管理费用(元)	1	1	1
固定性制造费用(元)	12 000	12 000	12 000
固定销售和管理费用(元)	16 000	16 000	16 000

分别用两种方法计算1月份营业净利：

1. 变动成本法

销售收入＝12 000×15＝180 000(元)

变动成本＝本期销货成本＋变动性销售和管理费用

　　＝12 000×10＋12 000×1＝132 000(元)

固定成本＝固定性制造费用＋固定销售和管理费用

　　＝12 000＋16 000＝28 000(元)

营业利润＝销售收入－变动成本－固定成本

　　＝180 000－132 000－28 000＝20 000(元)

2. 完全成本法

销售收入＝12 000×15＝180 000(元)

销货成本＝期初存货成本＋本期生产成本－期末存货成本

　　＝0＋12 000×(10＋12 000÷12 000)－0＝132 000(元)

期间费用＝变动性销售和管理费用＋固定性销售和管理费用

　　＝12 000×1＋16 000＝28 000(元)

营业利润＝销售收入－销货成本－期间费用

　　＝180 000－132 000－28 000＝20 000(元)

2月份及3月份的计算过程同上。两种方法下的利润表分别如表6－10和表6－11所示：

表6－10　　利润表(变动成本法)　　单位:元

项　目	1月	2月	3月
销售收入	180 000	135 000	225 000
减:变动成本	132 000	99 000	165 000
其中:本期销货成本	120 000	90 000	150 000
变动性销售和管理费用	12 000	9 000	15 000
贡献毛益	48 000	36 000	60 000
减:固定成本	28 000	28 000	28 000
其中:固定性制造费用	12 000	12 000	12 000
固定性销售和管理费用	16 000	16 000	16 000
营业利润	20 000	8 000	32 000

表6－11　利润表(完全成本法)　单位:元

项　目	1月	2月	3月
销售收入	180 000	135 000	225 000
减:销货成本	132 000	99 000	165 000
其中:期初存货成本	0	0	33 000
加:本期生产成本	132 000	132 000	132 000
减:期末存货成本	0	33 000	0
销售毛利	48 000	36 000	60 000
减:销售和管理费用	28 000	25 000	31 000
其中:变动性销售和管理费用	12 000	9 000	15 000
固定性销售和管理费用	16 000	16 000	16 000
营业利润	20 000	11 000	29 000

根据以上结果分析两种方法下营业利润的差异:

1月份:在变动成本法下,固定性制造费用作为期间费用全额扣除;在完全成本法下,由于产销平衡,固定制造费用由当期已销产品全额分担,即固定制造费用全额扣除,故两种方法计算出的营业净利无差异。

2月份:当期生产的在当期未销售完,即期末结余存货3 000件。在采用完全成本法计算时,固定制造费用须在已销存货与结余存货间分配,其中,每件产品承担的固定制造费用为12 000÷12 000=1(元),故期末存货承担的固定制造费用为1×3 000=3 000(元);而在变动成本法下,固定制造费用作为当期费用全额扣除,所以,与变动成本法相比,当期列在完全成本法下利润表中的成本少了3 000元,则完全成本法下的当期营业净利比变动成本法下的多了3 000元。

3月份:当期生产的在当期售完,上期结余的3 000件也在本期售完。即,采用完全成本法时,期初存货承担的固定性制造费用为3 000元(1×3 000=3 000),而本期固定制造费用随本期产品的全部售完而全额扣除,即期末没有存货吸收固定制造费用,所以,与变动成本法相比,本期列在完全成本法下利润表中的成本多了期初存货承担的3 000元,则完全成本法下的当期营业净利比变动成本法下的少了3 000元。

通过以上计算分析,不管产量与销量发生怎样的关系变化,分期损益都可以归纳为以下三种情况:

(1)当产量等于销量时,两种成本法下计算的损益完全相等。

(2)当产量大于销量时,采用完全成本法所计算的损益大于采用变动成本法计算的损益。

(3)当产量小于销量时,采用变动成本法计算的损益大于采用完全成本法计算的损益。

本章小结

本章主要阐述了成本性态分析的基本理论及应用,具体内容包括成本及成本性态概述、混合成本的分解和成本性态分析的应用。

成本及成本性态概述,揭示了财务会计和管理会计对成本的不同分类标准。财务会计中的成本按照成本的用途分为生产成本和非生产成本;管理会计中的成本按照成本性态分为变动成本、固定成本和混合成本。通过学习成本性态基本理论,借助图形及案例解析,明确了变动成本和固定成本的特点及表达形式、混合成本的类型。

混合成本的分解,揭示了混合成本分解的意义和混合成本分解的方法,主要通过历史资料分析法,建立成本性态模型 $y=a+bx$。通过模型分析掌握固定成本总额和单位变动成本的现实意义、降低成本的措施等内容。

成本性态分析的应用,主要借助星锐设备公司的财务数据,对星锐设备公司进行成本性态分析。

本章结构图

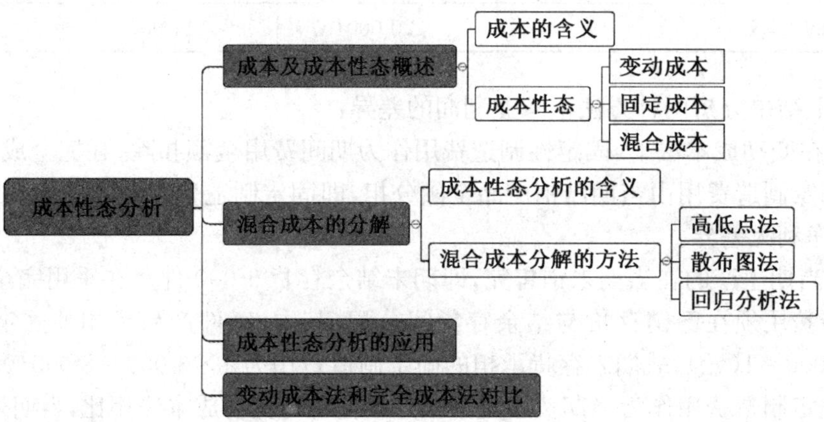

思考题

1. 什么是成本性态?
2. 成本按其性态可以分为哪几类?
3. 什么是变动成本和单位变动成本?它们各有什么特征?
4. 什么是固定成本和单位固定成本?它们各有什么特征?
5. 什么是混合成本?混合成本的分解有哪几种方法?
6. 固定成本之所以是固定的,是因为它对每件产品而言保持不变或"固定住了"。你同意这种说法吗?请解释。
7. 降低变动成本和固定成本的措施有哪些?
8. 成本按习性分解后,可以分为哪几个组成部分?
9. 成本按经济用途分类,可以分为哪几类?
10. 试着分析第二章中案例公司的成本性态及其成本分解。

业务题

1. 某企业发生以下成本费用:

(1)车间管理人员工资;(2)生产产品的工人工资;(3)行政管理人员工资;(4)广告费;(5)房屋租金、保险费;(6)燃料及动力费用;(7)外购半成品费用;(8)销售人员工资。

要求：判断以上成本费用各属于固定成本、变动成本还是混合成本。

2. H公司生产一种用于白色家电的特殊合金，H公司年固定成本为500 000元，原材料的单位变动成本为300元/千克。

要求：分别画出下列相应图形。

(1)公司在生产量为500千克、1 000千克、2 000千克时的原材料总成本图和单位成本图。

(2)公司在生产量为500千克、1 000千克、2 000千克时的原材料固定成本总额图和单位固定成本图。

3. 某公司销售量和销售成本资料如表6—12所示：

表6—12 某公司销售量和销售成本资料

月份	7	8	9	10	11	12
产量(件)	40	42	45	43	46	50
总成本(元)	8 800	9 100	9 600	9 300	9 800	10 500

要求：

(1)用高低点法建立成本模型。

(2)用回归直线法建立成本模型。

(3)预测次年1月份销售量为80件时的总成本。

4. 长江股份有限公司本年度计划产销某产品10万件，固定成本总额为30万元，计划利润为10万元。实际执行结果是，产销该产品12万件，成本与售价均无变动，实现利润12万元。

要求：分别用传统会计观点和管理会计观点评价该公司本年度的利润计划完成情况。

案例分析题

1. 小杨是联创电子公司装配部门的主管，数周以来，小杨发现甲零件如果在装配方法上稍加修正，则生产效率可以大幅提高。小杨向公司的工业工程师提出这项建议，但该工业工程师却不假思索地加以否决。

长久以来，小杨梦想自行创业，他认为以较低成本来生产甲零件，是一个千载难逢的机会，而且联创电子公司的采购部门答应小杨，只要其供应价低于联创公司自行生产的单位成本2元的10%～15%，将向小杨采购，以取代目前自行生产的方式。基于这些原因，小杨成立了一个小型工厂，装置了一些新设备进行试验，结果令人相当满意，小杨开始拟定大规模生产甲零件的计划，相关资料内容如下：

(1)新设备可在当地以每套5 000元购得。生产时，每位工人操作一套设备。

(2)装配工人很容易雇得，不管全日工或临时工，工资率都是每小时3.75元。小杨估计除了薪资以外，尚需支付20%的福利津贴。依小杨预估，每位工人每小时(含休息时间)可完成装配、检验及包装15件甲零件。

(3)预计明年甲零件单位原料成本为0.85元，运输成本每单位约为0.05元。

(4)装配场所租金为每月2 000元，须签为期2年的合同。

(5)装配工人使用的桌椅及各种设备，估计每位工人需耗费200元。

(6)小杨身为总经理，每月支领薪水5 000元。

(7)聘请一位总务兼会计，每月薪水2 000元。

(8)包括维修、物料及公共设施等的杂项费用,预计每月400元。

(9)联创公司每年甲零件采购量在400 000～600 000件,若小杨以单价1.70元供应,据采购人员估计,其数量当在500 000件以上。

小杨将上述计划告诉一位在其他电子公司担任成本分析员的朋友,他的朋友告诉他这些估计相当合理,但除了安装新设备及其他配备的资金外,尚需准备大约20 000元作为应收账款及存货的周转金,同时,又劝他所购置的设备必须在一班制(每一装配工人每年假设2 000人工小时)情况下,足够供应最大需要量(每年600 000件),小杨听了之后,认为是一项很好的建议而欣然接受。

要求:

(1)小杨预估的单位变动成本是多少?每月固定成本是多少?假若产量为400 000件、500 000件、600 000件时,全年总成本分别为多少(仅考虑现金支出成本,不计设备之折旧及所有贷款项的利息费用)?

(2)在上述三种产量下,甲零件平均单位成本分别为多少?

(3)假设①小杨保证工人每年至少可领到2 000小时工资,②所雇用工人人数必须达到每年500 000件产量,③加班工资为每小时5元(包括福利津贴),④加班时,不用增加其他固定成本,在这些条件下重新考虑问题(1)及问题(2)[这些假设并不适用于问题(4)]。

(4)假设将折旧计入费用,并假设设备的耐用年限为6年,在以直线法计提折旧的情况下,重新考虑问题(1)及问题(2)。

(5)你认为小杨辞掉联创公司的工作而自行创业是否值得?

2. 胜达公司生产的女款靴子,10月份出现了销售量的下滑。为了减少库存,少占压资金,公司经理将11月份的产量调整为10月份的一半,即4 000双,在10月份产量8 000双时,每双靴子的成本为80元,11月的产量为4 000双,每双靴子的成本为100元,成本增加了25%。经理认为这是成本管理不严造成的结果,提出要对车间负责人和相关的生产人员给予惩罚。但车间主任提出了一系列的成本资料,认为成本没增加,实际上是成本降低了,在材料消耗和人工费用等方面已经下降了10元/双,应该给予奖励才对。

要求:

(1)生产每双靴子的变动成本是多少?生产中的固定成本总额为多少?

(2)如果车间主任所说的情况属实,那么单位成本下降的原因在哪里?

学习资源

1. 中国管理会计网(http://www.chinacma.org/case/)。

2. 中国注册会计师协会. 财务成本管理[M]. 北京:中国财政经济出版社,2017.

3. 余绪缨. 管理会计[M]. 北京:首都经贸大学出版社,2004.

第七章　本量利分析

学习目标

1. 掌握本量利分析的基本数学模型和基本概念及其计算公式
2. 掌握单一产品和多产品的本量利分析方法
3. 熟悉本量利分析的其他指标

引例

海尔厨卫产品应该进行广告宣传吗？

海尔公司研制出一款人工智能热水器，该产品的边际贡献率为40%，公司正在考虑一项广告宣传活动，它将花费50 000元，但预计能增加销售额200 000元。

请分析：(1)所增加的收入中多少金额将弥补变动成本？公司应该做这个广告吗？

(2)如果产品的边际贡献率是30%，那还应该做这个广告吗？

第一节　本量利分析概述

一、本量利分析的概念

本量利分析，是对成本、业务量、利润这三者之间的关系进行分析的简称，是指在成本性态分析的基础上，应用数学方法来揭示固定成本、变动成本、业务量、单价、销售额和利润之间的内在依存关系，从而为生产经营活动进行预测、规划、决策和控制提供必要的财务信息的一种定量分析方法。本量利分析是管理会计的基本分析方法之一，它所提供的分析原理、分析方法在管理会计中有着广泛的应用。

二、本量利分析的基本数学模型

本量利分析的基本数学模型是用公式来表示成本、业务量和利润之间的依存关系，其中涉及的因素包括：固定成本 a、单价 p、单位变动成本 b、销售量 x、利润 P。它们之间的关系可以用公式表示为：

利润＝销售收入－总成本

　　＝销售收入－变动成本－固定成本

　　＝(单价－单位变动成本)×销售量－固定成本

即：

$$P = px - bx - a$$
$$= (p-b)x - a$$

这个方程式中含有5个相互联系的变量，给定其中4个，便可求出剩下的那个变量值。

三、本量利分析的基本概念及计算公式

(一)边际贡献

边际贡献是指产品的销售收入超过其变动成本的金额，也称贡献毛益或贡献边际。边际贡献虽然不是企业的营业利润，但是它与企业的营业利润有着密切关系。边际贡献首先应该用于补偿固定成本，补偿固定成本之后的余额，即为企业的利润，假设不够补偿其固定成本即为亏损。边际贡献有两种表现形式：

一是用总体数额表示，即边际贡献总额，反映增加的销售总额所提供的边际贡献总额即销售收入总额减去变动成本总额。

二是用单位数额表示，即单位边际贡献，反映每增加一个单位销售量所增加的边际贡献。

计算公式如下：

$$\text{边际贡献总额}(Tcm) = \text{销售收入} - \text{变动成本} = px - bx$$
$$= \text{单位边际贡献} \times \text{销售量} = cm \cdot x$$
$$\text{单位边际贡献}(cm) = \text{销售单价} - \text{单位变动成本} = p - b$$
$$= \frac{\text{边际贡献总额}}{\text{销售量}} = \frac{Tcm}{x}$$

(二)边际贡献率

边际贡献率是指单位边际贡献占销售单价的百分比，或边际贡献总额占销售收入总额的百分比，它表示每百元销售收入能提供的边际贡献，其计算公式如下：

$$\text{边际贡献率} = \frac{\text{单位边际贡献}}{\text{销售单价}} \times 100\% = \frac{cm}{p} \times 100\%$$
$$= \frac{\text{边际贡献总额}}{\text{销售收入总额}} \times 100\% = \frac{Tcm}{px} \times 100\%$$

边际贡献率是一个相对数的指标，用来评价企业的赢利能力。边际贡献率越高，企业赢利能力也越高；反之，边际贡献率越低，赢利能力也越低。

(三)变动成本率

变动成本率是指单位变动成本与销售单价之间的比率，或变动成本总额与销售收入总额之间的比率，其计算公式如下：

$$\text{变动成本率} = \frac{\text{单位变动成本}}{\text{销售单价}} \times 100\% = \frac{b}{p} \times 100\%$$
$$= \frac{\text{变动成本总额}}{\text{销售收入总额}} \times 100\% = \frac{bx}{px} \times 100\%$$

变动成本率是一个反指标。变动成本率越高，企业赢利能力越低；反之，变动成本率越低，赢利能力越高。

(四)边际贡献率与变动成本率的关系

从上述边际贡献和变动成本的计算过程可以看出，边际贡献率与变动成本率之间存在着互补的关系，边际贡献率与变动成本率具有互补性，如果已知变动成本率，则可以推知贡献毛

益率。

即

$$边际贡献率+变动成本率=cmR+bR=1$$

【例 7−1】 已知甲企业只生产一种产品，单价为 16 元，单位变动成本为 12 元/件，固定成本为 18 000 元，20×8 年预计的销售数量为 8 000 件。

要求：

(1)计算边际贡献总额、单位边际贡献和边际贡献率；

(2)计算预计的营业利润；

(3)计算变动成本率；

(4)验证边际贡献率与变动成本率之间的关系。

解：计算如下：

(1)边际贡献总额(Tcm)$=(p-b)x=(16-12)\times 8\,000=32\,000$(元)

单位边际贡献(cm)$=p-b=16-12=4$(元/件)

边际贡献率(cmR)$=\dfrac{cm}{p}\times 100\%=\dfrac{4}{16}\times 100\%=25\%$

(2)利润(P)$=Tcm-a=$边际贡献总额−固定成本

$=32\,000-18\,000=14\,000$(元)

(3)变动成本率(bR)$=\dfrac{b}{p}\times 100\%=\dfrac{12}{16}\times 100\%=75\%$

(4)边际贡献率+变动成本率$=cmR+bR=25\%+75\%=1$

第二节　单一产品的本量利分析

一、单一产品的保本分析

所谓保本，就是指企业在一定期间内的收入等于总成本，企业利润为零时的状态。保本分析就是研究当企业恰好处于保本状态时本量利关系的一种定量分析方法，它是本量利分析的核心内容，又称为盈亏临界分析。研究的主要内容有保本点的确定、企业经营安全程度的分析、保利分析，以及有关因素变动对保本点的影响等问题。通过研究分析这些内容，为企业提供在何种业务量下会出现亏损、在何种业务量下能够盈利等信息。保本分析的关键是保本点的确定。

(一)保本点的含义与表现形式

保本点又称盈亏平衡点，是企业一定时期的总收入等于总成本、利润为零时的销售量或销售额。保本点是任何经营事项至少要达到的一个底线，是获得利润的基础。保本点有两种表现形式：一是用销售量表示的保本销售量(x_0)，即销售多少数量的产品才能保本；二是用销售额表示的保本销售额(y_0)，即产品销售额达到多少才能保本。

(二)保本点的确定方法

1.基本等式法

单一产品的保本点可以在本量利基本数学模型的基础上，先求出保本量，再计算保本额。其基本公式如下：

$$保本点销售量(x_0)=固定成本\div(单价-单位变动成本)=\frac{a}{p-b}$$

$$保本点销售额(y_0)=销售单价\times保本点销售量=px_0$$

按照基本等式法，在知道固定成本、销售单价和单位变动成本的基础上，就可以求出保本点销售量和保本点销售额。

【例7－2】 滨海公司生产和销售一种产品，单位售价40元/件，单位变动成本为20元/件，当月总固定成本为20 000元，目前企业销售该产品3 000件。企业保本销售量与保本销售额各为多少?

$$保本点销售量(x_0)=\frac{a}{p-b}=\frac{20\ 000}{40-20}=1\ 000(件)$$

$$保本点销售额(y_0)=px_0=40\times1\ 000=40\ 000(元)$$

以上计算表明，滨海公司销售量为1 000件或销售额为40 000元时刚好处于不盈不亏的状态。企业要想实现盈利，销售量必须超过1 000件或销售额超过40 000元。

2. 边际贡献法

企业还可以利用边际贡献与业务量、利润之间的关系来计算保本点销售量和保本点销售额。因为企业处于保本点时，利润为零，边际贡献总额等于固定成本总额，即有如下公式：

$$保本点销售量(x_0)=固定成本\div单位边际贡献=\frac{a}{cm}$$

$$保本点销售额(y_0)=固定成本\div边际贡献率=\frac{a}{cmR}$$

$$=固定成本\div(1-变动成本)=\frac{a}{1-bR}$$

【例7－3】 沿用例7－2的资料，按照边际贡献率法计算保本点销售量和保本点销售额。

$$保本点销售量(x_0)=\frac{a}{cm}=\frac{20\ 000}{20}=1\ 000(件)$$

$$保本点销售额(y_0)=\frac{a}{cmR}=\frac{20\ 000}{50\%}=40\ 000(元)$$

二、单一产品的保利分析

在市场经济条件下，追求盈利是企业生存和发展的前提。因此，在确定了保本点以后，就需要进行保利分析。保利点是指在单价和成本水平既定的情况下，为确保目标利润能够实现而应当达到的销售量和销售额的总称。企业对一定时期内目标利润已知条件下的本量利分析就是保利分析。

(一)保利点的含义

保利点是指企业在单价和成本水平确定的情况下，为确保目标利润能够实现而应当达到的销售量和销售额的总称。为此，保利点也称实现目标利润的业务量，具体可以用保利量(x')和保利额(y')表示。

(二)保利点的确定

根据本量利分析的基本数学模型，可以推导出如下保利点的计算公式：

$$保利量(x')=\frac{固定成本+利润}{销售单价-单位变动成本}=\frac{a+P}{p-b}=\frac{固定成本+利润}{单位边际贡献}=\frac{a+P}{cm}$$

$$保利额(y')=销售单价\times保利点销售量=p\times x'$$
$$=\frac{固定成本+利润}{边际贡献率}=\frac{a+P}{cmR}$$

【例 7—4】 根据例 7—2 中的材料，假设滨海公司目标利润为 32 000 元，价格和成本水平不变，计算滨海公司的保利点。

$$保利量(x')=\frac{a+P}{p-b}=\frac{20\ 000+32\ 000}{40-20}=2\ 600(件)$$

$$保利额(y')=p\times x'=30\times2\ 600=78\ 000(元)$$

计算结果表明，滨海公司为了实现 32 000 元的目标利润需销售 2 600 件产品或实现 78 000元的销售额。

三、有关因素变动对保本点、保利点的影响

以上关于保本点的分析，假定条件是在相关范围内，除业务量以外的销售单价、固定成本、单位变动成本诸多因素均不变动。而在实际的经营活动中，每个因素都会发生变动。企业目标利润确定后，还有根据本企业的生产能力及市场预测的情况进行利润的敏感分析，也就是分析各有关因素的变动对保本点及目标利润的影响程度。

(一)价格变动的影响

在其他因素不变的情况下，销售单价提高将使产品的边际贡献增加，使保本点降低，利润增加；反之，使保本点提高，利润减少。

(二)固定成本变动的影响

在其他因素不变的情况下，固定成本发生变化，不会影响销售收入即边际贡献，但固定成本增加需要更多的边际贡献来补偿，从而使保本点上升，利润减少；反之，使保本点下降，利润增加。

(三)单位变动成本变动的影响

在其他因素不变的情况下，单位变动成本增加，边际贡献相应减少，使保本点上升，利润减少；反之，使保本点下降，利润增加。

(四)销售量变动的影响

在其他因素不变的情况下，销售量增加，使销售收入和边际贡献总额增加，保本点不变，从而使利润增加；反之，利润减少。

四、本量利分析的其他指标

(一)企业经营安全程度的评价指标

1. 安全边际指标

安全边际是指企业实际或预计的销售量(或销售额)与保本销售量(或销售额)之间的差额，又称安全边际量(或安全边际额)。由保本点分析可以知道，只有当销售量超过保本点的销售量时，企业才能盈利，实现的利润等于实际销售量超过保本销售量部分所提供的边际贡献。由此可见，安全边际越大，企业发生亏损的可能性越小，经营就越安全。

$$安全边际量=预计(或实际)销售量-保本销售量$$
$$安全边际额=预计(或实际)销售额-保本销售额$$
$$=安全边际量\times销售单价$$

2. 安全边际率指标

安全边际率是安全边际与预计(或实际)销售量(销售额)之间的比率。其计算公式如下：

安全边际率＝安全边际量÷预计(或实际)销售量×100%

＝安全边际额÷预计(或实际)销售额×100%

安全边际与安全边际率都是正指标,数值越大,企业生产经营安全程度越高,所以可以用来评价企业经营的安全程度。企业经营安全性检验标准如表7—1所示。

表7—1　安全性检验标准

安全边际率	10%以上	10%～20%	20%～30%	30%～40%	40%以上
安全程度	危险	警惕	比较安全	安全	很安全

3. 保本作业率指标

保本作业率是指企业保本点销售量(或销售额)占企业预计(或实际)销售量(或销售额)的百分比。保本作业率是一个负指标,越小说明越安全。其计算公式如下：

保本作业率＝保本销售量÷预计(或实际)销售量

＝保本销售额÷预计(或实际)销售额

4. 安全边际率和保本作业率关系

安全边际率与保本作业率关系为：

安全边际率＋保本作业率＝1

【例7—5】 沿用例7—2的资料,如滨海公司实际销售量为5 000件,计算该公司安全边际量、安全边际额、安全边际率、保本作业率,验证安全边际率与保本作业率的关系,最后评价该公司的经营安全程度。

安全边际量＝5 000－2 000＝3 000(件)

安全边际额＝3 000×30＝90 000(元)

安全边际率＝3 000÷5 000×100%＝60%

保本作业率＝2 000÷5 000×100%＝40%

安全边际率＋保本作业率＝60%＋40%＝1

根据以上计算结果,安全边际率为60%,比较安全性检验标准可以看出,该公司的经营处在很安全的范围内。

(二)经营杠杆

1. 经营杠杆的定义

经营杠杆也是本量利分析中所应用的一个重要概念。根据成本习性的原理,在其他条件不变的情况下,业务量的增加不会改变固定成本总额,但会降低单位固定成本,从而提高单位利润,使营业利润的增长率大于业务量的增长率;反之,业务量的减少会提高单位固定成本,降低单位利润,使营业利润的下降率大于业务量的下降率。如果不存在固定成本,所有成本都是变动的,那么边际贡献就是利润,这时利润变动率同业务量变动率完全一致。这种由于存在固定成本而造成的利润变动率大于业务量变动率的现象,就称为经营杠杆。它反映出企业面临着一定的经营风险。对经营风险额考虑有助于管理层进行科学的预测和决策分析。

2. 经营杠杆的计算公式

经营杠杆进行计量时最常用的指标是经营杠杆系数。其计算公式如下：

$$经营杠杆系数(DOL)=\frac{利润变动率}{业务量(销售量)变动率}=\frac{基期边际贡献总额}{基期利润}$$

【例 7－6】 新华厂 20×7 年生产并销售甲产品 10 000 件，每件销售单价 10 元，单位变动成本 6 元，固定成本总额 20 000 元。20×8 年计划销售甲产品 12 000 件，销售单价及成本水平不变。20×7 年和 20×8 年的有关资料及其变动情况如表 7－2 所示。

表 7－2　　甲产品 20×7 年和 20×8 年销售、成本情况　　单位：元

项　目	20×7 年(基期)	20×8 年(计划期)	变动额	变动率(%)
销售收入总额	100 000	120 000	20 000	20
变动成本总额	60 000	72 000	12 000	20
边际贡献总额	40 000	48 000	8 000	20
固定成本总额	20 000	20 000	0	0
利润	20 000	28 000	8 000	40

要求：计算新华厂经营杠杆系数。

根据表 7－2 的有关数据，计算经营杠杆系数如下：

$$经营杠杆系数(DOL)=\frac{40\%}{20\%}=\frac{40\ 000}{20\ 000}=2$$

计算结果说明，销售甲产品的利润变动率是销售变动率的 2 倍。

第三节　多产品的本量利分析

多产品的本量利分析原理与单一产品的本量利分析原理相同，都要分析保本点、安全边际和利润。现实生活中，大多数企业都以多品种形式生产，但是，由于多品种产品的销售单价、单位变动成本、产品的实物计量等方面各不相同，实物量指标之间不具有可比性，因此多品种保本点将不再以实物量指标表示，只采用货币量指标表示。多产品的本量利分析通常有主要产品贡献毛益率法、分算法、综合贡献毛益率法。

一、主要产品贡献毛益率法

如果企业生产的多种产品中只有一种主营产品，其他产品占销售额的比重极小，为了简化计算，可将该类企业视同生产单一产品的企业，按一种产品的保本计算方法确定保本点。

采用这种方法要求企业产品主次分明。尽管这样做会形成一定的计算误差，但只要事前掌握误差的幅度，并适当地加以调整，影响不会太大。

二、分算法

此种方法是将全部固定成本按一定标准在各种产品之间进行分配，然后分别计算每一种产品的保本保利点。将各种产品的保本保利销售额相加汇总，就是企业的综合保本保利销售额。

这种方法的关键是固定成本在各种产品之间的分配。一般来说，专属固定成本可以直接认定，不需要分配，只要对共同成本采用一定标准(如边际贡献、生产工时、销售额等)分配给各种产

品。鉴于固定成本需要由边际贡献来补偿,故按各种产品之间的边际贡献比重分配更合理。

三、综合贡献毛益率法

在企业生产多种产品的情况下,各种产品的贡献毛益率不尽相同,这时,不能按其中某一种产品的贡献毛益率进行保本计算,而应综合考虑,计算综合贡献毛益率。综合贡献毛益率法是指在各种产品贡献毛益的基础上,以各种产品的预计销售收入比重作为权数,先确定企业加权平均的综合贡献毛益率,然后分析多品种条件下本量利关系的一种定量分析的方法。它适用于多种产品都使用同一固定资产、固定成本无法划分的情况。使用这种方法的关键就是如何确定综合贡献毛益率(cmR')。

具体步骤如下:

(1)计算各种产品的贡献边际率。

$$\text{某种产品贡献边际率}=\frac{\text{单位贡献毛益}}{\text{销售收入}}\times 100\%$$
$$=\frac{\text{贡献毛益总额}}{\text{销售收入总额}}\times 100\%$$

(2)计算全部产品的销售总额。

$$\text{销售总额}=\sum(\text{某种产品的销售单价}\times\text{该产品的预计销售量})$$

(3)计算各种产品的销售比重。

$$\text{销售比重}=\text{某种产品的销售额}\div\text{全部产品的销售总额}\times 100\%$$

(4)计算综合贡献毛益率。

$$\text{综合贡献毛益率}=\sum(\text{各产品的贡献毛益率}\times\text{各产品的销售比重})$$

(5)计算综合保本销售额。

$$\text{综合保本销售额}=\text{固定成本总额}\div\text{综合贡献毛益率}$$

(6)计算各种产品的保本销售额及销售量。

$$\text{各种产品的保本销售额}=\text{综合保本销售额}\times\text{各产品的销售比重}$$
$$\text{各种产品的保本销售量}=\text{各种产品的保本销售额}\div\text{各种产品的单价}$$

【例 7—7】 海天公司生产销售 A、B、C 三种产品,固定成本为 23 000 元,产销资料如表 7—3所示,计算综合保本销售量。

表 7—3 **海天公司 A、B、C 产品有关资料** 单位:元

项 目	A	B	C
销售量(件)	500	1 000	1 500
销售单价(元/件)	20	30	40
单位变动成本(元/件)	16	27	28
单位贡献毛益	4	3	12
贡献毛益率	20%	10%	30%

计算如下:

(1)计算各种产品的贡献边际率:

A 产品贡献边际率＝4÷20×100％＝20％

B 产品贡献边际率＝3÷30×100％＝10％

C 产品贡献边际率＝12÷40×100％＝30％

(2)计算全部产品的销售总额：

销售总额＝20×500＋30×1 000＋40×1 500＝100 000(元)

(3)计算各种产品的销售比重：

A 产品销售比重＝20×500÷100 000＝10％

B 产品销售比重＝30×1 000÷100 000＝30％

C 产品销售比重＝40×1 500÷100 000＝60％

(4)计算综合贡献毛益率：

综合贡献毛益率＝20％×10％＋10％×30％＋30％×60％＝23％

(5)计算综合保本销售额：

综合保本销售额＝23 000÷23％＝100 000(元)

(6)计算各种产品的保本销售额及销售量：

A 产品的保本销售额＝1 000 000×10％＝10 000(元)

B 产品的保本销售额＝1 000 000×30％＝30 000(元)

C 产品的保本销售额＝1 000 000×60％＝60 000(元)

A 产品的保本销售量＝10 000÷20＝500(件)

B 产品的保本销售量＝30 000÷30＝1 000(件)

C 产品的保本销售量＝60 000÷40＝1 500(件)

第四节　本量利分析的应用

SF 机械公司成立于 2005 年，注册资本 520 万元，主营：机械加工；非标制造；成套设备，热处理；木器加工；钢材销售；技术咨询服务。2014 年 SF 机械公司成本数据如表 7－4 所示。

表 7－4　成本数据

项　目	无缝钢管	钻具	铸管模	合　计
销售单价(元/吨)	4 850	5 575	4 450	—
销售量(吨)	300	500	1 000	—
销售收入(元)	1 455 000	2 787 500	4 450 000	8 692 500
单位变动成本(元/吨)	1 700	1 750	1 700	—
变动成本总额(元)	510 000	875 000	1 700 000	3 085 000
固定成本总额(元)	90 000	150 000	300 000	540 000
成本总额(元)	600 000	1 025 000	2 000 000	3 625 000
利润总额(元)	855 000	1 762 500	2 450 000	5 067 500

通过表7—4,采用本量利相关方法对SF机械公司以下几个问题进行分析:

(1)分别对SF机械公司三种产品进行保本分析。

$$无缝钢管保本销售量=\frac{a}{p-b}=\frac{90\ 000}{4\ 850-1\ 700}=28.57(吨)$$

$$无缝钢管保本销售额=p\times x_0=4\ 850\times 28.57=138\ 564.50(元)$$

$$钻具保本销售量=\frac{a}{p-b}=\frac{150\ 000}{5\ 575-1\ 750}=39.22(吨)$$

$$钻具保本销售额=p\times x_0=5\ 575\times 39.22=218\ 615.50(元)$$

$$铸管模保本销售量=\frac{a}{p-b}=\frac{300\ 000}{4\ 450-1\ 700}=109.09(吨)$$

$$铸管模保本销售额=p\times x_0=4\ 450\times 109.09=485\ 450.50(元)$$

由以上分析可知,2014年SF机械公司三种产品的销售量和销售额都超过保本点销售量和销售额。无缝钢管和钻具保本点比铸管模低,从企业利益来说,应扩大这两个产品的销售量,使企业增加利润。

(2)根据表7—5所示,采用综合边际贡献率法对SF机械公司三种产品进行分析。

表7—5　　整理后有关数据

项　目	无缝钢管	钻具	铸管模
单位边际贡献(元)	3 150	3 825	2 750
边际贡献率	64.95%	68.61%	61.80%
销售额(元)	1 455 000	2 787 500	4 450 000
销售比重	16.74%	32.07%	51.19%

有关计算过程如下:

综合边际贡献率=64.95%×16.74%+68.61%×32.07%+61.80%×51.19%=64.51%

$$综合保本销售额=\frac{固定成本总额}{综合边际贡献率}=\frac{540\ 000}{64.51\%}=837\ 084.26\ (元)$$

其中:

无缝钢管保本销售额=837 084.26×16.74%=140 115.92(元)

无缝钢管保本销售量=140 115.92÷4 850=28.89(吨)

钻具保本销售额=837 084.26×32.07%=268 435.13(元)

钻具保本销售量=140 115.92÷5 575=48.15(吨)

铸管模保本销售额=837 084.26×51.19%=428 533.21(元)

铸管模保本销售量=140 115.92÷4 450=96.30(吨)

通过表7—5及计算过程可以看出,运用综合边际贡献率法分析,在掌握三大类主营产品自身的边际贡献率的基础上,按每种产品销售额占全部产品销售额的比重进行加权平均,计算得出综合边际贡献率,最后得出综合保本销售额。但是,三大类主营产品的销售额、销售量不同,而且差异较大。铸管模的保本点相对较高,根据单一产品无缝钢管、钻具的保本销售额,对比这两种产品在多品种条件下的结果,可知,多品种条件下无缝钢管、钻具的保本销售额高于单一产品的保本销售额。

(3)结合综合边际贡献率法下算出的各产品保本销售额,计算三种产品的安全边际额和安全边际率,并根据表7－2验证SF机械公司三种产品生产经营的安全程度。

无缝钢管安全边际额＝1 455 000－140 115.92＝1 314 884.08(元)

无缝钢管安全边际率＝1 314 884.08÷1 455 000×100％＝90.37％

钻具安全边际额＝2 787 500－268 435.13＝2 519 064.87(元)

钻具安全边际率＝2 519 064.87÷2 787 500×100％＝90.37％

铸管安全边际额＝4 450 000－428 533.21＝4 021 466.79(元)

铸管安全边际率＝4 021 466.79÷4 450 000×100％＝90.37％

由上面的计算结果可以看出,无缝钢管、钻具、铸管模三类主要产品的安全边际额都为正值。可见,这三种产品都是盈利的。并且,三类主营产品的安全边际率全部高于40％,达到90.37％,处于很安全的范围。

(4)SF机械公司本量利优化途径。

首先,对整个企业的成本总额进行管理控制。每年年初就应该预计当年要实现的利润以及对应的一切税费。以2014年为例,应采用无缝钢管的单位变动成本不超过1 700元/吨、钻具的变动成本不高于1 750元/吨、铸管模的单位变动成本不高于1 700元/吨的方法,严格按照公司制定的目标进行管理,实现统筹规划,根据企业的实际状况注重实效。

其次,注重节能,降低消耗。机械制造业需要的水电能源量是相当大的,对此,公司要挖掘潜力大、效益高的产品,对消耗大的产品适时适量地进行改造。

最后,加强工厂内部整顿管理,实现技术革新。对各个车间及生产车间、检验车间进行定期检验。对管理方面存在的隐患、设备运行出现的状况及时进行处理。筹集资金进行技术改造,降低成本,提高经济效益。

本章小结

本章主要阐述了本量利分析的基本理论及应用,具体内容包括本量利分析概述、单一产品的本量利分析、多产品的本量利分析和本量利分析的应用。

本量利分析概述主要介绍了经营活动中存在的成本、业务量与利润之间的关系原理。通过本量利分析的基本数学模型、边际贡献、边际贡献率、变动成本率等来表示。

单一产品的本量利分析主要介绍了单一产品的保本点、保利点,企业经营安全指标和经营杠杆的计算,以及单位变动成本、固定成本、业务量、单价对保本点和保利点的影响。

多产品的本量利分析主要介绍了多产品经营的本量利分析方法,包括主要产品贡献毛益率法、分算法和综合贡献毛益率法。

本量利分析的应用主要借助SF机械公司的成本数据,对该公司进行本量利全面分析。

本章结构图

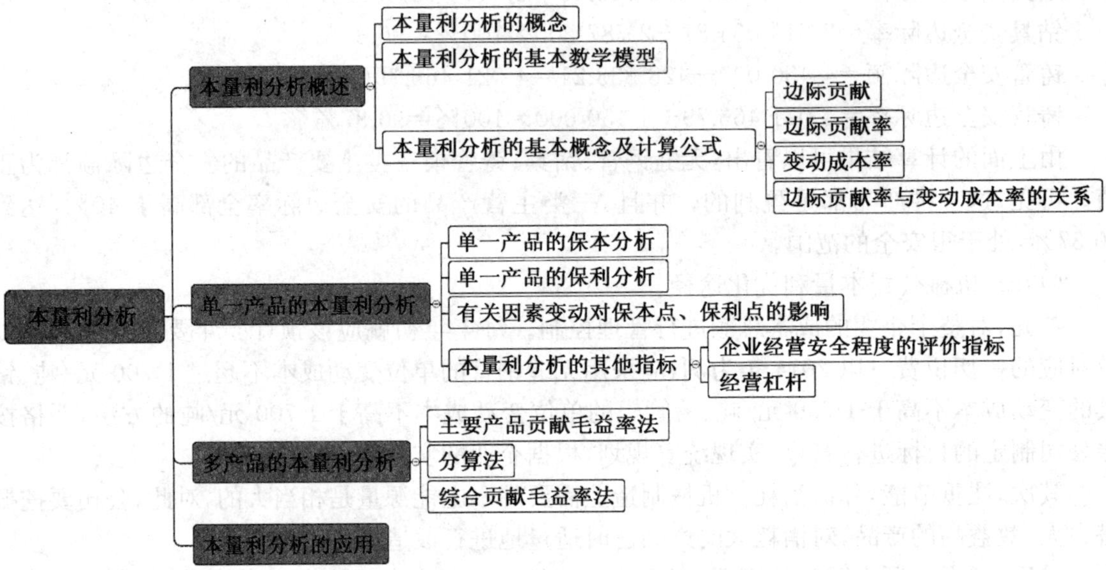

思考题

1. 什么是本量利分析？它有什么作用？引入边际贡献指标后，本量利基本关系式可以怎样变形？
2. 企业如何通过保本分析和保利分析进行经济决策？
3. 在多产品的结构下，企业依据什么来优化产品组合？
4. 如何进行单一产品的保本分析？
5. 如何进行多产品的保本分析？
6. 什么是安全边际、安全边际量和安全边际额，它们如何计算？
7. 企业的经营安全性如何判定？
8. 在确定产品的销售价格方面保本分析能有多大的帮助？
9. 产销不平衡是否会对保本点产生影响？
10. 试着对第二章中案例公司进行本量利分析。

业务题

1.A、B、C、D 四家企业在过去一年中的生产和销售情况如表 7—6 所示，假设每家企业产销平衡，同时都只产销一种产品。

表 7—6　A、B、C、D 四家企业的生产和销售情况

产品	销售量（件）	销售收入总额（元）	变动成本总额（元）	单位边际贡献（元）	固定成本总额（元）	利润（元）
A		25 000		2	5 000	5 000

续表

产品	销售量（件）	销售收入总额（元）	变动成本总额（元）	单位边际贡献（元）	固定成本总额（元）	利润（元）
B	4000		20 000	1.5		4 500
C	1500	22 500			9 000	−1 500
D	4500	40 500	22 500		10 000	

要求：通过具体计算，将有关数据填入空白栏内，并列示计算过程。

2.某企业只生产销售一种产品——甲产品，单位产品销售价格为 5 元，单位产品变动成本为 3 元，全月固定成本为 40 000 元，全月预计销售量为 50 000 件。

要求：

(1)计算保本销售量、安全边际和预计利润。

(2)计算要销售多少件，才能使利润比提价后预计的利润再增加 10%。

3.某企业采用综合贡献毛益率法进行本量利分析。本月计划生产甲、乙、丙三种产品，全厂固定成本为 3 360 元，目标利润为 8 140 元，其他计划资料如表 7—7 所示。

表 7—7　　某企业的其他计划资料

产品	单　价	单位变动成本	贡献毛益率	销售比重
甲	(A)	12	25%	(B)
乙	10	5	(C)	50%
丙	15	(D)	40%	30%

要求：

(1)计算表中(A)、(B)、(C)、(D)项目的数据。

(2)计算下列指标：综合贡献毛益率、综合保本销售额。

4.某企业生产和销售甲、乙两种产品，其单价分别为 8 元和 12 元，边际贡献率分别为 10% 和 20%，其全年固定成本总额为 9 000 元，假设甲、乙两种产品预计销售量均为 10 000 元。

要求：

(1)计算甲、乙两种产品的保本点销售量。

(2)计算安全边际额和预计利润。

(3)企业改进生产经营方法，使固定成本降低 2 000 元，同时使甲、乙两种产品单位变动成本率降低了 20%和 25%，试求此时的保本点销售额(结果保留两位小数)。

案例分析题

1. 奥科公司刚完成第四季度的营业，公司的最大年生产能力现在是 80 000 个单位。在这一水平上，其材料和人工的直接成本总共是 240 000 元，固定间接费用中用于生产的计 60 000 元，用于一般行政管理的是 50 000 元，用于推销的为 40 000 元(假设全部为固定费用)。产品的销售单价是 20 元。遗憾的是，在刚刚过去的这个年度，奥科公司只生产和销售其总生产能力的 50%的产品。市场情况现在正在好转，在下一年度里，公司希望将产量和销售量提高到生产能力的 70%。

请你完成下列分析：

(1)计算奥科公司的保本量。

(2)计算奥科公司如果完成50%生产能力时的安全边际。

(3)如果奥科公司从只完成50%的生产能力提高到70%，利润的增加额是多少？

(4)奥科公司完成75%的生产能力时，新的安全边际如何？

2. 好得利办公用品公司是一家集生产、销售为一体的私营企业，主要生产中小型计算器，拥有员工50多人。计算器主要有三种规格，分别为A、B、C，年产销平衡，固定成本总额为180 000元，预计2017年的有关资料如表7—8所示。

表7—8

项　目	A	B	C
产销量(个)	8 000	10 000	12 000
单位售价(元)	35	20	16
单位变动成本(元)	15	12	8

请分析：如果财务主管要向经理汇报预测的保本信息、安全信息和利润，她应该如何计算？

学习资源

1.雷·H.加里森，埃里克·W.诺琳，彼得·C.布鲁尔，龚凯颂.管理会计[M].15版.大连：东北财经大学出版社，2017.

2.经管之家(http://bbs.pinggu.org/).

3.马元驹，李百兴.管理会计学模拟实验教程[M].3版.北京：中国人民大学出版社，2016.

第八章　决策分析

学习目标

1. 了解决策的含义和分类
2. 熟悉短期经营决策分析常用的方法
3. 掌握运用正确的方法进行产品的生产决策、存货决策和定价决策
4. 了解影响长期投资决策的重要因素
5. 掌握长期投资决策的静态评价指标和动态评价指标
6. 掌握固定资产更新决策分析

引例

聚焦决策失误

事件一：庞大集团 2011 年年报显示，由于在收购萨博方面的失败，导致公司计提了巨额坏账准备，公司的营业利润出现同比大幅下滑。由于公司早前向瑞典萨博汽车公司支付了 4 500 万欧元的预付购车款，而瑞典萨博汽车公司于 2011 年 12 月被宣布破产，因此公司就前述预付款计提了 100％坏账准备，金额为 4.17 亿元，从而导致公司营业利润减少。

事件二：向百货平台进军几乎成为 2011 年电子商务网站的常规动作，但也有不少先行者开始对这一趋势进行反思，他们已经清醒地认识到，快速品类扩张属于“头脑发热”。2011 年，凡客诚品董事长陈年首度公开承认，因为大规模库存单品量的扩张，造成了库存过多的错误。“进了一些不该进的品类，比如电饭锅、拖把。”根源是公司管理层决策失误。

事件三：李东生绝不会想到他和 TCL 会有今天这样的窘迫。那时 TCL 如日中天，作为国内市场经济条件下发展起来的最成功、最重要的大企业之一，2002 年 10 月到 2004 年 9 月的两年时间里，TCL 集团接连并购了德国施奈德公司、法国汤姆逊公司的彩电业务以及法国阿尔卡特公司的手机业务，走上了一条靠跨国并购实现规模扩张的国际化之路。然而，由于企业本身的能力问题、并购战略问题以及对并购后整合过程的复杂性和困难预计不足等原因，TCL 集团的经营绩效在并购后大幅下滑，亏损数额巨大。

思考：什么是决策？决策有哪些分类？决策的程序如何？

第一节 决策分析概述

一、决策分析的含义

决策分析是指决策者为实现一定目标,借助于科学的理论和方法,进行必要的计算、分析和判断,从若干个备选的方案中,选择并决定采用一个最优方案的过程。管理会计中的决策分析是指针对企业未来经营活动所面临的问题,由各级管理人员在调查研究的基础上,充分利用企业财务会计信息和其他有关资料,作出的有关未来的经营战略、方针、目标措施与方法的决策过程。

二、决策的分类

(一)按决策时间长短分类

企业的决策按涉及的时间长短,可分为短期决策和长期决策两类。

1. 短期决策

短期决策又称短期经营决策,通常是涉及一年或一个经营周期以内的能够实现其目标的决策,主要包括生产决策、存货决策、定价决策等内容。其主要特点是,一般不涉及大量资金的投入,主要是充分利用现有资源。

2. 长期决策

长期决策又称长期投资决策,通常是指在较长时间内(超过一年)才能实现其目标的决策,主要包括固定资产改扩建、更新和改造等方面的决策。其主要特点是,对企业若干期的盈亏产生影响,一般需要投入大量资金,且见效慢,风险较大,所需资金一般要从企业外部筹集。

(二)按决策的重要程度分类

决策按重要程度可分为战略决策和战术决策。

1. 战略决策

战略决策是指企业的重大决策,这类决策关系到企业未来发展方向、全局方针,如新产品的开发、生产能力的扩展等问题。它的正确与否,对企业的发展与成败具有决定性的意义。

2. 战术决策

战术决策是指对企业日常经营管理活动进行决策,如零部件的自制与外购、亏损产品的是否继续生产等问题。这类决策主要考虑如何使现有的人力、物力、财力资源得到充分的利用,并产生最大的经济利益。它的决策正确与否,不对企业的大局产生决定性影响。

(三)按决策的条件确定性程度分类

决策按条件的确定程度可分为确定型决策、风险型决策和不确定型决策。

1. 确定型决策

确定型决策是指决策所涉及的各种备选方案的各项条件都是明确的,且方案实施之后的结果也是确定的。

2. 风险型决策

风险型决策是指决策所涉及的各种备选方案的各项条件虽然是明确的,但每一方案的执行都会出现两种或两种以上的不同结果。虽然每种结果出现的概率是可预测的,但无论选择何种方案都有一定风险。

3. 不确定型决策

不确定型决策是指决策所涉及的各种备选方案的各项条件是未知的，而且连出现何种结果的可能性也无法确切地预计。这类决策难度较大，需要决策者具有较高的理论知识和丰富的实践经验。

(四)决策的其他分类

除了上述分类外，决策还可以按其他标准进行分类。比如，按决策的层次分类，可分为高层决策、中层决策和基层决策；按决策的内容分类，可分为生产决策、存货决策、价格决策和固定资产更新决策；按决策项目本身的从属关系分类，可分为单一方案决策、互斥方案决策和组合方案决策；等等。

三、决策分析的一般程序

在任何企业中，为保证决策分析的准确性，必须遵循科学的分析程序，具体步骤如下：

(一)确定决策目标

确定决策目标就是确定决策所需要解决的问题。比如，如何安排生产量、选择何种生产方式、是否接受特殊订货要求、生产工艺技术更新的问题等。决策目标应具体、明确、定量化和系统化，只有这样，才能便于责任者考虑采用哪种措施实现这一目标。

(二)收集有关资料

针对决策的目标，管理会计进行决策时侧重于收集有关成本、价格、收入、利润、产销量等方面的资料，以作为各种决策分析的根据。

(三)拟定备选方案

决策的关键是选择，没有选择就没有决策。在明确决策目标的前提下，应充分考虑现实与可能，提出若干具有可行性的备选方案。

(四)评价方案的可行性

该步骤就是对拟定的备选方案，采用一定的专门方法进行定量和定性分析，通过比较，对各个备选方案做出初步评价。这是整个决策过程中的关键环节。

(五)确定最优方案

在综合比较各备选方案优缺点的基础上，全面权衡利弊得失，最后确定出最优方案。

(六)决策方案的实施与反馈

决策的实施是决策的目的，也是检验过去所作出的决策是否正确的客观依据。在方案的实施过程中，应及时进行信息反馈，对存在的差异，采取调整措施，以保证决策目标的实现。

第二节　短期经营决策分析

一、短期经营决策的内容

短期经营决策是指决策的问题只涉及一年以内的一次性专门业务，并对该时期内的收支盈亏产生影响而进行的决策。其内容主要有生产决策、存货决策和定价决策。

(一)生产决策

生产决策是指企业利用现有的资源，围绕着生产什么、如何生产、生产多少等问题而进行的短期决策。具体来说，包括新产品投产的决策分析、亏损产品停产或转产的决策分析、零部件自制还是外购的决策分析等。

(二)存货决策

存货决策是指围绕着库存材料的采购问题而展开的决策。其目的是在保证生产需要的前提下,确定如何采购原材料才能使企业的存货总成本最低,也就是确定最优经济采购批量。

(三)定价决策

定价决策是指围绕着如何确定产品销售价格的问题而展开的决策。主要研究影响价格的有关因素、确定产品价格的方法,以及定价策略等问题。

二、短期经营决策需要考虑的成本因素

(一)相关成本

相关成本是指与特定决策相关、在短期决策时必须加以考虑的成本。例如,差量成本、边际成本、机会成本、付现成本、重置成本、专属成本、可避免成本、可延缓成本都属于相关成本。

1. 差量成本

差量成本有广义和狭义之分。广义的差量成本是指可供选择的不同备选方案之间预计成本的差额。不同方案的优劣,一般可以通过计算差量成本直接进行比较。狭义的差量成本,通常是指业务量(产量)增减变化而形成的成本差别。

2. 边际成本

从经济学的角度来看,边际成本反映了当业务量无限小变动时所造成的成本差量与业务量变动的单位差量之比的极限关系,或者说是成本对业务量无限小变动的部分,其数学含义是成本对业务量的一阶导数。可以把边际成本理解为差量成本的一种特殊表现形式,它强调在企业生产能力范围内,每增加或减少 1 单位的产量所引起的成本变动。例如,某企业生产 200 件甲产品的成本为 1 000 元,生产 201 件甲产品的成本为 1 010 元,增加 1 件甲产品增加的成本为 10 元,即为边际成本。

3. 机会成本

机会成本是指在经济决策时,从几个备选方案中选取某个最优方案而放弃次优方案所丧失的潜在收益。一般情况下,决策者选择某一方案必然意味着放弃或丧失其他方案可能获利的机会。因此,将次优方案可能获得的收益作为选中方案的代价,由选中方案的收益来补偿,如果得不到补偿,说选中方案并不是最优的。

机会成本是决策中使用的一个较特殊的成本概念,是以经济资源的稀缺性为前提的。机会成本并不需要用现金支付,不构成企业实际支出,也不会在会计账簿中记录,但在决策中必须将其作为一项重要的成本加以考虑,因为它会影响到最后的决策选择。

例如,某企业现有一条空置的生产线,既可以用于甲产品的生产,也可以用于出租。如果用于生产甲产品年收益为 30 000 元;用于出租则可获得租金收入 18 000 元。若企业管理者选择将该条生产线用于生产甲产品,放弃出租方案。那么,放弃出租方案可获得的租金收入 18 000元则应作为生产甲产品的机会成本。

4. 付现成本

付现成本也称现金支出成本,是指未来需要以现金支付的成本。当企业资金紧张时,特别需要把现金支出成本作为选择方案的重要因素,在某些情况下,管理当局用现金支出最少的方案来取代总成本最低的方案。例如,某企业财务资金紧张,现急需购买 H 材料 20 吨,有两家公司可以供货,条件是甲公司需要马上付现金 30 万元,三个月后再付 50 万元,乙公司只需付

15 万元现金，但是三个月后得付 70 万元。该企业最后选择了乙公司，即付现成本比较低、总成本较高的方案。

5. 重置成本

重置成本是指按照现在的市场价格购买目前所持有的某项资产所需支付的成本。在产品定价决策中，一般需要将重置成本作为重点考虑对象。例如，某企业三个月前购进甲产品，当时的购入单价为 2 000 元，假设现在甲产品的市场价格由于通货膨胀的因素，发生了较大的变化，现在购入甲产品的单价为 3 000 元。这里，重置成本就是甲产品的现行市场价格 3 000 元。

6. 专属成本

专属成本是指那些能够明确归属于特定决策方案的固定成本或混合成本。它往往是为了弥补生产能力不足的缺陷，增加有关装置、设备、工具等长期资产而发生的。例如，在生产何种产品的决策中，专门用于生产某种产品的专用设备的折旧即是属于生产该产品的专属成本。

7. 可避免成本

可避免成本是指通过某项决策行为可以改变其数额的成本。即这种成本与企业的某部分决策活动相关，当这部分决策活动没有执行时，这部分成本就不会发生。例如，某企业现在还有一定的剩余生产能力，现有一批特殊订货，如果接受这批订货，该企业就需要购买一台价值 8 000元的专业设备。如果该企业拒绝了这批订货，则这 8 000 元就是可避免成本。

8. 可延缓成本

可延缓成本是指企业财力负担有限的情况下，对已经选定的某个方案推迟实施，不至于对企业全局产生很大的影响，那么，与该方案相关的成本就称为可延缓成本。

(二)无关成本

无关成本是指与特定决策不相关的成本，因此决策时可不予考虑。无关成本不随决策的产生而产生，也不随决策的改变而改变，对决策不具影响力。沉没成本、共同成本、不可避免成本和不可延缓成本都属于无关成本。

1. 沉没成本

沉没成本是指因过去决策所产生的、无法由现在或将来的任何决策所改变的成本。例如，某企业去年年初购入一台机床，原价 100 000 元，可使用 10 年，期满残值 5 000 元，按直线法计提折旧，则该机床的原价 100 000 元及第一年折旧额 9 500 元均属于沉没成本。

2. 共同成本

共同成本是与专属成本相对立的成本，是指应当由多个方案共同负担的注定要发生的固定成本或混合成本。例如，企业管理人员工资、车间的水电费，是应该由各产品共同负担的联合成本。由于它的发生与特定方案的选中无关，因此，在决策中可以不予考虑。

3. 不可避免成本

不可避免成本是指某项成本不因决策的取消而消失。例如，企业在正常生产能力范围内接受了某项特殊订货，原车间固定资产折旧费为 9 500 元，这项折旧费用不会因企业拒绝订单而消失。所以，折旧费用的发生与是否接受特殊订货无关，属于不可避免成本。

4. 不可延缓成本

不可延缓成本与延缓成本相反，即使企业财力负担有限的情况下，对已经选定的某个方案就必须实施，否则，会对企业全局产生重大的影响，那么，与该方案相关的成本称为不可延缓成本。例如，青岛海尔股份有限公司生产家电产品的某台关键设备出现严重故障，需要立即进行大修理，否则将影响企业的生产经营活动，企业将遭受重大的有形或无形损失。因此，与这一决策方案相联系的成本称为不可延缓成本。

三、短期经营决策分析常用的方法

经营决策对企业来说就是在现有的生产经营能力的条件下,为争取实现尽可能立项的经营成果而作出选择。从管理会计角度而言,经营决策分析的评价原理是:取得最大经营效益。短期经营决策分析常用的方法有:差量分析法、边际贡献分析法、相关损益分析法、成本无差别点法等。

(一)差量分析法

差量分析法是根据两个备选方案的差量收入与差量成本所确定的差量损益进行决策分析的方法。

$$差量损益=差量收入-差量成本$$

采用差量分析法的关键在于:进行决策分析时,只考虑那些对备选方案的预期收入和预期成本会产生影响的因素;那些不相关的因素,则一概予以剔除。

若两个方案的差量损益大于零,则前一个方案较优;若两个方案的差量损益小于零,则后一个方案较优;若两个方案的差量损益等于零,则两个方案的效益相同。若有两个以上的方案供我们选择时,可两两比较,最终确定最优方案。在实践中,该法常用在两个备选方案的比较分析上。

(二)边际贡献分析法

边际贡献分析法是建立在成本性态分类的基础上,通过比较各备选方案边际贡献的大小来确定最优方案的分析方法。边际贡献分析法又可分为边际贡献总额分析法和单位资源边际贡献分析法。

1. 边际贡献总额分析法

边际贡献总额分析法是指以备选方案的贡献边际总额指标作为决策评价指标的一种决策方法。

$$边际贡献总额=销售收入总额-变动成本总额=单位边际贡献\times销售量$$

边际贡献总额法是一个正指标,即哪个方案该指标较大,哪个方案较优。

2. 单位资源边际贡献分析法

单位资源边际贡献分析法是指以备选方案的单位资源边际贡献作为决策评价指标的一种决策方法。

$$单位资源边际贡献=\frac{单位边际贡献}{单位产品资源消耗定额}$$

当企业生产只受到某一资源(如某种原材料、机器小时、工时)的约束,并已知备选方案中各种产品的单位边际贡献和单位产品资源消耗定额的条件下,可考虑采用单位资源边际贡献分析法进行短期经营决策。该指标是正指标,即哪个方案该指标较大,哪个方案较优。

需要注意的是,决策中不能以单位边际贡献的大小作为评价标准。

(三)相关损益分析法

相关损益分析法就是通过比较不同方案的相关损益,进而选择最优方案的一种决策方法。

$$相关损益=相关收入-相关成本$$

该指标是正指标,即哪个方案相关损益较大,哪个方案较优。相关损益分析法弥补了差量分析法在比较两个以上备选方案时带来的麻烦,适用于多个方案的决策分析。

(四)成本无差别点法

成本无差别点法是指在各备选方案的相关收入均为零、相关的业务量为不确定因素时，通过判断处于不同水平上的业务量与成本无差别点业务量之间的关系，最终选择出最优方案的一种决策方法。成本无差别点是指两个备选方案在总成本相等时的业务量。

$$成本无差别点业务量=\left|\frac{两个方案相关固定成本之差}{两个方案相关单位变动成本之差}\right|$$

成本无差别点分析法就是依据不同方案的不同业务量优势区域选择最优方案。需要注意的是，各方案的业务量单位必须相同，方案之间的相关固定成本与单位变动成本水平恰好相互矛盾，否则无法使用该方案。

四、生产决策分析

(一)新产品投产的决策分析

企业生产什么产品通常取决于顾客的需求和企业自身的能力。不断地开发新产品，促使企业产品更新换代，才能增强企业竞争力，提高企业赢利能力。新产品开发决策属于典型的互斥方案决策类型，它是指企业在利用现有的剩余生产能力开发新产品的过程中，在两个或两个以上备选的新产品中选择最优产品的决策。

在新产品开发决策中，根据是否涉及追加专属成本，可以分为两种情况讨论。

1. 不追加专属成本情况下的新产品开发决策分析

在新产品开发决策过程中，如果在没有涉及追加专属成本的情况下，可采用单位资源边际贡献分析法或边际贡献总额分析法进行决策分析。

【例 8－1】 海源公司计划利用剩余生产能力开发一种新产品，现有甲、乙两个产品可供选择。甲产品的单价为 300 元/件，单位变动成本为 260 元/件，消耗 A 材料的单位定额为 8 千克/件；乙产品的单价为 200 元/台，单位变动成本为 170 元/台，消耗 A 材料的单位定额为 10 千克/台。开发新产品不需要追加专属成本。要求利用单位资源边际贡献分析法作出开发何种新产品的决策。

决策分析如下：

甲产品的单位边际贡献＝300－260＝40(元/件)

乙产品的单位边际贡献＝200－170＝30(元/台)

开发甲产品每单位资源所创造的边际贡献＝40÷8＝5(元/千克)

开发乙产品每单位资源所创造的边际贡献＝30÷10 ＝3(元/千克)

由此可知，开发甲产品对企业比较有利。

2. 追加专属成本情况下的新产品开发决策

在新产品开发决策过程中，如果在涉及追加专属成本的情况下，可采用相关损益分析法或差量分析法进行决策分析。

【例 8－2】 沿用例 8－1 的资料，假设甲、乙两个新产品需要装备不同的专用模具，需追加专属成本分别为 12 000 元和 7 000 元。如果现有 A 材料 72 000 千克，那么，企业应作何决策？

决策分析如下：

甲产品的销售量＝72 000÷8＝9 000(件)

乙产品的销售量＝72 000÷10＝7 200(件)

甲、乙产品的差量收入＝300×9 000－200×7 200＝1 260 000(元)

甲、乙产品的差量成本＝260×9 000－170×7 200＝1 116 000(元)

甲、乙产品的差量损益＝1 260 000－1 116 000＝144 000(元)

通过差量损益分析法得出如下结论:甲产品的差量损益高于乙产品,所以应开发甲产品,开发甲产品可比开发乙产品多获利 144 000 元。

采用相关损益分析法对此例进行决策分析,也可得到相同结论。

(二)亏损产品应否停产或转产决策

如果某个企业组织的某种产品出现亏损,就需要考虑是否停产的问题。通常认为停产亏损产品,可以提高企业组织的整体利润。事实上,未必尽然。根据成本性态,停产亏损产品通常只能减少变动成本总额而不会减少固定成本总额。因此,对亏损是否停产不能一概而论,要视不同情况来决策。

1. 生产能力无法转移,亏损产品是否停产的决策

生产能力无法转移,是指当亏损产品停产以后,闲置下来的生产能力无法被用于企业经营的其他方面,既不能转产,也不能将有关设备对外出租,这时就面临着亏损产品是否要停产的决策问题。

生产能力无法转移时,停产亏损产品的条件是:亏损产品产生的边际贡献小于零。也就是说,只要亏损产品的边际贡献大于零就不应该停产。因为亏损产品停产后只能减少变动成本,并不能减少固定成本,在这种情况下,继续生产能够提供边际贡献的亏损产品,可以弥补部分固定成本。如果盲目地停止生产能提供边际贡献的亏损产品,不但不会减少亏损,反而会使企业利润减少。

【例 8－3】 某企业生产经营 A、B、C 三种产品。2016 年年末通过计算得到,A 产品利润为 60 000 元,B 产品利润为－10 000 元,C 产品利润为 30 000 元。其中,2016 年 B 产品的产销量为 2 000 件,单位变动成本为 50 元/件,总成本为 120 000 元。假设 2017 年 B 产品的市场容量、价格、变动成本均不变,停产后生产能力无法转移。

要求:对该企业 2017 年是否停产亏损 B 产品作出决策。

解:销售收入＝利润＋成本＝－10 000＋120 000＝110 000(元)

变动成本总额＝2 000×50＝100 000(元)

边际贡献总额＝销售收入－变动成本＝110 000－100 000＝10 000(元)

通过上面的计算分析,B 产品边际贡献总额大于零,所以该企业 2017 年应该继续生产 B 产品,这样可以使企业少亏损 10 000 元。

2. 生产能力可以转移,亏损产品是否转产的决策

生产能力可以转移是指由于亏损产品的停产而导致的闲置能力能够被用于企业经营的其他方面,如用于对外承揽零星加工业务,或将设备对外出租或转产其他产品等。这种情况下,停产亏损产品的条件是:亏损产品产生的边际贡献小于生产能力转移后带来的收益。

【例 8－4】 沿用例 8－3 的资料,若 B 产品停产后可以将生产能力转移用来生产 D 产品,可以生产的数量为 600 件,单位变动成本为 60 元/件,销售单价为 100 元/件。

要求:对该企业 2017 年是否应该将 B 产品转产作出决策。

解:根据资料分析:

B 产品的边际贡献总额＝(－10 000＋120 000)－2 000×50＝10 000(元)

D 产品的边际贡献总额＝(100－60)×600＝24 000(元)

通过上面的计算分析，B产品的边际贡献总额小于转产后D产品的边际贡献总额，所以该企业2017年应该将B产品转产。

(三)零部件是自制还是外购的决策

零部件是否自制或外购的决策属于互斥方案的决策类型，它是指企业围绕既可自制又可外购的零部件取得方式而开展的决策。该决策是要求管理当局从自制零部件和外购零部件两个备选方案中进行决策分析。在进行决策分析时，仅需考虑相关成本因素，不需要考虑相关收入。零部件是否自制或外购的决策根据零部件年需用量确定与否分为成本无差别点法和相关成本分析法。

1. 零部件全年需用量确定的情况下

在零部件全年需用量确定的情况下，管理当局在进行零部件是自制还是外购的决策分析时，可以看作两个方案的预期收益相同，因此仅需比较两个方案的成本。

【例8-5】 某企业每年需A零部件100 000个。该零部件单位制造成本为：材料18元，直接人工5元，变动制造费用2元，固定制造费用5元。该零部件外购单价为27元。

(1)自制能力无法转移，问自制还是外购？

(2)若不自制，生产能力可用于对外加工，每年预计收益300 000元。

(3)若自制，需追加固定成本50 000元。

要求：针对以上三种不同情况，作出决策分析。

解：根据资料计算：

(1)自制成本＝100 000×(18＋5＋2)＝2 500 000(元)

外购成本＝100 000×27＝2 700 000(元)

因为外购成本2 700 000元大于自制成本2 500 000元，因此企业应自制A零部件。

(2)该方案中“若不自制，生产能力可用于对外加工，预计收益300 000元”，是自制方案的潜在收益，属于机会成本，机会成本是相关成本，所以应将“300 000元预期收益”计入自制方案的成本中。

自制成本＝25×100 000＋300 000＝2 800 000(元)

外购成本＝100 000×27＝2 700 000(元)

因为外购成本小于自制成本，所以应外购A零部件。

(3)该方案中“若自制，需追加固定成本50 000元”，属于自制方案的专属成本，所以应计入自制方案的成本中。

自制成本＝2 500 000＋50 000＝2 550 000(元)

外购成本＝100 000×27＝2 700 000(元)

因为外购成本大于自制成本，所以应自制A零部件。

2. 零部件全年需用量不确定的情况下

在零部件全年需用量不确定的情况下，可采用成本无差别点法进行决策。

【例8-6】 某企业生产甲产品需A零部件，全年需用量未知，该零部件单位变动成本为13元，另需购专用工具增加专属成本5 000元。若外购，每件外购成本为18元。要求采用成本无差别点法作出A零部件是自制还是外购的决策。

解：设x为甲产品的全年需用量，则：

$Y_{自制}=a+bx=5\,000+13x$

$Y_{外购}=a+bx=0+18x$

两个方案成本相等时A零部件的数量为成本无差别点,其值为:

成本无差别点业务量 $x=\frac{5\ 000-0}{18-13}=1\ 000$(件)

如果A零部件全年需用量低于1 000件,应采用外购方案;若超过1 000件,应采用自制方案。

五、存货决策分析

存货是企业非常重要的流动资产,它是企业从事生产经营必备的经济资源。对一个企业来说,存货主要包括原材料、在产品和产成品等。本节所讲的存货决策仅研究库存材料存货的订货问题,目的是在保证生产需要的前提下,以最低的存货成本保持一定数量的存货,也就是确定最优经济订货批量,它是保证企业组织生产经营活动的一个必要条件。

(一)存货成本

存货必然耗费和占用一定数量的资金,由此产生存货成本。具体来说,与存货有关的成本主要有订货成本、采购成本、存储成本、缺货成本。

1. 订货成本

订货成本是指企业为订购有关材料而发生的各项支出,包括采购人员工资、差旅费、运输费用、装卸费、保险费等。有一部分订货成本与订货次数无关,如常设机构的基本开支,称为订货的固定成本,用 F_1 表示。另一部分与订货次数有关,如差旅费、邮电费、验收入库费等,称为订货的变动成本,用 K 表示。若设全年存货需要量为 D,每次进货批量为 Q。

$$订货成本(TC_{订货})=\frac{D}{Q}\times K+F_1$$

2. 采购成本

采购成本是指存货本身的价值,通常用数量乘以单价来确定。若设存货的单价为 P,则采购成本为 DP。

$$采购成本(TC_{采购})=DP$$

3. 存储成本

存储成本是指企业为储存有关材料而发生的各项费用,包括存货占用资金的计划成本、存货损耗、仓储费、保险费等。同样地,储存成本也划分为固定成本和变动成本。固定成本与存货数量的多少无关,如仓库折旧费等,通常用 F_2 表示。变动成本与存货数量有关,如存货的机会成本、存货的损耗等。单位存货存储变动成本用 K_C 表示。

$$储存成本(TC_{储存})=\frac{Q}{2}\times K_C+F_2$$

4. 缺货成本

缺货成本是指由于供货中断等原因不能满足生产经营的正常需要所造成的经济损失,主要包括停工损失、企业市场商誉损失等。缺货成本用 $TC_{缺货}$ 表示。

综上所述,如果用 TC 代表存货的总成本,那么,其计算公式为:

$$\begin{aligned}TC&=TC_{订货}+TC_{采购}+TC_{储存}+TC_{缺货}\\&=\frac{D}{Q}\times K+F_1+DP+\frac{Q}{2}\times K_C+F_2+TC_{缺货}\end{aligned}$$

(二)存货决策方案的分析评价

根据上述公式,为了求出存货总成本 TC 的极小值,利用数学上的微积分极值原理,只要

对上述公式求 Q 的一阶导数，并令其等于零，即得：

$$Q=\sqrt{2KD/K_C}$$

这就是经济订货量基本模型。由此求出的每次订货量 Q 就是使存货成本最小的批量。

通过基本模型演变可以得到：

(1)每年经济订货次数 $N=D/Q=\sqrt{DK_2/2K}$；

(2)存货相关总成本 $TC(Q)=\sqrt{2KDK_C}$；

(3)年经济订货周期 $T=12/N$；

(4)经济订货量占用资金 $=PQ/2$。

【例 8-7】 海天公司每年耗用甲材料 3 600 千克，甲原材料的单位成本为 12 元，单位储存成本为 2 元，一次订货成本为 25 元。要求：计算海天公司经济订货量、每年经济订货次数、存货相关总成本、年经济订货周期和经济订货量占用资金。

解：经济订货量 $Q=\sqrt{2\times25\times3\ 600/2}=300$(千克)

每年经济订货次数 $N=D/Q=3\ 600/300=12$(次)

存货相关总成本 $TC(Q)=\sqrt{2KDK_C}=\sqrt{2\times25\times3\ 600\times2}=600$(元)

年经济订货周期 $T=12/N=12/12=1$(个月)

经济订货量占用资金 $=PQ/2=12\times300/2=1\ 800$(元)

六、定价决策分析

(一)定价决策分析的含义

定价决策是指企业围绕着如何确定销售产品价格水平能使企业的经济效益最佳的问题而进行的决策。在企业的生产经营活动中，影响产品销售价格因素是多方面的，主要有产品的成本、市场供应、竞争、产品生命周期与价格策略等因素。企业在进行产品定价决策时必须综合考虑这些因素的影响并选择合适的定价方法和定价策略，以保证能取得合理的销售收入来弥补成本并获得尽可能多的利润。

(二)定价决策的分析方法

定价决策的分析方法主要包括以成本为基础的定价方法和以市场需求为基础的定价方法两类。成本是企业生产和销售产品所发生的各项费用的总和，是构成产品价格的基本因素，也是价格的最低经济界限。以成本为基础制定产品价格，不仅能保证生产中的耗费得到补偿，而且能保证企业必要的利润。本节主要介绍以成本为基础的定价方法，包括完全成本加成定价法和变动成本加成定价法。

1. 完全成本加成定价法

完全成本加成定价法是指在单位产品生产成本的基础上加上一定比例的利润来制定产品价格的一种方法。加成的利润比例一般参照同类产品的成本利润率确定。其计算公式是：

产品单位销售价格＝单位产品生产成本×(1＋成本加成率)

式中：

成本加成率＝(目标利润＋非生产成本)/生产成本

【例 8-8】 某厂计划生产甲产品，预计单位产品的生产成本为 200 元，计划销售 1 000 件，成本利润率要达到 30%。要求：运用完全成本加成定价法测算单位产品成本。

解：甲产品单位销售价格＝200×(1＋30%)＝260(元)

在正常情况下,企业按完全成本加成定价法可以获得预期盈利。其优点是计算简便易行。其缺点是缺乏灵活性,易忽视市场竞争和供求状况的影响,难以适应市场竞争的变化形势,特别是利润率的确定仅从企业角度考虑,因此难以确保所定价格水平的市场销售量,使固定成本费用的分摊不能保证合理性。

2. 变动成本加成定价法

变动成本加成定价法又称目标边际贡献定价法,是指在产品的单位变动市场成本基础上加上一定比例的边际贡献来制定产品销售价格的一种方法。其计算公式是:

$$\text{单位产品销售价格} = \text{单位变动成本} + \text{单位边际贡献}$$
$$= \text{单位变动成本} \times (1 + \text{成本加成率})$$

式中:

$$\text{成本加成率} = \frac{\text{目标利润} + \text{期间成本} + \text{固定生产成本}}{\text{产量} \times \text{单位变动生产成本}}$$

【例 8-9】 某企业产销甲产品 20 000 件,其中单位变动成本为:直接材料 18 元,直接人工 14 元,变动制造费用 12 元,固定制造费用 16 元,销售及管理费用 10 000 元,目标利润 40 000元。

要求:运用变动成本加成定价法确定目标售价。

解:成本加成率 $= \frac{40\ 000 + 10\ 000 + 20\ 000 \times 16}{20\ 000 \times (16 + 15 + 13)} = 42\%$

产品正常单位销售价格 $= (16 + 15 + 13) \times (1 + 42\%) = 62.48$(元)

七、短期经营决策分析的应用——H 工业有限公司短期经营决策分析案例

案例背景资料:

大至汽车、小至玩具,其制作均源于一系列大大小小的模具,比如电视机、电话机的外壳是把塑料加热软化注进模具冷却成型生产出来的,汽车外壳是由金属平板用模具压成的……模具作为工业制品成型的一种工具,在人们生活中发挥着重要的作用。近年来,随着消费升级,人们的衣食住行方方面面都发生着改变,极大地促进了模具行业的蓬勃发展。20×5 年中国模具工业销售额已达 1 150 亿元,其中模具出口额已突破 75.66 亿美元。据不完全统计,截至 20×6 年全国(未包括港、澳、台地区)约有模具生产厂点 3 万个,从业人员 100 万人。但是,目前国内属于中低端的模具产品所占比重较大,其利润率也较低,属于工艺成熟产品,效仿度高,需求量也在不断缩减,因而面临着很大的同类企业间的竞争压力。而处于高端的模具产品所占比重较小,利润率高,工艺复杂,需求量在不断增加,但大多依靠进口,使得高额利润流入外资企业中。已经进入中国的少量外资模具企业生产的各种高精模具,目前处在供不应求的状态。

H 工业有限公司是国内颇具规模的模具标准件生产厂家,主要从事模具的生产与开发,以其优异的质量、合理的价格在业内知名,是模具行业的翘楚。其产品囊括了塑料模具、冲压模具、汽车模具及其他各种精密工装夹具。产品已通过 ISO9001:2000 质量管理体系认证,符合 ROHS 指令的要求。

20×0 年到 20×3 年公司的业绩曾经一度滑坡,20×4 年 6 月起,公司一车间投入一批从日本购置的新设备,派技术人员赴日学习新技术,投产了三种新产品:凸模、导正销、模架用导向组件。自从开始批量生产和不断拓宽销售市场,公司的净利润以约 10%的速度逐年攀升。

20×8 年初，H 公司召开了高层管理人员会议，与会者包括公司总经理孙国栋和财务处处长李玉等各部门主管，来探讨公司未来的发展战略。孙总经理说道："自从公司成立以来，我们的产品领域在不断拓展，公司整体实力在不断增强……在取得成绩的同时，我们也应该进行全面总结，识别薄弱环节，扫清企业发展的障碍。大家都知道，20×4 年，我们经历了一个转折点，自从大胆投产了三种新产品，我们的业绩逐年攀升，然而据财务处提供的报告来看，并不是这三种产品的投入都收到了良好的效果。我们需要对凸模、导正销、模架用导向组件三种产品的盈亏进行详细分析，弄清是哪种产品拖了我们业绩的后腿并测算出今年这三种产品的利润情况。"接下来孙总又要求销售部门、生产部门、后勤部门等进行工作总结。然后，他接着说："20×8 年是充满挑战的一年，我们不能只满足于世界工厂这个称号，我们要开发自己的拳头产品，自主创新，我们不但要做市场的跟随者，我们还要做市场的领军人物，要成为行业的龙头企业。我们要把握机遇，勇于面对挑战，把公司办成产品精度高、质量好、交货快、价格合理的新型高科技企业。"孙总经理整理了一下桌上的文件，清了清嗓子，继续说："通过在实践中的不断摸索和派遣技术人员赴日学习，公司已经掌握了生产翅片模这类产品的相关技术，现在需要明确的是还要投入多少才能批量生产翅片模？是否应该批量生产翅片模？能否很快带来回报？李处长，由你负责这个项目的调查研究工作，10 天后把是否可以生产翅片模的项目可行性报告交给我。"

散会后，李处长组建了由财务、设计、生产、销售等人员组成的项目小组，负责凸模、导正销、模架用导向组件三种产品的盈利分析和翅片模项目的可行性研究。该项目组收集的有关资料如下：

(1)三种产品的大部分销售都是根据顾客订单以销定产，从销售部门取得的数据显示，预计 20×8 年三种产品的月销量情况为：凸模 12 000 套；导正销 8 000 套；模架用导向组件 7 200 套。

(2)三种产品的市场售价(减去有关税费后)为：凸模 460 元/套；导正销 280 元/套；模架用导向组件 320 元/套。

(3)组成三种产品的固定制造费用的项目包括管理人员薪酬、劳动保护费、差旅费、机器设备折旧、办公费。按照一定的方法进行分配和归集，得到三种产品的月固定成本：凸模的月固定成本为 16 400 元；导正销的月固定成本为 14 500 元；模架用导向组件的月固定成本为 18 800元。三种产品的固定销售及管理费用分别为 9 320 元、8 530 元、10 100 元。

(4)三种产品的单位变动成本为：凸模 160 元；导正销 90 元；模架用导向组件 120 元。单位变动销售及管理费用分别为 40 元、30 元、50 元。

该项目组拟从保本点的角度分析企业经营的安全性，并对三种产品 20×8 年的目标利润进行预测。但是，在对现有产品的经营安全性分析和利润预测上，财务部与业务部就发生了较大的分歧。

生产部赵刚和销售部王东认为，根据凸模、导正销、模架用导向组件三种产品单位成本的计算公式：产品成本＝单位固定生产成本＋单位变动生产成本，得出三种产品的单位成本分别为 161.37 元、91.81 元、122.61 元，再按保本点的计算公式：(单位毛利－变动的销售和管理费用)×保本销售量－固定销售和管理费用＝0，计算出三种产品的保本销售量分别为 36 套、54 套、68 套，而财务部张芳计算的保本销售量分别为 99 套、144 套、193 套。保本点计算上的巨大差距直接影响着企业的分析和决策。

此外，在翅片模项目可行性的讨论中，技术部李明和销售部王东认为，虽然二车间现有三年前购置的两条数控生产线，当时购买价格是 280 万元。但是，要批量生产翅片模还需要租入两台内孔磨床，每台每月的租金是 3 000 元，并雇用 3 名生产工人，人均薪酬 2 000 元/月。现在需要考虑的是，这样不断增加投入，对产品的盈利性的要求将大幅提高。如果产品未来销售无法保证，很可能使投入的本钱都收不回来，那就不如充分利用现有设备维持现有产品超硬模具的生产，并努力扩大其市场份额。接着，他用投影仪向大家展示了下面的信息：

(1)由于加工翅片模冲头和百叶窗切刃设备要求起点高，加工工艺、技术水平高，因此国内几乎没有生产此类高精度产品的厂家。亚洲地区也只有日本的日高精机、光精机、黑田精机三家具备批量生产能力，国内空调器、冷机行业的高中档翅片模几乎为这几家企业所垄断。目前国际上该类产品的售价是 320 元/套，其中翅片模冲头 30 元/组，百叶窗切刃 50 元/支，每套翅片模由 9 组翅片模冲头和 1 支百叶窗切刃组成。

(2)目前公司已有产品中的超硬模具部件与将要开发的翅片模冲头和百叶窗切刃在核心工艺和设备上存在很大的通用性。因此，这两种产品可以同时在同一条生产线上进行生产。现在二车间有两条生产超硬模具部件的生产线，每条生产线目前的市场价格为 120 万元。如果租入两台内孔磨床，可使产能达到 100%，两条生产线可以实现月产翅片模冲头 4 500 组、百叶窗切刃 500 支或超硬模具标准件 5 000 支。超硬模具部件的市场价格是 28 元/支。

(3)翅片模冲头、百叶窗切刃和超硬模具部件的毛利和成本数据如表 8—1 所示：

表 8—1　　各产品毛利和单位成本　　单位:元

产品	毛利率	单位售价	单位成本	单位毛利
翅片模冲头(组)	15%	30	25.5	4.5
百叶窗切刃(支)	16%	50	42	8
超硬模具部件(支)	21.4%	28	22	6

技术部的李明继续说："超硬模具部件的毛利率高，其产生的利润也就会高于翅片模。因此，我认为应该生产超硬模具部件。"

销售部的王东接过话来说："是啊，根据前期的市场调查结果，生产翅片模这类模具会挤占现有产品超硬模具部件产能的 50%，而且又要租入设备，我们是应该慎重考虑关于生产翅片模的问题。上个月有一日本厂商跟我说，要以低于我们售价 20% 的价格购买 80 套翅片模，我当时就拒绝了，生产翅片模产品的毛利率才 15%，而降价却达到 20%，我不能做亏本生意。"

财务部张芳说："我说一下我的想法，在生产翅片模的决策中，三年前投入的 280 万元设备款是沉没成本，不应该再考虑了，现在只需要考虑租入设备和新雇用人员的支出……"李明打断张芳的话："我想，不能不考虑前期购买的设备支出吧，如果没有 280 万元数控生产线支出，即使我们现在租入内孔磨床也不能生产，正是因为三年前我们已经购置了数控生产线，所以，现在只需要再租入内孔磨床就可以生产翅片模产品了，我们应该考虑与生产翅片模有关的所有购买机器设备的资金投入，当我们进行翅片模产品决策时，必须要考虑的是翅片模产品的收入能否补偿曾经投入的设备款和即将发生的租金支出。"

针对王东和李明的观点，财务部的张芳反驳说："产品的毛利率高并不能说明其对公司的贡献就大，在是否投入新产品的经营决策中主要应该考虑的是相关成本，而沉没成本属于无关成本；在进行产品决策时，关键因素是贡献毛益，而不是毛利率。举个例子，如果我们三个要去扛一根 200 斤重的木头，虽然我的力气最小，但是，如果不让我来扛，那么你们受到的压力会更大。所以说，只要我能够站起来扛东西，哪怕只能扛 20 斤，我对扛这根木头也是有贡献的。”大家都听懂了张芳的比喻，但是，技术部李明、销售部王东对张芳提出的相关成本、沉没成本、贡献毛益这些概念在决策中的作用还是有些疑惑。

张芳看了看大家，接着说，这是我收集的有关翅片模决策的相关信息，并用投影仪向大家展示了下面(见表 8—2 和表 8—3)的信息。

表 8—2　　各产品变动成本　　单位:元

	翅片模冲头(组)	百叶窗切刃(支)	超硬模具部件(支)
单位变动成本	19	28	21
直接材料成本	11	18	10
直接人工成本	1	1	2
热处理费	3	5	5
加工费	2	3	3
变动管理费用	2	1	1

表 8—3　　一车间每月固定成本　　单位:元

固定成本	金　额
管理人员薪酬	12 000
设备租金	4 000
办公费	400
折旧费	8 500
劳动保护费	600
每月固定成本合计	25 500

因为根据销售部门预测，如果转产翅片模，将占有两条生产线 50%的产能，则假设我们可以将一车间的固定成本平均分摊到两种产品中，那么两类产品各自的保本点销售量分别是 106 套和 1 822 套；根据公司对每种产品的最低利润要求，如果要求两种产品每月各保证赚取 5 500 元的经营利润，那么两类产品销售量应该分别达到 151 套和 2 608 套。根据市场调查和现有的订单来看，如果下月投产翅片模，生产线产能将达到 80%，其中 40%生产翅片模，另外 40%生产超硬模具部件。如果我们下月投产后马上接受日本厂商的订货，通过我的计算，是可以的，接受订货将使企业的利润增加 4 560 元。

案例思考：

思考下面的一些问题，帮助 H 工业有限公司作出决策。

1. 财务部与业务部在保本点计算上出现了巨大差异，你认为谁的计算方法正确，为什么？试分析两个部门计算方式的差异，所反映出企业经营管理中存在哪些缺陷？

2. 技术部李明认为需要考虑前期投入设备成本的观点是否正确，财务部的张芳为什么说“在生产翅片模的决策中，三年前投入的 280 万元设备款不应该再考虑了”？两者产生分歧的原因在哪里，它警示我们在决策时应注意什么问题？

3. 李明说:“超硬模具部件的毛利率高,其产生的利润也就会高于翅片模,因此应该生产超硬模具部件。”而张芳指出“进行产品决策的关键因素是边际贡献,而不是毛利率”。你怎么看待这个问题,在确定生产何种产品时,该以哪种标准决策,为什么?

4. 请帮助他们进行分析,是否应将两条生产线上 50%的产能用于转产翅片模?如果不转产,请说明理由;如果决定转产,根据以销定产,则应制定何种转产策略,即每年至少要销售多少套翅片模才可以获得较不转产翅片模更大的收益?

5. 对日本厂商的订货行为,财务部和销售部的分歧是如何产生的?导致两种结果的原因是什么?如果你是销售部的经理,你会接受哪个部门的意见,为什么?如果日本厂商的订货数量为 200 套,此时已超过了企业的剩余生产能力,并会冲击企业的正常业务,此时是否可以接受该笔特殊订货?计算并分析原因(提示:特殊订货决策方法,考虑剩余生产能力)。

案例分析:

由以上案例可得表 8－4 所示相关资料信息:

表 8－4　相关资料信息

项　目	凸模	导正销	模架用导向组件
单价 p	460	280	320
固定生产成本	16 400	14 500	18 800
固定销售和管理费用	9 320	8 530	10 100
固定成本 a	25 720	23 030	28 900
单位变动成本	160	90	120
单位变动销售和管理费用	40	30	50
单位变动总成本 b	200	120	170
单位成本	161.37	91.81	122.61

1.(1)销售部王东是采用完全成本法计算保本点的:

保本销售量＝固定销售和管理费用 /(单位毛利－变动的销售和管理费用)

所以有:凸模保本销售量＝9 320/(460－161.37－40)＝36

导正销保本销售量＝8 530/(280－91.81－30)＝54

模架用导向组件保本销售量＝10 100/(320－122.61－50)＝68

(2)财务部张芳是采用变动成本法:保本量 $x=a/(p-b)$

凸模保本量＝25 720/(460－200)＝99

导正销保本量＝23 030/(280－120)＝144

模架用导向组件保本量＝28 900/(320－170)＝193

财务部张芳的计算是正确的。原因如下:①从文中可以看出,H 工业有限公司是按照成本性态来分析,把全部成本分为变动成本和固定成本,因此符合变动成本法的应用前提;②公司的大部分销售是根据顾客订单以销定产,也符合变动成本法的产销平衡的假设;③该公司是以一个月的指标来预测的,因此是短期经营决策,而固定成本法是利于长期经营决策的;④变动成本法便于确定成本责任的归属,也增强了会计信息的准确性。

(3)这两个部门计算方式的差异,反映出企业经营管理的缺陷是:①各部门的管理不统一;②各部门的分工过于精细,导致部门之间的交流不足。

2. 单纯从成本核算的角度来看，产品成本是非常重要的概念，它属于历史成本，必须在账簿中予以反映，而成本管理更侧重于成本的预测和决策，关注未来成本可能达到的水平，成本决策中常常考虑与决策有关的成本概念，这些成本概念统称为相关成本。相关成本与成本核算中的产品成本概念不同，首先相关成本所属概念多样化，是与决策有关的一系列成本概念的总称，如机会成本、差量成本、专属成本、重置成本等。其次，这些与决策有关的成本概念一般无须在凭证和账簿中反映，但决策中必须考虑。无关成本是相关成本的对立概念，是指与决策无关的成本。为保证决策的正确性，决策中必须区分相关成本和无关成本，凡无关成本在决策中不予考虑，可以剔除，无关成本包括沉没成本、共同成本等。本例中280万元设备款，是该项决策的无关成本，作为沉没成本处理，不应该考虑。技术部李明和财务部张芳产生差异的根本原因在于对决策所考虑的成本项目界定不清，它警示我们在决策时应注意相关成本、无关成本的区分。

3. 同意张芳的观点。由第2小题可知，在决策时只需考虑相关成本，不考虑无关成本，即不考虑沉没成本，而计算毛利率实际上就考虑了沉没成本[毛利率＝(销售收入－销售成本)/销售收入×100%]；反之，计算边际贡献则没有考虑沉没成本(贡献毛益＝销售收入－变动成本)。哪种产品的边际贡献大，就应该生产哪种产品。所以，只需比较生产的两种产品的边际贡献即可确定生产何种产品。

4. 用差别损益法进行分析，如表8－5、表8－6、表8－7所示。

表8－5　两种产品的相关信息

项　目	翅片模	超硬模具部件
单价	30×9＋50＝320	28
单位变动成本	19×9＋28＝199	21
单位边际贡献	320－199＝121	28－21＝7
专属成本	3 000×2＋2 000×3＝12 000	0

根据市场调查和现有的订单来看，产能为80%时，两种产品边际贡献总额和机会成本如表8－6所示。

表8－6　两种产品边际贡献总额和机会成本　单位：元

项　目	翅片模	超硬模具部件
边际贡献总额	121×500×80%×0.5＝24 200	7×5 000×80%×0.5＝14 000
机会成本	5 000×80%×0.5×7＝14 000	

转产翅片模和不转产翅片模差量损益如表8－7所示。

表8－7　差量损益　单位：元

	转产翅片模	不转产翅片模	差异额
相关收入	24 200	0	24 200
相关成本	12 000＋14 000＝26 000	0	26 000
差量损益			－1 800

由表 8－7 可知，当产能为 80％时，差量损益－1 800 小于零，不转产翅片模。以销定产，转产 50％时，每年至少要销售的翅片模为：(5 000×7×0.5＋12 000)/121＝244(套)。

5. 两者的分歧在于接受特殊订单的决策相关成本及相关收益。财务部门考虑特殊定价与变动成本的关系，即单价 320×0.8＝ 256 大于变动成本 199。而销售部却考虑了毛利率，即间接考虑了无关成本。同意财务部的意见。因为决策时不应考虑无关成本。此时售出 80 套翅片模，公司能赚：(256－199)×80＝4 560(元)。

若接受日本厂商的 200 套订货。

(1)若冲击的是翅片模的正常业务。500×(1－80％)＝100(套)，差量损益如表 8－8 所示。

表 8－8　　差量损益　　单位：元

40％产能	接受日本订货	不接受日本订货	差异额
相关收入	256×200＝51 200	0	51 200
相关成本	51 900	0	51 900
增量成本	199×100＝19 900	0	
机会成本	320×100＝32 000	0	
差量损益			－700

由表 8－8 可知，差量损益－700 小于零，此时不接受订货。

(2)若冲击的是超硬模具部件的正常业务。5 000×(1－80％)＝1 000(套)，差量损益如表 8－9 所示。

表 8－9　　差量损益　　单位：元

40％产能	接受日本订货	不接受日本订货	差异额
相关收入	256×200＝51 200	0	51 200
相关成本	46 800	0	46 800
增量成本	199×200＝39 800	0	
机会成本	7×1 000＝7 000	0	
差量损益			4 400

由表 8－9 可知，差量损益为 4 400 大于零，此时接受订货。

(资料来源：百度文库 https://wenku.baidu.com，有改动。)

第三节　长期投资决策分析

一、长期投资决策的分析认知

长期投资是指为了将来获得更多现金流入而现在付出现金的行为。按其投资对象可以划分为实物资产投资和金融资产投资。本项目的投资决策指的是对实物投资的决策，即新建固定资产和更新改造固定资产决策。

(一)长期投资决策的含义

长期投资是对各种长期投资方案进行分析、评价，最终确定最佳投资方案的过程。由于其投入资金量较大，获取报酬和收回投资的时间超过一年，能在较长时间内影响企业经营获利的能力，所以又称为资本支出决策或资本预算决策。长期投资决策对企业近期和远期的财务状况都有较大的影响，是一项重要的决策行为。因此，必须在利用会计资料及其他有关信息的基础上，运用各种专门的方法对可行的备选方案进行科学的测算和缜密的比较分析，以便确定出盈利多、回收快、质量好、投资省的最优方案。

(二)长期投资决策的特点

1. 投资金额大

凡构成长期投资决策的项目，其金额一般都比较大，对企业的资金运用和资金构成有很大影响，因此需要进行专门的资金筹措工作，以保证及时足额地满足长期投资决策项目所需要的全部资金。

2. 投资回收期长

长期投资是一次性的，而回收却是多次的，这就使占用在长期投资上的资金具有相对的固定性，因此大大限制了企业资产的流动性。这就要求企业在进行长期投资决策时，必须进行科学的规划和设计，并考虑投资的回收时间和回收方式。

3. 决策者通常是企业的高层管理人员

长期投资的特点决定了这种决策通常由企业高层管理人员来行使决策权。

4. 投资有风险

长期投资决策伴有很大的风险，一旦投资完成，就具有不可逆转性。如果投资正确，形成的生产能力优势可以在较长的时间内使企业受益；反之，则会给企业带来较大的资金压力，甚至导致企业破产。因此，在进行长期投资决策时，应考虑投资风险。

(三)长期投资决策分析要考虑的相关因素

基于投资决策的特点，企业在进行长期股权投资决策分析时，必须考虑的因素有现金流量和货币时间价值等。

1. 现金流量

长期投资决策的实施前提是必须要有初始投资额，即要发生现金的流出。项目建成后的使用期间通过销售产品或提供劳务形成现金流入，比较现金的流入能否高于现金的流出是决策项目的基础条件。如果一个项目现金流入不能弥补现金流出，那么这个项目就不能实施。

(1)现金流量的含义。

现金流量是指投资项目在其计算期内因资本循环而发生的各项现金流入和现金流出的数量。其中，项目从投资开始到终止的过程中发生的现金收入称为现金流入量，发生的现金支出称为现金流出量。现金流入量与现金流出量相抵后的余额，称为现金净流量，通常用符号NCF表示。

(2)现金流量的组成。

①现金流入量。具体包括以下内容：

a. 营业收入，是指项目投产后每年实现的全部销售收入或业务收入，等于预计单价乘以预计销售量。营业收入是经营期主要的现金流入项目。一般纳税人企业在确定营业收入时，应当按不含销项增值税的净价计算。

b. 固定资产报废时的残值或变价收入，是指投资项目的固定资产在报废清理或中途变价转让处理时所收回的价值,即处理固定资产净收益。

c. 回收流动资金,主要是指项目中止时因不再发生新的替代投资而收回的原垫付的全部流动资金数额。

d. 其他现金流入,是指除以上内容以外的现金流入项目。

②现金流出量。具体包括以下内容:

a. 建设投资,是指在建设期内按一定的生产经营规模和建设内容进行的固定资产、无形资产和开办费等项投资的总和,含基本建设投资和更新改造投资。

b. 垫支流动资金,是指项目投资前后分次或一次投放于流动资产项目的周转资金,包括原材料、在产品、产成品等方面的投资。

c. 经营成本,也称为付现的营运成本,是指生产经营阶段上最主要的现金流出项目。成本按照在当前是否支付现金,可分为付现成本和非付现成本。

付现成本=总成本-非付现成本

非付现成本是指该年折旧额、无形资产摊销额、开办费摊销额和未支付的银行借款利息。这些内容虽然也是成本,但不需要动用现实货币资金的支出。可是,它会影响到利润总额,进而影响到所得税的现金流出,所以在计算经营期的现金流量时要加以考虑。

d. 各项税款,是指项目投产后依法缴纳的、单独列示的各项税款,包括消费税和所得税等。一般纳税人企业在价外核算的进项增值税不包含在此项目中。

e. 其他现金流出,是指不包括在以上内容中的现金流出项目,如营业外净支出等。

(3)现金流量的计算。

现金净流量是指现金流入量与现金流出量相抵后的余额,计算公式为:

某年现金净流量=该年现金流入量-该年现金流出量

建设期某年现金净流量=-该年发生的投资额

生产经营期某年现金净流量

=(收入-付现成本-非付现成本)×(1-所得税税率)+非付现成本

=利润总额×(1-所得税税率)+非付现成本

=净利+折旧额+摊销额+未支付的利息费用

终结点现金净流量=净利+折旧额+摊销额+未支付的利息费用+该年回收额

【例 8-10】 航天公司甲项目需要投资固定资产 530 万元,当年投产,期限为 5 年,按直线法计提折旧,预计到期时可以取得残值收入 30 万元。预计每年营业收入 300 万元,营业成本 150 万元,所得税税率 25%。初始垫支流动资金 50 万元。要求:计算该项目每年的现金净流量。

解:现行法计算该固定资产每年的折旧额=(530-30)/50=10(万元)

NCF_0=-530-50=-580(万元)

$NCF_{1\sim4}$=[300-(150-10)]-(300-150)×25%=122.5(万元)

NCF_5=[300-(150-10)]-(300-150)×25%+30+50=202.5(万元)

2. 货币的时间价值

长期投资的时间较长,货币在不同的时间节点上的价值不等,为了更加科学、合理地评价长期投资项目,需要考虑货币的时间价值(具体内容在本教材第五章已经介绍)。

二、长期投资决策评价指标

长期投资决策分析的评价指数按照是否考虑货币时间价值因素可分为两类:一是不考虑

货币时间价值因素的指标，称为静态评价分析法，又称为非折现指标；二是考虑货币时间价值因素的指标，称为动态分析法，又称为折现指标。

(一)静态评价指标

静态评价分析法计算简便、易于理解，但它没有考虑货币的时间价值，所以不够精确，通常用于小项目的评价或大项目的初选。它是项目评价时的次要指标，主要有静态回收期法和投资报酬率法两种方法。

1. 静态回收期法

静态回收期是指以项目经营现金净流量抵偿该项目最初投资所需的时间。简单地说，静态回收期是指收回全部投资额需要的时间。回收年限越短，项目越有利。

该指标以年为单位，包括两种形式：一种是包括建设期的静态回收期；一种是不包括建设期的静态回收期。

(1)原始投资一次支出，每年的经营现金净流量相等时。

$$\text{静态回收期}=\frac{\text{原始投资额}}{\text{每年相等的现金净流量}}$$

【例 8-11】 甲企业在固定资产项目上投入自有资金 300 万元，建设期为 1 年，固定资产使用寿命为 10 年，期末净残值为 30 万元，按直线法计提折旧，预计投产后每年可获净利润为 40 万元。计算投资回收期。

经营期每年相等的现金净流量＝每年净利润＋每年折旧

$$=40+(300-30)/10=67(\text{万元})$$

$$\text{不包括建设期静态回收期}=\frac{300}{67}=4.48(\text{年})$$

包括建设期静态回收期＝1＋4.48＝5.48(年)

(2)原始投资分几年投入或每年的经营净现金流量不等时。

此时，要通过计算累计现金净流量来确定包括建设期在内的投资回收期，此回收期正好是累计现金净流量为零的年限。

$$\text{包含建设期的静态回收期}=(\text{累计现金净流量第一次出现正值的年份}-1)+\frac{\text{该年年初尚未收回的投资}}{\text{该年现金净流量}}$$

【例 8-12】 某项目建设期为 2 年，第一年年初投资 40 万元，第二年年初投资 60 万元，经营期 5 年，各年末经营现金净流量分别为 40 万元、70 万元、60 万元、55 万元、50 万元，计算包括建设期的投资回收期。计算结果如表 8-10 所示。

表 8-10　　**回收期计算表**　　单位：万元

摘　要	现金净流量	累计回收额
第 0 年	−40	−40
第 1 年	−60	−100
第 3 年	0	−100
第 4 年	40	−60
第 5 年	70	10

续表

摘　要	现金净流量	累计回收额
第6年	60	70
第7年	55	125
第8年	50	175

包含建设期的静态回收期$=(4-1)+\frac{60}{70}=3.86$(年)

利用静态回收期法进行方案的决策分析时,如果计算的静态回收期小于或等于基准回收期,则方案可行;否则不可行。一般来说,包括建设期的基准回收期为项目计算期(建设期加经营期)的一半,不包括建设期的基准回收期为经营期的一半。

静态回收期的优点在于计算简便、容易理解,能够直观地反映原始投资的返本期限。特别是对那些技术更新较快的工业部门来说,是较为常用的传统评价方法。该方法的局限性:第一,没有考虑货币的时间价值;第二,没有考虑到回收期满后现金流量的大小,即使对于回收期内的流量也没有考虑其发生时间的先后。因此,用这一方法评价不同项目或方案的经济效益具有一定的局限性。

2. 投资报酬率法

投资报酬率是指生产经营期年平均收益占投资总额的百分比。

其计算公式为:

$$投资报酬率=\frac{年平均收益}{原始投资额或平均投资额}$$

分子年平均收益可以直接从预算利润表中获得数据,也可将各年的净收益之和除以年数求得平均数。

分母可以分别使用原始投资额作为计算报酬率的基数。平均投资额为原始投资额与净残值之和除以2求得,其计算公式如下:

$$平均投资额=\frac{原始投资额+净残值}{2}$$

【例8—13】 航天企业现有两个投资项目,项目A需投资300万元,项目寿命为10年,预计净残值为10万元,估计投产后1～5年的收益为30万元,6～10年的收益为25万元。项目B需投资400万元,项目寿命为10年,预计净残值为15万元,估计投产后1～5年的收益为40万元,6～10年的收益为35万元。计算两个项目的投资报酬率。

解:

1. 项目A的投资报酬率计算:

(1)以原始投资额作为分母计算投资报酬率:

$$投资报酬率=\frac{(30\times5+25\times5)\div10}{300}=9.17\%$$

(2)以平均投资额作为分母计算投资报酬率:

$$投资报酬率=\frac{(30\times5+25\times5)\div10}{(300+10)\div2}=17.74\%$$

2. 项目B的投资报酬率计算:

(1)以原始投资额作为分母计算投资报酬率：

$$投资报酬率=\frac{(40\times5+35\times5)\div12}{400}=7.81\%$$

(2)以平均投资额作为分母计算投资报酬率：

$$投资报酬率=\frac{(40\times5+35\times5)\div12}{(400+15)\div2}=15.06\%$$

从上述计算可以看出，计算投资报酬率时的分母可以有两种选择，但是，不管采用哪一种都不会改变项目的优先次序。

决策原则是：在多个方案比较决策时，选择投资报酬率大的方案为较优方案；单一方案决策时，投资报酬率大于零，项目具有财务可行性。

投资报酬率法的优点是：它是一种衡量盈利率的简单方法，通俗易懂，易于计算，且该指标不受建设期的长短、投资方式、回收额的有无以及净现金流量的大小的影响，能够说明各投资方案的收益水平。其缺点是：没有考虑货币的时间价值，因而不能正确反映投资方案的真实效益。

(二)动态评价指标

动态评价指标是充分考虑了货币时间价值和现金流量两个因素影响的评价指标。常用的有动态投资回收期法、净现值法、净现值率法、现值指数法和内含报酬率法。

1. 动态投资回收期法

动态投资回收期是指以投资项目设定折现率计算的未来现金净流量的现值等于原始投资额现值时所经历的时间。动态投资回收期的计算方法与静态投资回收期的计算方法基本相同，也需要考虑未来现金净流量是否相等两种情况，只是需要在折现净现金流量的基础上进行计算。这里不再详细介绍其计算公式。

动态投资回收期跟静态投资回收期比，考虑了货币的时间价值，能够反映出前期现金净流量的信息。但动态投资回收期计算相对比较复杂，而且也只是考虑了未来现金流量小于和等于原投资额的部分，没有考虑超过原始投资额的部分，不适用于对基础性投资项目的评价。

2. 净现值法(NPV)

(1)净现值的基本公式。

净现值是指投资项目未来现金流入量现值与未来现金流出量现值之间的差额。按照这种方法，所有未来现金流入量和现金流出量都要按预定的折现率折算为现值，然后再计算它们的差额，其计算公式为：

净现值=未来现金净流量的现值之和-初始投资额的现值

(2)净现值的计算步骤。

第一步：计算项目每个节点的现金净流量 NCF。

第二步：设定投资方案采用的贴现率，可以以市场利率为标准，以投资者希望获得的预期最低投资报酬率为标准及以企业平均资本成本率为标准。

第三步：按设定的贴现率，将各年的现金净流量 NCF 折为现值。

第四步：将未来的现金净流量现值与初始投资额现值进行比较，计算出净现值并分析。

(3)净现值的决策原则。

对单一的独立投资项目，净现值大于或等于0时，方案可行；净现值小于0时，方案不可行。对多个原始投资额相同且项目计算期相等的互斥投资项目，净现值最大的投资项目为可行方案。

【例 8－14】 某企业现有三个投资项目，均使用自有资金，A、B 项目分别投资 100 万元、150 万元，无建设期，项目计算期为 5 年，期末假设无残值；C 项目投资 350 万元，于建设起点一次投入，建设期为 1 年，项目计算期为 5 年，期末假设无残值；企业的资金成本为 10%，所得税税率为 25%。有关项目的估计收入和付现成本资料如表 8－11 所示。试分别计算甲、乙、丙三个项目的净现值。

表 8－11 **项目资料** 单位：万元

时间	A 项目		B 项目		C 项目	
	收入	付现成本	收入	付现成本	收入	付现成本
1	80	20	60	30		
2	80	20	85	42	200	50
3	80	20	90	43	300	70
4	80	20	130	50	300	70
5	80	20	190	60	300	70

(1)A 项目的现金流量及净现值计算：

年折旧额＝100÷5＝20(万元)

$NCF_0=-100$(万元)

$NCF_{1\sim5}=(80-20-20)\times(1-25\%)+20=50$(万元)

$NPV_A=-100+50\times(P_A/A,10\%,5)=-100+50\times3.791=89.55$(万元)

(2)B 项目的现金净流量及净现值计算：

年折旧额＝150÷5＝30(万元)

$NCF_0=-150$(万元)

$NCF_1=(60-30-30)\times(1-25\%)+30=30$(万元)

$NCF_2=(85-42-30)\times(1-25\%)+30=39.75$(万元)

$NCF_3=(90-43-30)\times(1-25\%)+30=42.75$(万元)

$NCF_4=(130-50-30)\times(1-25\%)+30=67.50$(万元)

$NCF_5=(190-60-30)\times(1-25\%)+30=105$(万元)

$$\begin{aligned}NPV_B&=-150+30\times(P/F,10\%,1)+39.75\times(P/F,10\%,2)+42.75\times(P/F,10\%,3)\\&\quad+67.5\times(P/F,10\%,4)+105\times(P/F,10\%,5)\\&=-150+30\times0.909+39.75\times0.826+42.75\times0.751+67.50\times0.683\\&\quad+105\times0.621\\&=53.52(\text{万元})\end{aligned}$$

(3)C 项目的现金净流量及净现值计算：

年折旧额＝350÷4＝87.50(万元)

$NCF_0=-350$

$NCF_1=0$

$NCF_2=(200-50-87.50)\times(1-25\%)+87.50=134.375$(万元)

$NCF_{3\sim5}=(300-70-87.50)\times(1-25\%)+87.50=194.375$(万元)

$$NPV_C = -350 + 134.375 \times (P/F, 10\%, 2) + 194.375 \times (P_A/A, 10\%, 3) \times (P/F, 10\%, 2)$$
$$= -350 + 134.375 \times 0.826 + 194.375 \times 2.487 \times 0.826$$
$$= 160.29\text{(万元)}$$

思考:C方案的净现值在三个方案中最大,能否据此确定C方案为最优方案?

(4)净现值法的评价。

净现值法的优点在于,净现值考虑了资金的时间价值,增强了投资经济性评价的实用性,考虑了项目计算期内的全部现金流量,体现了流动性与收益性的统一。但是,其缺点是,净现值是有关绝对数,在互斥方案决策中,在原始投资额不等、年限不等的情况下,无法据以确定投资项目的优劣;折现率的确定比较困难;由于折现率是给定的值,不能反映出方案本身的报酬率水平。故该法只适用于单一项目评价和原始投资额相同且项目计算期相等的多方案比较。

3. 净现值率法($NPVR$)

上述净现值是一个绝对数指标,在决策不同原始投资额方案时,可能出现投资额大的方案,其净现值就会较大,但该项目并不一定是最优项目。此种情况下,需要一个相对数指标对此进行评判。净现值率能解决这一问题。

(1)净现值率法的含义。

净现值率是指投资项目的净现值占原始投资额现值合计的百分比。

$$\text{净现值率} = \frac{\text{净现值}}{\text{原始投资的现值合计}}$$

(2)净现值率法的计算步骤。

第一步:计算项目的净现值。

第二步:计算原始投资额的现值合计。若无建设期或原始投资在建设期初一次投入,则无须折现。

(3)净现值率法的决策原则。

净现值率大于或等于零时,方案具有财务可行性;净现值率小于零时,方案在财务上不可行。净现值率高的方案优于净现值率低的方案。

【例8-15】 沿用例8-14的资料,计算A、B、C三个项目的净现值率。

因为上例已分别计算出三个项目的净现值,在此可以直接使用。

A项目的净现值率($NPVR$)$=89.55 \div 100 = 0.90$

B项目的净现值率($NPVR$)$=53.52 \div 150 = 0.36$

C项目的净现值率($NPVR$)$=160.29 \div 350 = 0.46$

在三个方案中A方案的净现值率最大,公司可以选择A方案进行投资。

(4)净现值率法的评价。

净现值率法的优点是,净现值率是一个相对数,它可以从动态的角度反映项目的投入与产出之间的关系,可以解决原始投资额不同的方案之间的取舍问题,比其他动态分析法计算简单;考虑了资金的时间价值和项目计算期内的全部现金流量。其缺点是,没有消除项目计算期不同带来的差异,折现率的确定比较困难。

4. 现值指数(PVI)

(1)现值指数的含义。

现值指数是指投资项目未来现金净流量现值之和与原始投资的现值之和的比率,其计算公式为:

$$获利指数=\frac{未来现金净流量现值之和}{原始投资的现值之和}$$

思考:现值指数与净现值率有什么样的相等关系?

(2)现值指数的计算步骤。

第一步:计算未来各年现金净流量并折为现值求和。

第二步:计算原始投资额的现值和。若无建设期或原始投资在建设期初一次投入,则无须折现。

第三步:计算现值指数,由第一步与第二步的计算结果相除求得。

(3)现值指数的决策原则。

对单一的独立投资项目,现值指数大于或等于1时,方案可行;现值指数小于1时,方案不可行。对多个投资期相同的互斥投资项目,选择现值数最大的方案为可行方案。

【例8-16】 沿用例8-14的资料,计算A、B、C三个项目的获利指数。

A项目的现值指数(PVI)=50×3.791÷100=1.90

B项目的现值指数(PVI)=(30×0.909+39.75×0.826+42.75×0.751+67.50×0.683+105×0.621)÷200

=1.36

C项目的现值指数(PVI)=(134.375×0.826+194.375×2.487×0.826)÷350

=1.46

在三个方案中A方案的获利指数最大,故公司可以选择A方案进行投资。

(4)现值指数法的评价。

现值指数与净现值率的优缺点基本相同,也是能够从动态的角度反映项目的投入与产出之间的关系,可以解决原始投资额不同的方案之间的取舍问题;考虑了资金的时间价值和项目计算期内的全部现金流量,但其没有消除项目计算期不同带来的差异,折现率的确定比较困难,计算比净现值率法麻烦。在会计实务中,通常并不要求直接计算现值指数,可根据净现值率推算出来。

5. 内含报酬率法(IRR)

(1)内含报酬率的含义。

内含报酬率又称为内部收益率,是使投资项目的净现值等于零时的折现率。净现值和现值指数虽然考虑了货币的时间价值,但不能反映项目本身能够达到的报酬率,而内含报酬率的计算能够揭示出项目本身的投资报酬率。

内含报酬率(IRR)满足下列等式:

$$\sum_{t=0}^{n}\frac{NCF_t}{(1+IRR)^t}=0$$

式中:n为项目计算期;NCF_t为第t年的现金净流量。

在内含报酬率法中,要先把净现值定为零,然后求出净现值为零时的折现率IRR。

(2)内含报酬率的计算。

①如果无建设期,每年经营现金流量相等,且期末无回收额。

由IRR的定义,有:

$$\sum_{t=0}^{n}\frac{NCF_t}{(1+IRR)^t}=NCF_0+\sum\frac{NCF_t}{(1+IRR)^t}=0$$

式中：NCF_0 为原始投资额，因为每年经营现金流量都相等，所以可以按普通年金形式折现：

$$年金现值系数=\frac{原始投资额}{各年现金净流量}$$

内含报酬率（IRR）的计算程序是：

第一步：求出年金现值系数。

第二步：查"1元年金现值表"，根据年金现值系数的值与有关期数，从年金现值系数表中查出所对应的折现率。这个折现率就是内含报酬率。如在表中不能直接找到上述系数及相应的折现率，则可找出与上述系数相邻的两个系数对应的两个折现率。

第三步：计算内含报酬率。根据相邻的两个折现率，采用内插法计算出内含报酬率。

【例8－17】 某企业拟购置一台机器设备，一次性投资为200 000元，使用年限为8年，期末无残值，每年现金流量为50 000元，计算内含报酬率。

第一步：计算年金现值系数。

$$年金现值系数=\frac{原始投资额}{各年现金净流量}=\frac{200\ 000}{50\ 000}=4$$

第二步：根据 $n=8$，年金现值系数＝4，查年金现值系数表，找出与4相邻的两个系数为4.078和3.837，与之对应的折现率分别为18%、20%。

第三步：用内插法，计算 IRR。

折现率	年金现值系数
18%	4.078
IRR	4.000
20%	3.837

$$\frac{18\%-IRR}{18\%-24\%}=\frac{4.078-4}{4.078-3.837}$$

求得：内含报酬率（IRR）＝19.94%

②如果经营期各年现金净流量不等，内含报酬率（IRR）可通过逐次测试再内插来确定。计算程序是：

第一步：先估计一个折现率，再按此折现率计算净现值。如果计算出的净现值大于零，表示预估的折现率小于该项目的内含报酬率，应稍提高估计的折现率，再次测试；如果估计的折现率正好使净现值等于零，则此次折现率就是内含报酬率；如果估计的折现率使净现值小于零，则表示估计的折现率大于该项目的内含报酬率，应稍降低估计的折现率再进行测试。经过如此反复的测算，找到一个大于零和一个小于零的净现值对应的折现率，两个折现率之间不要超过5%的间隔。

第二步：根据相邻的两个折现率，采用内插法就可以计算出净现值等于零时的折现率，即内含报酬率的近似值。

【例8－18】 某投资方案，每年的现金净流量是不等的，资料如表8－12所示，计算内含报酬率。

表 8—12　　某投资方案的净现值测算　　单位:万元

年份	现金净流量	折现率 32%		折现率 36%	
		复利现值系数	现值	复利现值系数	现值
1	80	0.758	60.64	0.735	58.80
2	100	0.574	57.50	0.541	54.10
3	120	0.435	52.20	0.398	47.76
4	70	0.329	23.03	0.292	20.44
5	60	0.250	15	0.215	12.90
未来现金净流量合计		—	208.37	—	194
原始投资额现值		—	202	—	202
净现值 *NPV*		—	6.37	—	−8

利用内插法,求内含报酬率

折现率	年金现值系数
32%	6.37
IRR	0
36%	−8

$$\frac{32\%-IRR}{32\%-36\%}=\frac{6.37-0}{6.37-(-8)}$$

求得:内含报酬率(*IRR*)=33.77%

(3)内含报酬率的决策原则。

对应单一项目决策,内含报酬率大于或者等于资本成本或者企业要求达到的投资报酬率、行业基准收益率或设定折现率,则方案可行。

(4)内含报酬率法的评价。

内含报酬率考虑了货币的时间价值,反映了项目的真实报酬率。由于内含报酬率指标反映了项目以每年净收益归还全部投资以后,所能获得的最大收益率,也可以作为项目能够接受资金成本率的上限,有助于作出筹资决策和投资决策。计算过程复杂,尤其当经营期大量追加投资时,又有可能出现多个内部收益率,使人无法据以判断其真实的内部收益率究竟是多少,这为这一指标的实际应用带来了困难。在多个互斥方案比选时,该指标只能作为辅助指标。

6. 净现值与内含报酬率的对比

在衡量方案的获利能力时,净现值法用的是绝对数值,而内含报酬率法用的是相对数值。净现值反映的是公司价值的变化额。

净现值的计算要比计算内含报酬率容易很多,尤其在手工计算环境下,净现值更有优势。净现值法可以用比较高的贴现率来反映投资风险。因为某些投资方案,项目计算期越长,后期发生的现金流量越难估计,现金流量数额就越不稳定。分析者可以通过使用较大的贴现率来调整贴现现金流量中的风险因素。而在内含报酬率法中,就不可能进行这种风险调整。

净现值能衡量各个互斥方案对公司价值的影响,因此,选择净现值最大的投资方案,与实现股东财富最大化的经营目标是一致的。另外,用内含报酬法并不能保证任何时候都能作出引致财富最大化的选择。内含报酬率的优势在于能够精确地测量出资金留在公司内部可赚取的投资报酬。然而，内含报酬率的最大化，并不一定意味着公司股东财富的最大化，因为从本质上说，内含报酬率无法体现投资方案的绝对贡献值。在投资分析的最后阶段，起决定作用的是投资方案能够赚取的利润额，而不是利润率，因此，在互斥方案或资本受到限制的互斥方案中选择最优方案时，应以净现值为主要决策指标，内含报酬率作为辅助决策指标。

三、固定资产更新决策的应用

(一)固定资产更新决策的定义

企业的生产设备由于技术上或经济上的原因在使用一段时间后会发生有形或无形的损耗，需要进行更新，以确保其正常的使用效能。

固定资产更新决策是指决定继续使用旧设备还是购买新设备，如果购买新设备，旧设备将以市场价格出售。

(二)固定资产更新决策的方法

更新决策往往是对几个互斥方案进行选择，而这些方案的原始投资额和使用期限不一定相同，因此，可以采用差额内含报酬率法或年回收额法进行分析。

1. 新旧设备使用寿命相等的固定资产更新决策

新旧设备使用年限相同的决策方案可以使用差额内含报酬率法进行分析。

(1)差额内含报酬率法的含义。

差额内含报酬率法是指在两个原始投资额不同的方案差量净现金流量 ΔNCF 的基础上，计算出差额内含报酬率 ΔIRR，并据以判断方案孰优孰劣的方法。

(2)差额内含报酬率法的适用范围。

差额内含报酬率法适用于原始投资不相同、使用年限相同的多方案比较。

(3)差额内含报酬率法的计算过程及具体步骤。

差额内含报酬率 ΔIRR 的计算过程同内含报酬率 IRR 一样，只是依据的是差量现金净流量 ΔNCF。

具体步骤为：

第一步：计算新设备替换旧设备产生的差量净现金流量 ΔNCF。

第二步：计算新设备替换旧设备产生的差量净现值 ΔNPV。

第三步：通过逐次测试内插法求解差额内含报酬率 ΔIRR。

(4)差额内含报酬率法的决策原则。

在此方法下，当差额内含报酬率指标大于或等于基准收益率或设定折现率时，原始投资额大的方案较优；反之，则原始投资额少的方案为优。

在更新改造项目投资决策中，当该项目的差额内含报酬率指标大于或等于基准收益率或设定折现率时，应当进行更新改造；反之，就不应当进行此项更新改造。

【例 8－19】 甲企业拟用一台新设备代替正在使用的旧设备，使用新设备会使产量增加和质量提高，每年营业收入为 100 000 元，每年经营成本 50 000 元。新设备的买价、运费及安装费共计 128 000 元，可使用 6 年，6 年后残值为 8 000 元。原旧设备的账面价值为 45 000 元，剩余使用寿命还有 6 年，如果现在出售可得价款 32 000 元，6 年后的残值为 5 000 元，使用旧设备所生产的产品每年的营业收入为 80 000 元，经营成本为 60 000 元。假定设备替换不会影响生产计划，行业基准收益率为 13%。采用直线法折旧，企业的所得税税率为 25%。问甲企业是否要更新旧设备?

新设备的年折旧额=(128 000-8 000)÷6=20 000(元)

旧设备的年折旧额=(32 000-5 000)÷6=4 500(元)

(1)计算新设备替换旧设备产生的差量净现金流量 ΔNCF。

$\Delta NCF_0=-128\ 000+32\ 000=-96\ 000$(元)

ΔNCF_1=(Δ收入-Δ付现成本-Δ折旧)×(1-所得税税率)+Δ折旧+抵税

=[(100 000-80 000)-(50 000-60 000)-(20 000-4 500)]×(1-25%)

+(20 000-4 500)+(45 000-32 000)×25%=29 625(元)

$\Delta NCF_{2\sim5}$=(Δ收入-Δ付现成本-Δ折旧)×(1-所得税税率)+Δ折旧

=[(100 000-80 000)-(50 000-60 000)-(20 000-4 500)]×(1-25%)

+(20 000-4 500)=26 375(元)

ΔNCF_6=(Δ收入-Δ付现成本-Δ折旧)×(1-所得税税率)+Δ折旧+Δ净残值

=26 375+8 000-5 000=29 375(元)

(2)计算新设备替换旧设备产生的差量净现值 ΔNPV。

$\Delta NPV=-96\ 000+29\ 625\times(P/F,\Delta IRR,1)+26\ 375\times(P/A,\Delta IRR,4)$

$\times(P/F,\Delta IRR,1)+29\ 375\times(P/F,\Delta IRR,6)$

(3)运用差额内含报酬率,通过逐次测试再内插的方法求解差额内含报酬率 ΔIRR。

第一次测试,设 $\Delta IRR=18\%$,

$\Delta NPV=-96\ 000+29\ 625\times(P/F,18\%,1)+26\ 375\times(P/A,18\%,4)$

$\times(P/F,18\%,1)+29\ 375\times(P/F,18\%,6)=118.99$

第二次测试,设 $\Delta IRR=20\%$,

$\Delta NPV=-96\ 000+29\ 625\times(P/F,20\%,1)+26\ 375\times(P/A,20\%,4)$

$\times(P/F,20\%,1)+29\ 375\times(P/F,20\%,6)=-4\ 580.61$

应用内插法得:

差额内含报酬率	差量净现值
18%	118.99
ΔIRR	0
20%	-4 580.61

$$\frac{18\%-\Delta IRR}{18\%-20\%}=\frac{118.99-0}{118.99-(-4\ 580.61)}$$

求得:差额内含报酬率 $\Delta IRR=18.05\%$

因为差额内含报酬率18.05%大于行业基准收益率13%,所以应购进新设备出售旧设备。

2. 新旧设备使用寿命不相等的固定资产更新决策

新旧设备使用寿命不相等的决策方案可以使用年回收额法进行分析。

(1)年回收额法的含义。

年回收额法是指根据所有投资方案的年回收额指标的大小来选择最优方案的决策方法。某一方案年回收额等于该方案净现值与年金现值系数的比值。若某方案净现值为 NPV,设定折现率或基准收益率为 i,项目计算期为 n,则年收回额可按下式计算:

$$该方案的年回收额=\frac{NPV}{(P_A/A,i,n)}$$

(2)年回收额法的计算步骤。

第一步：计算每个项目的净现值 NPV。

第二步：计算每个项目的年金现值系数。

第三步：两者相除，计算年回收额。

(3)年回收额法的决策原则。

在所有方案中，年回收额最大的方案为最优方案。

【例 8－20】 乙运输公司拟将一辆旧车翻新，需立即支付翻新成本 30 000 元，并预计在第五年年末该车有残值 5 000 元。该车每年的付现成本估计为 16 000 元，使用该车每年创造收入为 50 000 元。现该公司还有一个方案，即将旧车出售，可得价款 7 000 元，另行购置新车，需支付购入成本 50 000 元，新车使用寿命为 11 年。预计新车在第五年年末需大修一次，预计大修成本为 2 500 元。11 年期满新车残值也为 5 000 元，新车每年付现成本为 12 000 元，使用新车每年创造收入 70 000 元。又假定该公司的资金成本为 18%。那么，该公司选用哪个方案为宜？(不考虑企业所得税)

该题可通过计算两个方案的年回收额进行分析。

(1)分别计算两个方案的净现值：

$$\begin{aligned}\text{旧车净现值 }NPV &= -30\ 000-7\ 000-8\ 000\times(P/F,18\%,5)+(50\ 000-16\ 000)\\ &\quad\times(P_A/A,18\%,10)+5\ 000\times(P/F,18\%,10)\\ &= -30\ 000-7\ 000-8\ 000\times0.437+34\ 000\times4.494+5\ 000\times0.191\\ &= 113\ 255(\text{元})\end{aligned}$$

$$\begin{aligned}\text{新车净现值 }NPV &= -50\ 000-2\ 500\times(P/F,18\%,5)+(70\ 000-12\ 000)\\ &\quad\times(P_A/A,18\%,11)+5\ 000\times(P/F,18\%,11)\\ &= 58\ 000\times4.656+5\ 000\times0.191-2\ 500\times0.437-50\ 000\\ &= 219\ 910.5(\text{元})\end{aligned}$$

(2)计算两个方案的年回收额：

$$\begin{aligned}\text{旧车翻新方案的年回收额} &= NPV_{\text{旧}}\div(P_A/A,18\%,10)=113\ 255\div4.494\\ &= 25\ 201.38(\text{元})\end{aligned}$$

$$\begin{aligned}\text{购置新车方案的年回收额} &= NPV_{\text{新}}\div(P_A/A,18\%,11)=219\ 910.5\div4.656\\ &= 47\ 231.64(\text{元})\end{aligned}$$

因为购置新车方案年回收额大于旧车翻新方案的年回收额，所以乙运输公司应选购置新车的方案。

本章小结

本章主要阐述了决策基本理论及应用，具体内容包括决策分析概述、短期经营决策分析、长期决策分析。

决策分析概述，主要介绍了决策的概念、分类、程序等决策理论。

短期经营决策，主要介绍了短期经营决策的内容，决策的相关成本、无关成本和决策方法。通过案例揭示了新产品是否投产的决策内容；在不追加专属成本的情况下，运用单位资源边际贡献分析法或边际贡献总额分析法进行决策；在追加专属成本的情况下，运用相关损益分析法或差量分析法进行决策。通过案例揭示了亏损产品的内容；在生产能力无法转移时，亏损产品边际贡献大于零就不应该停产;在生产能力可以转移时,亏损产品的边际贡献大于能力转移后带来的边际贡献就不应该停产。通过案例揭示零部件是自制还是外购的决策含义和决策方法。在零部件的需要量确定的情况下,只需比较自制或外购方案的相关成本,选择成本低的方案;在零部件的需要量不确定的情况下,需采用成本无差别点法分析确定相应区间需要量下的低成本方案。通过案例揭示了存货决策中相关成本和无关成本,通过经济订货量模型进行决策分析。通过案例揭示了定价的含义、定价方法。成本定价法是企业常用的定价方法。

短期经营决策的应用,主要借助H工业有限公司数据资料,对该公司相关短期经营决策进行全面分析。

长期投资决策,主要介绍了影响长期投资决策的重要因素、长期投资决策的评价指标和固定资产更新决策的应用。

长期投资决策的评价指标,主要分为静态评价指标和动态评价指标。通过案例揭示了固定资产更新改造项目的决策方法。当原始投资额不同、新旧设备的使用年限相同时,可以用差额内含报酬率法进行决策,当差额内含报酬率大于设定的折现率时,前一方案优,否则,后一方案优。当新旧设备使用年限不相同时,可用年回收额法进行决策,年回收额大的方案为可执行方案。

本章结构图

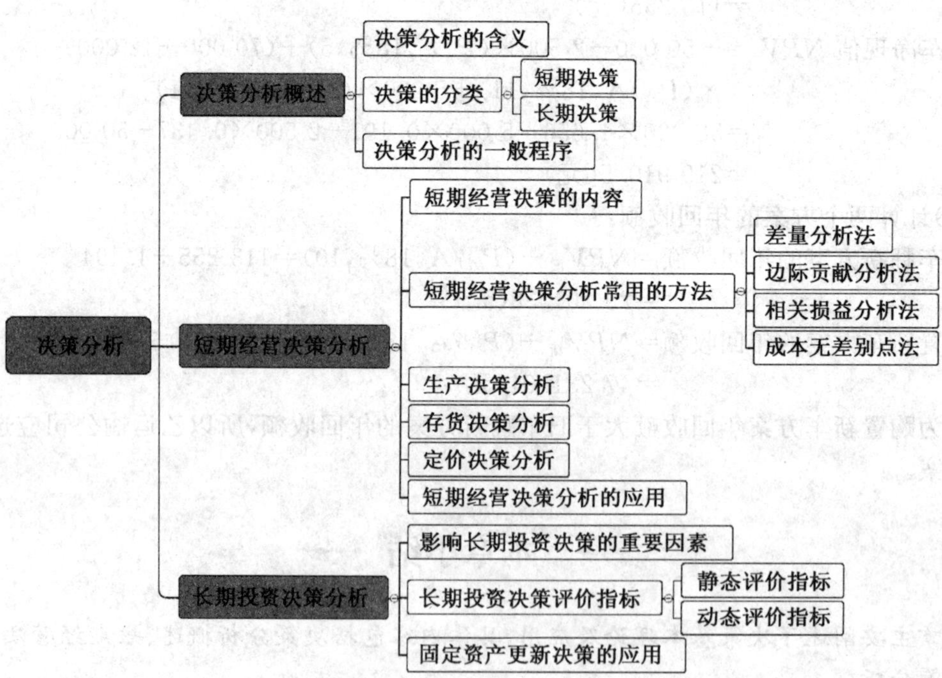

思考题

1. 回收期法有何优缺点?

2. 净现值法有何优缺点?

3. 短期经营决策中,决策考虑的相关成本有哪些? 是否每一个决策过程中都需要考虑相关成本?

4. 固定资产采用平均年限法和双倍余额递减法计提折旧对项目的现金净流量影响一样吗?

5. 使用静态评价分析法确定的可行性项目,能否就确认为最终的执行项目? 静态评价分析法在项目评价法中是主要的方法还是辅助方法?

6. 在什么情况下使用差额投资内含报酬率法?

7. 在什么情况下使用年回收额法?

8. 长期投资的特点是什么?

9. 企业在进行长期投资决策时,应重点考虑哪些因素?

10. 试着分析第二章中案例公司的经营决策。

业务题

1. 某企业现有30%的剩余生产能力,准备用来生产甲产品或乙产品。预计甲产品最大产量为3 000件,单位产品售价为500元,单位变动成本为400元,需发生专属固定成本50 000元;预计乙产品最大产量为5 000件,单位产品售价为300元,单位变动成本为220元,需发生专属固定成本80 000元。该企业目前年固定成本总额为380 000元。

要求:根据上述资料作出选择何种产品的决策。

2. 某企业原有一台设备,原价100 000元,可用10年,按直线法计提折旧,预计无残值。已使用6年,账面净值60 000元。使用该设备每年可获得收入149 000元,每年支付的使用费为113 000元。该企业准备购买一台新式的设备取代旧设备。新设备售价为150 000元,估计可用6年,预计净残值为7 500元。购入新设备时,旧设备可作价35 000元。新机器使用后,每年可增加销售收入25 000元;同时,每年可节约使用费10 000元。该企业希望投资报酬率至少应达到12%。

要求:作出设备是否更新的决策。

3. 某更新改造项目中,购置新设备需要投资500 000元,旧设备的变价净收入为100 000元,预计其5年后的净残值与新设备的净残值相等,与处理旧设备有关的固定资产清理损益为0元。该项目不影响企业的正常经营,投入使用后不会增加收入,但每年会降低经营成本100 000元。假定不考虑所得税因素。

要求:计算该更新改造项目的净现金流量。

4. 企业现有一台旧设备,尚可继续使用4年,预计4年后残值为2 400元,目前变价出售可获20 000元。使用该设备每年获营业收入500 000元,经营成本350 000元。市场上有一新型号设备,价值90 000元,预计4年后残值为5 000元。使用新设备不会增加收入,但可使每年经营成本降低25 000元。如果企业所得税率为33%。

要求:

(1)分别确定新旧设备的原始投资差额;

(2)分别计算新旧设备的每年折旧差额;

(3)分别计算新旧设备的每年净利润差额；

(4)计算新旧设备残值的差额；

(5)计算新旧设备各年的净现金流量 NCF，并在此基础上计算两者之差 ΔNCF；

(6)直接按差量分析法计算 ΔNCF。

5. 某厂拟投资 30 万元引进生产线，引进后当年即可投入使用，估计每年可增加现金流量 4.5 万元，该生产线的使用期为 10 年。引进设备所需款项需全额借款，年利率为 10%。试分析该方案是否可行。

6. 某项目按 14% 的设定折现率计算的净现值为 80 万元，按 16% 的设定折现率计算的净现值为 −8 万元。行业基准折现率为 12%。

要求：

(1)不用计算，直接判断该项目是否具备财务可行性，并说明理由。

(2)用内插法计算该项目的内部收益率，并评价该方案的可行性。

案例分析题

1. 某企业打算变卖一套尚可使用 5 年的旧设备，另外购置一套新设备来替换它。已知取得新设备的投资额为 150 000 元，旧设备的变价收入为 60 000 元，到第 5 年末，新设备与继续使用旧设备届时的预计净残值相等。使用新设备可使企业在 5 年内每年增加营业收入 50 000 元，增加经营成本 20 000 元。设备采用直线法计提折旧，企业所得税率为 25%。

要求：

(1)计算该更新设备项目的计算期内各年的差量净现金流量。

(2)计算差量内部收益率指标(保留两位小数)，并就以下两种情况为企业作出是否更新设备的决策，并说明理由：该企业的行业基准折现率为 11%；该企业的行业基准折现率为 15%。

2. 某企业急需一不需要安装的设备，该设备投入使用后，每年可增加销售收入 71 000 元，经营成本 50 000 元，若购买，其市场价格为 100 000 元，经济寿命为 10 年，报废时无残值；若从租赁公司租用同样设备，只需每年末支付 15 000 元租金，可连续租用 10 年。已知该企业的自有资金的资金成本为 12%，适用的所得税税率为 25%。

要求：

(1)用净现值法和内部收益率法评价企业是否应当购置该项设备。

(2)用净现值法对是否应当租赁设备方案作出决策。

学习资源

1. 爱课程(http://www.icourses.cn/coursestatic/course_6268.html).

2. 郭晓梅. CGMA 管理会计实践案例集[M]. 北京：清华大学出版社，2017.

3. 吴文学. 管理会计那点事儿——用数据支撑决策[M]. 北京：清华大学出版社，2017.

第九章　财务报表分析

学习目标

1. 了解财务报表分析的主要内容
2. 理解财务报表分析的方法
3. 掌握偿债能力、赢利能力、营运能力各项指标及其计算方法
4. 掌握运用各项能力分析指标对企业的各种能力进行分析评价

引例

腾讯成立于1998年11月，是目前中国领先的互联网增值服务提供商之一。成立10多年以来，腾讯一直秉承“一切以用户价值为依归”的经营理念，为亿级海量用户提供稳定优质的各类服务，始终处于稳健发展的状态。2004年6月16日，腾讯控股有限公司在香港联交所主板公开上市(股票代码00700)。

通过互联网服务提升人类生活品质是腾讯的使命。目前，腾讯把“连接一切”作为战略目标，提供社交平台与数字内容两项核心服务。通过即时通信工具QQ、移动社交和通信服务微信和WeChat、门户网站腾讯网(QQ.com)、腾讯游戏、社交网络平台QQ空间等中国领先的网络平台，满足互联网用户沟通、资讯、娱乐和金融等方面的需求。截至2017年3月31日，QQ的月活跃账户数达到8.61亿，最高同时在线账户数达到2.66亿；微信和WeChat的合并月活跃账户数达9.38亿。腾讯的发展深刻地影响和改变了数以亿计网民的沟通方式和生活习惯，并为中国互联网行业开创了更加广阔的应用前景。

腾讯控股公布2017年第一季度综合业绩。截至2017年3月31日，腾讯一季度财报显示：总收入为495.52亿元，同比增长55%；经营盈利为192.72亿元，同比增长44%；期内盈利为人民币145.48亿元，同比增长57%；净利润率为29%，与上年持平；每股基本盈利为人民币1.540元，每股摊薄盈利为人民币1.522元。腾讯目前市值约3 163亿美元。

腾讯主席兼CEO马化腾表示：“在2017年第一季，我们在业务及财务方面取得强劲的业绩。财务方面，智能手机游戏、支付相关服务、数字内容订购、PC游戏及社交广告驱动整体收入增长。业务方面，受农历新年假期带动，我们多款娱乐服务产品取得明显增长，这包括提供广受欢迎原创内容的视频平台，以及较新的产品如卡拉OK应用程序全民K歌、照片编辑应用程序天天P图及《王者荣耀》等手机游戏。我们将继续投资新科技、优质内容及创新产品，为用户带来更佳的体验。”

思考:如何评价腾讯控股有限公司的整体财务情况?通过对本章的学习,我们要学会运用各项能力分析指标对企业的各种能力进行分析评价,了解公司的财务状况、经营业绩以及现金流量水平,为相关决策者提供信息支持。

第一节 财务报表分析概述

一、财务报表分析概念及内容

(一)财务报表分析概念

财务报表分析是企业相关利益主体以财务报表为基本依据,结合一定的标准,运用科学系统的方法,对企业财务状况、经营成果和现金流量等情况进行全面分析,为相关决策提供信息支持。财务报表之间的数据不是孤立的,而是相互联系的,对于职业经理人,仅仅直接根据财务报告中的原始会计信息很难对企业经营状况做出正确判断,还必须对企业的相关会计信息进行综合分析,才能得出简洁、清晰的分析结论,从而有助于其决策。

(二)财务报表分析内容

不同报表分析主体对财务报表分析的目的不一样,例如投资者更关心企业的赢利能力,债权人更关心企业的偿债能力,经营者更关心企业内部经营存在的问题等。但总的来说,财务报表分析的核心是分析和评价企业组织的偿债能力、赢利能力这两个密切相关的问题。如果企业组织的赢利能力不佳,必然会影响未来现金流量和营运资本,进而影响到企业的偿债能力;反之,如果企业的偿债能力较差,无法按期及时清偿债务,必然会影响企业的融资能力,使得企业资金发生短缺,并且使企业陷于亏损而处境困难,进而影响其赢利能力,甚至影响企业的生存。因此,衡量和评价企业的偿债能力和赢利能力、创造现金流量能力是财务报表分析的核心问题。

(三)财务报表分析的评价标准

由于财务报表数据之间的关联性,如果孤立地看财务报表的数据并没有多大的意义。那么,如何判断财务报表数据所体现的企业的财务状况、经营成果和现金流量状况的好坏呢?这时候我们需要有一些标准用于评价企业的状况。选择不同的评价标准,即便是分析同一个问题,也会得出不同的结论。

在实践中,财务报表分析评价的标准主要有:行业标准、经验标准、历史标准、预算标准。

1. 行业标准

行业标准是行业内所有企业某个相同财务指标的平均水平或者是先进水平。选用行业标准,有助于职业经理人判断企业在同行业中所处的地位,能够明确企业今后的发展目标。但是在运用行业标准的时候也要注意,现代很多大型企业都从事多元化经营,难以界定其所属的行业,即便是处于同一行业,也有可能是居于产业价值链的不同环节,而且所采用的会计政策不一致,也可能导致财务报表数据的不可比。因此,在选择行业标准时,应选择同行业中具有可比性的先进企业或者同行业中的竞争对手。

2. 经验标准

经验标准是依据大量且在长期的财务管理实践中总结出来,被实践证明是比较合理的指标评价标准。例如,在西方国家,20 世纪 70 年代以来的财务管理实践中形成流动比率的经验标准是 2∶1,速动比率是 1∶1。经验标准有助于职业经理人观察企业的经营活动是否合乎常规。

经验标准是基于长期的实践中观察出来的，企业处于不同的经济环境下，原先的经验标准可能就不符合现在的情况了。例如，现在很多大型的企业的流动比率小于 2，但其经营状况非常良好。因此，选择经验标准时，要注意企业所处的经营环境的变化。

3. 历史标准

历史标准是指企业过去某个时期形成的标准。历史标准是与企业自身的历史状况相比，因此，比较可靠，也比较真实。它能够帮助职业经理人观察自身的变动情况，发现存在的问题，从而查明问题的本源，改善企业的经营管理。历史标准可以选择企业历史的最好水平，也可以选择企业连续多年的平均水平，在实践中，还常与上年的实际水平作比较。

但是，基于历史的比较，也是默认企业是基于同一经营环境下，如果企业的经营环境发生重大变化，则要对原来的标准进行适当调整。

4. 预算标准

预算标准是指企业结合现实的状况提出的目标标准。预算标准符合企业战略及目标管理的要求。运用预算标准，有助于职业经理人判断企业实际的财务状况和经营成果与预算（目标）之间的差异，寻找差异的原因，进一步提高经营管理水平。但是，因为预算标准是企业的内部标准，外部的信息使用者很难获取这样的资料，因此，只适用于企业内部的财务报表分析。

二、财务报表分析的基本方法

财务报表分析的主要方法有比较分析法、百分比分析法和比率分析法三种基本方法。

（一）比较分析法

比较分析法是指通过某项财务指标与性质相同的指标评价标准进行对比，揭示差异和矛盾，从而反映企业财务状况和经营成果的一种分析方法。比较是分析的基础，也是分析的最基本方法。例如，根据第二章表 2－4，青岛海尔股份有限公司 2015 年度的营业收入是 89 748 320 410.91元，2014 年度的营业收入是 96 929 763 894.36 元，通过比较可以看出，2015 年度的营业收入比 2014 年度的营业收入减少了 7 181 443 483.45 元，但是它没有表明发生变动的程度及原因，因此还需要进行百分比及比率分析。

（二）趋势分析法

趋势分析法又称水平分析法，是将两期或连续数期会计报表中相同的指标进行对比，确定其增减变动的方向、数额和幅度，以说明企业财务状况和经营成果的变动趋势的一种方法。

趋势分析法的具体运用主要有三种方式：

1. 重要财务指标的比较

重要财务指标的比较是将不同时期会计报表中的相同指标或比率进行比较，直接观察其增减变动情况及变动幅度，考察其发展趋势，预测其发展前景。表 9－1 是青岛海尔股份有限公司连续 8 年的营业收入情况。

表 9－1　　青岛海尔股份有限公司连续 8 年的营业收入情况

项　目	2008 年	2009 年	2010 年	2011 年	2012 年	2013 年	2014 年	2015 年
营业收入（万元）	3 040 804	3 297 942	6 058 825	7 366 250	7 985 660	8 648 772	96 929 76	8 974 832

从表 9－1 可以看出，通过重要财务指标的比较，可以直接看出某个重要财务项目的变动趋势，但是仍然不能合理地确定逐年变动的幅度。因此，我们进一步按百分比分析法，编制比

较财务报表，以反映其变动趋势和变动幅度。

2. 百分比分析法

百分比分析法是指按金额反映有关项目的增减变化额，还按百分比编制比较财务报表，反映有关项目的增减变化百分比。百分比分析法按其编制的方法不同，又可以分为水平分析法和垂直分析法。

(1)水平分析法。

水平分析法又称为横向分析法，是指将两期或连续数期的财务报表相同项目进行比较分析。通过水平分析法可以总体上概括了解资产、负债、所有者权益的变动情况，揭示其产生变动的差异，分析差异产生的原因。表9—2是青岛海尔有限公司2015年度与2014年度的比较资产负债表，表9—3是青岛海尔有限公司2015年度与2014年度的比较利润表。

表9—2　青岛海尔有限公司2015年度与2014年度比较资产负债表　单位：元

项　目	2015年	2014年	变动额	变动百分比
流动资产				
货币资金	24 714 814 951.97	31 225 415 815.88	−6 510 600 863.91	−20.85%
以公允价值计量且其变动计入当期损益的金融资产	22 069 897.04	103 668 887.71	−81 598 990.67	−78.71%
应收票据	12 673 651 612.86	16 474 120 740.17	−3 800 469 127.31	−23.07%
应收账款	6 141 390 930.87	6 736 377 962.77	−594 987 031.90	−8.83%
预付款项	556 872 003.39	836 083 992.96	−279 211 989.57	−33.40%
应收利息	183 731 216.46	178 522 845.11	5 208 371.35	2.92%
应收股利	85 826 158.26	54 524 472.84	31 301 685.42	57.41%
其他应收款	478 574 109.77	604 590 457.24	−126 016 347.47	−20.84%
存货	8 559 244 039.09	9 021 640 940.91	−462 396 901.82	−5.13%
其他流动资产	1 451 065 197.30	791 018 741.65	660 046 455.65	83.44%
流动资产合计	54 867 240 117.01	66 025 964 857.24	−11 158 724 740.23	−16.90%
非流动资产				
可供出售金融资产	2 837 318 201.20	1 430 621 348.35	1 406 696 852.85	98.33%
长期股权投资	4 958 908 333.93	3 582 596 477.92	1 376 311 856.01	38.42%
投资性房地产	3 449 331.95	30 582 852.72	−27 133 520.77	−88.72%
固定资产	8 420 548 468.52	7 372 658 455.93	1 047 890 012.59	14.21%
在建工程	1 391 471 823.07	1 341 216 468.78	50 255 354.29	3.75%
固定资产清理	74 096 355.04	31 624 205.58	42 472 149.46	134.30%
无形资产	1 453 470 715.09	1 008 290 734.35	445 179 980.74	44.15%
开发支出	78 064 195.82	68 341 844.86	9 722 350.96	14.23%
商誉	392 484 932.55	74 530 241.86	317 954 690.69	426.61%

续表

项 目	2015 年	2014 年	变动额	变动百分比
长期待摊费用	113 053 145.87	106 330 304.35	6 722 841.52	6.32%
递延所得税资产	971 483 089.80	919 731 174.63	51 751 915.17	5.63%
其他非流动资产	399 084 091.53	356 230 677.87	42 853 413.66	12.03%
非流动资产合计	21 093 432 684.37	16 322 754 787.20	4 770 677 897.17	29.23%
资产总计	75 960 672 801.38	82 348 719 644.44	−6 388 046 843.06	−7.76%
流动负债				
短期借款	1 873 108 241.50	2 291 941 025.91	−418 832 784.41	−18.27%
以公允价值计量且其变动计入当期损益的金融负债	7 707 414.12	42 686.85	7 664 727.27	17955.71%
应付票据	11 596 885 346.06	14 243 037 672.77	−2 646 152 326.71	−18.58%
应付账款	14 713 516 620.92	15 312 971 646.36	−599 455 025.44	−3.91%
预收款项	3 170 457 870.50	4 336 427 690.63	−1 165 969 820.13	−26.89%
应付职工薪酬	1 233 544 265.57	1 128 162 573.11	105 381 692.46	9.34%
应交税费	909 937 816.09	1 531 384 978.58	−621 447 162.49	−40.58%
应付利息	15 081 416.34	7 921 318.87	7 160 097.47	90.39%
应付股利	133 382 009.73	147 312 376.11	−13 930 366.38	−9.46%
其他应付款	6 056 795 354.04	7 083 921 880.47	−1 027 126 526.43	−14.50%
一年内到期的非流动负债	72 898 028.33		72 898 028.33	
流动负债合计	39 783 314 383.20	46 083 123 849.66	−6 299 809 466.46	−13.67%
非流动负债				
长期借款	297 241 293.20		297 241 293.20	
应付债券	1 107 734 516.43	1 800 700 630.05	−692 966 113.62	−38.48%
长期应付款	59 916 852.02		59 916 852.02	
长期应付职工薪酬	33 209 406.02	24 531 136.34	8 678 269.68	35.38%
预计负债	1 899 543 637.19	2 251 547 010.98	−352 003 373.79	−15.63%
递延收益	264 120 554.33	135 707 501.91	128 413 052.42	94.62%
递延所得税负债	113 330 102.11	130 113 355.29	−16 783 253.18	−12.90%
非流动负债合计	3 775 096 361.30	4 342 599 634.57	−567 503 273.27	−13.07%
负债合计	43 558 410 744.50	50 425 723 484.23	−6 867 312 739.73	−13.62%
所有者权益				
股本	6 123 154 268.00	3 045 935 134.00	3 077 219 134.00	101.03%
资本公积	83 383 194.51	5 978 787 439.45	−5 895 404 244.94	−98.61%

续表

项　目	2015 年	2014 年	变动额	变动百分比
减:库存股	77 604 544.70	47 160 730.00	30 443 814.70	64.55%
其他综合收益	633 183 460.03	577 613 439.63	55 570 020.40	9.62%
盈余公积	2 026 085 301.23	2 024 105 532.62	1 979 768.61	0.10%
未分配利润	13 905 774 481.88	13 029 187 314.71	876 587 167.17	6.73%
归属于母公司所有者权益合计	22 693 976 160.95	24 608 468 130.41	−1 914 491 969.46	−7.78%
少数股东权益	9 708 285 895.93	7 314 528 029.80	2 393 757 866.13	32.73%
所有者权益合计	32 402 262 056.88	31 922 996 160.21	479 265 896.67	1.50%
负债和所有者权益总计	75 960 672 801.38	82 348 719 644.44	−6 388 046 843.06	−7.76%

表 9—3　　青岛海尔有限公司 2015 年度与 2014 年度的比较利润表　　单位:元

项　目	2015 年	2014 年	变动额	变动百分比
一、营业总收入	89 748 320 410.91	96 929 763 894.36	−7 181 443 483.45	−7.41%
其中:营业收入	89 748 320 410.91	96 929 763 894.36	−7 181 443 483.45	−7.41%
二、营业总成本	84 526 081 762.99	89 934 380 570.26	−5 408 298 807.27	−6.01%
其中:营业成本	64 658 463 207.53	70 170 401 158.93	−5 511 937 951.40	−7.86%
营业税金及附加	397 251 039.85	404 547 062.67	−7 296 022.82	−1.80%
销售费用	13 101 282 436.95	12 579 781 619.54	521 500 817.41	4.15%
管理费用	6 549 193 839.44	6 813 114 797.83	−263 920 958.39	−3.87%
财务费用	−498 120 405.83	−256 648 580.46	−241 471 825.37	94.09%
资产减值损失	318 011 645.05	223 184 511.75	94 827 133.30	42.49%
加:公允价值变动收益(损失以"—"号填列)	−90 223 059.50	112 363 366.12	−202 586 425.62	−180.30%
投资收益(损失以"—"号填列)	1 320 302 216.61	1 192 580 008.87	127 722 207.74	10.71%
其中:对联营企业和合营企业的投资收益				
汇兑收益(损失以"—"号填列)				
三、营业利润(亏损以"—"号填列)	6 452 317 805.03	8 300 326 699.09	−1 848 008 894.06	−22.26%
加:营业外收入	618 457 263.82	378 335 366.09	240 121 897.73	63.47%
其中:非流动资产处置利得				
减:营业外支出	95 916 162.05	102 273 976.56	−6 357 814.51	−6.22%

续表

项　目	2015 年	2014 年	变动额	变动百分比
其中：非流动资产处置损失				
四、利润总额（亏损总额以“—”号填列）	6 974 858 906.80	8 576 388 088.62	—1 601 529 181.82	—18.67%
减：所得税费用	1 052 769 417.97	1 527 486 745.62	—474 717 327.65	—31.08%
五、净利润（净亏损以“—”号填列）	5 922 089 488.83	7 048 901 343.00	—1 126 811 854.17	—15.99%

通过上述比较财务报表，可以看出青岛海尔的整体资产、负债、所有者权益的状况，2014 年和 2015 年变动的金额，以及变动的程度。当然，在分析资产负债表项目时，还要结合利润表项目的变动情况，以判断其变动是否合理。

（2）垂直分析法。

垂直分析法也称为纵向分析法，是指同一期间财务报表不同项目之间关系的对比分析。通过垂直分析可以反映财务报表关键项目的结构以及关键项目组成部分的相互关系及其所占的比重，用以分析评价财务报表项目变动的合理程度。表 9—4 是青岛海尔有限公司 2015 年度与 2014 年度的比较共同比资产负债表，表 9—5 是青岛海尔股份有限公司 2015 年度与 2014 年度的比较共同比利润表。

表 9—4　　青岛海尔有限公司 2015 年度与 2014 年度比较共同比资产负债表

项　目	2015/12/31	2014/12/31	期末（%）	期初（%）	变动情况（%）
流动资产					
货币资金	24 714 814 951.97	31 225 415 815.88	32.54	37.92	—5.38
以公允价值计量且其变动计入当期损益的金融资产	22 069 897.04	103 668 887.71	0.03	0.13	—0.10
应收票据	12 673 651 612.86	16 474 120 740.17	16.68	20.01	—3.33
应收账款	6 141 390 930.87	6 736 377 962.77	8.08	8.18	—0.10
预付款项	556 872 003.39	836 083 992.96	0.73	1.02	—0.29
应收利息	183 731 216.46	178 522 845.11	0.24	0.22	0.02
应收股利	85 826 158.26	54 524 472.84	0.11	0.07	0.04
其他应收款	478 574 109.77	604 590 457.24	0.63	0.73	—0.10
存货	8 559 244 039.09	9 021 640 940.91	11.27	10.96	0.31
其他流动资产	1 451 065 197.30	791 018 741.65	1.91	0.96	0.95
流动资产合计	54 867 240 117.01	66 025 964 857.24	72.23	80.18	—7.95
非流动资产					
可供出售金融资产	2 837 318 201.20	1 430 621 348.35	3.74	1.74	2.00
长期股权投资	4 958 908 333.93	3 582 596 477.92	6.53	4.35	2.18

续表

项　目	2015/12/31	2014/12/31	期末(%)	期初(%)	变动情况(%)
投资性房地产	3 449 331.95	30 582 852.72	0.00	0.04	−0.04
固定资产	8 420 548 468.52	7 372 658 455.93	11.09	8.95	2.14
在建工程	1 391 471 823.07	1 341 216 468.78	1.83	1.63	0.20
固定资产清理	74 096 355.04	31 624 205.58	0.10	0.04	0.06
无形资产	1 453 470 715.09	1 008 290 734.35	1.91	1.22	0.69
开发支出	78 064 195.82	68 341 844.86	0.10	0.08	0.02
商誉	392 484 932.55	74 530 241.86	0.52	0.09	0.43
长期待摊费用	113 053 145.87	106 330 304.35	0.15	0.13	0.02
递延所得税资产	971 483 089.80	919 731 174.63	1.28	1.12	0.16
其他非流动资产	399 084 091.53	356 230 677.87	0.53	0.43	0.10
非流动资产合计	21 093 432 684.37	16 322 754 787.20	27.77	19.82	7.95
资产总计	75 960 672 801.38	82 348 719 644.44	100.00	100.00	
流动负债					
短期借款	1 873 108 241.50	2 291 941 025.91	2.47	2.78	−0.31
以公允价值计量且其变动计入当期损益的金融负债	7 707 414.12	42 686.85	0.01	0.00	0.01
应付票据	11 596 885 346.06	14 243 037 672.77	15.27	17.30	−2.03
应付账款	14 713 516 620.92	15 312 971 646.36	19.37	18.60	0.77
预收款项	3 170 457 870.50	4 336 427 690.63	4.17	5.27	−1.10
应付职工薪酬	1 233 544 265.57	1 128 162 573.11	1.62	1.37	0.25
应交税费	909 937 816.09	1 531 384 978.58	1.20	1.86	−0.66
应付利息	15 081 416.34	7 921 318.87	0.02	0.01	0.01
应付股利	133 382 009.73	147 312 376.11	0.18	0.18	0.00
其他应付款	6 056 795 354.04	7 083 921 880.47	7.97	8.60	−0.63
一年内到期的非流动负债	72 898 028.33		0.10	0.00	0.10
流动负债合计	39 783 314 383.20	46 083 123 849.66	52.37	55.96	−3.59
非流动负债					
长期借款	297 241 293.20		0.39	0.00	0.39
应付债券	1 107 734 516.43	1 800 700 630.05	1.46	2.19	−0.73
长期应付款	59 916 852.02		0.08	0.00	0.08
长期应付职工薪酬	33 209 406.02	24 531 136.34	0.04	0.03	0.01
预计负债	1 899 543 637.19	2 251 547 010.98	2.50	2.73	−0.23

续表

项　目	2015/12/31	2014/12/31	期末(%)	期初(%)	变动情况(%)
递延收益	264 120 554.33	135 707 501.91	0.35	0.16	0.19
递延所得税负债	113 330 102.11	130 113 355.29	0.15	0.16	−0.01
非流动负债合计	3 775 096 361.30	4 342 599 634.57	4.97	5.27	−0.30
负债合计	43 558 410 744.50	50 425 723 484.23	57.34	61.23	−3.89
所有者权益					
股本	6 123 154 268.00	3 045 935 134.00	8.06	3.70	4.36
资本公积	83 383 194.51	5 978 787 439.45	0.11	7.26	−7.15
减:库存股	77 604 544.70	47 160 730.00	0.10	0.06	0.04
其他综合收益	633 183 460.03	577 613 439.63	0.83	0.70	0.13
盈余公积	2 026 085 301.23	2 024 105 532.62	2.67	2.46	0.21
未分配利润	13 905 774 481.88	13 029 187 314.71	18.31	15.82	2.49
归属于母公司所有者权益合计	22 693 976 160.95	24 608 468 130.41	29.88	29.89	−0.01
少数股东权益	9 708 285 895.93	7 314 528 029.80	12.78	8.88	3.90
所有者权益合计	32 402 262 056.88	31 922 996 160.21	42.66	38.77	3.89
负债和所有者权益总计	75 960 672 801.38	82 348 719 644.44	100.00	100.00	

表 9−5　　青岛海尔股份有限公司 2015 年与 2014 年的比较共同比利润表

项　目	2015 年	2014 年	期末(%)	期初(%)	变动情况(%)
一、营业总收入	89 748 320 410.91	96 929 763 894.36	100	100	
其中:营业收入	89 748 320 410.91	96 929 763 894.36	100	100	
二、营业总成本	84 526 081 762.99	89 934 380 570.26	94.18	92.78	1.40
其中:营业成本	64 658 463 207.53	70 170 401 158.93	72.04	72.39	−0.35
营业税金及附加	397 251 039.85	404 547 062.67	0.44	0.42	0.02
销售费用	13 101 282 436.95	12 579 781 619.54	14.60	12.98	1.62
管理费用	6 549 193 839.44	6 813 114 797.83	7.30	7.03	0.27
财务费用	−498 120 405.83	−256 648 580.46	−0.56	−0.26	−0.30
资产减值损失	318 011 645.05	223 184 511.75	0.35	0.23	0.12
加:公允价值变动收益(损失以"−"号填列)	−90 223 059.50	112 363 366.12	−0.10	0.12	−0.22
投资收益(损失以"−"号填列)	1 320 302 216.61	1 192 580 008.87	1.47	1.23	0.24
其中:对联营企业和合营企业的投资收益					0.00

续表

项 目	2015 年	2014 年	期末(%)	期初(%)	变动情况(%)
汇兑收益(损失以"—"号填列)					0.00
三、营业利润(亏损以"—"号填列)	6 452 317 805.03	8 300 326 699.09	7.19	8.56	−1.37
加:营业外收入	618 457 263.82	378 335 366.09	0.69	0.39	0.30
其中:非流动资产处置利得					
减:营业外支出	95 916 162.05	102 273 976.56	0.11	0.11	0.00
其中:非流动资产处置损失					
四、利润总额(亏损总额以"—"号填列)	6 974 858 906.80	8 576 388 088.62	7.77	8.85	−1.08
减:所得税费用	1 052 769 417.97	1 527 486 745.62	1.17	1.58	−0.41
五、净利润(净亏损以"—"号填列)	5 922 089 488.83	7 048 901 343.00	6.60	7.27	−0.67

通过上述共同比资产负债表和利润表,可以看出青岛海尔股份有限公司 2015 年度流动资产占总资产的比重是 72.23%,2014 年为 80.18%,下降了 7.95%,流动性相对变弱。在负债和股东权益方面,2015 年度负债所占比重为 57.34%,2014 年所占比重为 61.23%,下降了 3.89%,说明青岛海尔 2015 年通过股权筹集了一部分经营资金。

综上所述,共同比财务报表可以显示出财务报表各项目的相对重要性,便于不同时期财务报表相同项目的比较。

3. 比率分析法

比率分析法是利用财务报告及有关财务资料中两项相关数值的比率,揭示企业财务状况和经营成果的一种分析方法。比率分析法在财务分析中被广泛应用。比较分析法和趋势分析法都是基于同一报表的比较,但是不同财务报表项目具有关联性,因此,我们通过比率分析法来分析报表之间的关系,以反映企业某个方面的情况。

比率分析法在本章第二节至第四节之间将专门介绍,这里暂不讨论。

第二节 偿债能力分析

一、偿债能力概念

偿债能力是指企业对债务偿还的承受能力或保障程度,即企业偿还全部到期债务的现金保障程度。偿债能力是企业综合财务能力的重要组成部分,是财务报表分析的核心问题之一,偿债能力不仅会影响企业的融资能力,甚至会影响到企业的生存问题,同时偿债能力也是企业保持良好市场形象和资信地位,避免风险损失,实现企业价值最大化的客观需求,是企业在瞬息万变的市场中求得生存和发展的先决条件。

企业偿债能力问题是投资者、经营者和债权人等企业利益相关者都十分关心的问题。对偿债能力作出正确分析和评价，有助于投资者作出正确的投资决策，有助于债权人作出正确的借贷决策，有助于经营者及时发现企业在经营过程中存在的问题，采取相应措施，保证企业生产经营顺利进行。

由于企业的资产和负债可以分为流动资产和非流动资产、流动负债和非流动负债，偿还的债务由流动负债和非流动负债构成，因此偿债能力分析通常分为短期偿债能力分析和长期偿债能力分析。

二、短期偿债能力

(一)短期偿债能力指标

短期偿债能力是指企业用流动资产偿还流动负债的现金保障程度。因此，企业短期资产的流动性大小对于短期偿债能力至关重要。

流动资产是指一年内或者一个周期内能够变现的资产，主要包括货币资金、交易性金融资产、应收及预付款项、存货等。其中，应收及预付款项和存货是流动资产的主要构成部分。

短期偿债能力的主要财务指标有营运资金、流动比率、速动比率、现金比率等。

1. 营运资金

广义的营运资金又称营运资本，是指一个企业投放在流动资产上的资金，具体包括现金、有价证券、应收账款、存货等占用的资金。狭义的营运资金是指某时点内企业的流动资产与流动负债的差额。本书采用狭义的营运资金概念。营运资金是反映企业短期偿债能力的指标之一。

其计算公式为：

$$营运资金=流动资产-流动负债$$

根据第二章表 2-2，青岛海尔股份有限公司 2015 年和 2014 年度的营运资金指标如下：

表 9-6 青岛海尔股份有限公司 2014 年和 2015 年度的营运资金指标 单位：元

项 目	2015 年度	2014 年度
流动资产	54 867 240 117.01	66 025 964 857.24
流动负债	39 783 314 383.20	46 083 123 849.66
营运资金	15 083 925 733.81	19 942 841 007.58

通常认为，营运资金越多，则偿债越有保障。当流动资产大于流动负债时，营运资金为正数，表明企业的流动负债有足够的流动资产作为偿付的保证；反之，则企业的流动资产不足以保证支付流动负债。因为营运资金是绝对数，不同企业之间存在规模的不同，不便于不同企业之间的比较，所以一般营运资金的比较标准是与营运资金的历史标准作比较，以判断营运资金是否合理。

2. 流动比率

流动比率是指企业流动资产与流动负债的比值，是衡量企业短期偿债能力的核心比率。

其计算公式为：

$$流动比率=\frac{流动资产}{流动负债}$$

根据第二章表 2-2，青岛海尔股份有限公司 2015 年和 2014 年度的流动比率如下：

表 9—7　　青岛海尔股份有限公司 2015 年和 2014 年度的流动比率　　单位:元

项　目	2015 年度	2014 年度
流动资产	54 867 240 117.01	66 025 964 857.24
流动负债	39 783 314 383.20	46 083 123 849.66
流动比率	1.38	1.43

流动比率可以反映短期债务由预期在该债务到期之前转变为现金的资产来偿还的能力，流动比率越高，企业的短期偿债能力越强，短期债权人利益的安全程度也越高。但流动比率过高，又会导致流动资产的闲置，进而影响其赢利能力；流动比率也不宜过低，过低则表示企业难以偿还债务。

3. 速动比率

速动比率是速动资产与流动负债的比率。速动资产是指流动资产中能在短时间内变现的资产，主要包括货币资金、交易性金融资产、应收票据、应收账款和其他应收款。在速动资产中扣除存货等项目的原因是因为存货的变现能力较差，一般需要较长时间，而且还有可能存在存货积压等情况。因此，速动比率是流动比率的重要补充，反映了短期内就能收回现金的资产用于偿还流动负债的能力。

其计算公式为：

$$速动比率=\frac{速动资产}{流动负债}$$

速动资产＝货币资金＋交易性金融资产＋应收票据＋应收账款＋其他应收款

也可以用扣除法来计算：

速动资产＝流动资产－存货－预付款项

根据第二章表 2－2，青岛海尔股份有限公司 2015 年和 2014 年度的速动比率如下：

表 9—8　　青岛海尔股份有限公司 2015 年和 2014 年度的速动比率　　单位:元

项　目	2015 年度	2014 年度
速动资产	45 751 124 075	56 168 239 923
流动负债	39 783 314 383.20	46 083 123 849.66
速动比率	1.15	1.22

速动比率代表了能够直接用来偿还债务的能力，与流动比率相比，由于速动比率剔除存货的影响，对短期偿债能力的分析考核更加稳妥可信。经验标准认为速动比率以 1∶1 为最佳，实际上，经理人应该根据企业的实际状况分析，不能一概而论。

4. 现金比率

现金比率是指企业的现金类资产与流动负债的比率。这里的现金是指货币资金和短期有价证券(实务中，通常用交易性金融资产来表示)。现金比率反映的是能够直接用来偿还负债的资产是多少，比速动比率采用了更极端保守的比率来分析偿债能力。因为在速动比率中的应收账款等可能已经被抵押或发生坏账，而会计账面并未注销，因此采用最保守方式计算现金资产和流动负债的比率。

其计算公式为：

$$现金比率=\frac{货币资金+短期有价证券}{流动负债}$$

表 9-9 青岛海尔股份有限公司 2015 年和 2014 年度的现金比率 单位:元

项 目	2015 年度	2014 年度
现金类资产	24 736 884 849	31 329 084 704
流动负债	39 783 314 383.20	46 083 123 849.66
现金比率	0.62	0.68

在实践中,经理人比较少关心现金比率,这是因为企业一般不会用现金和短期证券投资来偿付全部流动负债,除非发现企业的应收账款和存货的变现能力存在问题时,才会重视现金比率。

(二)影响短期偿债能力的其他因素

上述四个指标都是通过财务报表的数据获取计算的,实际中可能存在财务报表中未列示或无法列示的项目因素,这些因素会影响到短期的偿债能力,甚至可能影响是重大的。

1. 准备随时变现的长期资产

企业依据经营战略可能会有一部分长期资产准备随时变现,例如闲置的固定资产准备出售、持有的长期有价证券即将到期或提早出售等,这些长期资产的变现会影响到流动资产的结构,进而增强企业的短期偿债能力。

2. 良好的商业信用

良好的商业信用使企业具备更强的融资能力,从而能够缓解短期债务。良好的商业信用主要表现在企业发行债券或股票的能力和企业与银行等债权人的关系上,当企业与银行等债权人关系良好,能够进行债券或股权的融资,则企业能够在短期内获取资金,进而保障流动负债的偿还。

3. 可以随时动用的银行贷款指标

企业已经取得银行同意,尚未办理贷款手续的贷款,可以随时增加企业的货币资金,提高支付能力,进而增强企业的短期偿债能力。

4. 未作记录的或有负债

未作记录的或有负债范围较广,比如有纠纷的税款、尚未了结的诉讼案件、有争议的财产纠纷等均会对企业短期偿债能力产生负面影响。

5. 担保责任引起的债务

企业可以以自己的部分流动资产为其他企业提供经济担保,担保人是需要承担连带责任的,一旦被担保的企业未能按期支付债务,则本企业需要承担这部分债务,进而影响短期偿债能力。

三、长期偿债能力

(一)长期偿债能力指标

长期偿债能力是指企业偿还长期债务的能力。流动负债需要依靠流动资产来偿还,而长期债务的目的是通过借入资产的运营实现企业盈利的增加,来保障长期负债的偿还,因此,在长期偿债能力分析中,除了要关注企业的资产和负债的状况外,还需要关注企业的赢利能力。

长期偿债能力的主要财务指标有:资产负债率、所有者权益比率、利息保障倍数、权益乘数等。

1. 资产负债率

资产负债率是指企业的负债总额与资产总额的比率,是衡量企业利用负债融资进行财务活动的能力,也是衡量企业财务风险的重要指标。

其计算公式为:

$$资产负债率=\frac{负债总额}{资产总额}$$

根据第二章表 2—2,青岛海尔股份有限公司 2015 年和 2014 年度的资产负债率如下:

表 9—10　**青岛海尔股份有限公司 2015 年和 2014 年度的资产负债率**　单位:元

项　目	2015 年度	2014 年度
负债总额	43 558 410 744.50	50 425 723 484.23
资产总额	75 960 672 801.38	82 348 719 644.44
资产负债率	0.57	0.61

资产负债率反映企业的资产总额中债权人提供的比例。资产负债的高低和资产负债率多少才是合理的,并没有一个确定的标准,不同行业、不同类型的企业有较大差异。而且负债比率还涉及财务杠杆效应和资本结构的问题。

2. 所有者权益比率

所有者权益比率也称为权益比率,是企业所有者权益总额与资产总额之比,表明投资者资本在全部资产中所占的比重,也是衡量财务风险的重要指标。

其计算公式为:

$$权益比率=\frac{所有者权益总额}{资产总额}$$

根据第二章表 2—2,青岛海尔股份有限公司 2015 年和 2014 年度的权益比率如下:

表 9—11　**青岛海尔股份有限公司 2015 年和 2014 年度的权益比率**　单位:元

项　目	2015 年度	2014 年度
所有者权益总额	32 402 262 056.88	31 922 996 160.21
资产总额	75 960 672 801.38	82 348 719 644.44
权益比率	0.43	0.39

所有者权益比率越高,说明所有者对企业的控制权越稳固,企业面临较低的还本付息的压力,财务风险就越小。但是权益比率过高也未必是好现象,这是因为涉及财务杠杆的运用问题。

3. 权益乘数

权益乘数是指企业资产总额与所有者权益的倍数关系。

其计算公式为:

$$权益乘数=\frac{资产总额}{所有者权益总额}$$

根据第二章表2—2,青岛海尔股份有限公司2015年和2014年度的权益乘数如下：

表9—12　**青岛海尔股份有限公司2015年和2014年度的权益乘数**　单位:元

项　目	2015年度	2014年度
资产总额	75 960 672 801.38	82 348 719 644.44
所有者权益总额	32 402 262 056.88	31 922 996 160.21
权益乘数	2.34	2.58

权益乘数表明投资者投入企业的资本占全部资产的比重,该指标越大,表明所有者投入企业的资本占全部资产的比重越小,企业负债的程度越高,则财务风险就越大;反之则反是。同样,该指标涉及财务杠杆和资本结构问题。

4. 利息保障倍数

利息保障倍数是指企业一定时期息税前利润与利息支出的比率,反映获利能力对债务偿付的保证程度。"息税前利润"是指税前利润总额与利息支出的合计数。对于长期负债,在未到期前,企业实际需要支付的只是利息部分,通过这个指标可以反映企业的盈利对利息的保障程度。

利息支出理论上包括所有的利息费用,资本化利息和费用化利息都应该并入计算。但实际上,资本化的利息,在我国的会计处理上是计入资产处理的,从财务报表中无法获取这个信息,因此,经理人只能用利润表中的"财务费用"替代所有的利息费用。

其计算公式为:

$$利息保障倍数=\frac{息税前利润}{利息费用}$$

根据第二章表2—2和表2—4,青岛海尔股份有限公司2015年和2014年度的利息保障倍数如下：

表9—13　**青岛海尔股份有限公司2015年和2014年度的利息保障倍数**　单位:元

项　目	2015年度	2014年度
税前利润	6 974 858 906.80	8 576 388 088.62
财务费用	—498 120 405.83	—256 648 580.46
息税前利润	6 476 738 500.97	8 319 739 508.16
利息保障倍数	—13.00	—32.42

要维持正常偿债能力,利息保障倍数至少应大于1,且比值越高,企业长期偿债能力越强。如果利息保障倍数过低,企业将面临亏损以及偿债的安全性与稳定性下降的风险。实际上,利息保障倍数对利息的支付未必就有保障,因为企业的利润不能用于支付利息,只有现金才能支付利息,如果企业有足够的利润而没有现金,即便利息保障倍数较大,也未必能支付利息。因此,经理人还要关注现金流量指标。

(二)影响企业长期偿债能力的因素

在分析企业的长期偿债能力时,除了上述直接体现长期偿债能力的指标,还要注意没有在财务报表中充分披露的特别项目。

1. 长期租赁

如果企业急需某项设备而又缺乏足够资金时,可以通过租赁方式解决。企业通常将融资租赁视为自有固定资产,在资产负债表中列示,但对于采用经营租赁方式的固定资产,并不在资产负债中反映,只出现在报表附注和利润表的相关费用项目中。而经营租赁一般是长期占用,形成了长期固定的租赁费用,其租赁费用虽然不能作为长期负债处理,但到期必须支付租金,这就导致利润表中的利息费用总额与实际利息费用产生了偏差。因此,在分析长期偿债能力时,应考虑租赁费用对企业偿债能力的影响。

2. 或有事项

或有事项是企业无法肯定,但在将来可能会带来损失或收益的项目。这种项目具有不确定性,它一旦发生会对企业组织的财务状况产生很大的影响。按照会计的谨慎性原则,企业组织应尽量预计可能发生的损失或负债。因此,企业应对或有事项给予足够的重视,在评价企业长期偿债能力时也要考虑它们的潜在影响。

3. 担保责任

企业与其他单位的经济业务来往过程中,会发生很多担保责任。这些担保项目时间长短不一,有些涉及企业组织的长期负债,有些涉及企业组织的短期负债。在分析企业组织长期偿债能力时,应根据有关资料判断担保责任带来的潜在长期负债问题。

第三节　赢利能力分析

一、赢利能力概念

赢利能力又称为获利能力,是指企业在一定时期内获取利润的能力。赢利能力是企业持续经营和发展的保证,它反映企业的财务结构状况和经营绩效,是企业偿债能力和营运能力的综合体现。企业的赢利能力越强,企业获取的利润就越多。分析赢利能力将有助于衡量一个企业是否具有活力和发展前途。不论是股东、债权人还是企业管理人员,都非常关心企业的赢利能力指标。然而,由于报表使用者的分析目的不同,被分析企业的情况也有差别,不同赢利能力分析的侧重点有所差异。

从股东(投资者)的角度来看,企业赢利能力的强弱更是至关重要的。股东的直接目的就是获得更多的利润,因为对于信用相同或相近的几个企业,人们总是将资金投向赢利能力强的企业。股东更为关心企业赚取利润的多少,并重视对利润率的分析,是因为他们的股息与企业的赢利能力是密切相关的。此外,企业的赢利能力增强还会促进股票价格的上升,从而使股东获得资本收益。

从企业的角度来看,企业从事经营活动,其直接目的是最大限度地赚取利润,并维持企业持续稳定地经营和发展。持续稳定地经营和发展是获取利润的基础,而最大限度地获取利润又是企业持续稳定发展的目标和保证,只有在不断获取利润的基础上,企业才可能发展。

从债权人的角度来看,利润是企业偿债的重要来源,特别是对于长期债务而言,赢利能力的强弱直接影响企业的偿债能力。企业举债时,债权人势必审查企业的偿债能力,而偿债能力的强弱最终取决于企业的赢利能力。因此,分析企业的赢利能力对债权人而言也是十分重要的。

二、生产经营赢利能力

企业的生产经营赢利能力是企业分析赢利能力的重点。通过计算企业生产及销售过程中的产出、耗费和利润之间的比率关系，来研究和评价企业的赢利能力。在该过程中，不考虑企业的筹资或投资问题，重点研究利润与收入之间的比率关系，该赢利能力指标能够反映企业在销售过程中产生利润的能力。

生产经营赢利能力指标有：销售净利率、销售毛利率、成本费用利润率、营业利润率等。

1. 销售净利率

销售净利率是在分析企业赢利能力中使用最广泛的一项评价指标，用以衡量企业在一定时期的销售收入获取的能力。

其计算公式为：

$$销售净利率=\frac{净利润}{销售收入}$$

该指标反映每一元销售收入带来的净利润为多少，表示销售收入的收益水平。它与净利润成正比关系，与销售收入成反比关系。企业应当在增加销售收入额的同时，相应地获得更多的净利润，才能使销售净利率保持不变或有所提高。

根据第二章表2－4青岛海尔股份有限公司2015年和2014年度的销售净利率指标如下：

表9－14　青岛海尔股份有限公司2015年和2014年度的销售净利率　单位：元

项　目	2015年度	2014年度
净利润	5 922 089 488.83	7 048 901 343.00
销售收入	89 748 320 410.91	96 929 763 894.36
销售净利率	6.60%	7.27%

该指标越大，说明企业的赢利能力越强。在指标中，净利润是企业各项收益与各项成本费用配比后的净利。企业在扩大销售的同时，由于销售费用、财务费用、管理费用的大幅增加，企业净利润并不一定会同比例地增长，甚至有可能会出现负增长。因此，盲目扩大生产和销售规模未必会为企业带来正的收益。分析时，应注意结合盈利结构增减变动分析来考察销售净利率指标。

2. 销售毛利率

销售毛利率是指销售毛利占销售收入的百分比，通常称为毛利率。其中，毛利是销售收入与销售成本的差额。

其计算公式为：

$$销售毛利率=\frac{销售收入-销售成本}{销售收入}$$

根据第二章表2－4，青岛海尔股份有限公司2015年和2014年度的销售毛利率指标如下：

表 9—15　　青岛海尔股份有限公司 2015 年和 2014 年度的销售毛利率　　单位:元

项　目	2015 年度	2014 年度
销售收入	89 748 320 410.91	96 929 763 894.36
销售成本	64 658 463 207.53	70 170 401 158.93
销售毛利	25 089 857 203	26 759 362 735
销售毛利率	27.96%	27.61%

它反映了企业产品销售的初始获利能力,体现了企业某一主要产品或主要业务的盈利状况,是企业净利润的起点,没有足够高的毛利率便不能形成较大的盈利。与同行业相比,如果公司的毛利率显著高于同业水平,说明公司产品附加值高,产品定价高,同时也体现企业的产品在行业竞争中成本上的优势。

3. 成本费用利润率

成本费用利润率是企业一定期间的利润总额与成本费用总额的比率。

其计算公式为:

$$成本费用利润率=\frac{利润总额}{成本费用总额}$$

其中:

成本费用总额=营业成本+营业税金及附加+销售费用+管理费用+财务费用

据第二章表 2—4,青岛海尔股份有限公司 2015 年和 2014 年度的成本费用利润率指标如下:

表 9—16　　青岛海尔股份有限公司 2015 年和 2014 年度的成本费用利润率　　单位:元

项　目	2015 年度	2014 年度
成本费用	84 208 070 118	89 711 196 059
利润总额	6 974 858 906.80	8 576 388 088.62
成本费用利润率	8.28%	9.56%

成本费用利润率指标表明每付出一元成本费用可获得多少利润,体现了经营耗费所带来的经营成果。该项指标越高,利润就越大,反映企业的经济效益越好,赢利能力越强。

4. 营业利润率

营业利润率是指企业的营业利润与营业收入的比率。它是衡量企业经营效率的指标,反映了在考虑营业成本的情况下,企业管理者通过经营获取利润的能力。

其计算公式为:

$$营业利润率=\frac{营业利润}{营业收入}$$

据第二章表 2—4,青岛海尔股份有限公司 2015 年和 2014 年度的营业利润率指标如下:

表 9－17　**青岛海尔股份有限公司 2015 年和 2014 年度的营业利润率**　单位:元

项　目	2015 年度	2014 年度
营业利润	6 452 317 805.03	8 300 326 699.09
营业收入	89 748 320 410.91	96 929 763 894.36
营业利润率	7.19%	8.56%

该指标的特点在于,不仅考核了与产品经营直接相关的成本费用,而且也考核了与产品经营间接相关但必须发生的期间费用,使得对企业经营业务的获利能力的考核更趋全面,更能体现营业利润率的稳定性和持久性。此外,相对于净利润而言,营业利润是利润总额中最基本、最稳定的部分,运用该指标评价企业经营业绩避免了净利润频繁波动带来的不确定性影响。营业利润率越高,表明企业通过日常经营活动获得收益的能力越强。

三、资产获利能力

企业的营业收入以及最后利润的取得,是以一定规模的资产为基础的,所获利润多少与资产的规模紧密相关,因此,要全面考察企业的赢利能力,必须对投资收益能力进行分析。资产获利能力指标主要包括总资产报酬率、资产净利率和净资产收益率等指标。

1. 总资产报酬率

总资产报酬率又称资产所得率,是指企业一定时期内获得的报酬总额与平均资产总额的比率。它表示企业包括净资产和负债在内的全部资产的总体获利能力,用以评价企业运用全部资产的总体获利能力,是评价企业资产运营效益的重要指标。

其计算公式为:

$$总资产报酬率=\frac{息税前利润总额}{平均资产总额}$$

其中:

$$息税前利润总额=利润总额+利息费用=净利润+所得税+利息费用$$

$$平均资产总额=(期末总资产+期初总资产)/2$$

据第二章表 2－2、表 2－4,青岛海尔股份有限公司 2015 年总资产报酬率指标如下:

表 9－18　**青岛海尔股份有限公司 2015 年总资产报酬率**　单位:元

项　目	2015 年度	2014 年度
税前利润	6 974 858 906.80	8 576 388 088.62
财务费用	－498 120 405.83	－256 648 580.46
总资产	75 960 672 801.38	82 348 719 644.44
平均总资产	79 154 696 223	
总资产报酬率	8.18%	

该指标衡量来源于不同渠道的公司所有资产的赢利能力,是反映企业资产综合利用效果的指标。一般情况下,该指标越高,表明企业的资产利用效果越好,整个企业的赢利能力越强,经营管理水平越高。通过对该指标的深入分析,可以增强各方面对企业资产经营的关注,促进

企业提高单位资产的收益水平。要提高总资产报酬率，不仅要尽可能降低成本、扩大销售、提高业务收入利润率，同时也要尽可能提高资产利用率。只有从两方面入手，才能有效地提高赢利能力。如果该指标大于市场利率，则表明企业可以充分利用财务杠杆，进行负债经营，获取尽可能多的收益。

2. 资产净利率

资产净利率是企业在一定时期内的净利润和平均资产总额的比率。资产净利润率越高，说明企业利用全部资产的获利能力越强；资产净利润率越低，说明企业利用全部资产的获利能力越弱。

其计算公式为：

$$资产净利率=\frac{净利润}{平均总资产}$$

根据第二章表2—2、表2—4，青岛海尔股份有限公司2015年的资产净利率指标如下：

表9—19　　青岛海尔股份有限公司2015年资产净利率　　单位：元

项　目	2015年度	2014年度
净利润	5 922 089 488.83	7 048 901 343.00
总资产	75 960 672 801.38	82 348 719 644.44
平均总资产	79 154 696 223	
资产净利率	7.48%	

资产净利率与净利润成正比，与资产平均总额成反比。资产净利率是影响所有者权益利润率的最重要指标，具有很强的综合性，而资产净利率又取决于销售净利润率和资产周转率的高低。一般情况下，企业可据此指标与市场资本利率进行比较，如果该指标大于市场利率，则表明企业可以充分利用财务杠杆，进行负债经营，获取尽可能多的收益。该指标越高，表明企业投入产出的水平越好，企业的资产运营越有效。

3. 净资产收益率

净资产收益率又称股东权益报酬率，是净利润与平均股东权益的比值，是公司税后利润除以平均净资产得到的比率，该指标反映股东权益的收益水平，用以衡量公司运用自有资本的效率。指标值越高，说明投资带来的收益越高。该指标体现了自有资本获得净收益的能力。

其计算公式为：

$$净资产收益率=\frac{净利润}{平均净资产}$$

根据第二章表2—2、表2—4，青岛海尔股份有限公司2015年净资产收益率指标如下：

表9—20　　青岛海尔股份有限公司2015年净资产收益率　　单位：元

项　目	2015年度	2014年度
净利润	5 922 089 488.83	7 048 901 343.00
净资产	32 402 262 056.88	31 922 996 160.21
平均净资产	32 162 629 109	
净资产收益率	18.41%	

一般来说，负债增加会导致净资产收益率的上升。企业资产包括两部分：一部分是股东的投资，即所有者权益（它是股东投入的股本、企业公积金和留存收益等的总和）；另一部分是企业借入和暂时占用的资金。企业适当地运用财务杠杆可以提高资金的使用效率，借入的资金过多会增大企业的财务风险，但一般可以提高盈利；借入的资金过少会降低资金的使用效率。净资产收益率是衡量股东资金使用效率的重要财务指标。净资产收益率越高，企业自有资本获取收益的能力就越强，运营效益越好，对企业投资者和债权人的保证程度越高。

四、上市公司赢利能力分析

企业股份制改造是现代企业制度的重要形式，随着股份制的企业增多和资本市场的完善，上市公司越来越多，社会公众对于公司的关注度也越来越高。如何评价和分析上市公司的赢利能力？除可以通过一般企业赢利能力分析之外，还可以进行一些特殊的分析，特别是一些与企业股票价格或市场价值相关的指标分析，主要有每股收益、市盈率、每股股利等指标。

1. 每股收益

每股收益，又称每股税后利润、每股盈余，是企业净收益与发行在外的普通股加权平均数的比率。它反映了某会计年度内企业平均每股普通股获取的收益，用于评价普通股持有者获得报酬的程度。因此，只有普通股才计算每股收益。

其计算公式为：

$$每股收益(EPS)=(净利润-优先股股利)/发行在外的普通股加权平均数$$

其中：

$$加权平均股数=\sum(流通在外的股数\times流通在外的月数占全年月数的比例)$$

据第二章表2—2、表2—4，青岛海尔股份有限公司2015年和2014年的每股收益如下：

表9—21　青岛海尔股份有限公司2015年和2014年度的每股收益

项　目	2015年度	2014年度
每股收益	0.705	0.933

每股收益的趋势分析即对连续若干年的每股收益变动状况及其趋势所进行的分析，旨在了解企业投资报酬在较长时期中的变动规律。每股收益的同业比较分析，可以帮助我们更进一步了解企业该指标值在同业中所处的地位，从而在市场平均状况下对其做出更客观的判断。在运用每股收益指标时应注意：单一的每股收益指标值并不能很好地说明企业的盈利状况，通常我们还应该对其进行趋势分析和同业比较分析。

2. 每股股利

每股股利反映普通股获取现金股利的情况。其计算公式为：

$$每股股利=\frac{普通股现金股利总额}{发行在外的普通股股数}$$

据第二章表2—2、表2—4，青岛海尔股份公司2015年和2014年的每股股利如下：

表 9—22　　青岛海尔股份有限公司 2015 年和 2014 年度的每股股利　　单位:元

项　目	2015 年度	2014 年度
普通股现金股利	1 292 697 714	1 498 693 565.93
普通股股数	6 097 630 727	3 046 125 134
每股股利	0.21	0.49

每股股利越高,说明普通股获取的现金报酬越多。每股股利并不完全反映企业的盈利情况和现金流量状况。因为股利分配状况不仅取决于企业的盈利水平和现金流量状况,还与企业的股利分配政策相关。而且,在中国目前的资本市场中,股东对现金股利的期望往往并不高,更多的投资者是希望通过股票的低买高卖来获取报酬。

3. 市盈率

市盈率是指上市公司普通股每股市价相对于每股收益的倍数,反映投资者对上市公司每股净利润愿意支付的价格,用来估计股票的投资报酬和风险。

其计算公式如下:

$$市盈率=\frac{普通股每股市价}{普通股每股收益}$$

表 9—23　　青岛海尔股份有限公司 2015 年 12 月 31 日和 2014 年 12 月 31 日的市盈率

项　目	2015 年 12 月 31 日	2014 年 12 月 31 日
市盈率	14.0709	10.6667

市盈率是反映上市公司赢利能力的一个重要财务指标,投资者对该指标十分重视,一般来说,市盈率越低,代表投资者能够以较低价格购入股票以取得回报。用市盈率衡量一家公司的股票并非总是准确。一般认为,如果一家公司股票的市盈率过高,那么该股票的价格具有泡沫,价值被高估。当一家公司增长迅速以及未来的业绩增长非常看好时,股票目前的高市盈率可能恰好准确地估量了该公司的价值。

五、赢利能力与偿债能力的关系

(一)偿债能力与赢利能力的统一性

1. 赢利能力的提高是企业追求的总体目标

企业生产经营管理的各个方面都必须围绕着企业利润最大化这一中心来运转,以提高企业赢利能力为己任,并以做好各自的本职工作来体现企业的总体意志。财务工作也不例外。财务工作的基本职责无疑是积极争取良好的财务状况。因此,企业财务状况的好坏集中地反映在企业偿债能力的大小上。换言之,财务工作应在有效保证偿债能力的基础上,不断追求赢利能力的最大化,并使两大财务能力有机地协调统一起来。可见,有效维持企业偿债能力的合理化程度,是财务工作中提高企业盈利的条件、手段。提高企业赢利能力才是财务工作的目标。

2. 赢利能力的提高会大大改善企业财务状况,有利于提高企业偿债能力

在一定时期内,利润额增加尽管并不完全或并不直接地引起企业资金增量的相应增长,但

这并不排除它对企业财务筹资、财务投资、收益分配等各项财务工作的有效开展起到保证与促进作用。而且，从一个较长的时期观察，利润水平的提高最终会在资金流量上得到反映，甚至会使资本结构得到更加合理的调整，从而有助于增强企业的偿债能力。从根本上说，两大财务能力是相辅相成、相互支持、密不可分的。如果把赢利能力的提高视为企业的总体目标或一级目标，提高偿债能力便是提高赢利能力的一个重要的条件、手段或基础。无疑，提高赢利能力还受制于其他许多因素，如企业技术能力、产品开发能力、经营管理能力、市场开拓能力、生产能力等。因此赢利能力的提高需要企业各职能部门、各生产单位上下各方面的共同努力。但从财务角度看，偿债能力对于赢利能力的提高起着至关重要的作用。因为企业财务状况好坏最集中地体现在财务资金的流动性上，而在货币信用关系广泛渗透的环境中，企业财务资金的流动性又主要取决于企业偿债能力的强弱。也正是因为如此，我们把偿债能力与赢利能力视为财务领域中的两大基本能力。

(二)偿债能力与赢利能力的矛盾性

赢利能力是一个时期数，偿债能力是一个时点数。企业的赢利能力体现在一定时期内总收入超过总支出的数量大小上，超出额越大，赢利能力越高；而偿债能力则反映企业在某一时点上货币资金或其等价物清偿债务的及时性、有效性。不适当地追求偿债能力尽管可以减少财务风险，却会引起赢利能力的下降。

第四节 营运能力分析及现金流量分析

一、营运能力概述

营运能力是指企业对其有限资源进行配置和利用的能力。企业营运能力分析包括人力资源营运能力和生产资料营运能力的分析。人力资源营运能力主要通过劳动效率指标进行分析；生产资料营运能力则通过企业资产周转速度进行分析，企业资产周转情况可以反映企业资产的运行效率高低，也会影响企业的偿债能力和赢利能力，本书主要讨论资产周转情况。

反映资产周转速度的指标如表 9－24 所示：

表 9－24　资产周转速度指标

资产周转速度指标	计算公式	指标分析
周转率(周转次数)	周转额÷资产平均余额	周转次数越多，周转速度越快，营运能力越强
周转期(周转天数)	计算期天数÷周转次数	周转期越短，周转速度越快，营运能力越强

注：周转额通常用销售收入净额或销货成本计算；资产平均余额，可通过(期初资产＋期末资产)÷2 简化计算得出；计算天数，一年按 360 天或 12 个月计算。

本书主要介绍流动资产周转率、固定资产周转率和总资产周转率这几个常用指标。

(一)流动资产周转率

流动资产具有周转速度快、变现能力强的特点，其价值形态容易发生变化。分析流动资产的周转情况可以了解企业流动资产利用效率，把握企业在经营管理中运用流动资金的能力。流动资产中占比重比较大的是应收账款和存货，因此，本书主要讨论应收账款周转率和存货周转率。

1. 应收账款周转率

应收账款周转率是企业一定时期内赊销收入与应收账款平均余额的比率。应收账款周转率指标可以表示为应收账款周转次数和应收账款周转天数,用来反映企业应收账款的流动性。

其计算公式为:

$$\text{应收账款周转率(应收账款周转次数)}=\frac{\text{赊销收入}}{\text{平均应收账款}}$$

其中:

$$\text{平均应收账款}=(\text{应收账款余额年初数}+\text{应收账款余额年末数})\div 2$$

$$\text{应收账款周转期(应收账款周转天数)}=\frac{360}{\text{应收账款周转率}}$$

根据第二章表2—2、表2—4,青岛海尔股份有限公司2015年度的应收账款周转率和周转天数如下:

表9—25　　青岛海尔股份有限公司2015年的应收账款周转率和周转天数　　单位:元

项　目	2015年度	2014年度
销售净额	89 748 320 410.91	96 929 763 894.36
应收账款	6 141 390 930.87	6 736 377 962.77
应收票据	12 673 651 612.86	16 474 120 740.17
应收账款余额	18 815 042 543.73	23 210 498 702.94
应收账款平均余额	21 012 770 623	
应收账款周转率	4.27	
应收账款周转天数(天)	84.3	

应收账款周转率用于反映应收账款的变现速度和管理效率。一般情况下,该指标越高,应收账款周转越快,意味着应收账款收回得越快,应收账款流动性越强,坏账损失越小。评价该指标还应结合企业应收账款的账龄及信用政策,以便更好地分析应收账款的流动性和管理效率。

2. 存货周转率

存货周转率是指企业一定时期内营业成本与存货平均余额的比率。存货周转率可以反映企业销售能力和存货周转速度。一般情况下,存货会占流动资产总额的一半以上,因此存货周转率的高低对流动资产的流动性起到关键性作用。

其计算公式为:

$$\text{存货周转率}=\frac{\text{营业成本}}{\text{平均存货}}$$

$$\text{存货周转期}=\frac{360}{\text{存货周转率}}$$

根据第二章表2—2、表2—4,青岛海尔股份有限公司2015年度的存货周转率和周转天数如下:

表 9－26　　青岛海尔股份有限公司 2015 年的存货周转率和周转天数　　单位：元

项　目	2015 年度	2014 年度
产品销售成本	64 658 463 207.53	70 170 401 158.93
存货余额	8 559 244 039.09	9 021 640 940.91
存货平均余额	8 790 442 490	
存货周转率	7.36	
存货周转天数(天)	48.91	

知识拓展

营业周期是指企业从取得商品到销售商品收回现金的整个期间。一般情况下，从应收账款的流动性指标和存货的流动性指标可以确定经营周期。即：营业周期＝应收账款周转天数＋存货周转天数。

存货周转率用于反映企业销售能力的强弱。一般情况下，该指标越高，存货周转越快，意味着企业利润率越大，营运资金用于存货的资金就越小，因而，存货周转率与企业组织的赢利能力有直接的关系；反之，如果企业的存货周转率低，则说明可能销路不畅或者存货积压，存货占用资金较多，从而降低企业资产运行的效率和效果。

(二)固定资产周转率

固定资产周转率是指营业收入与固定资产平均净值的比率，反映固定资产的利用效率。

其计算公式为：

$$\text{固定资产周转率}=\frac{\text{营业收入}}{\text{固定资产平均净值}}$$

其中：

$$\text{固定资产平均净值}=(\text{固定资产期初净值}+\text{固定资产期末净值})\div 2$$

根据第二章表 2－2、表 2－4，青岛海尔股份有限公司 2015 年度固定资产周转率和周转天数如下：

表 9－27　　青岛海尔股份有限公司 2015 年的固定资产周转率和周转天数　　单位：元

项　目	2015 年度	2014 年度
销售收入	89 748 320 410.91	96 929 763 894.36
固定资产余额	8 420 548 468.52	7 372 658 455.93
固定资产平均余额	7 896 603 462	
固定资产周转率	11.37	
固定资产周转天数(天)	31.66	

固定资产周转率是反映固定资产周转快慢的重要指标。一般情况下，固定资产周转率越高，周转天数越少，表明企业固定资产利用越充分，同时也说明企业固定资产投资得当，固定资

产结构分布合理,能够较充分地发挥固定资产的使用效率,营运能力较强。

(三)总资产周转率

总资产周转率是指企业一定时期内的营业收入与平均资产总额的比率,反映企业的总资产利用效率。

其计算公式为:

$$总资产周转率=\frac{营业收入}{平均总资产}$$

根据第二章表2-2、表2-4,青岛海尔股份有限公司2015年总资产周转率和周转天数如下:

表9-28　**青岛海尔股份有限公司2015年的总资产周转率和周转天数**　单位:元

项　目	2015年度	2014年度
销售收入	89 748 320 410.91	96 929 763 894.36
总资产余额	75 960 672 801.38	82 348 719 644.44
总资产平均余额	79 154 696 223	
总资产周转率	1.13	
总资产周转天数(天)	318.58	

一般来说,总资产周转率越高,周转天数越短,说明企业所有资产周转得越快,同样的资产取得的收入越多,因而资产的管理水平越高。资产周转率的高低主要取决于营业收入和总资产两个因素。增加营业收入或减少总资产都可以提高总资产周转率。

二、现金流量分析

尽管上述比率分析能够提供给经理人重要的信息,帮助其评价企业的财务和经营状况,但是上述的比率分析都是基于权责发生制的,忽略了现金流量分析。因此,只有将相关的比率分析再结合现金流量分析,才能充分发挥比率的作用。

现金流量的比率主要有:现金比率、销售现金比率、资产现金回收率、盈利现金流量比率等。现金比率已在第二节中阐述,在此不再重复。

(一)销售现金比率

销售现金比率是指经营活动现金净流量和销售收入的比值,用来反映每元销售收入得到的现金流量净额。其数值越大越好,表明企业的收入质量越好,资金利用效果越好。

其计算公式为:

$$销售现金比率=\frac{经营活动现金净流量}{销售收入}$$

根据第二章表2-2、表2-4、表2-6,青岛海尔股份有限公司2015年和2014年度销售现金比率如下:

表 9—29 青岛海尔股份有限公司 2015 年度和 2014 年度销售现金比率 单位:元

项 目	2015 年度	2014 年度
经营活动现金流量净额	5 579 600 612.93	6 769 361 298.35
销售收入	89 748 320 410.91	96 929 763 894.36
销售现金比率	6.22%	6.98%

销售现金比率的数值越大越好,表明每单位销售收入中得到的经营活动现金流量净额是多少,用来反映企业销售收入的质量状况。

(二)资产现金回收率

资产现金回收率是指经营活动产生现金流量净额和资产平均余额的比值,用来反映企业全部资产产生现金的能力。

其计算公式为:

$$资产现金回收率=\frac{经营活动现金净流量}{平均资产总额}$$

根据第二章表 2—2、表 2—4、表 2—6,青岛海尔股份有限公司 2015 年度资产现金回收率如下:

表 9—30 青岛海尔股份有限公司 2015 年度资产现金回收率 单位:元

项 目	2015 年度	2014 年度
经营活动现金流量净额	5 579 600 612.93	6 769 361 298.35
平均资产总额	79 154 696 223	
资产现金回收率	7.05%	

资产现金回收率衡量某一经济行为发生损失大小的指标,回收率越高,说明收回的资金占付出资金的比例高,损失小;回收率越低,则损失越大。

(三)盈利现金流量比率

盈利现金流量比率是指经营活动现金流量净额和净利润的比值,反映了经营活动现金流量净额与当期净利润的差异程度,即当期实现的净利润有多少是有现金流量保证的。盈利现金流量比率是评价企业赢利能力质量的主要指标。

其计算公式为:

$$盈利现金流量比率=\frac{经营活动现金净流量}{净利润}$$

根据第二章表 2—2、表 2—4、表 2—6,青岛海尔股份有限公司 2015 年和 2014 年度盈利现金流量比率如下:

表 9—31 青岛海尔股份有限公司 2015 年度和 2014 年度盈利现金流量比率 单位:元

项 目	2015 年度	2014 年度
经营活动现金流量净额	5 579 600 612.93	6 769 361 298.35
净利润	5 922 089 488.83	7 048 901 343.00
盈利现金流量比率	0.94	0.96

为了防止一方面净利润较多,另一方面现金流严重短缺,就必须利用经营活动现金流量净额与净利润之间的关系比率来评价净利润质量以及影响质量高低的原因。盈利现金流量比率指标对于防止企业尤其是上市公司操纵会计利润具有重要的意义。企业操纵账面利润,通常难以拥有相应的现金流量。盈利现金流量比率过低,就有"虚盈实亏"的可能性。财务报表分析者应该进一步分析企业的会计政策、会计估计和会计差错变更影响以及应收账款及存货的变现能力。

该比率大于1,表明企业会计利润的收现能力较强,利润质量较高;反之,若比率小于1,则表明企业会计利润的质量较差,存在大量的应收项目。

本章小结

财务报表分析是企业相关利益主体以财务报表为基本依据,结合一定的标准,运用科学系统的方法,对企业财务状况、经营成果和现金流量等情况进行全面分析,为相关决策提供信息支持。

财务报表分析的目的受分析主体和分析对象的制约,不同的报表分析主体进行报表分析的目的不同。财务报表分析的核心是分析和评价企业组织的偿债能力、赢利能力、营运能力这些密切相关的问题。

财务报表分析评价的标准主要有行业标准、经验标准、历史标准、预算标准。财务报表分析的主要方法有比较分析法、比率分析法和百分比分析法三种基本方法。百分比分析法按其编制的方法不同,又可以分为水平分析法和垂直分析法。

财务报表分析利用资产负债表、利润表和现金流量表等财务报表,从不同的角度对企业的偿债能力、赢利能力、营运能力进行分析,形成了综合反映企业财务效率的财务指标体系,有助于报表使用者全面地分析、评价企业整体的财务状况、经营成果以及现金流量状况,为财务报表的综合分析奠定基础。

本章结构图

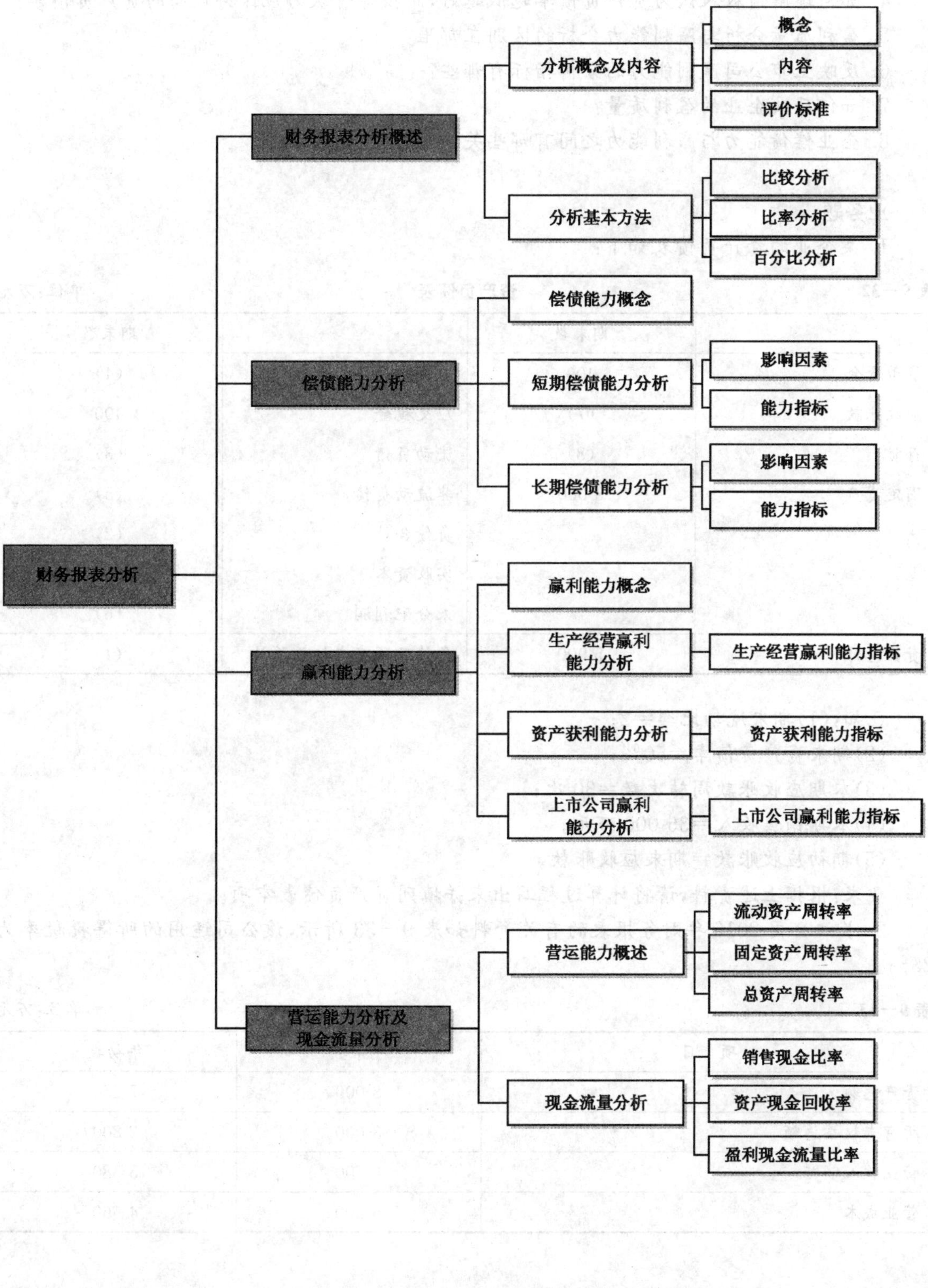
财务报表分析
财务报表分析概述
分析概念及内容
概念
内容
评价标准
分析基本方法
比较分析
比率分析
百分比分析
偿债能力分析
偿债能力概念
短期偿债能力分析
影响因素
能力指标
长期偿债能力分析
影响因素
能力指标
赢利能力分析
赢利能力概念
生产经营赢利能力分析
生产经营赢利能力指标
资产获利能力分析
资产获利能力指标
上市公司赢利能力分析
上市公司赢利能力指标
营运能力分析及现金流量分析
营运能力概述
流动资产周转率
固定资产周转率
总资产周转率
现金流量分析
销售现金比率
资产现金回收率
盈利现金流量比率

思考题

1. 财务报表分析的基本方法包括哪些?
2. 影响企业短期和长期偿债能力的因素有哪些?
3. 产权比率与资产负债率两指标之间有何区别?
4. 如何理解债权人认为资产负债率越低越好,而投资者认为应保持较高的资产负债率?
5. 盈利质量分析与赢利能力分析的区别在哪里?
6. 反映上市公司赢利能力的分析指标有哪些?
7. 如何反映企业的盈利质量?
8. 企业偿债能力与赢利能力之间有哪些关系?

业务题

1. 某企业的资产负债表如下:

表 9—32 资产负债表 单位:万元

	期末数		期末数
货币资金	400	应付账款	(4)
应收账款	(7)	应交税金	400
存货	(8)	流动负债	(3)
固定资产	3 000	非流动负债	(5)
		负债合计	(2)
		实收资本	300
		未分配利润	(6)
资产总计	5 000	负债及所有者权益总计	(1)

已知:(1)期末流动比率=2;

(2)期末资产负债率=50%;

(3)本期应收账款周转次数=30 次;

(4)本期销售收入=36 000 万元;

(5)期初应收账款=期末应收账款。

要求:根据上述资料,请将计算过程写出来并填列资产负债表空项。

2. 长江公司 2016 年财务报表的有关资料如表 9—33 所示,该公司适用的所得税税率为 25%。

表 9—33 单位:万元

项　目	年末数	年初数
资产总额	8 000	7 650
所有者权益总额	3 000	2 800
营业收入	6 700	5 380
营业成本	5 500	4 660

续表

项　目	年末数	年初数
管理费用	460	450
利息费用	310	280
经营活动产生的现金净流量	100	90

要求：

(1)根据上述有关资料，计算该公司 2016 年的销售毛利和净利润。

(2)计算该公司 2016 年的营业利润率、净资产收益率、资产净利率。

3. ABC 公司 2016 年有关资料为：平均总资产为 369 805 万元，利润总额为 10 534 万元，利息费用为 3 592 万元，平均净资产为 153 163 万元。

要求：

(1)计算 ABC 公司的总资产报酬率；

(2)计算 ABC 公司的净资产收益率。

4. 某企业连续三年的资产负债表中相关资产项目的数额如表 9—34 所示：

表 9—34　　单位：万元

项　目	2014 年末	2015 年末	2016 年末
流动资产	2 200	2 680	2 680
其中：应收账款	944	1 028	1 140
存货	1 060	928	1 070
固定资产	3 800	3 340	3 500
资产总额	8 800	8 060	8 920

已知 2016 年营业收入额为 10 465 万元，比 2015 年增长了 15%；其营业成本为 8 176 万元，比 2015 年增长了 12%。试计算表中各项资产的周转率，并分析该企业的营运能力。

案例分析题

1. A、B 公司 2016 年度有关财务报表如下：

表 9—35　　资产负债表(简表)

2016 年 12 月 31 日　　单位：千元

项　目	A 公司	B 公司
货币资金	20 000	25 000
应收款项	25 000	20 000
存货	30 000	15 000
长期投资	40 000	100 000
固定资产净值	180 000	520 000
无形资产	11 000	20 000
资产合计	356 000	985 000

续表

项　目	A公司	B公司
应付账款	50 000	165 000
应付债券	110 000	410 000
股本	150 000	310 000
留存收益	46 000	100 000
权益合计	356 000	985 000

表 9—36　　利润表　　单位:千元

项　目	A公司	B公司
主营业务收入	3 050 000	3 800 000
减:主营业务成本	415 000	1 050 000
销售费用和管理费用	230 000	580 000
利息费用	20 000	22 000
所得税	42 000	65 000
净利润	63 000	33 000

要求:

(1)计算B公司的速动比率、资产负债率、利息保障倍数、权益乘数、资产净利率。

表 9—37

指　标	A公司	B公司
速动比率	0.9	①
资产负债率	44.94	②
利息保障倍数	6.25	③
权益乘数	1.82	④
资产净利率	0.18	⑤

(2)根据A公司的主要指标,对B公司进行简要的分析和比较。

2. 万科企业股份有限公司,简称万科或万科集团,证券简称:万科A,证券代码:000002。

公司总股本 11 039 152 001 股。万科 1988 年进入房地产行业,经过近 30 年的发展,成为国内领先的房地产公司,目前主营业务包括房地产开发和物业服务。

公司聚焦城市圈带的发展战略,截至 2015 年底,公司进入中国大陆 66 个城市,分布在以珠三角为核心的广深区域、以长三角为核心的上海区域、以环渤海为核心的北京区域,以及由中西部中心城市组成的成都区域。此外,公司自 2013 年起开始尝试海外投资,目前已经进入中国香港、新加坡、旧金山、纽约、伦敦 5 个海外城市,参与数十个房地产开发项目。

2015 年公司实现销售面积 2 067.1 万平方米,销售金额 2 614.7 亿元,同比分别增长 14.3%和 20.7%,在全国的市场占有率上升至 3.00%。

万科集团 2015 年至 2016 年的财务报表数据如下:

表 9—38　　　　资产负债表　　　　单位：元

科　目	2015-12-31	2016-12-31	科　目	2015-12-31	2016-12-31
货币资金	53 180 381 016.34	87 032 118 210.63	短期借款	1 900 087 965.52	16 576 589 202.38
交易性金融资产			交易性金融负债		
应收票据			应付票据	16 744 732 907.08	3 603 839 089.85
应收账款	2 510 653 269.96	2 075 256 823.79	应付账款	91 446 458 420.61	138 047 562 476.06
预付款项	39 646 972 826.29	50 262 540 606.60	预收款项	212 625 705 637.30	274 645 554 496.88
其他应收款	75 485 642 961.23	105 435 004 894.59	应付职工薪酬	2 642 657 169.63	3 839 926 643.43
应收关联公司款			应交税费	7 373 980 494.99	9 553 084 094.38
应收利息			应付利息	231 575 884.69	378 374 906.63
应收股利			应付股利		
存货	368 121 930 513.33	467 361 336 133.57	其他应付款	62 350 224 343.79	106 580 257 219.71
其中：消耗性生物资产			应付关联公司款		
一年内到期的非流动资产			一年内到期的非流动负债	24 746 404 056.97	26 773 297 333.75
其他流动资产	7 956 600 000.00	8 670 500 000.00	其他流动负债		
流动资产合计	547 024 375 866.34	721 295 427 853.28	流动负债合计	420 061 826 880.58	579 998 485 463.07
可供出售金融资产	1 138 812 728.09	1 328 014 343.92	长期借款	33 828 584 225.36	56 406 061 283.42
持有至到期投资			应付债券	19 015 812 338.88	29 108 375 807.96
长期应收款			长期应付款		
长期股权投资	33 503 423 488.02	61 701 988 409.62	专项应付款		
投资性房地产	10 765 051 108.38	21 874 424 322.70	预计负债	143 220 557.94	118 672 382.72
固定资产	4 917 479 160.88	6 810 793 073.58	递延所得税负债	558 430 814.88	504 048 203.85
在建工程	598 358 905.88	765 312 561.26	其他非流动负债	1 378 075 550.63	2 861 999 502.12
工程物资			非流动负债合计	54 924 123 487.69	88 999 157 180.07
固定资产清理			负债合计	474 985 950 368.27	668 997 642 643.14
生产性生物资产			实收资本（或股本）	11 051 612 300.00	11 039 152 001.00
油气资产			资本公积	8 174 812 609.65	8 268 267 782.15
无形资产	1 044 991 088.26	1 260 363 652.26	盈余公积	28 068 766 725.61	32 540 767 833.97
开发支出			减：库存股	160 163 103.04	
商誉	201 689 835.80	201 689 835.80	未分配利润	52 597 854 095.89	61 200 269 803.37
长期待摊费用	447 883 429.64	960 226 293.11	少数股东权益	36 126 099 498.69	48 231 804 558.35
递延所得税资产	5 166 540 813.69	7 198 532 974.16	外币报表折算价差		
其他非流动资产	6 486 961 264.31	7 277 440 604.45	非正常经营项目收益调整		
非流动资产合计	64 271 191 822.95	109 378 786 070.86	所有者权益（或股东权益）合计	136 309 617 321.02	161 676 571 281.00
资产总计	611 295 567 689.29	830 674 213 924.14	股东权益合计	611 295 567 689.29	830 674 213 924.14

表 9—39 利润表 单位:元

科　目	2015 年度	2016 年度	科　目	2015 年度	2016 年度
一、营业收入	195 549 130 020.90	240 477 236 923.34	二、营业利润	33 122 777 302.51	39 023 778 797.86
减:营业成本	138 150 628 676.24	169 742 403 431.77	加:补贴收入		
营业税金及附加	17 980 426 847.11	21 978 754 590.73	营业外收入	855 431 507.24	398 311 678.19
销售费用	4 138 273 594.93	5 160 715 903.60	减:营业外支出	175 591 190.65	168 478 749.77
管理费用	4 745 249 792.81	6 800 561 936.62	其中:非流动资产处置净损失	1 840 489.59	3 544 743.69
勘探费用			加:影响利润总额的其他科目		
财务费用	477 735 809.60	1 592 067 967.14	三、利润总额	33 802 617 619.10	39 253 611 726.28
资产减值损失	495 946 081.38	1 192 790 158.00	减:所得税	7 853 179 592.79	10 903 356 245.62
加:公允价值变动净收益			加:影响净利润的其他科目		
投资收益	3 561 908 083.68	5 013 835 862.38	四、净利润	25 949 438 026.31	28 350 255 480.66
其中:对联营企业和合营企业的投资权益	2 393 092 504.58	4 930 715 977.10	归属于母公司所有者的净利润	18 119 406 249.27	21 022 606 256.56
影响营业利润的其他科目			少数股东损益	7 830 031 777.04	7 327 649 224.10

表 9—40 现金流量表 单位:元

科　目	2015 年度	2016 年度	科　目	2015 年度	2016 年度
销售商品、提供劳务收到的现金	191 908 271 754.68	286 532 938 270.71	取得子公司及其他营业单位支付的现金净额	5 162 583 291.46	14 646 744 872.86
收到的税费返还			支付其他与投资活动有关的现金	5 654 128 556.32	1 389 153 665.39
收到其他与经营活动有关的现金	19 156 763 021.13	26 302 677 472.79	投资活动现金流出小计	24 593 147 215.30	49 953 817 009.63
经营活动现金流入小计	211 065 034 775.81	312 835 615 743.50	投资活动产生的现金流量净额	−20 947 481 175.17	−43 389 050 144.31
购买商品、接受劳务支付的现金	129 979 424 809.05	178 468 699 955.36	吸收投资收到的现金	4 296 046 216.01	9 735 250 248.56
支付给职工以及为职工支付的现金	5 046 299 996.24	6 689 013 465.82	取得借款收到的现金	22 910 099 542.16	68 774 573 215.13
支付的各项税费	25 040 071 122.62	33 760 312 000.18	收到其他与筹资活动有关的现金		
支付其他与经营活动有关的现金	34 953 218 156.40	54 351 461 300.45	筹资活动现金流入小计	35 130 335 758.17	90 155 585 718.07
经营活动现金流出小计	195 019 014 084.31	273 269 486 721.81	偿还债务支付的现金	25 028 576 387.68	38 826 219 711.44
经营活动产生的现金流量净额	16 046 020 691.50	39 566 129 021.69	分配股利、利润或偿还利息支付的现金	13 181 007 441.45	16 026 457 227.88
收回投资收到的现金	718 619 794.03	493 101 153.44	支付其他与筹资活动有关的现金	2 024 662 683.95	4 006 258 178.13

续表

科　目	2015 年度	2016 年度	科　目	2015 年度	2016 年度
取得投资收益收到的现金	1 094 678 560.12	2 582 729 064.14	筹资活动现金流出小计	40 234 246 513.08	58 858 935 117.45
处置固定资产、无形资产和其他长期资产收回的现金净额	4 275 179.71	247 376 847.50	筹资活动产生的现金流量净额	−5 103 910 754.91	31 296 650 600.62
处置子公司及其他营业单位收到的现金净额	244 528 535.31	419 725 190.03	四、(1)汇率变动对现金的影响	99 672 738.22	268 664 301.75
收到其他与投资活动有关的现金	1 583 563 970.96	2 821 834 610.21	四、(2)其他原因对现金的影响		
投资活动现金流入小计	3 645 666 040.13	6 564 766 865.32	五、现金及现金等价物净增加额	−9 905 698 500.36	27 742 393 779.75
购建固定资产、无形资产和其他长期资产支付的现金	2 063 001 337.52	2 146 785 574.67	期初现金及现金等价物余额	61 653 319 666.30	51 747 621 165.94
投资支付的现金	11 713 434 030.00	31 771 132 896.71	期末现金及现金等价物余额	51 747 621 165.94	79 490 014 945.69

要求：根据万科连续两年的财务报表，对该公司的偿债能力、赢利能力、营运能力进行分析评价。

第十章　财务综合分析与评价

学习目标

1. 了解财务报表综合分析的概念、依据、意义和方法
2. 掌握杜邦分析法的内容、特点和分析思路，并能熟练运用
3. 理解沃尔比重评分法的评价步骤和局限
4. 理解财务综合分析的局限性
5. 了解财务综合分析的改进

引例

“吉利”的并购之路

谈到吉利集团，必然会谈及现任吉利集团董事长李书福。李书福白手起家，创办吉利集团，使其成为中国第一家生产轿车的民营企业。2010 年 3 月 28 日，在瑞典的斯德哥尔摩，吉利汽车以 18 亿美元的价格收购瑞典汽车企业沃尔沃 100%的股权。吉利的收购方式与联想的是完全不同的，联想只是收购 IBM 的 PC 业务，并没有收购整个公司，而且在商标上联想只是在短时间内可以使用 IBM 的商标作为过渡。而吉利收购的是沃尔沃汽车集团，包括沃尔沃的全部资产（包括无形资产），包括 3 家工厂、1 万多项专利权，完整的研发体系、员工体系、零部件供应链以及遍布全球的销售与服务网络等。

2009 年年底，在吉利与沃尔沃达成协议后，吉利创始人李书福因此成为全球的焦点。然而，相当一部分业内人士并不看好此次收购，他们认为无论从年销售额、资产规模还是发展历史、品牌影响力上看，吉利与沃尔沃都不在同一个档次。沃尔沃亏损严重，瑞典人自己也经营不好，吉利又如何收拾得了这么一个烂摊子。

1999 年福特曾经以约 64 亿美元的重金收购了沃尔沃，但是从 2006 年到 2008 年，福特连续三年处于亏损的状态，到 2008 年年底汽车业务债务为 258 亿美元，而沃尔沃轿车的亏损达到了 15 亿美元。福特公司决定重组公司资产，卖掉那些烧钱的豪华品牌，比如阿斯顿马丁、捷豹、路虎。此时，沃尔沃并不在出售名单上。吉利的掌门人李书福当时也得到了这个消息。他判断福特肯定会把沃尔沃也给卖掉。所以，在 2007 年的时候，李书福专程跑到美国，与福特当时的掌门人取得了联系。不过当时福特掌门人并没有把李书福放在眼里。毕竟吉利 2007 年的收入大约为 100 亿元人民币，而沃尔沃同年的收入是 106 亿美元，简直就是“癞蛤蟆想吃天鹅肉”。

结果，2008 年的金融危机让福特的亏损达到了 258 亿美元。这刺激了福特加快重组进

程。福特终于拿出了沃尔沃,标价60亿美元,比当年收购来的时候还便宜了4亿美元。到了2009年,再次投标。当时因为金融危机,整个汽车界都在采取自保措施,都在观望这个烫手山芋。所以这次李书福给的报价更低,只有20亿美元。因为李书福调查到沃尔沃到2009年6月收入才30多亿美元,其评估价不超过30亿美元。最后的谈判结果,大家都知道了,吉利最终以18亿美元外加后期9亿美元,拿下了沃尔沃轿车百分百的股权以及很多专利权。

收购沃尔沃之后,李书福常对人说的一句话是:“吉利和沃尔沃是兄弟不是父子。”经过一年的运营发展,吉利汽车发布2010年的全年经营业绩显示,吉利集团总共售出41.58万辆轿车,较2009年上升27%;实现营业收入约201亿元人民币,同比增长43%;实现净利约13.68亿元人民币,同比增长16%。而沃尔沃的销量为37.4万辆,迈过了金融危机带来的几年艰苦岁月。随着沃尔沃的盈利,李书福向沃尔沃证明了自己的实力,运作沃尔沃将会变得更顺畅。

吉利并购沃尔沃,并且能够在收购后顺利地对沃尔沃持续经营,整个过程都是在财务综合分析与评价的指导下完成的。通过对本章的学习,你将对公司财务的综合分析以及评价有一个全面深入的认识。

第一节　财务综合分析的概念及意义

企业的经济活动是一个有机的整体,单独分析任何一项财务指标都不能全面评价企业总体的财务状况、经营成果和现金流量情况。只有将相互关联的财务指标结合起来,采用适当的标准进行综合性评价,才能对企业的经济效益作出客观、公正的评价。财务综合分析正是把企业整体的财务状况重新分解为各个组成部分来重新认识,从中解释出企业各种管理活动与经营活动对企业财务状况的影响,从而恰当地把握企业的财务状况和发展趋势。

一、财务综合分析的概念

财务报表是会计的专业产品,它如同压缩文件,包含着大量会计专业规则、职业判断与隐秘的行为动机,令人眼花缭乱。大多数财务报表使用者并非财务专业人士,对财务报表中的披露信息往往不能一眼看透,需要通过解压才能够正确理解与运用财务报表所提供的信息。而财务综合分析正是这一解压过程。

企业财务综合分析的概念有狭义与广义之分。狭义的财务综合分析主要是基于财务报表展开的财务业绩评估分析。它将偿债能力、资产营运能力和获利能力等诸项指标的分析纳入一个有机的分析系统中,全面地进行相互关联的综合分析,从而对企业经济效益的优劣作出准确的评价与判断。广义的财务综合分析在此基础上还包括公司概况分析、企业优势(地域、资源、政策、行业、人才、管理等)分析、企业战略实施情况分析、企业管理质量评价以及投资价值分析等。

二、财务综合分析的意义

财务综合分析对公司不同的利益相关者具有不同的作用,不同的利益相关者进行财务报表分析的目的也不同。投资者财务分析的重点在于公司的营利性与风险性,债权人财务分析的重点在于公司的长短期偿债能力,管理人员财务分析的重点在于评价公司经营管理状况,政府监管部门财务分析的重点在于公司经营的合法性与舞弊的可能性,等等。虽然财务报表使用者进行分析时各有需求,但是各利益相关者之间仍具有利益一致性,即公司价值评价与预测。

(一)有利于向公司管理者提供作出经营决策的信息

企业财务管理的根本目标是努力实现企业价值的最大化。财务综合分析作为企业财务管理的重要组成部分,有助于管理者了解企业的赢利能力和资产周转状况,不断挖掘企业改善财务状况、创造财务成果的内部增长潜力,充分挖掘未被利用的人力资源、物质资源,寻找不良资产区域及其形成原因,发现进一步提高资产利用效率的可能性,及时发现生产经营中存在的问题与不足,并采取有效的措施解决这些问题,不仅能够使公司利用现有的资源更多地赢利,而且可以促进企业生产经营活动按照公司价值最大化的目标实现良性运行。

(二)有利于投资者正确地评估公司价值,作出投资决策

对于权益性投资者来说,他们往往借助投资顾问或证券分析师进行财务综合评价,并利用估值模型对公司股票的内在价值作出评估和预测,判断股票价格是否偏离了实际价值,以帮助他们选择自己能够接受的风险、报酬、股利水平。而对于拥有企业控制权的投资者,其考虑更多的则是如何增强竞争实力,扩大市场占有率,降低财务风险,追求长期利益的持续稳定增长。此外,在公司制企业中,由于所有权与经营权相分离,投资者在评价公司管理层或对其进行激励时,也要使用财务报表信息,因为激励措施往往是以会计利润等业绩指标作为评价依据的。通过财务综合分析确定利润质量并据此适当调整利润指标,一方面可以实现公司价值最大化,另一方面可以保护投资者利益不受损害。

(三)有利于保护债权人权益,评估信用风险

债权人最关心的是债权的安全,包括债权的到期收回和利息的偿付。因此,他们一方面需要了解公司偿债能力的大小,另一方面需要了解债务者的收益状况与风险程度是否相适应。为此,他们需要将偿债能力分析、赢利能力分析和现金流量分析相结合。更为专业的信用风险评估包括信用评级、债券评级等。财务报表分析是银行发放贷款、供应商制定信用政策以及税务部门进行税务检查不可缺少的工作步骤。

三、财务综合分析的依据

(一)基本财务报表

1. 资产负债表

资产负债表是基本财务报表之一,它是以“资产=负债+所有者权益”为平衡关系,反映企业在某一特定日期财务状况的报表。它揭示企业在某一特定日期所拥有或控制的经济资源、所承担的现时义务和所有者享有的剩余权益。

2. 利润表

利润表是反映企业某一会计期间财务成果的报表。它可以提供企业在月度、季度或年度内净利润或亏损的形成因素。利润表各项目间的关系可用“收入-费用=利润”来概括。

3. 现金流量表

现金流量表是反映企业在一定会计期间现金流入与现金流出情况的报表。

4. 所有者权益变动表

所有者(股东)权益变动表是反映构成所有者权益的各个组成部分当期增减变动情况的报表。所有者权益变动表应当全面反映一定时期所有者权益变动的情况,它实际上是资产负债表的附表。

(二)财务报表附注

报表附注是对在资产负债表、利润表、现金流量表和所有者(股东)权益变动表等报表中列示项目的文字描述或明细资料,以及对未能在这些报表中列示项目的说明等。报表附注应当披露财务报表的编制基础,相关信息应当与资产负债表、利润表、现金流量表和所有者权益变动表等报表中列示的项目相互参照。

(三)审计报告

审计报告是指注册会计师根据独立审计准则的要求,在实施了必要审计程序后出具的,用于对被审计单位年度财务报表发表审计意见的书面文件。注册会计师根据审计结果和被审计单位对有关问题的处理情况,形成不同的审计意见,出具四种基本类型审计意见的审计报告。这四种基本类型分别是:无保留意见;保留意见;否定意见;无法表示意见。

知识拓展

无保留意见:说明注册会计师认为被审计单位编制的财务报表已按照适用的会计准则的规定编制,并在所有重大方面公允反映了被审计单位的财务状况、经营成果和现金流量。

保留意见:说明注册会计师认为财务报表整体是公允的,但是存在影响重大的错报。

否定意见:说明注册会计师认为财务报表整体是不公允的或没有按照适用的会计准则的规定编制。

无法表示意见:说明注册会计师的审计范围受到了限制,且其可能产生的影响是重大而广泛的,注册会计师不能获取充分的审计证据。

(四)年度财务报告与中期财务报告

年度财务报告是指以整个会计年度为基础编制的财务报告。中期财务报告是指以中期为基础编制的财务报告。中期是指短于一个完整的会计年度(自公历 1 月 1 日起至 12 月 31 日止)的报告期间,它可以是一个月、一个季度或者半年。因此,中期财务报告包括月度财务报告、季度财务报告、半年度财务报告。中期财务报告至少应当包括资产负债表、利润表、现金流量表以及财务报表附注等项内容。对于上市公司的年度报告中的财务会计报告必须经具有证券期货相关业务资格的会计师事务所审计,审计报告须由该所至少两名注册会计师签字。

知识拓展

为保护投资者合法权益,证监会于 2012 年重新修订了《公开发行证券的公司信息披露内容与格式准则第 2 号〈年度报告的内容与格式〉》对公司年度报告中应披露的信息作了更为详细的规定和说明,以进一步提高上市公司透明度,增强上市公司年报披露的针对性和有效性。同时明确指出,该准则的规定是对公司年度报告信息披露的最低要求。

第二节 财务综合分析的方法

一、杜邦分析法

(一)杜邦分析法的概念及公式

杜邦分析法也称杜邦财务分析体系,简称杜邦体系。因其在20世纪20年代最先由美国大型化学公司——杜邦公司成功使用,故此得名。杜邦分析法是利用各个主要财务比率之间的内在联系,并以此为基础建立财务比率分析的综合模型,来综合地分析和评价企业财务状况和经营业绩的一种方法。

该方法以净资产收益率为龙头,以总资产净利率和权益乘数为核心,重点揭示公司赢利能力、资产投资收益能力及权益乘数对净资产收益率的影响,以及各相关指标间的相互作用关系。

杜邦分析法的基本内容,可以利用各项财务指标间的关系绘制成杜邦分析图来表示,如图10-1所示。

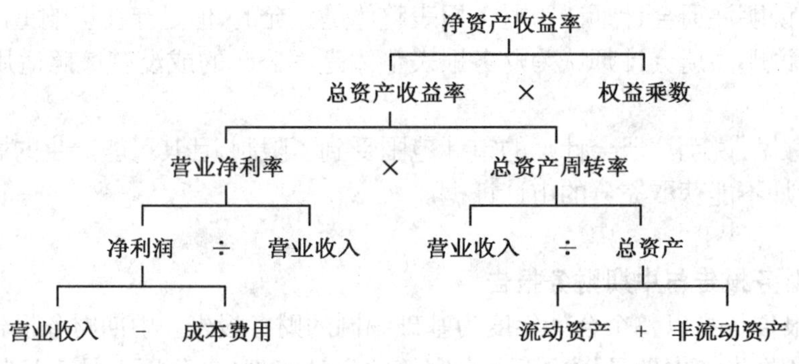

图10-1 杜邦分析图

杜邦分析公式如下:

$$净资产收益率=销售利润率\times总资产周转率\times权益乘数$$

公式推导过程如下:

$$\begin{aligned}净资产收益率&=\frac{净利润}{平均股东权益}\times100\%\\&=\frac{净利润}{平均总资产}\times\frac{平均总资产}{平均股东权益}\times100\%\\&=总资产收益率\times权益乘数\end{aligned}\qquad①$$

总资产收益率又可表达为:

$$\begin{aligned}总资产收益率&=\frac{净利润}{营业收入}\times\frac{营业收入}{平均总资产}\times100\%\\&=销售净利率\times总资产周转率\end{aligned}\qquad②$$

综合公式①和公式②,可以得出净资产收益率的杜邦等式:

$$净资产收益率=\frac{净利润}{营业收入}\times\frac{营业收入}{平均总资产}\times\frac{平均总资产}{平均股东权益}\times100\%$$

=销售净利率×总资产周转率×权益乘数

从杜邦分析图中各财务指标之间的关系，可以看出杜邦分析法实际上是从两个角度来分析财务：一方面从内部管理角度进行分析。杜邦分析图的左边部分，主要分析公司的赢利能力和营运能力，并展示出杜邦分析赢利能力和营运能力两者之间的内在联系。另一方面是从资本结构和风险角度进行分析。杜邦分析图的右边部分，主要分析资产投资收益能力与资本结构共同影响净资产收益率的水平。

杜邦分析法从评价企业绩效的综合性和代表性指标净资产收益率为起点，层层分解企业最基本的生产要素、成本与费用构成，并揭示它们与企业风险的关系，从而满足企业管理者、经营者通过财务综合分析进行绩效评价的要求，在经营目标发生异常变动时，及时查明原因并加以修正。

(二)杜邦分析法的基本思路

1. 净资产收益率影响因素分析

净资产收益率是一个综合性极强、极具代表性的财务分析指标，是杜邦分析体系的龙头指标、核心指标。净资产报酬率反映所有者投入资金的获利能力，反映企业筹资、投资、资产运营等财务活动的效率，提高净资产报酬率是股东财富最大化的基本特征。净资产收益率高低的决定因素主要有三个：销售净利率、总资产周转率和权益乘数。通过分解之后，就可以把净资产收益率这一综合性指标的升降原因具体化，这样比只用一项综合性指标更能说明问题。

2. 销售净利率影响因素分析

销售净利率是反映公司销售商品能力的最重要的指标，是实现净资产收益率最大化的保证。提高销售净利率有两个途径：一是提高营业收入，二是降低成本费用。提高营业收入，既有利于提高销售净利率，又有利于提高总资产周转率；降低成本费用是提高销售净利率的另一个重要因素，从杜邦分析图可以评价成本费用的基本结构是否合理，从而找到降低成本费用的途径和加强成本费用控制的方法。如果公司的财务费用支出过高，就需要进一步分析其负债比率是否过高。如果是管理费用过高，就要进一步分析其资产周转状况等。为详细了解公司成本费用的发生情况，在具体列示成本总额时，还可根据重要性原则，将那些影响较大的费用(如利息费用等)单独列示，以便为寻求降低成本的途径提供依据。

3. 总资产周转率影响因素分析

总资产周转率揭示企业资产总额实现营业收入的能力，说明资产的周转速度。对总资产周转率的分析，需要对影响资产周转的各项因素进行分析。从杜邦分析图中可以看出，总资产周转率受销售规模和资产总额两方面影响。销售规模的大小主要由营业收入决定。资产总额一般由流动资产和非流动资产构成，它们的结构是否合理将直接影响资产的流动性。一般来说，流动资产直接体现公司的偿债能力和变现能力，而非流动资产则体现公司的经营规模和发展潜力，两者之间有一个合理的比率关系。为此，企业要想提高总资产周转率，一方面要扩大销售；另一方面要合理占用资金，合理配置流动资产和非流动资产，加强对各种资产的管理，提高各项资产的利用率。

4. 权益乘数影响因素分析

权益乘数反映所有者权益与总资产的关系，表示企业的负债程度，受资产负债率影响，同时也反映了公司利用财务杠杆进行经营活动的程度。该指标体现了企业的偿债能力，是企业资本经营和筹资活动的结果，对提高净资产收益率起到杠杆作用。适度开展负债经营，合理安排企业资本结构，有利于提高净资产收益率。

(三)杜邦分析法应用实例

以青岛海尔公司为例,运用杜邦分析法进行财务综合分析。根据青岛海尔 2014~2015 年年度报告财务数据,汇总编制杜邦分析财务指标如表 10－1、表 10－2 所示①。

表 10－1 青岛海尔公司基本财务数据 单位:元

年份	净利润	营业收入	资产总额	负债总额	总成本费用
2015	5 922 089 488.83	89 748 320 410.91	75 960 672 801.38	43 558 410 744.50	84 526 081 762.99
2014	6 692 262 168.52	88 775 444 479.11	75 006 457 051.45	45 886 490 077.40	82 276 339 361.17

表 10－2 青岛海尔财务比率计算表

项　目	2015 年	2014 年	变动情况	
			增减额	增减率
净资产收益率(%)	18.28	22.98	－4.70	－20.47%
总资产收益率(%)	7.80	8.92	－1.13	－12.62%
销售净利率(%)	6.60	7.54	－0.94	－12.47%
总资产周转率(次)	1.18	1.18	－0.00	－0.17%
权益乘数	2.34	2.58	－0.23	－8.99%
资产负债率(%)	57.34	61.18	－3.83	－6.27%

注:净资产收益率按以下公式计算:

净资产收益率＝销售利润率×总资产周转率×权益乘数

总资产收益率按以下公式计算:

总资产收益率＝销售净利率×总资产周转率

1. 净资产收益率分析

青岛海尔净资产收益率 2015 年比 2014 年下降 4.7%,说明其获利能力有所下降。而获利能力直接受到企业的经营能力、财务能力以及筹资方式的影响。因此,需要将净资产收益率进行分解,分析具体导致净资产收益率下降的影响因素及其影响程度。这样比只用一项综合性指标更能说明问题。

第一次分解:

净资产收益率＝总资产收益率×权益乘数

2014 年净资产收益率＝8.92%×2.58＝22.98%

2015 年净资产收益率＝7.80%×2.34＝18.28%

运用连环替代法进行分析:

第一次替代总资产收益率:7.80%×2.58＝20.08%

第二次替代权益乘数:7.80%×2.34＝18.28%

总资产收益率对净资产收益率的影响:20.08%－22.98%＝ －2.90%

权益乘数对净资产收益率的影响:18.28%－20.08%＝ －1.80%

① 本书第二章至第九章青岛海尔 2014 年财务数据来自 2015 年年度报告;第十章青岛海尔 2014 年财务数据来自 2014 年年度报告。

二者综合影响使得净资产收益率下降：$-2.9\%-1.80\%=-4.7\%$。

通过第一次分解可以看出，总资产收益率和权益乘数二者都有所下降，说明资产利用效果和资本结构的变动是其主要影响因素。其中，总资产收益率下降对净资产收益率影响程度更大，显示出企业较差的资产利用效果。因此，我们继续对总资产收益率进一步分解。

2. 总资产收益率分析

$$总资产收益率=销售净利率\times总资产周转率$$

2014 年总资产收益率$=7.54\%\times1.18=8.92\%$

2015 年总资产收益率$=6.60\%\times1.18=7.80\%$

2015 年总资产收益率比 2014 年下降 1.13%，其中总资产周转率 2015 年与 2014 年持平，说明资产的周转速度趋于一致，未发生较大变动，对总资产收益率的变动基本不构成影响。销售净利率 2015 年较 2014 年下降 0.94%。这是导致总资产收益率下降的主要因素。因此，需要进一步分析销售净利率下降的具体原因。

3. 销售净利率分析

$$销售净利率=\frac{净利润}{营业收入}$$

2014 年销售净利率$=\dfrac{6\ 692\ 262\ 168.52}{88\ 775\ 444\ 479.11}=7.54\%$

2015 年销售净利率$=\dfrac{5\ 922\ 089\ 488.83}{89\ 748\ 320\ 410.91}=6.60\%$

2015 年销售净利率比 2014 年销售净利率下降 0.94%，下降比例为 12.47%，下降幅度较大。同样运用连环替代法对青岛海尔公司的销售净利率进行分析：

第一次替代净利润$=\dfrac{5\ 922\ 089\ 488.83}{88\ 775\ 444\ 479.11}=6.67\%$

净利润对销售净利率的影响$=6.67\%-7.54\%=-0.87\%$

第二次替代营业收入$=\dfrac{5\ 922\ 089\ 488.83}{89\ 748\ 320\ 410.91}=6.60\%$

营业收入对销售净利率的影响$=6.60\%-6.67\%=-0.07\%$

通过分析可以看出，营业收入 2015 年比 2014 年有所增加，但增长的幅度小于净利润下降的幅度，说明该公司成本费用方面的增加是导致净利润下降的主要原因。2015 年总成本费用比 2014 年增加 224 974 万元，而营业收入方面 2015 年仅比 2014 年增加 97 288 万元，说明营业收入的增长幅度小于成本费用的增长幅度，营业收入的增加并未对企业的净利润带来促进作用，反而加速了净利润的进一步下降。因此，需要进一步分析成本费用中具体是哪些方面支出对总成本费用具有较大影响。

4. 总成本费用分析

表 10—3　　青岛海尔公司成本费用数据　　单位：元

年份	制造成本	销售费用	管理费用	财务费用	总成本费用
2015	65 373 725 892.43	13 101 282 436.95	6 549 193 839.44	−498 120 405.83	84 526 081 762.99
2014	64 934 798 534.89	11 578 015 165.15	5 994 655 207.18	−231 129 546.05	82 276 339 361.17

制造成本增加 43 893 万元，销售费用增加 152 327 万元，管理费用增加 55 454 万元，其中

销售费用的增加是导致成本费用增加的主要因素。2015 年销售费用比 2014 年销售费用增加 13.16%。通过营业收入的小幅增长和销售费用增加二者关系的分析,青岛海尔在 2015 年通过加大家电产品的销售和售后服务力度来提高销售业绩的措施并未得到有效实现,相反,较高成本的促销费用和服务成本开支导致净利润进一步下降,投入产出效益降低,赢利能力减弱。

5. 权益乘数分析

$$权益乘数=\frac{1}{1-资产负债率}=\frac{总资产}{所有者权益}$$

$$2014\ 年权益乘数=\frac{1}{1-61.18\%}=2.58$$

$$2015\ 年权益乘数=\frac{1}{1-57.34\%}=2.34$$

表 10—4　　青岛海尔公司负债数据　　单位:元

年份	流动负债	非流动负债	负债合计
2015	39 783 314 383.20	3 775 096 361.30	43 558 410 744.50
2014	41 628 056 688.26	4 258 433 389.14	45 886 490 077.40

海尔公司 2015 年权益乘数比 2014 年减少 0.23。权益乘数反映总资产与股东权益的倍数关系。该比率越小,说明投资者投入资本占企业总资产比重越大,同时也说明公司资产负债率越小,财务杠杆越小;反之,如果该比率越大,说明投资者投入资本占企业总资产比重越小,资产负债率越大,财务杠杆越大,同时财务风险也越大。海尔公司的权益乘数下降的主要原因在于负债的降低,通过对表 10—5 中负债数据的分析,其中流动负债 2015 年比 2014 年下降 184 474 万元,非流动负债下降 48 333 万元,总负债减少 232 808 万元。公司负债结构下降,一方面说明财务风险有所降低,另一方面也体现了财务杠杆的利用程度有所减弱。财务杠杆具有正反两方面的作用:在收益较好的年度,它可以使股东获得的潜在报酬增加,但股东要承担应负债增加所带来的财务风险;在收益不好的年度,则可能使股东潜在的报酬下降。该公司近两年权益乘数在 2.5 上下浮动,资产负债率平均为 59%,同行业内知名电器企业资产负债率平均值为 61%,与同行业相比,海尔公司具有一定的长期偿债能力,在行业内财务风险属于中等水平。

知识拓展

2015 年电器行业知名企业资产负债率

公司名称	格力	美的	海尔	小天鹅
资产负债率	69.96%	56.51%	57.34%	58.21%

6. 结论

借助于杜邦分析方法,对 2014 年与 2015 年青岛海尔公司的财务状况进行综合分析,海尔公司净资产收益率下降的原因主要是由于销售净利率和权益乘数的下降所引起的。而销售净利率中,成本费用的增长幅度大于营业收入的增长幅度,说明公司在成本控制方面应当加强管理，提高成本效益，改进营销策略，控制销售费用开支，实现收入与成本配比。随着近几年宏观经济增长放缓，原材料价格升高，家电市场竞争日趋激烈，尤其价格竞争是主要的竞争手段，海尔公司应当顺应时代发展潮流，努力提高净资产收益率。其中最为重要的就是努力降低各项成本费用，同时要保持较高的总资产周转率，这样可以使销售净利率提高，进而使总资产净利率有更大的提高。在收益较好的年度，可以适度提高负债水平，使权益乘数更大，从而使得净资产收益率相应提高。

综上所述，杜邦分析法以净资产收益率为主线，将公司在某一时期的营业成果以及资产营运状况全面联系在一起，层层分解、逐步深入，构成一个完整的分析体系。它能帮助管理者发现公司财务和经营管理中存在的问题，能够为改善公司经营管理提供十分有价值的信息，因而得到普遍的认同，并在实际工作中得到广泛的应用。

二、沃尔比重评分法

在进行财务报表分析时，普遍存在将财务比率计算出来后，无法判断它是偏高还是偏低的问题。与本企业的历史数据进行比较，只能看出自身的变化，却难以评价其在市场竞争中的优劣地位。沃尔评分法又称综合评分法，它通过对选定的多项财务比率进行评分，然后计算综合得分，并据此评价企业综合的财务状况。

（一）沃尔比重评分法的基本思想

亚历山大·沃尔在其20世纪初编写的《信用晴雨表研究》和《财务报表比率分析》中，提出了信用能力指数概念。他把选定的流动比率、产权比率、固定资产比率、存货周转率、应收账款周转率、固定资产周转率、权益（所有者权益）资本周转率七项财务比率用线性关系结合起来，并分别给定各自的分数比重，总和为100分。然后通过与标准比率进行比较，确定各项指标的得分及总体指标的累计分数，从而对公司的财务状况做出综合评价。七个比率的总体得分又称为信用能力指数。这就是沃尔评分法的雏形。最基本的沃尔评分法如表10－5所示。

表10－5　　沃尔评分法的基本思想

财务比率	权重 ①	标准值 ②	实际值 ③	相对值 ④=③/②	评分 ⑤=①×④
流动比率	25	2			
净资产/负债	25	1.5			
资产/固定资产	15	2.5			
营业成本/存货	10	9			
营业收入/应收账款	10	6			
营业收入/固定资产	10	4			
营业收入/净资产	5	3			
合　计	100	—	—		

沃尔评分法为综合评价企业的财务状况提供了一个重要的思路，即将分散的财务指标通过一个加权体系综合起来，从而通过多维度的评价体系给企业一个综合得分，这样就可以用综合得分对企业作出综合评价。但是，沃尔评分法在理论上有一个缺陷，即未能说明为什么选择这七个指标，而不是选择更多或者更少，或者选择其他的财务比率；它未能证明各个财务比率

所占权重的合理性;同时它也未能说明确定这些指标的具体依据。这个问题至今仍没有从理论上得到合理解释。此外,沃尔评分法在实际应用中也存在一个尚未解决的技术问题,即当某一个指标出现严重异常时,该指标会对总评分产生不合逻辑的重大影响,这是由相对比值与权重相乘引起的。财务比率提高 1 倍,其评分增加 100%;而该财务比率缩小一半,其评分只减少 50%。

尽管沃尔评分法存在着上述缺陷,但在实践中仍被广泛应用。现代社会与沃尔时代比,已经有了很大的变化。随着经济环境的发展变化,人们应用沃尔评分法时所选择的财务比率在不断地改进变化,各个比率的权重不断地修正,各个比率的标准值不断地调整,评分方法也在不断地改进。

(二)沃尔比重评分法的基本步骤

沃尔比重评分法的基本步骤如下:

(1)选择用于评价的财务指标并分配各财务指标的权重,使各指标权重之和为 100%。

(2)确定各财务指标的标准值,即各财务指标在现时条件下的最好值。

(3)根据企业的财务报表,计算企业在一定时期各财务指标的实际值。

(4)将企业各财务指标的实际值与标准值进行比较,计算出相对值。

(5)用各财务指标的相对值乘以各自的权重,计算出各财务指标的评分和累计总评分。

(6)形成评价结果。

(三)沃尔比重评分法应用实例

以青岛海尔公司为例,运用沃尔比重分析法进行财务综合分析。具体指标单项评分和总评分如表 10—6 所示。

表 10—6　　青岛海尔沃尔评分表

财务比率	权重 ①	标准值 ②	实际值 ③	相对值 ④=③/②	评分 ⑤=①×④
流动比率	25	2	1.38	0.69	17.24
净资产/负债	25	1.5	0.74	0.50	12.40
资产/固定资产	15	2.5	2.50	1.00	15.03
营业成本/存货	10	9	9.88	1.10	10.97
营业收入/应收账款	10	6	14.61	2.44	24.36
营业收入/固定资产	10	4	10.66	2.66	26.65
营业收入/净资产	5	3	2.77	0.92	4.62
合　计	100				111.26

沃尔比重评分法中,财务指数总评分在 60～80 分的企业说明企业的财务状况非常差,如果不进行控制可能会出现较大的财务问题;80～90 分的企业财务状况一般,需要进一步改善,否则会出现财务风险;90～110 分的企业综合得分达到了同行业的标准,但是竞争力有限,需要进一步提高;110～120 分的企业财务状况十分理想,在同行业间具有较高的竞争力;120 分以上的企业财务状况优异,可以加大投资,增强优势。

从表 10—6 的计算结果中可以看出,青岛海尔的综合评分为 111.26 分,说明企业财务状况总体较好,达到同行业标准,并略高于行业标准,属于行业中的领先企业。其中:流动比率为

1.38，低于标准值，说明企业短期偿债能力相对较弱，资产的变现能力较弱，海尔公司应当适度举债，加速流动资金的周转。净资产与负债的比率为 0.74，标准值为 1.5，低于标准水平 0.76。资本结构中，负债比标准水平高，说明企业更多地依靠贷款和公司债券的方式筹集资金，具有一定的付息压力，后期财务杠杆利用的空间不大。应收账款周转率和固定资产周转率远高于标准水平，说明海尔公司运营能力较好，应收账款能够及时收回，资金运营情况良好，使用效率高。同时，固定资产的生产利用程度较高，企业管理者生产管理能力较好。营业收入与净资产的比率体现了自由资金周转情况，海尔公司该比率为 2.77，标准值为 3，低于标准水平 0.23。自有资金周转率偏低，表明公司利用自有资金赢利的能力较弱，应值得重点关注。

通过沃尔比重评分法的分析，海尔公司在行业标准中具有较高的财务指数得分，这与海尔公司目前是在全球范围内集研发、生产、销售、服务于一体的专业化企业发展战略相一致。近年来，海尔公司向海外市场扩张销售网络、提高对上游供应商的议价能力、节约采购成本、提高技术及研发优势，都进一步提升了公司的经营质量。海尔公司所做的这一切，都促成了它的企业财务指数在行业中处于领先地位。

沃尔评分法在理论上是一种可以用来综合评价企业财务状况的方法，但该方法应用的正确性主要取决于有关财务比率指标选择的恰当性、标准值确定的科学性以及标准评分值的合理性。只有经过长期实践并不断修正，沃尔评分法才能取得较好的效果。尽管沃尔评分法尚待理论上的证明和技术上的完善，但它在实际工作中已得到广泛应用。

第三节 财务分析的局限与改进

一、财务分析的局限

（一）财务报表内容不完整，导致财务比率具有片面性

财务报表分析是根据财务信息来评价管理者业绩的方法。作为一种传统的评价方法，财务业绩可以反映企业的综合经营成果，同时也容易从会计系统中取得相应的数据，操作简单，易于理解。但是，财务报表所列示的内容更倾向于准确量化会计事项，并没有披露公司的全部信息，管理层拥有更多的信息。例如，管理层根据公司战略或商业模式和行业特征决定财务资源的配置，影响资产结构和资本结构，从而影响甚至锁定财务指标的数值，而这些背后的战略或商业模式以及财务资源配置的行为并未在财务报表中进行披露。此外，在企业生产经营发展中还存在着许多起着关键作用的非量化因素如人力资源、管理技术、企业文化等置于报表之外的影响因素，但在计算基础的比率分析时我们无法将这些非量化因素换算成指标，故无法反映企业的全部经营情况。

（二）管理层对各项会计政策选择运用，降低财务报表可比性

根据目前的会计准则的要求，同一性质的经济业务，企业可以根据实际自身需要选择不同的会计处理方式，还可以采用一定的会计估计方法。由于会计估计存在误差，并不一定是真实情况的准确计量。这样就为企业操纵会计报表数据留下一定空间，从而降低了财务信息的可比性。

（三）财务报表的数据属于历史数据，导致时效性缺陷

财务报表数据一般是企业的历史资料，且其中的一些数据是估计和判断出来的。历史成本原则会导致会计数据无法对物价水平的变动作出及时调整。依据这些历史资料计算出来的

财务比率所反映的企业财务状况与实际情况有所偏差,而这样的财务分析结果不宜作为判断未来经济状况的可靠依据。即使是同一企业在不同时期所处宏观经济形势、经营管理方式及偶然因素等的变化也会导致会计数据出现异常波动,增加了依据财务报表进行分析判断的难度。

二、财务分析的改进

(一)放眼非财务信息指标评价企业业绩

非财务业绩评价,是指根据非财务信息指标来评价管理者业绩的方法。例如针对评价企业内部营运,我们可以关注的指标包括:送货及时性、产品或服务质量、周转时间等。与客户相关的非财务指标包括:企业在行业中的市场份额、关键客户订货量、顾客满意度、顾客忠诚度等。反映员工学习与成长的指标包括:员工满意度、员工投诉频率、员工熟练使用信息化系统的比例、员工流动率等。非财务业绩指标评价可以避免财务业绩指标评价只侧重过去、比较短视的不足;非财务业绩指标评价更体现长远业绩,更体现外部对企业的整体评价。

(二)从战略管理视角综合评价企业业绩

财务指标是引导战略"落地"并检验已经"落地"的战略的实施成效的工具。因此,财务报表分析必须以战略为导向。

平衡计分卡和经济增加值是企业战略业绩的重要评价方法。平衡计分卡最显著的特点是将企业的愿景、使命和发展战略与企业的业绩评价系统地联系起来,以战略为核心,设计出了一套能使企业高管迅速且全面了解企业经营状况的指标体系,用来表达企业进行战略性发展所必须达到的目标,把任务和决策转化成目标和指标。它一方面通过财务视角保持对短期业绩的关注,另一方面揭示如何保持长期的财务和竞争业绩,在动态的调整中保持企业的不断发展和竞争力的不断提高。

经济增加值管理系统着眼于企业的长期发展,鼓励企业在收益大于加权平均资本成本的情况下,追加资本投资,扩大经营;停止投资于那些收益低于标准的项目,并从这些项目中抽回资金。基于战略管理的视角对企业业绩进行评价,既可以弥补原始财务指标在衡量企业财务绩效时的局限性,又使得企业综合业绩水平计量和评价具有全面性、综合性。

(三)理解行业特性,洞察企业竞争力

财务指标是以货币作为计量工具的,如果抛开行业环境,单独考察分析某个财务指标的合理性及作用可能"孤芳自赏"。同一个财务指标,基于不同行业,其含义不同。许多财务指标都具有行业特征。例如:某公司的销售净利率为6%,该指标反映了其赢利能力如何呢?关键在于该公司属于哪一类行业。如果该公司属于快速消费品行业,那么销售净利率为6%属于比较好的盈利水平;但如果该公司属于酒类行业,那么销售净利率为6%,恐怕就不容乐观了。

通过与同行业内其他企业的比较,可以洞察某一企业组织与其他企业组织的不同,主动识别远处与近处的竞争对手,发现企业在竞争中主要的组织竞争力。企业竞争力一般体现在两个方面:一方面是低成本优势,另一方面是差异化优势,甚至两者兼而有之,但这些竞争力最终都会体现在财务报表及财务指标上。例如,某一企业在行业中销售毛利率比较高,说明该企业具有差异化经营的竞争优势,如果该企业组织能够合理地控制成本,赢得低成本优势,那么该企业的销售毛利率就会更高,从而从整体上进一步巩固企业在行业中的领先地位。

本章小结

财务报表综合分析是单项分析的深化，为全面地评价企业的财务状况和经营成果，必须将企业偿债能力、资产营运能力和获利能力等诸指标的分析纳入一个有机的分析系统中，对财务报表进行综合分析，以便信息使用者对企业进行全面了解和评价。本章主要介绍了财务报表综合分析的各种方法，包括常用的杜邦分析法、沃尔比重评分法。

杜邦财务分析方法是一项重要的、全面评价企业财务状况的分析体系，它以赢利能力为企业的核心能力，以净资产收益率为核心财务指标，根据赢利能力比率、资产管理比率和债务管理比率三者之间的内在联系，然后通过各指标之间的联系，揭示企业赢利能力、营运能力、偿债能力和资本结构共同对净资产收益率的影响。

沃尔比重评分法为综合评价企业的财务状况提供了一个非常重要的思路，即将分散的财务指标通过一个加权体系综合起来，使得一个多维度的评价体系变成一个综合得分，这样就可以用综合得分对企业作出综合评价。但是，沃尔评分法的主观性很强，报表的分析者可以在评分体系的范围内，通过调整各个比率的权重，从不同的角度对企业的财务状况进行分析。

在具体应用这些综合分析方法时，应注意结合行业特点作出分析评价，在财务分析的基础上加以改进，克服财务分析自身的局限性，利用战略管理的视角综合评价企业业绩，洞察企业核心竞争力。

本章结构图

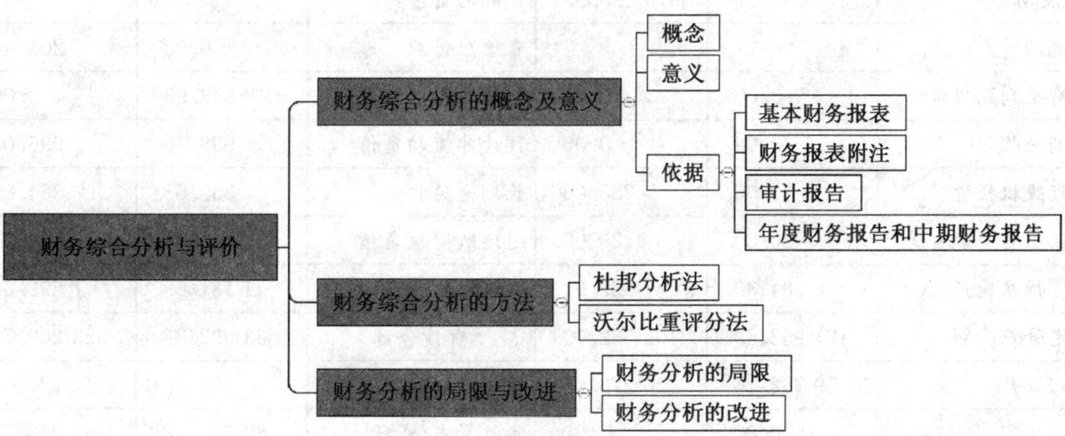

思考题

1. 什么是财务综合分析？
2. 财务综合分析的意义是什么？
3. 杜邦分析的思路是怎样的？
4. 杜邦分析有哪些特点？
5. 简述沃尔比重评分法的步骤。
6. 试结合本章学习的财务分析方法分析第二章中的案例企业。

7. 财务综合分析有哪些局限性?

8. 财务综合分析的改进思路有哪些?

业务题

1. 无锡小天鹅电器股份有限公司为国内一知名上市家电企业,其2015年和2014年财务报表资料如表10—7和表10—8所示。

表10—7 资产负债表

编制单位:无锡小天鹅股份有限公司 2015年12月31日 单位:万元

资 产	期末余额	年初余额	负债及所有者权益	期末余额	年初余额
流动资产:			流动负债:		
货币资金	304 284.39	305 991.50	应付票据	195 306.53	117 385.11
应收票据	220 518.94	314 715.35	应付账款	241 980.73	361 407.78
应收账款	89 607.55	85 634.32	预收款项	165 290.88	85 159.28
预付款项	9 762.86	14 297.75	应付职工薪酬	24 828.07	25 037.78
应收利息	2 293.26	0.00	应交税费	32 510.82	27 364.89
其他应收款	920.82	3 461.20	应付股利	540.07	408.81
存货	74 541.30	60 561.70	其他应付款	17 180.71	4 854.04
交易性金融资产	0.00	24.89	其他流动负债	152 173.43	0.00
其他流动资产	573 318.86	194 797.22	流动负债合计	829 811.24	621 617.70
流动资产合计	1 275 247.97	979 483.93	非流动负债:		
非流动资产:			专项应付款	0.00	207.40
持有至到期投资	0.00	0.00	长期应付职工薪酬	2 843.93	0.00
长期应收款	0.00	0.00	预计非流动负债	998.10	996.08
长期股权投资	0.00	285.00	长期递延收益	339.55	384.87
可供出售金融资产	20.00	20.00	递延所得税负债	0.00	3.73
投资性房地产	6 884.30	7 322.92	非流动负债合计	4 181.59	1 592.09
固定资产净额	101 952.83	106 582.09	负债合计	833 992.83	623 209.78
无形资产	19 752.16	20 276.06	所有者权益:		
在建工程	0.00	0.00	实收资本(或股本)	63 248.78	63 248.78
工程物资	0.00	0.00	资本公积	116 401.49	113 995.63
长期待摊费用	423.82	185.20	减:库存股	0.00	0.00
开发支出	0.00	0.00	其他综合收益	3 481.33	—344.97
商誉	0.00	0.00	盈余公积	33 259.47	33 259.47
递延所得税资产	25 188.12	23 524.19	未分配利润	296 095.55	232 639.30
其他非流动资产	3 296.32	0.00	少数股东权益	86 286.09	71 671.40

续表

资　产	期末余额	年初余额	负债及所有者权益	期末余额	年初余额
非流动资产合计	157 517.57	158 195.46	所有者权益合计	598 772.71	514 469.61
资产总计	1 432 765.54	1 137 679.39	负债和所有者权益总计	1 432 765.54	1 137 679.39

表 10—8　　**利润表**

编制单位：无锡小天鹅股份有限公司　　2015 年度　　单位：万元

项　目	本年金额	上年金额
一、营业总收入	1 313 162.69	1 080 421.73
其中：营业收入	1 313 162.69	1 080 421.73
二、营业总成本	1 212 307.26	1 005 900.57
其中：营业成本	964 639.08	800 749.22
营业税金及附加	6 676.17	6 742.98
销售费用	195 783.38	151 948.23
管理费用	53 974.72	44 124.04
财务费用	−11 011.29	−1 486.01
资产减值损失	2 245.19	3 822.11
公允价值变动收益	0.00	−1 476.78
投资收益	20 174.96	17 796.51
三、营业利润	121 030.40	90 840.88
加：营业外收入	6 338.77	3 980.30
减：营业外支出	4 827.00	1 420.91
四、利润总额	122 542.16	93 400.27
减：所得税费用	17 229.68	14 317.66
五、净利润	105 312.48	79 082.61
归属于母公司所有者的净利润	91 918.20	69 819.57
少数股东损益	13 394.28	9 263.04
六、每股收益		
基本每股收益(元/股)	1.45	1.1
稀释每股收益(元/股)	1.45	1.1
七、其他综合收益	4 855.38	−7.06
八、综合收益总额	110 167.86	79 075.55
归属于母公司所有者的综合收益总额	95 744.49	69 812.51
归属于少数股东的综合收益总额	14 423.36	9 263.04

要求：

(1)计算小天鹅公司2015年度净资产收益率、净资产净利率、销售净利率、资产周转率和权益乘数，并绘制杜邦财务分析图。

(2)使用杜邦分析体系对该公司2015年和2014年净资产收益率的变化进行分析。

2. 根据表10—7和表10—8，结合无锡小天鹅股份有限公司的2015年财务报告，简要评价其2015年度的财务状况和经营情况。

3. 根据表10—7和表10—8，结合无锡小天鹅股份有限公司的2015年财务报告，引入标杆企业(如青岛海尔、格力电器或TCL集团)，简要评价无锡小天鹅股份有限公司2015年度的行业竞争地位，并列举非财务指标评价企业综合业绩。

4. 万通公司2015年的销售额为500万元，比上年提高28%，有关的财务比率如表10—9所示。

表10—9

财务比率	2015年同行业平均	2015年万通公司	2016年万通公司
应收账款回收期(天)	35	36	36
存货周转率	2.50	2.59	2.11
销售毛利率(%)	38	40	40
销售(营业)利润率(息税前)(%)	10	9.60	10.63
销售利息率(%)	3.73	2.40	3.82
销售净利率(%)	6.27	7.20	6.81
总资产周转率(%)	1.14	1.11	1.07
固定资产周转率(%)	1.40	2.02	1.82
资产负债率(%)	58	50	61.30
利息保障倍数	2.68	4.00	2.78

要求：

(1)运用杜邦分析法，比较2015年公司与同业平均的净资产收益率，定性分析其产生差异的原因。

(2)运用杜邦分析法，比较公司2016年与2015年的净资产收益率，定性分析其产生差异的原因。

5. 练习沃尔比重评分法的运用。

资料：表10—10列示了某企业财务比率的相关数据。

表10—10

财务比率	比重	标准比率	实际比率	相对比率	评分
流动比率	25	2.00	1.80		
净资产/负债	25	1.50	2.15		
资产/固定资产	15	2.50	3.22		

续表

财务比率	比重	标准比率	实际比率	相对比率	评分
销货成本/存货	10	8	9.05		
销售额/应收账款	10	6	8.36		
销售额/固定资产	10	4	2.51		
销售额/净资产	5	3	1.78		
合 计	100				

要求：利用沃尔比重评分法进行计算并将结果填入上表内。

6. 已知A公司有关资料如表10—11所示。

表10—11 A公司资产负债表

2016年12月31日 单位：万元

资 产	年 初	年 末	负债及所有者权益	年 初	年 末
流动资产			流动负债合计	175	150
货币资金	50	45	长期负债合计	245	200
应收账款	60	90	负债合计	420	350
存货	92	144			
待摊费用	23	36			
流动资产合计	225	315	所有者权益合计	280	350
固定资产净值	475	385			
总计	700	700	总计	700	700

同时，该公司2015年度销售利润率为16%，总资产周转率为0.5次，权益乘数为2.5，净资产收益率为20%，2016年度销售收入为420万元，净利润为63万元。

要求根据上述资料：

(1)计算2016年年末的流动比率、速动比率、资产负债率和权益乘数；

(2)计算2016年总资产周转率、营业净利和净资产收益率(均按期末数计算)；

(3)分析营业净利、总资产周转率和权益乘数变动对净资产收益率的影响(假设按此顺序分析)。

案例讨论题

美的电器扩张之路对公司价值的影响

广东美的集团股份有限公司(以下简称“美的电器”)于1993年11月12日在深圳证券交易所挂牌上市。公司普通股简称“美的集团”，股票代码为000333。公司经营范围包括生产销售空调器、制冷设备、电风扇、微电机等电器产品及有关设备、仪器、零配件，提供与上述产品有关的工程技术咨询服务。

在对外扩张的道路上，美的电器借助成功实施的一系列并购重组，迅速加快了发展速度。1998年，美的参与东芝—万家乐制冷设备有限公司的债务和股权重组，成立广东美芝制冷设备有限公司。通过发挥美的、东芝双方的互补优势,同时追加巨额资金,投资改造生产瓶颈环节,组建研发队伍,开发适合中国市场的产品。1999年,美芝公司即扭亏为盈,步入了良性发展轨道,到2007年,美芝已实现年产1 300万台、年销售额50亿元,位居中国空调压缩机行业市场第一。1998年,美的重组巨额亏损的芜湖丽光空调有限公司,组建美的芜湖区域战略发展基地。通过10年的发展,美的已将芜湖打造成为国内主要的家用空调生产基地,2007年产量接近500万套。2004年,美的集团积极参与荣事达—美泰克合资公司的产权重组;2006年,美的电器受让美的集团持有的合资公司控股权,成功实现向冰洗产业拓展;2007年,美的在合肥建设了占地面积约800亩的冰洗工业园。2008年,美的电器以16.8亿元收购小天鹅24.01%股权,成为小天鹅的控股股东,通过强强合作,全面提升了美的洗衣机业务的综合技术实力,进一步优化和完善公司白色大家电的产业结构和战略布局,实现美的整体冰洗业务在产能和销售规模上的迅速提升,凸显了加速冰洗发展的战略意图。同时,通过对华凌、重庆通用相关资产的整合,解决"同业竞争",强化了资产整体协同效应。

至此,美的电器的产品业务已经覆盖家用空调、压缩机、冰箱、洗衣机、中央空调等领域,并且各项业务的行业地位均处于国内前列水平。家电业分析人士认为,在白电行业整合力度不断加大、寡头竞争格局初现端倪、竞争进一步全球化的背景下,美的的一系列并购,将进一步优化和完善其白色家电产业的战略布局,推动白色家电战略目标的实现。

然而,美的电器的上述扩张战略得到财务成果的印证了吗?对公司的风险造成了什么影响?这些影响对公司价值意味着什么?

表10—12　　美的集团合并资产负债表部分项目　　单位:万元

项　目	2011年	2012年	2013年	2014年
流动资产:				
货币资金	1 665 314.71	1 467 655.89	2 334 368.52	1 555 012.07
交易性金融资产	19 543.08	23 154.99	75 956.52	0.00
衍生金融资产	0.00	0.00	0.00	16 251.38
应收票据	1 026 594.59	1 238 642.48	1 415 053.22	1 709 723.34
应收账款	1 007 128.62	986 457.36	792 843.83	936 210.28
预付款项	307 879.22	180 248.22	243 242.05	141 447.05
应收股利	0.00	0.00	2 586.38	4 594.32
其他应收款	251 831.58	112 134.56	102 539.52	118 076.75
存货	1 634 329.61	1 335 000.09	1 519 772.38	1 502 003.03
其他流动资产	307 557.65	212 925.49	46 310.77	2 659 389.25
流动资产合计	6 220 179.07	5 556 219.08	6 532 673.20	8 642 707.46
非流动资产:				
发放贷款及垫款	94 129.60	40 950.74	510 008.57	594 080.05
可供出售金融资产	81.70	77.63	106.86	165 549.47
长期股权投资	176 774.96	170 977.17	175 579.81	95 187.44

续表

项　目	2011 年	2012 年	2013 年	2014 年
投资性房地产	11 844.93	8 438.80	20 583.47	17 163.49
固定资产净额	1 654 863.52	1 984 302.15	1 447 207.56	1 358 101.36
在建工程	297 875.23	160 069.61	61 260.13	66 188.23
固定资产清理	1 784.93	0.00	0.00	0.00
无形资产	320 127.50	367 219.09	332 573.84	343 195.81
商誉	344 324.06	347 302.86	293 100.36	293 179.14
长期待摊费用	67 956.34	58 874.23	64 788.23	75 857.61
递延所得税资产	72 244.53	79 221.34	256 720.45	377 998.76
非流动资产合计	3 042 007.28	3 217 433.62	3 161 929.28	3 386 501.35
资产总计	9 262 186.35	8 773 652.70	9 694 602.48	12 029 208.82
负债和股东权益				
流动负债：				
短期借款	605 313.74	508 208.71	887 217.40	607 087.90
交易性金融负债	484.95	2 207.31	1 126.02	0.00
应付账款	1 769 812.72	1 577 359.62	1 750 809.97	2 013 745.45
预收款项	603 207.31	357 015.28	498 334.63	399 254.05
应付职工薪酬	108 556.32	133 010.32	196 883.77	219 977.70
应交税费	106 331.85	91 764.46	102 801.51	328 015.07
应付利息	21 664.74	19 013.76	6 982.39	2 291.22
应付股利	323.07	7 291.34	9 404.62	9 379.90
其他应付款	164 272.49	246 931.85	148 778.10	122 354.88
一年内到期的非流动负债	77 522.17	394 482.83	161 737.02	61 190.00
其他流动负债	964 701.04	819 329.77	1 260 838.00	2 277 893.61
流动负债合计	5 469 944.73	5 081 016.39	5 664 738.17	7 314 284.91
非流动负债：				
长期借款	312 950.73	238 847.40	71 146.46	1 920.50
应付债券	447 847.93	106 309.28	15 271.66	15 302.63
专项应付款	0.00	1 259.46	5 207.40	85 182.55
预计非流动负债	2 184.45	2 461.12	3 346.62	2 557.38
递延所得税负债	4 416.42	8 615.78	12 379.76	2 591.72
长期递延收益	0.00	8 615.78	0.00	34 223.59
其他非流动负债	7 266.76	9 978.97	14 456.18	0.00

续表

项　目	2011 年	2012 年	2013 年	2014 年
非流动负债合计	774 666.28	376 087.78	121 808.08	141 778.38
负债合计	6 244 611.02	5 457 104.16	5 786 546.25	7 456 063.29
所有者权益				
实收资本(或股本)	100 000.00	100 000.00	168 632.34	421 580.85
资本公积	223 642.55	275 645.54	1 528 657.41	1 302 488.32
减:库存股	0.00	0.00	0.00	0.00
其他综合收益	0.00	0.00	0.00	−77 429.88
盈余公积	26 155.85	6 643.91	56 954.43	118 979.13
未分配利润	902 747.99	1 049 063.64	1 530 498.92	2 181 431.57
归属于母公司股东权益合计	1 252 546.39	1 431 353.09	3 284 743.10	3 947 049.98
少数股东权益	1 765 028.94	1 885 195.45	623 313.12	626 095.54
所有者权益合计	3 017 575.33	3 316 548.53	3 908 056.23	4 573 145.52
负债和所有者权益总计	9 262 186.35	8 773 652.70	9 694 602.48	12 029 208.82

表 10—13　　美的集团合并利润表部分项目　　单位:万元

项　目	2011 年	2012 年	2013 年	2014 年
一、营业总收入	13 411 615.42	10 265 111.10	12 126 518.00	14 231 096.70
营业收入	13 404 564.93	10 259 811.05	12 097 500.31	14 166 817.52
利息收入	7 165.49	5 442.72	29 015.93	63 252.47
手续费及佣金收入	−115.00	−142.67	1.76	1 026.72
二、营业总成本	12 749 920.79	9 619 852.25	11 348 577.41	12 971 879.50
其中:营业成本	10 841 875.53	7 944 903.59	9 281 806.31	10 566 968.65
利息支出	0.00	6 048.49	20 382.68	40 452.69
手续费及佣金支出	0.00	142.67	121.54	166.78
营业税金及附加	76 109.44	57 791.31	60 993.26	80 959.62
销售费用	1 092 113.94	938 986.85	1 243 234.39	1 473 391.74
管理费用	590 735.46	592 578.08	673 345.63	749 825.51
财务费用	144 906.62	80 704.78	56 422.05	25 132.69
资产减值损失	4 179.79	4 887.64	12 271.55	34 981.82
加:公允价值变动收益	5 499.71	1 775.29	54 626.60	−65 279.05
投资收益	79 171.62	53 451.82	99 797.90	151 112.22

续表

项　目	2011 年	2012 年	2013 年	2014 年
其中：对联营企业和合营企业的投资收益	12 390.32	4 386.47	3 726.54	9 473.91
三、营业利润	746 365.97	700 485.96	932 365.08	1 345 050.37
加：营业外收入	94 625.56	92 692.94	100 522.43	105 706.92
减：营业外支出	19 097.56	22 227.80	31 710.31	51 688.83
其中：非流动资产处置损失	8 804.61	13 454.59	19 811.95	27 039.13
四、利润总额	821 893.97	770 951.10	1 001 177.20	1 399 068.46
减：所得税费用	157 756.02	156 862.13	171 427.56	234 435.59
五、净利润	664 137.95	614 088.96	829 749.64	1 164 632.87
归属于母公司所有者的净利润	344 910.04	325 929.10	531 745.81	1 050 222.03
被合并方在合并前实现净利润	20 971.25	0.00	0.00	0.00
少数股东损益	319 227.91	288 159.87	298 003.84	114 410.84
六、每股收益				
基本每股收益	0.00	3.26	4.33	2.49
稀释每股收益	0.00	3.26	4.33	2.49
七、其他综合收益	−23 132.87	−26 993.77	−16 740.13	−59 646.48
八、综合收益总额	641 005.08	587 095.19	813 009.51	1 104 986.39
归属于母公司所有者的综合收益总额	318 510.29	320 863.69	530 926.03	1 000 765.13
归属于少数股东的综合收益总额	322 494.79	266 231.50	282 083.48	104 221.26

分析：

(1)请用杜邦分析法分析美的集团的净资产收益率的变动原因，并使用因素分析法分析各因素对净资产收益率的影响程度。

(2)假如你是投资者，你对美的集团的扩张战略评价如何？假如你是银行风险控制人员，你对美的集团的评价又如何？

(3)请阐述财务报表分析在公司价值评估中的作用。

学习资源

1. 巨潮资讯网 www.cninfo.com.cn.

2. P.斯蒂克尼，P・R.布朗.财务报告报表分析：战略的观点[M].4 版.张志强等译．北京：中信出版社，2004.

3. S.H.佩因曼，林小驰，王立彦．财务报表分析与证券定价[M].3 版．北京：北京大学出版社，2013.

附 录

附表 1 **复利终值系数表(*FVIF* 表)**

期数	1%	2%	3%	4%	5%	6%	7%	8%	9%	10%
1	1.0100	1.0200	1.0300	1.0400	1.0500	1.0600	1.0700	1.0800	1.0900	1.1000
2	1.0201	1.0404	1.0609	1.0816	1.1025	1.1236	1.1449	1.1664	1.1881	1.2100
3	1.0303	1.0612	1.0927	1.1249	1.1576	1.1910	1.2250	1.2597	1.2950	1.3310
4	1.0406	1.0824	1.1255	1.1699	1.2155	1.2625	1.3108	1.3605	1.4116	1.4641
5	1.0510	1.1041	1.1593	1.2167	1.2763	1.3382	1.4026	1.4693	1.5386	1.6105
6	1.0615	1.1262	1.1941	1.2653	1.3401	1.4185	1.5007	1.5869	1.6771	1.7716
7	1.0721	1.1487	1.2299	1.3159	1.4071	1.5036	1.6058	1.7138	1.8280	1.9487
8	1.0829	1.1717	1.2668	1.3686	1.4775	1.5938	1.7182	1.8509	1.9926	2.1436
9	1.0937	1.1951	1.3048	1.4233	1.5513	1.6895	1.8385	1.9990	2.1719	2.3579
10	1.1046	1.2190	1.3439	1.4802	1.6289	1.7908	1.9672	2.1589	2.3674	2.5937
11	1.1157	1.2434	1.3842	1.5395	1.7103	1.8983	2.1049	2.3316	2.5804	2.8531
12	1.1268	1.2682	1.4258	1.6010	1.7959	2.0122	2.2522	2.5182	2.8127	3.1384
13	1.1381	1.2936	1.4685	1.6651	1.8856	2.1329	2.4098	2.7196	3.0658	3.4523
14	1.1495	1.3195	1.5126	1.7317	1.9799	2.2609	2.5785	2.9372	3.3417	3.7975
15	1.1610	1.3459	1.5580	1.8009	2.0789	2.3966	2.7590	3.1722	3.6425	4.1772
16	1.1726	1.3728	1.6047	1.8730	2.1829	2.5404	2.9522	3.4259	3.9703	4.5950
17	1.1843	1.4002	1.6528	1.9479	2.2920	2.6928	3.1588	3.7000	4.3276	5.0545
18	1.1961	1.4282	1.7024	2.0258	2.4066	2.8543	3.3799	3.9960	4.7171	5.5599
19	1.2081	1.4568	1.7535	2.1068	2.5270	3.0256	3.6165	4.3157	5.1417	6.1159
20	1.2202	1.4859	1.8061	2.1911	2.6533	3.2071	3.8697	4.6610	5.6044	6.7275
21	1.2324	1.5157	1.8603	2.2788	2.7860	3.3996	4.1406	5.0338	6.1088	7.4002
22	1.2447	1.5460	1.9161	2.3699	2.9253	3.6035	4.4304	5.4365	6.6586	8.1403
23	1.2572	1.5769	1.9736	2.4647	3.0715	3.8197	4.7405	5.8715	7.2579	8.9543
24	1.2697	1.6084	2.0328	2.5633	3.2251	4.0489	5.0724	6.3412	7.9111	9.8497
25	1.2824	1.6406	2.0938	2.6658	3.3864	4.2919	5.4274	6.8485	8.6231	10.8347
26	1.2953	1.6734	2.1566	2.7725	3.5557	4.5494	5.8074	7.3964	9.3992	11.9182
27	1.3082	1.7069	2.2213	2.8834	3.7335	4.8223	6.2139	7.9881	10.2451	13.1100
28	1.3213	1.7410	2.2879	2.9987	3.9201	5.1117	6.6488	8.6271	11.1671	14.4210
29	1.3345	1.7758	2.3566	3.1187	4.1161	5.4184	7.1143	9.3173	12.1722	15.8631
30	1.3478	1.8114	2.4273	3.2434	4.3219	5.7435	7.6123	10.0627	13.2677	17.4494

续表

期数	11%	12%	13%	14%	15%	16%	17%	18%	19%	20%
1	1.1100	1.1200	1.1300	1.1400	1.1500	1.1600	1.1700	1.1800	1.1900	1.2000
2	1.2321	1.2544	1.2769	1.2996	1.3225	1.3456	1.3689	1.3924	1.4161	1.4400
3	1.3676	1.4049	1.4429	1.4815	1.5209	1.5609	1.6016	1.6430	1.6852	1.7280
4	1.5181	1.5735	1.6305	1.6890	1.7490	1.8106	1.8739	1.9388	2.0053	2.0736
5	1.6851	1.7623	1.8424	1.9254	2.0114	2.1003	2.1924	2.2878	2.3864	2.4883
6	1.8704	1.9738	2.0820	2.1950	2.3131	2.4364	2.5652	2.6996	2.8398	2.9860
7	2.0762	2.2107	2.3526	2.5023	2.6600	2.8262	3.0012	3.1855	3.3793	3.5832
8	2.3045	2.4760	2.6584	2.8526	3.0590	3.2784	3.5115	3.7589	4.0214	4.2998
9	2.5580	2.7731	3.0040	3.2519	3.5179	3.8030	4.1084	4.4355	4.7854	5.1598
10	2.8394	3.1058	3.3946	3.7072	4.0456	4.4114	4.8068	5.2338	5.6947	6.1917
11	3.1518	3.4786	3.8359	4.2262	4.6524	5.1173	5.6240	6.1759	6.7767	7.4301
12	3.4985	3.8960	4.3345	4.8179	5.3503	5.9360	6.5801	7.2876	8.0642	8.9161
13	3.8833	4.3635	4.8980	5.4924	6.1528	6.8858	7.6987	8.5994	9.5964	10.6993
14	4.3104	4.8871	5.5348	6.2613	7.0757	7.9875	9.0075	10.1472	11.4198	12.8392
15	4.7846	5.4736	6.2543	7.1379	8.1371	9.2655	10.5387	11.9737	13.5895	15.4070
16	5.3109	6.1304	7.0673	8.1372	9.3576	10.7480	12.3303	14.1290	16.1715	18.4884
17	5.8951	6.8660	7.9861	9.2765	10.7613	12.4677	14.4265	16.6722	19.2441	22.1861
18	6.5436	7.6900	9.0243	10.5752	12.3755	14.4625	16.8790	19.6733	22.9005	26.6233
19	7.2633	8.6128	10.1974	12.0557	14.2318	16.7765	19.7484	23.2144	27.2516	31.9480
20	8.0623	9.6463	11.5231	13.7435	16.3665	19.4608	23.1056	27.3930	32.4294	38.3376
21	8.9492	10.8038	13.0211	15.6676	18.8215	22.5745	27.0336	32.3238	38.5910	46.0051
22	9.9336	12.1003	14.7138	17.8610	21.6447	26.1864	31.6293	38.1421	45.9233	55.2061
23	11.0263	13.5523	16.6266	20.3616	24.8915	30.3762	37.0062	45.0076	54.6487	66.2474
24	12.2392	15.1786	18.7881	23.2122	28.6252	35.2364	43.2973	53.1090	65.0320	79.4968
25	13.5855	17.0001	21.2305	26.4619	32.9190	40.8742	50.6578	62.6686	77.3881	95.3962
26	15.0799	19.0401	23.9905	30.1666	37.8568	47.4141	59.2697	73.9490	92.0918	114.4755
27	16.7387	21.3249	27.1093	34.3899	43.5353	55.0004	69.3455	87.2598	109.5893	137.3706
28	18.5799	23.8839	30.6335	39.2045	50.0656	63.8004	81.1342	102.9666	130.4112	164.8447
29	20.6237	26.7499	34.6158	44.6931	57.5755	74.0085	94.9271	121.5005	155.1893	197.8136
30	22.8923	29.9599	39.1159	50.9502	66.2118	85.8499	111.0647	143.3706	184.6753	237.3763

附表 2 **复利现值系数表(*PVIF* 表)**

期数	1%	2%	3%	4%	5%	6%	7%	8%	9%	10%
1	0.9901	0.9804	0.9709	0.9615	0.9524	0.9434	0.9346	0.9259	0.9174	0.9091
2	0.9803	0.9612	0.9426	0.9246	0.9070	0.8900	0.8734	0.8573	0.8417	0.8264
3	0.9706	0.9423	0.9151	0.8890	0.8638	0.8396	0.8163	0.7938	0.7722	0.7513
4	0.9610	0.9238	0.8885	0.8548	0.8227	0.7921	0.7629	0.7350	0.7084	0.6830
5	0.9515	0.9057	0.8626	0.8219	0.7835	0.7473	0.7130	0.6806	0.6499	0.6209
6	0.9420	0.8880	0.8375	0.7903	0.7462	0.7050	0.6663	0.6302	0.5963	0.5645
7	0.9327	0.8706	0.8131	0.7599	0.7107	0.6651	0.6227	0.5835	0.5470	0.5132
8	0.9235	0.8535	0.7894	0.7307	0.6768	0.6274	0.5820	0.5403	0.5019	0.4665
9	0.9143	0.8368	0.7664	0.7026	0.6446	0.5919	0.5439	0.5002	0.4604	0.4241
10	0.9053	0.8203	0.7441	0.6756	0.6139	0.5584	0.5083	0.4632	0.4224	0.3855
11	0.8963	0.8043	0.7224	0.6496	0.5847	0.5268	0.4751	0.4289	0.3875	0.3505
12	0.8874	0.7885	0.7014	0.6246	0.5568	0.4970	0.4440	0.3971	0.3555	0.3186
13	0.8787	0.7730	0.6810	0.6006	0.5303	0.4688	0.4150	0.3677	0.3262	0.2897
14	0.8700	0.7579	0.6611	0.5775	0.5051	0.4423	0.3878	0.3405	0.2992	0.2633
15	0.8613	0.7430	0.6419	0.5553	0.4810	0.4173	0.3624	0.3152	0.2745	0.2394
16	0.8528	0.7284	0.6232	0.5339	0.4581	0.3936	0.3387	0.2919	0.2519	0.2176
17	0.8444	0.7142	0.6050	0.5134	0.4363	0.3714	0.3166	0.2703	0.2311	0.1978
18	0.8360	0.7002	0.5874	0.4936	0.4155	0.3503	0.2959	0.2502	0.2120	0.1799
19	0.8277	0.6864	0.5703	0.4746	0.3957	0.3305	0.2765	0.2317	0.1945	0.1635
20	0.8195	0.6730	0.5537	0.4564	0.3769	0.3118	0.2584	0.2145	0.1784	0.1486
21	0.8114	0.6598	0.5375	0.4388	0.3589	0.2942	0.2415	0.1987	0.1637	0.1351
22	0.8034	0.6468	0.5219	0.4220	0.3418	0.2775	0.2257	0.1839	0.1502	0.1228
23	0.7954	0.6342	0.5067	0.4057	0.3256	0.2618	0.2109	0.1703	0.1378	0.1117
24	0.7876	0.6217	0.4919	0.3901	0.3101	0.2470	0.1971	0.1577	0.1264	0.1015
25	0.7798	0.6095	0.4776	0.3751	0.2953	0.2330	0.1842	0.1460	0.1160	0.0923
26	0.7720	0.5976	0.4637	0.3607	0.2812	0.2198	0.1722	0.1352	0.1064	0.0839
27	0.7644	0.5859	0.4502	0.3468	0.2678	0.2074	0.1609	0.1252	0.0976	0.0763
28	0.7568	0.5744	0.4371	0.3335	0.2551	0.1956	0.1504	0.1159	0.0895	0.0693
29	0.7493	0.5631	0.4243	0.3207	0.2429	0.1846	0.1406	0.1073	0.0822	0.0630
30	0.7419	0.5521	0.4120	0.3083	0.2314	0.1741	0.1314	0.0994	0.0754	0.0573

续表

期数	11%	12%	13%	14%	15%	16%	17%	18%	19%	20%
1	0.9009	0.8929	0.8850	0.8772	0.8696	0.8621	0.8547	0.8475	0.8403	0.8333
2	0.8116	0.7972	0.7831	0.7695	0.7561	0.7432	0.7305	0.7182	0.7062	0.6944
3	0.7312	0.7118	0.6931	0.6750	0.6575	0.6407	0.6244	0.6086	0.5934	0.5787
4	0.6587	0.6355	0.6133	0.5921	0.5718	0.5523	0.5337	0.5158	0.4987	0.4823
5	0.5935	0.5674	0.5428	0.5194	0.4972	0.4761	0.4561	0.4371	0.4190	0.4019
6	0.5346	0.5066	0.4803	0.4556	0.4323	0.4104	0.3898	0.3704	0.3521	0.3349
7	0.4817	0.4523	0.4251	0.3996	0.3759	0.3538	0.3332	0.3139	0.2959	0.2791
8	0.4339	0.4039	0.3762	0.3506	0.3269	0.3050	0.2848	0.2660	0.2487	0.2326
9	0.3909	0.3606	0.3329	0.3075	0.2843	0.2630	0.2434	0.2255	0.2090	0.1938
10	0.3522	0.3220	0.2946	0.2697	0.2472	0.2267	0.2080	0.1911	0.1756	0.1615
11	0.3173	0.2875	0.2607	0.2366	0.2149	0.1954	0.1778	0.1619	0.1476	0.1346
12	0.2858	0.2567	0.2307	0.2076	0.1869	0.1685	0.1520	0.1372	0.1240	0.1122
13	0.2575	0.2292	0.2042	0.1821	0.1625	0.1452	0.1299	0.1163	0.1042	0.0935
14	0.2320	0.2046	0.1807	0.1597	0.1413	0.1252	0.1110	0.0985	0.0876	0.0779
15	0.2090	0.1827	0.1599	0.1401	0.1229	0.1079	0.0949	0.0835	0.0736	0.0649
16	0.1883	0.1631	0.1415	0.1229	0.1069	0.0930	0.0811	0.0708	0.0618	0.0541
17	0.1696	0.1456	0.1252	0.1078	0.0929	0.0802	0.0693	0.0600	0.0520	0.0451
18	0.1528	0.1300	0.1108	0.0946	0.0808	0.0691	0.0592	0.0508	0.0437	0.0376
19	0.1377	0.1161	0.0981	0.0829	0.0703	0.0596	0.0506	0.0431	0.0367	0.0313
20	0.1240	0.1037	0.0868	0.0728	0.0611	0.0514	0.0433	0.0365	0.0308	0.0261
21	0.1117	0.0926	0.0768	0.0638	0.0531	0.0443	0.0370	0.0309	0.0259	0.0217
22	0.1007	0.0826	0.0680	0.0560	0.0462	0.0382	0.0316	0.0262	0.0218	0.0181
23	0.0907	0.0738	0.0601	0.0491	0.0402	0.0329	0.0270	0.0222	0.0183	0.0151
24	0.0817	0.0659	0.0532	0.0431	0.0349	0.0284	0.0231	0.0188	0.0154	0.0126
25	0.0736	0.0588	0.0471	0.0378	0.0304	0.0245	0.0197	0.0160	0.0129	0.0105
26	0.0663	0.0525	0.0417	0.0331	0.0264	0.0211	0.0169	0.0135	0.0109	0.0087
27	0.0597	0.0469	0.0369	0.0291	0.0230	0.0182	0.0144	0.0115	0.0091	0.0073
28	0.0538	0.0419	0.0326	0.0255	0.0200	0.0157	0.0123	0.0097	0.0077	0.0061
29	0.0485	0.0374	0.0289	0.0224	0.0174	0.0135	0.0105	0.0082	0.0064	0.0051
30	0.0437	0.0334	0.0256	0.0196	0.0151	0.0116	0.0090	0.0070	0.0054	0.0042

附表 3　　年金终值系数表(*FVIFA* 表)

期数	1%	2%	3%	4%	5%	6%	7%	8%	9%	10%
1	1.0000	1.0000	1.0000	1.0000	1.0000	1.0000	1.0000	1.0000	1.0000	1.0000
2	2.0100	2.0200	2.0300	2.0400	2.0500	2.0600	2.0700	2.0800	2.0900	2.1000
3	3.0301	3.0604	3.0909	3.1216	3.1525	3.1836	3.2149	3.2464	3.2781	3.3100
4	4.0604	4.1216	4.1836	4.2465	4.3101	4.3746	4.4399	4.5061	4.5731	4.6410
5	5.1010	5.2040	5.3091	5.4163	5.5256	5.6371	5.7507	5.8666	5.9847	6.1051
6	6.1520	6.3081	6.4684	6.6330	6.8019	6.9753	7.1533	7.3359	7.5233	7.7156
7	7.2135	7.4343	7.6625	7.8983	8.1420	8.3938	8.6540	8.9228	9.2004	9.4872
8	8.2857	8.5830	8.8923	9.2142	9.5491	9.8975	10.2598	10.6366	11.0285	11.4359
9	9.3685	9.7546	10.1591	10.5828	11.0266	11.4913	11.9780	12.4876	13.0210	13.5795
10	10.4622	10.9497	11.4639	12.0061	12.5779	13.1808	13.8164	14.4866	15.1929	15.9374
11	11.5668	12.1687	12.8078	13.4864	14.2068	14.9716	15.7836	16.6455	17.5603	18.5312
12	12.6825	13.4121	14.1920	15.0258	15.9171	16.8699	17.8885	18.9771	20.1407	21.3843
13	13.8093	14.6803	15.6178	16.6268	17.7130	18.8821	20.1406	21.4953	22.9534	24.5227
14	14.9474	15.9739	17.0863	18.2919	19.5986	21.0151	22.5505	24.2149	26.0192	27.9750
15	16.0969	17.2934	18.5989	20.0236	21.5786	23.2760	25.1290	27.1521	29.3609	31.7725
16	17.2579	18.6393	20.1569	21.8245	23.6575	25.6725	27.8881	30.3243	33.0034	35.9497
17	18.4304	20.0121	21.7616	23.6975	25.8404	28.2129	30.8402	33.7502	36.9737	40.5447
18	19.6147	21.4123	23.4144	25.6454	28.1324	30.9057	33.9990	37.4502	41.3013	45.5992
19	20.8109	22.8406	25.1169	27.6712	30.5390	33.7600	37.3790	41.4463	46.0185	51.1591
20	22.0190	24.2974	26.8704	29.7781	33.0660	36.7856	40.9955	45.7620	51.1601	57.2750
21	23.2392	25.7833	28.6765	31.9692	35.7193	39.9927	44.8652	50.4229	56.7645	64.0025
22	24.4716	27.2990	30.5368	34.2480	38.5052	43.3923	49.0057	55.4568	62.8733	71.4027
23	25.7163	28.8450	32.4529	36.6179	41.4305	46.9958	53.4361	60.8933	69.5319	79.5430
24	26.9735	30.4219	34.4265	39.0826	44.5020	50.8156	58.1767	66.7648	76.7898	88.4973
25	28.2432	32.0303	36.4593	41.6459	47.7271	54.8645	63.2490	73.1059	84.7009	98.3471
26	29.5256	33.6709	38.5530	44.3117	51.1135	59.1564	68.6765	79.9544	93.3240	109.1818
27	30.8209	35.3443	40.7096	47.0842	54.6691	63.7058	74.4838	87.3508	102.7231	121.0999
28	32.1291	37.0512	42.9309	49.9676	58.4026	68.5281	80.6977	95.3388	112.9682	134.2099
29	33.4504	38.7922	45.2189	52.9663	62.3227	73.6398	87.3465	103.9659	124.1354	148.6309
30	34.7849	40.5681	47.5754	56.0849	66.4388	79.0582	94.4608	113.2832	136.3075	164.4940

续表

期数	11%	12%	13%	14%	15%	16%	17%	18%	19%	20%
1	1.0000	1.0000	1.0000	1.0000	1.0000	1.0000	1.0000	1.0000	1.0000	1.0000
2	2.1100	2.1200	2.1300	2.1400	2.1500	2.1600	2.1700	2.1800	2.1900	2.2000
3	3.3421	3.3744	3.4069	3.4396	3.4725	3.5056	3.5389	3.5724	3.6061	3.6400
4	4.7097	4.7793	4.8498	4.9211	4.9934	5.0665	5.1405	5.2154	5.2913	5.3680
5	6.2278	6.3528	6.4803	6.6101	6.7424	6.8771	7.0144	7.1542	7.2966	7.4416
6	7.9129	8.1152	8.3227	8.5355	8.7537	8.9775	9.2068	9.4420	9.6830	9.9299
7	9.7833	10.0890	10.4047	10.7305	11.0668	11.4139	11.7720	12.1415	12.5227	12.9159
8	11.8594	12.2997	12.7573	13.2328	13.7268	14.2401	14.7733	15.3270	15.9020	16.4991
9	14.1640	14.7757	15.4157	16.0853	16.7858	17.5185	18.2847	19.0859	19.9234	20.7989
10	16.7220	17.5487	18.4197	19.3373	20.3037	21.3215	22.3931	23.5213	24.7089	25.9587
11	19.5614	20.6546	21.8143	23.0445	24.3493	25.7329	27.1999	28.7551	30.4035	32.1504
12	22.7132	24.1331	25.6502	27.2707	29.0017	30.8502	32.8239	34.9311	37.1802	39.5805
13	26.2116	28.0291	29.9847	32.0887	34.3519	36.7862	39.4040	42.2187	45.2445	48.4966
14	30.0949	32.3926	34.8827	37.5811	40.5047	43.6720	47.1027	50.8180	54.8409	59.1959
15	34.4054	37.2797	40.4175	43.8424	47.5804	51.6595	56.1101	60.9653	66.2607	72.0351
16	39.1899	42.7533	46.6717	50.9804	55.7175	60.9250	66.6488	72.9390	79.8502	87.4421
17	44.5008	48.8837	53.7391	59.1176	65.0751	71.6730	78.9792	87.0680	96.0218	105.9306
18	50.3959	55.7497	61.7251	68.3941	75.8364	84.1407	93.4056	103.7403	115.2659	128.1167
19	56.9395	63.4397	70.7494	78.9692	88.2118	98.6032	110.2846	123.4135	138.1664	154.7400
20	64.2028	72.0524	80.9468	91.0249	102.4436	115.3797	130.0329	146.6280	165.4180	186.6880
21	72.2651	81.6987	92.4699	104.7684	118.8101	134.8405	153.1385	174.0210	197.8474	225.0256
22	81.2143	92.5026	105.4910	120.4360	137.6316	157.4150	180.1721	206.3448	236.4385	271.0307
23	91.1479	104.6029	120.2048	138.2970	159.2764	183.6014	211.8013	244.4868	282.3618	326.2369
24	102.1742	118.1552	136.8315	158.6586	184.1678	213.9776	248.8076	289.4945	337.0105	392.4842
25	114.4133	133.3339	155.6196	181.8708	212.7930	249.2140	292.1049	342.6035	402.0425	471.9811
26	127.9988	150.3339	176.8501	208.3327	245.7120	290.0883	342.7627	405.2721	479.4306	567.3773
27	143.0786	169.3740	200.8406	238.4993	283.5688	337.5024	402.0323	479.2211	571.5224	681.8528
28	159.8173	190.6989	227.9499	272.8892	327.1041	392.5028	471.3778	566.4809	681.1116	819.2233
29	178.3972	214.5828	258.5834	312.0937	377.1697	456.3032	552.5121	669.4475	811.5228	984.0680
30	199.0209	241.3327	293.1992	356.7868	434.7451	530.3117	647.4391	790.9480	966.7122	1181.8816

附表 4　　年金现值系数表(*PVIFA* 表)

期数	1%	2%	3%	4%	5%	6%	7%	8%	9%	10%
1	0.9901	0.9804	0.9709	0.9615	0.9524	0.9434	0.9346	0.9259	0.9174	0.9091
2	1.9704	1.9416	1.9135	1.8861	1.8594	1.8334	1.8080	1.7833	1.7591	1.7355
3	2.9410	2.8839	2.8286	2.7751	2.7232	2.6730	2.6243	2.5771	2.5313	2.4869
4	3.9020	3.8077	3.7171	3.6299	3.5460	3.4651	3.3872	3.3121	3.2397	3.1699
5	4.8534	4.7135	4.5797	4.4518	4.3295	4.2124	4.1002	3.9927	3.8897	3.7908
6	5.7955	5.6014	5.4172	5.2421	5.0757	4.9173	4.7665	4.6228	4.4859	4.3553
7	6.7282	6.4720	6.2303	6.0021	5.7864	5.5824	5.3893	5.2064	5.0330	4.8684
8	7.6517	7.3255	7.0197	6.7327	6.4632	6.2098	5.9713	5.7466	5.5348	5.3349
9	8.5660	8.1622	7.7861	7.4353	7.1078	6.8017	6.5152	6.2469	5.9952	5.7590
10	9.4713	8.9826	8.5302	8.1109	7.7217	7.3601	7.0236	6.7101	6.4176	6.1446
11	10.3676	9.7868	9.2526	8.7605	8.3064	7.8869	7.4987	7.1390	6.8052	6.4951
12	11.2551	10.5753	9.9540	9.3851	8.8633	8.3838	7.9427	7.5361	7.1607	6.8137
13	12.1337	11.3484	10.6350	9.9856	9.3936	8.8527	8.3577	7.9038	7.4869	7.1034
14	13.0037	12.1062	11.2961	10.5631	9.8986	9.2950	8.7455	8.2442	7.7862	7.3667
15	13.8651	12.8493	11.9379	11.1184	10.3797	9.7122	9.1079	8.5595	8.0607	7.6061
16	14.7179	13.5777	12.5611	11.6523	10.8378	10.1059	9.4466	8.8514	8.3126	7.8237
17	15.5623	14.2919	13.1661	12.1657	11.2740	10.4773	9.7632	9.1216	8.5436	8.0216
18	16.3983	14.9920	13.7535	12.6593	11.6896	10.8276	10.0591	9.3719	8.7556	8.2014
19	17.2260	15.6785	14.3238	13.1340	12.0853	11.1581	10.3356	9.6036	8.9501	8.3649
20	18.0456	16.3514	14.8775	13.5903	12.4622	11.4699	10.5940	9.8181	9.1285	8.5136
21	18.8570	17.0112	15.4150	14.0292	12.8212	11.7641	10.8355	10.0168	9.2922	8.6487
22	19.6604	17.6580	15.9369	14.4511	13.1630	12.0416	11.0612	10.2007	9.4424	8.7715
23	20.4558	18.2922	16.4436	14.8568	13.4886	12.3034	11.2722	10.3711	9.5802	8.8832
24	21.2434	18.9139	16.9355	15.2470	13.7986	12.5504	11.4693	10.5288	9.7066	8.9847
25	22.0232	19.5235	17.4131	15.6221	14.0939	12.7834	11.6536	10.6748	9.8226	9.0770
26	22.7952	20.1210	17.8768	15.9828	14.3752	13.0032	11.8258	10.8100	9.9290	9.1609
27	23.5596	20.7069	18.3270	16.3296	14.6430	13.2105	11.9867	10.9352	10.0266	9.2372
28	24.3164	21.2813	18.7641	16.6631	14.8981	13.4062	12.1371	11.0511	10.1161	9.3066
29	25.0658	21.8444	19.1885	16.9837	15.1411	13.5907	12.2777	11.1584	10.1983	9.3696
30	25.8077	22.3965	19.6004	17.2920	15.3725	13.7648	12.4090	11.2578	10.2737	9.4269

续表

期数	1%	2%	3%	4%	5%	6%	7%	8%	9%	20%
1	0.9009	0.8929	0.8850	0.8772	0.8696	0.8621	0.8547	0.8475	0.8403	0.8333
2	1.7125	1.6901	1.6681	1.6466	1.6257	1.6052	1.5852	1.5656	1.5465	1.5278
3	2.4437	2.4018	2.3612	2.3216	2.2832	2.2459	2.2096	2.1743	2.1399	2.1065
4	3.1024	3.0373	2.9745	2.9137	2.8550	2.7982	2.7432	2.6901	2.6386	2.5887
5	3.6958	3.6048	3.5172	3.4331	3.3522	3.2743	3.1993	3.1272	3.0576	2.9906
6	4.2305	4.1114	3.9975	3.8887	3.7845	3.6847	3.5892	3.4976	3.4098	3.3255
7	4.7122	4.5638	4.4226	4.2883	4.1604	4.0386	3.9224	3.8115	3.7057	3.6046
8	5.1461	4.9676	4.7988	4.6389	4.4873	4.3436	4.2072	4.0776	3.9544	3.8372
9	5.5370	5.3282	5.1317	4.9464	4.7716	4.6065	4.4506	4.3030	4.1633	4.0310
10	5.8892	5.6502	5.4262	5.2161	5.0188	4.8332	4.6586	4.4941	4.3389	4.1925
11	6.2065	5.9377	5.6869	5.4527	5.2337	5.0286	4.8364	4.6560	4.4865	4.3271
12	6.4924	6.1944	5.9176	5.6603	5.4206	5.1971	4.9884	4.7932	4.6105	4.4392
13	6.7499	6.4235	6.1218	5.8424	5.5831	5.3423	5.1183	4.9095	4.7147	4.5327
14	6.9819	6.6282	6.3025	6.0021	5.7245	5.4675	5.2293	5.0081	4.8023	4.6106
15	7.1909	6.8109	6.4624	6.1422	5.8474	5.5755	5.3242	5.0916	4.8759	4.6755
16	7.3792	6.9740	6.6039	6.2651	5.9542	5.6685	5.4053	5.1624	4.9377	4.7296
17	7.5488	7.1196	6.7291	6.3729	6.0472	5.7487	5.4746	5.2223	4.9897	4.7746
18	7.7016	7.2497	6.8399	6.4674	6.1280	5.8178	5.5339	5.2732	5.0333	4.8122
19	7.8393	7.3657	6.9380	6.5504	6.1982	5.8775	5.5845	5.3162	5.0700	4.8435
20	7.9633	7.4694	7.0248	6.6231	6.2593	5.9288	5.6278	5.3527	5.1009	4.8696
21	8.0751	7.5620	7.1016	6.6870	6.3125	5.9731	5.6647	5.3837	5.1268	4.8913
22	8.1757	7.6446	7.1695	6.7429	6.3587	6.0113	5.6964	5.4099	5.1486	4.9094
23	8.2664	7.7184	7.2297	6.7921	6.3988	6.0442	5.7234	5.4321	5.1668	4.9245
24	8.3481	7.7843	7.2829	6.8351	6.4338	6.0726	5.7465	5.4509	5.1822	4.9371
25	8.4217	7.8431	7.3300	6.8729	6.4641	6.0971	5.7662	5.4669	5.1951	4.9475
26	8.4881	7.8957	7.3717	6.9061	6.4906	6.1182	5.7831	5.4804	5.2060	4.9563
27	8.5478	7.9426	7.4086	6.9352	6.5135	6.1364	5.7975	5.4919	5.2151	4.9636
28	8.6016	7.9844	7.4412	6.9607	6.5335	6.1520	5.8099	5.5016	5.2228	4.9697
29	8.6501	8.0218	7.4701	6.9830	6.5509	6.1656	5.8204	5.5098	5.2292	4.9747
30	8.6938	8.0552	7.4957	7.0027	6.5660	6.1772	5.8294	5.5168	5.2347	4.9789

参考文献

1. 葛军.会计学原理[M].北京:高等教育出版社,2015.

2. 胡玉明.会计学(非专业用)[M].北京:中国人民大学出版社,2016.

3. 葛家树,刘峰.会计理论——关于财务会计概念结构的研究[M].厦门:厦门大学出版社,2001.

4. 中国注册会计师协会.会计[M].北京:中国财政经济出版社,2017.

5. 朱宏光. 固定资产核算方法不同对会计报表的影响[J].卫生经济研究,2004(6):52.

6. 黄海平. 金融资产类别的划分对会计报表的影响[J].会计师,2011(12):22—23.

7. 郭晓梅.CGMA 管理会计实践案例集[M].北京:清华大学出版社,2017.

8. 吴文学.管理会计那点事儿——用数据支撑决策[M].北京:清华大学出版社,2017.

9. 杜学森,王娜.管理会计实务[M].北京:高等教育出版社,2014.

10. 余绪缨.管理会计[M].北京:首都经贸大学出版社,2004.

11. 徐艳,张俊清.管理会计[M].北京:中国人民大学出版社,2017.

12. 吴大军.管理会计[M].大连:东北财经大学出版社,2013.

13. 胡玉明.财务报表分析[M].大连:东北财经大学出版社,2016.

14. 周星煜,邓燏.财务管理实务[M].北京:人民邮电出版社,2014.

15. 刘章胜,赵红英.新编财务报表分析[M].5 版.大连:大连理工大学出版社,2014.

16. 岳红.财务报表分析[M].2 版.北京:中国人民大学出版社,2014.

17. 中国注册会计师协会.财务成本管理[M].北京:中国财政经济出版社,2017.

18. 中华人民共和国财政部会计资格评价中心. 财务管理[M].北京:中国财政经济出版社,2016.